LES PORTRAICTS ANATO-MIQVES DE TOVTES LES PARTIES DV CORPS HVMAIN,

GRAVEZ EN TAILLE DOVCE,

par le commandement de feu Henry
huictiesme, Roy d'Angleterre.

ENSEMBLE

*L'Abbregé d'André Vesal, & l'explication d'iceux, accompagnee
d'vne declaration Anatomique.*

PAR IAQVES GREVIN,
de Clermont en Beauuoisis,
Medecin à Paris.

A PARIS,
CHEZ ANDRE' WECHEL.

M. D. LXIX.

ADVERTISSEMENT
DE I. GREVIN AV LE-
CTEVR SVR LES NOMS
FRANCOIS IMPOSEZ A QVELQVES
parties du Corps humain.

MY LECTEVR ce n'est point du iourd'huy que lon a commencé à traduire les bons liures des anciens & des modernes, tant pour enrichir nostre langue Françoise, que pour trouuer moyen de profiter à plusieurs, lesquels desauorisez des biens de fortune, et toutefois recompensez au double par vn bon naturel, peuuent regaigner aux traductions Françoises ce qu'en leur ieune aage ils ont perdu pour n'auoir esté instruicts en la cognoissance des langues. Car si nous voulons refeuilleter les liures qui ont esté mis en auant depuis le commencement du regne du grand Françoys, certainement nous trouuerons dequoy nous contenter en partie : principalement en ce qui concerne l'histoire & la poësie, attendu que nostre France se peut vanter de n'estre point vaincue par quelques autres nations. Toutefois ie suis contrainct de confesser qu'és choses qui concernent les arts, que nous nommons liberaux, elle ne s'est encore monstree telle que quelques autres, lesquelles ont ce bien aniourd'huy, non seulement d'auoir tous les liures des anciens Grecs & Latins traduicts en leur langage : mais aussi d'auoir esleué des gentils esprits, qui n'ont laissé aucun sentier qu'ils n'ayent couru diligemment, et remerqué si soigneusement de leurs naturelles enseignes, qu'aiourd'huy ils se peuuent à bon droict vanter d'auoir cogneu le chemin qui conduict à la cognoissance de vertu. Or si en ceste partie il se peut alleguer quelque defaut, certes ce sera és choses qui concernent la philosophie naturelle : car en icelle nous confesserons que les François sont du tout apprentis, ie dy ceux qui n'ont la cognoissance des langues estrangeres, pour lesquelles apprendre nous sommes contraincts passer le plus beau de nostre aage, auant que de nous hazarder de saluer l'vne de ces belles sciences, desquelles nous pourrions gouster les douceurs auec le laict de nostre ieunesse, si, estant traictees en nostre langage, nous n'estions assubiectis aux parolles des estrangers. Ie ne dy pas que la cognoissance des langues ne soit à louer : mais elle ne nous seroit necessaire, si ce qu'elles contiennent, estoit tissu par vne main Francoise. Ayant donques deliberé d'aider en partie, voire d'enrichir, s'il m'est possible, nostre langue, i'ay choisi ce qui m'a semblé estre conuenable à ma profession, à sçauoir le traicté de l'vne des parties de Medecine, laquelle est aiourd'huy la plus requise & necessaire, d'autant qu'elle est communement excercee par gens nullement, ou bien peu versez, és langues Grecques ou Latines : lesquels toutefois ne seront moins à priser en ceste partie, aduenant que leur art leur soit expliqué aussi familierement, comme il est à ceux qui l'ont appris en autre langage. Parquoy à fin que mon bastiment entrepris soit de telle duree, que la grandeur de la science que i'y veux loger & traicter, le merite, i'ay voulu commencer mon fondement par la pierre, qui est seule suffisante de soustenir vn tel œuure. Et pour autant que ceux qui se sont efforcez de bastir par auant moy, ont si

bien defguisé leur matiere, qu'il femble que le tout ne foit faict que de pierres empruntees d'ail-
leurs : i'ay tellement deliberé pour ne tomber en ce vice, de fouyr noz carrieres Françoifes, que
s'il eft poffible, ie ne feray contrainct de mettre en œuure ny le porphyre de Grece, ny le marbre
d'Italie. Et à celle fin que cecy ne foit du tout eftrange, à ceux qui ont accouftumé les vieux
mots, i'ay bien voulu propofer ce petit aduertiffement pour defcharger ceux qui liront ce trai-
cté anatomique. Je feray donques vne brefue collation de noz mots François, accommo-
dez par nous auec les Grecs et Latins, lefquels on efcorche ordinairemens, à celle fin que ceux
qui fe font accouftumez aux vns, puiffent faire leur profit des autres , & qu'ils voyent
quelle raifon nous auons eu d'ainfi les tourner.

Aboutiffement ou allonge.

EPIPHYSE eft differente de l'Apophyfe en
ce qu'encores que quelques fois elle foit enleuee, fi eft-ce qu'elle n'eft pas partie de l'oz, mais
comme vn morceau adioinct : ce qui fe fait ordinairement au bout des oz par les allonges:
pour cefte caufe ie l'ay nommee aboutiffement
ou allonge.

Allonge nerueufe.

Ce que lon a iufques à maintenant nommé
aponeurofe & eneruatió, eft vn corps nerueux,
tenure & large, lequel fort, & s'allonge hors du
mufcle : & pour cefte caufe ie l'ay nommee al-
lóge nerueufe. Allonge, dy-ie, pour autant qu'il
femble que par ce moyen nature ait allongy
quelques mufcles, lefquels autrement euffent
efté trop courts, & euffent empefché quelque
autre action naturelle, s'ils euffent efté charnus
par leurs extremitez.

Arteres apoplectiques.

Les arteres apoplectiques font vulgairement
nommees Carotides & Soporales. Ce font celles dedans lefquelles ordinairement fe font les
apoplexies.

Auanbras.

Voyez bras.

Auanpoignet.

Auanpoignet eft ce que les Grecs ont nommé *Metacarpe.* C'eft cefte partie de la main laquelle eft depuis le poignet iufques à la main.
Ie l'ay ainfi nommée pour autant qu'elle auance au deuant du poignet.

Aiffeliere.

La veine aiffeliere eft celle qui paffe par l'aif-
felle, les Latins la nomment *Axillaire.*

Baffin, entonnoir ou tremie.

La partie contenue dedans le cerueau, par laquelle les fuperfluitez d'iceluy font enuoyees
au nez, a efté nommee par moy baffin, entonnoir ou tremie, à caufe de la fimilitude qu'elle a
auec l'vn de fes inftruments vulgaires.

Bras, auanbras, fufauanbras, & fouzauanbras.

En la defcription de tout le bras i'ay nommé
particulierement & à la maniere des Latins oz
du bras, celuy qui eft depuis l'efpaule iufques au
coude : la partie qui eft depuis le coude iufques
au poignet fe nomme l'auanbras : car c'eft celle
qui auance le bras. Cefte partie eft compofee
de deux oz : celuy de deffus eft nommé le fufauanbras, & par les Latins *Radius.* L'autre de deffouz eft nommé le fouzauanbras, les Latins l'appellent *Cubitus & Vlna.*

Boyau droict.

Voyez douzedoittier.

Boyau cuiller.

Voyez douzedoittier.

Boëtes.

Voyez ioinctures.

Bout du palais.

Bout du palais eft ce que lon nomme *Gurgu-
lion.*

Cauité du cerueau.

I'ay nommé cauitez du cerueau ce que le
vulgaire des Barbiers, apres les Latins, nomméc
ventricules.

Conduict, tuyau, ou canal, & conduicts femenciers.

Ce que vulgairement & improprement on
nomme vaiffeau doit eftre nommé conduict,
tuyau ou canal. Car le mot de vaiffeau en François ne fe peut adapter à vne chofe qui fert feulement de conduicte, comme font les veines &
arteres, ains feulement à ce qui reçoit & tient
en foy ou de l'eau, ou de l'autre humidité. Ce feroit parler trop improprement qui nommeroit
les tuyaux des fontaines vaiffeaux : aufquels
tou-

toutefois les veines & arteres ont leur vsage & action semblable enuers le sang, que les tuyaux des fontaines enuers l'eau d'icelles . Ainsi i'ay nommé conduicts ou tuyaux semenciers ce que iusques à maintenant on a nommé vaisseaux spermatiques, par lesquels la semence est portee : sperme est Grec , & semence est Fran-çois.

Conduicts semenciers, ou porte semence.

Voyez conduicts.

Coiffe.

Ce que les Grecs appellent *Epiploon* se doit nommer coiffe, non qu'en ce faisant on explique le mot Grec, qui signifie flotter dessus : mais ie luy ay donné ce nom à l'imitation des Fran-çois , lesquels nomment vulgairement ceste partie du nom de coiffe, à laquelle elle ressem-ble. Les Grecs l'ont aussi nommé *Gargame* & *Sa-gine*, à cause qu'elle ressemble à vne rets ou filet à prendre du poisson.

Chauuesouricier.

Le chauuesouricier est vn oz situé au soubas-sement de la teste, lequel a des saillies sembla-bles à des ailles des chauuesouris. On l'a nom-mé iusques à maintenant *Os cunei*, & *Os basi-lare*.

Douzedoittier, vuyde, entortillé, sac, cuiller, droict & fermoir.

Encore que tous les boyaux ne soyent qu'vn tuyau depuis l'emboucheure inferieure de l'e-stomach iusques au siege : si est-ce que ce tuyau pour plusieurs raisons est distingué en six par-ties, lesquelles ont diuers noms. Tout ce tuyau est diuisé premierement en deux, à sçauoir en boyaux gresles, menus ou deliez, & en boyaux gros. Il y en a trois deliez. Le premier a esté nommé par les Grecs *Dodecadactyle* (on la nom-mé iusques à present *Duodenum*) c'est à dire douzedoittier, pour-autant qu'il a douze doids de longueur. C'est ceste partie du tuyau, laquel-le sort de l'emboucheure inferieure de l'esto-mach, & passe droict sans aucun entortillemēt, & laquelle est si petite que à peine merite elle à part soy le nom de boyau. C'est pourquoy aussi les Grecs l'ont nommee *Ecphyse* , c'est à dire sortie , ou commencement : car aussi est ce le commencement des boyaux. Le second boyau a esté nommé *Niste* & *Ieiunum* , pour-autant qu'il est tousiours vuyde : aussi l'ay-ie nommé le vuyde , ensuiuant le prouerbe commun des François, lesquels voulans signifier vn homme qui a bon appetit, disent qu'il a vne aulne de

boyaux vuydes, pour festoyer ses parens. Le troisiesme est nommé *Ileon* & *Lepton* , que i'ay tourné l'entortillé & delié : car aussi est ce le boyau qui fait plus de tournoyements dedans le ventre que pas vn des autres. Le quatriesme boyau, qui est le premier des gros, a esté appellé tant des Grecs que des Latins Aueugle, *Cæcum*, pour-autant qu'il n'a qu'vne entree au pertuis, non plus qu'vn sac , & pour ceste cause ie l'ay nommé le sac. C'est celuy és porceaux, duquel on fait la grosse andoüille . Le cinquiesme a esté nommé *Colon* : c'est celuy dedans lequel les plus grosses ordures sont contenues : le com-mun des François le nomme le boyau cuiller. Le sixiesme est nommé par le vulgaire *Longano*. Il descend droict au fondement, & pour ceste cause les Grecs l'ont nommé en leur langue, le boyau droict , le fin bout duquel se nomme *Sphincter* , c'est à dire le fermoir, à raison des muscles qui le ferment apres qu'il a faict son of-fice.

Dissemblable.

Voyez semblable.

Entrelassis.

Voyez lassis.

Entonnoir.

Voyez bassin.

Estomach & emboucheure.

Les Grecs ont nommé particulierement du mot d'estomach l'emboucheure ou entree supe-rieure du lieu, auquel premierement la viande est digeree. De ma part desirant estre entendu, i'ay suiui le commun vsage de nostre langue, & ay nommé du mot d'estomach non seulement ceste emboucheure ou entree superieure que les autres nomment Orifice : mais aussi tout ce que les Latins nomment ventricule, qui est le lieu ou la premiere cuisson est parfaicte.

Emboucheure.

Voyez Estomach.

Entreboyau.

Le *Mesentere ou Mesaree* (car l'vn & l'autre se dict par les Grecs) est vne partie situee entre les boyaux, laquelle les attache & sert de leur porter les rameaux de la veine portiere. Ie l'ay nommé entreboyau à l'imitation des Grecs, pour-autant qu'il est situé, comme i'ay dict, au milieu des boyaux.

Entortillé.

Voyez douzedoittier.

Emboëtture.

Voyez ioincture.

Enleueure & saillie.

Il y a deux mots Grecs, lesquels sont ordinairement vsitez en l'explication des oz : & lesquels n'ont encore esté faict françois, à sçauoir, *Apophyse* & *Epiphyse*. *Apophyse* est vne partie de l'oz, laquelle outrepasse, & est plus eminente, que toutes les autres, comme si c'estoit vne petitte bossette ou autre telle chose : ie la nomme enleueure : car aussi elle semble estre enleuee par dessus le demourant de l'oz. Ie la nomme aussi saillie l'ors qu'elle outrepasse de beaucoup le reste de la substance de l'oz : comme sont les saillies qui composent l'oz iougal, & celle que ie nomme mammeliere, à cause qu'elle ressemble au bout d'vne mammelle.

Entredeux trauersant.

I'ay nommé entredeux trauersant ce que les Grecs ont appellé *Diaphragme* : car le mot signifie separant, ou qui est entredeux. Il a esté ainsi nommé pour-autant qu'il separe les parties vitales d'auec les naturelles.

Enclaueure.

Voyez ioincture.

Enclôeure.

Voyez ioincture.

Espaule.

L'espaule est proprement ce que les Latins nomment *summum humerum*. C'est la saillie superieure du palleron.

Esquif.

L'esquif est vn oz, lequel a esté nommé par les Grecs *Scaphoide*, pour-autant qu'il est semblable a vn petit esquif ou batelet.

Filetz, tayes.

I'ay esté contrainct d'vser quelques fois de ces mots fibres & membranes, encores qu'ils ne soyent si pur François comme filetz & tayes. Ce que i'ay faict pour plus grande distinction en aucunes parties. Car les membranes fort desliees & petites qui recourrent quelque chose, comme celle des yeux, se peuuent indifferemment nommer tayes : mais quand i'ay voulu nommer les autres plus grandes & espaisses, comme la dure membrane du cerueau, i'ay retenu le vieil mot, par lequel leur substance est signifiee.

Fermoir.

Voyez douzedoittier.

Ficheure.

Voyez ioincture.

Farciere.

La farciere est l'vn des trois enueloppoirs de l'enfant pendant qu'il est au ventre de la mere. Les Grecs le nomment *Allantoide*, c'est à dire farciere, non qu'elle soit semblable à ce que les cuisiniers nommét farce : mais bien a vn boyau, duquel on auoit accoustumé anciennement de faire de la farce, qui estoit quelque chose semblable à noz saucisses.

Gueullé.

Le mot de gueulle s'attribue particulieremét au tuyau qui conduyt la viande depuis la racine de la langue iusques dedans l'estomach. Ie l'ay pris de nostre vulgaire, lequel retient encor ce mot des latins. Les Grecs la nomment *Oesophage*.

Grand enueloppoir.

Peritoine est vn mot Grec, qui signifie estre estendu tout autour, ou enueloppé tout à l'entour. Ce mot a esté attribué à la grande taye ou membrane qui enueloppe toutes les parties, lesquelles sont situees dedans le ventre. I'ay voulu expliquer la signification du mot, & l'ay tourné en François grand enueloppoir : car aussi est ce la plus grande membrane entre toutes celles qui enueloppent les parties du corps.

Goseliere.

La veine goseliere est celle que lon nomme Iugulaire. *Iugulum* est Latin, & gosier est François.

Gauion.

Gauion est ce que les latins appellent *Fauces*.

Glande semblable à la pomme de pin.

La glande semblable à la pomme de pin, est celle que les Grecs ont nommé *Conarion*, les escorcheurs de latin la nomment *Glandule pineale*.

Gargate.

Gargate est vn mot Picard, qui signifie proprement ce que les Grecs appellent *Gargareon*, & les Latins *Gurgulio*.

Greue.

La iambe est composee de deux oz : celuy de deuant se nomme vulgairement la greue : les latins le nomment *Tibia*. L'autre est la sousgreue qui est situee derriere le premier oz en la partie de la iambe, que les latins nomment *Sura*.

Ioinctures, embôtture, boëttes, impreßion, enclaueure, reprise, enclôeure.

Les ioinctures, que lon nomme Articles, sont differentes les vnes des autres. I'ay nommé embôtture ce que les Grecs appellent *Enarthrose*. Car nous nommons boëtte ceste cauité ou capacité de l'oz en laquelle la teste d'vn autre oz a accoustumé d'entrer, comme celle qui est en

l'oz

l'oz de la feſſe: on la nomme en Grec *Oxybaphes*
& *Cotyledons*: les Latins *Acetabules*. Quand ceſte
teſte qui entre n'eſt du tout ronde, ains vn peu
enfoncee, & que la teſte auſſi ne l'eſt pas du tout,
il ſe fait vne autre eſpece d'emboëtture imparfaicte, que les Grecs ont nommee *Arthrodie*, &
moy emboëtture par impreſſion : car il ſemble
que ceſte teſte ſoit enfoncee, comme ſi on auoit
imprimé quelque choſe deſſus, laquelle l'euſt
repouſſee en dedans. Il y a vne autre maniere de
ioincture, que les Grecs ont nómee *Ginglymon*,
en laquelle les oz ſ'enlaſſent l'vn dedans l'autre,
tellement qu'ils reçoiuent & ſont receuz pour
ceſte cauſe i'ay nommee ceſte ioincture Enclaueure, à l'imitation des ſerruriers, leſquels vſent
de ce meſme mot en l'vne de leurs façons de
pentures. Voyla quant aux ioinctures mobiles.
L'immobile, que les Grecs nomment *Symphyſe*,
& moy Ioincture par repriſe & vnion, eſt celle
en laquelle les oz diſſemblables ſont attachez
les vns contre les autres, tellement qu'il ſemble
qu'ils ne ſoyent qu'vn: comme ſils auoyent eſté
autrefois rompus, & que la nature les euſt re-
ioincts enſemble. Ceſte vnion & repriſe a deux
eſpeces, à ſçauoir *Harmonie*, & celle que lon
nomme *Gomphoſe*, c'eſt à dire encloüeure ou fi-
cheure, en laquelle les oz ſont tellement attachez qu'il ſemble que ce ſoyent cloux ou pieux
fichez, comme ſont les dents fichees en la machoire d'embas. Les ſerruriers appellent fiches
vne ſorte de pentures qu'ils ont, leſquelles ſ'attachent dedans le boys en maniere de cloux.

Impreſſion.

Voyez ioinctures.

Lien.

Ie nomme Lien en François ce que les Latins
nomment *Ligament*, & les Grecs *Syndeſme*.
C'eſt vne partie de noſtre corps, laquelle a eſté
ainſi nommee proprement, pour-autant qu'elle lie & attache les parties les vnes contre les autres. Les Latins attribuét quelquefois, mais improprement, ce mot *Ligament* à tout ce qui attache, ſoit nerf, ſoit membrane, ou autre partie:
mais par ce mot de Lien nous entendons ſeulement ceſte partie, laquelle a eſté proprement
nommee *Ligament* par les Latins: à ſçauoir celle qui eſt la plus tendre apres l'oz & le tendron.

Laſſis, entrelaſſis.

Le laſſis ou entrelaſſis ſemblable à vne rets,
eſt ce que vulgairement on nomme *Rete mira-*
bile, ou le *plexe retiforme*.

Luette.

Epiglottis proprement ſignifie languette ou
petite langue. Ie l'ay nommee Luette à la maniere de noſtre vulgaire: c'eſt vn tendron lequel
recouure l'entree du ſifflet.

Loppin.

I'ay vſé de ce mot pour ſignifier *Lobus*.

Maſſif.

Maſſif & ſolide ſont tous deux en vſage: le
premier toutefois eſt plus François.

Membrane.

Voyez filetz.

Moytoyenne.

Le vulgaire nomme *Mediaſtin* vne membrane qui eſt dedans le coffre, laquelle ſepare en
deux les parties ſituees en iceluy. Ie la nomme
membrane moytoyenne pour la meſme raiſon
que les François qui nomment moytoyen tout
ce qui ſepare, comme vn mur moytoyen, qui ſepare deux maiſons.

Mammeliere.

Voyez enleueure.

Machelier.

Le muſcle machelier eſt celuy que iuſques
icy on a nommé *Maſetere*, pour autant qu'il eſt
le principal entre ceux qui font macher.

Neud de la gorge.

Larynx eſt le neud de la gorge ou la teſte du
ſifflet.

Oz de la feſſe.

L'oz de la feſſe eſt ce que lon appelle *Iſchion*
ou *Coxa*.

Oſſelet.

L'oſſelet eſt vn oz du pied, que les Grecs nó-
ment *Aſtragale*.

Preſſoüer.

Le preſſoüer eſt vne partie du cerueau faicte
par l'aſſemblage du premier & ſecond reply de
la dure membrane, en laquelle le ſang eſt porté
& aſſemblé comme en vne mers de preſſoüer.

Repriſe.

Voyez ioincture.

Reply.

Les replis du cerueau ſont nommez par les
Latins *Sinus*. Ce nom a eſté ainſi donné à cauſe
que la dure membrane ſe replye en quelques
endroicts pour les commoditez de nature.

Raiſiniere.

La raiſiniere eſt l'vne des tayes de l'œil, que
les Grecs nomment *Ragoïde*, & les Latins *Vuee*,
à cauſe qu'elle reſſemble à la peau d'vn grain de
raiſin, lors que le mouſt eſt dehors.

Rouge membrane.

La rouge membrane est nommee *Erythroïde* par les Grecs, pour-autant qu'elle apparoist de telle couleur.

Semblables, dissemblables.

Nous auons nommé les parties du corps simples & semblables celles esquelles il n'apparoist qu'vne mesme chose à la veüe, encores qu'elles fussent faictes de diuerses & plus simples parties: comme la moëlle, les oz: Car couppez en tant de parties que voudrez vn oz, se seront tousiours oz. On les nomme vulgairement escorchant le latin, *Similaires*, & sont opposees à celles que lon appelle *Dissimilaires*, & moy dissemblables : lesquelles sont faictes & composees de plusieurs simples & semblables : comme l'œil qui est faict de membranes, de fibres, d'humeurs, & autres telles.

Suscœur, suscouillon, sustaiz.

Ie nomme suscœur ce que les Grecs ont nommé *Pericarde*, c'est vne membrane qui recouure & enueloppe le cœur. Les Barbiers la nomment aussi Capsule du cœur. Le mot Grec & François monstrent la situation de ceste partie. Mesme raison est en la membrane que les Grecs nomment *Epididyme*, laquelle recouure le couillon, & laquelle pour ceste raison i'ay nommee suscouillon, exprimant la nature du mot Grec: tout ainsi qu'en *Pericrane*, qui est à dire sustaiz, c'est la membrane ou taye qui recouure le taiz par dehors.

Sifflet.

Le sifflet est ce que vulgairement on appelle la *Trachee artere.*

Sac.

Voyez douzedoittier.

Souzgreue.

Voyez greue.

Susauanbras, sousauanbras.

Voyez bras.

Tendron.

Le mot de *Cartilage* m'a semblé du tout escorché du Latin, & pour ceste cause i'ay vsé de celuy qui m'a semblé pur François, à sçauoir tendron. Car nous appellons tendron proprement ce qui n'est encore si dur que l'oz, ny aussi si tendre que la chair . Les Grecs le nomment *Chondre.*

Tayes.

Voyez filets.

Tremie.

Voyez bassin.

Templier.

Le muscle templier, est le muscle de la temple, que les escorcheurs de Latin nomment *Temporal.*

Vuyde.

Voyez douzedoittier.

Veine du bras.

La veine du bras est celle que lon nomme *Humeraire.*

Veine sans compagne.

La veine sans compagne ou sans paire est celle que les Latins nomment *Vena sine pari.*

Vrinier.

L'vrinier est tourné du mot Grec *Ouraque.* C'est vn conduict lequel passe au milieu du nombril, & sert à porter l'vrine des petits enfans, ce pendant qu'ils sont au ventre de leur mere.

Veines trayantes.

Les veines trayantes sont celles que vulgairement on nomme *Emulgentes.* Elles sont ainsi nommees à raison qu'elles tirent l'vrine d'auec le sang. Le mot trayant vient de trayre: comme quand on dict trayre le laict.

Voute.

La voute est vne partie du cerueau ainsi nommee à raison qu'elle est faicte en façon de voute. Les Latins la nomment *Fornix.*

ABBREGE

ABREGÉ DE L'ANATOMIE
D'ANDRÉ VESA'L.

DES OZ ET DES TENDRONS, OV DES PARTIES
lesquelles soustiennent le corps. CHAPITRE PREMIER.

Outes les parties du corps humain sont diuisées en celles qui se ressemblét en leurs parties, & sont simples à la veuë, comme est l'oz, le tendron, le lien, les fibres, la mébrane, la chair & la graisse: ou bien elles ne se ressemblent point en leurs parties, & sont instrumentaires, ainsi comme est la veine, l'artere, le nerf, le muscle, le doid, & toutes les autres parties organiques du corps: lesquelles sont d'autant plus instrumentaires, que de plusieurs organiques & consequemment d'instrumétaires elles ont esté cóposees, ainsi que sont les mains & la teste. Les oz sont les plus dures & seiches parties de tout le corps. Les tédrons sont beaucoup plus mols: toutesfois apres les oz on les estime estre plus durs que ne sont toutes les autres parties. Sur les vns & les autres tout le corps est appuyé & toutes les parties sont attachées & affermies. Le taiz, qui est le siege de la ceruelle & des organes sensuelz, est composé de plusieurs oz. Le plus souuét il n'y en a qu'vn au frót: ce qui se voit principalement aux femmes. Semblablement il ne s'en trouue qu'vn au derriere de la teste: au sommet deux: vn à chasque oreille, ou à chasque temple, dedans lequel est engraué le trou de l'oreille, disposé à receuoir l'organe de l'ouye: là dedans aussi sont deux petits osselets: dont l'vn se peult facilement comparer à vne enclume, ou à vne dent macheliere, l'autre à vn maillet. Cest oz à trois saillies outre le tendron qui esleue & maintient l'oreille, & lequel luy est attaché, l'vne est semblable au bout d'vn tetin, l'autre à vn poinçon, ou à vne touche de tablettes, ou à vne esguille, ou à l'ergost d'vn cocq: la troisieme d'autre costé estant auancee sur le deuant, & assemblee en maniere de cousture auec cest oz de la machoire d'enhault, fait vne portion de l'endroit du taiz que nous appelons l'oz iougal. D'auantage l'oz de la temple tant par sa partie de derriere que par celle d'embas, ioinct auec l'oz de derriere la teste, compose le fondement & soubassemét de tout le taiz, que nous comparons à vn rocher raboteux, non seulemét à cause de sa dureté, mais aussi à raison de la semblance qu'il en a. Il y a vn grand oz en ce soubassement de la teste, lequel par les anatomistes est comparé à vn coing: & est d'vne façon fort bizerre, il a les saillies semblables aux aisles des chauuesouris. Il y a encore vn autre oz au hault des narines, lequel est percé en maniere d'vn crible, ou plustost d'vne esponge, & lequel aussi bastit en partie la capacité qui reçoit le ceruenu, ainsi comme tous les sept oz que i'ay desia mentionnez:& faict quant & quant l'entredeux du nez. En la machoire de dessus, outre les dents, on conte douze oz, vn à chasque costé vers la partie de dehors l'œil: puis deux encor à chasque costé en la partie du dedás: & encor vn autre à chasque costé en la partie d'embas. cestuy est le plus grád de tous ceux de ceste machoire, & reçoit les ficheures de l'vn des costez des déts de dessus. Il y a encor vn oz à chasque costé de ceste machoire vers la fin du palais, la part ou les troux des narines regardét dans le gosier. Bref la plus apparoissante partie du nez est faicte de deux oz, lesquels n'ont point de nó particulier, non plus que les autres de ceste machoire. Les tendrós dont les narines sont cóposees aboutissent à ces deux oz. La plus part de tous ces oz sont assemblez par coustures, desquelles celle est nómee coronnale, qui passe au trauers du sommet de la teste: & celle qui passe au trauers du derriere, est nómee laimbdoide, à raison de la semblance qu'elle a auec la lettre Grecque Λ lambda: puis la troisieme est nómee sagittale, laquelle est portee depuis le sommet de ceste cy iusques au milieu de la corónale, seló la longueur de la teste: mais celles qui sont egalement distantes de ceste troisieme, & qui sont portees par le dessus des oreilles, sont nómees cóionctiós escailleuses, pour autát qu'elles n'ont point la façon de cousture, mais plustost elles ressemblent à deux escailles couchees l'vne sur l'autre. Tous les autres assemblages des oz susdicts ne monstrent si exactement la façon de la cousture, cóme sont les trois que i'ay nómees: car en plusieurs endroits on n'apperçoit qu'vne simple forme de ligne, tellement qu'ils meritét plustost le nom d'armonie & conuenáce, que de cousture. La machoire de dessous est faicte d'vn seul oz, si ce n'est aux petits enfans, le menton desquels est repris de deux oz, cóme aussi aucuns de leurs oz sont cóposez de plusienrs, qui toutesfois ne sont qu'vn lors qu'ils sont paruenuz à leur iuste & naturelle croissance. Or ceste machoire (plus courte en l'homme qu'en nul des autres animaux) est assemblee de chasque costé à l'oz qui est sous l'oreille, & ce par le moyé d'vn particulier tédron suruenu en cest endroit, outre celuy lequel a accoustumé de recouurir ainsi comme vne crouste les petites testes & cauitez des oz à l'édroit des ioinctures, & ce pour les rédre plus mouuants, & pour les deliurer aussi des dágers du continuel frottement. A chasque machoire il y a communement seize dents, toutesfois quelques vns en ont moins: il y en a quatre trenchantes, deux œilleres ou chiendens, & dix machelieres, lesquelles sont dissemblables en nóbre de racines fichees

Les oz.

L'oz de la teste.

Les oz de la face.

Les dents.

A

Le neud de la gorge.

en leurs petites fossettes, comme aussi elles le sont n'e-
stãs encores attachees: car mesme les macheliers suruiennent à ceux qui sont desia en fleur d'aage. Il y a vn
oz dans la gorge pres la racine de la langue, lequel resemble plustost à la lettre Grecque v, qu'à vn x: il est
composé de plusieurs osselets, dont les plus petits sont
attachez auec le tédron qui est au hault du sifflet: & que
i'ayme beaucoup mieux nommer le neud de la gorge,
que le gosier. Ce tédron est semblable à vn petit escusson, & est le premier tendron du neud de la gorge: il
peult estre touché en tout & partout. Le second ten-
drõ, composé la pluspart de la partie du derriere de ce
neud: & est semblable à l'annelet que les Thraces mettent en leurs poulces droits alors qu'ils veulent tirer de
l'arc, il n'a point de nom: toutesfois on le pourra aucunemét recognoistre par la descriptiõ que i'en ay faicte.
Le troisieme tendron est faict de deux propres parties,
& est semblable à l'entree des vases dont cõmunement
ou donne à lauer: il ouure vne petite fente au milieu
du neud semblable à l'âche des haulbois & cornemu-
ses: & pour ceste raison il est nõmé l'anche. Par dessus
tous ces tédrons il y a vn couuecle de mesme matiere,
lequel est espais, & approche fort de la nature du lien.
Les autres tendrons du sifflet sont semblables à vne ou
C, & establissent le trõc & les rameaux d'iceluy, lesquels

Les oz de l'eschine.

sont plantez dans les poulmons. L'eschine du dos donne passage à la moëlle de toute son espine, & est comme la racine du corps, elle est composee du col, ou du
chignõ, du coffre, des reins, du croupion & de la queuë,
iusques au nombre de trête & quatre oz nommez vulgairement rouelles. Le col en tient sept, lesquelles ont
plusieurs espines & saillies, non toutesfois en mesme
nombre: sur la premiere desquelles la teste se demeine
en deuant & en arriere: ceste cy seule entre toutes n'a
point d'espine, mais seulement des grandes saillies par
le trauers. Nous tournons la teste par le moyen de la
seconde, laquelle a vne enleuure semblable à la dent
d'vn chien ou à vn piuot. Par le moyen des autres rouelles la teste se demeine à costé non toutesfois qu'elles
en soient la principale cause. Il y a douze rouelles au
coffre, contre lesquelles les ioinctures des costes sont
rapportees. La derniere des douze est enclauee dedãs
ses voysines par le moyen de ses sailles tant montantes
que descédantes, tout ainsi comme la premiere du col
reçoit & enclaue tant l'oz de dessus que celuy d'embas:
Les autres rouelles du doz qui sont par dessus la douzieme, sont enclauees & receuës par celles d'enhault:
mais elles enclauent & reçoivent celles d'embas: toute fois celles de dessous sont enclauees par le bas, & enclauent par le hault. Au moyen de ces enclauures l'assemblage des rouelles est parfaict outre la conionction
du tronc de leurs corps. Au dessous de la douzieme en-
suiuét les cinq rouelles des reins, & puis apres le croupion, lequel est composé communement de six oz particuliers, serrez, & parfaictement assemblez. La queue
est faicte le plus souuét de quatre petits osselets, & d'vn
tendron attaché au bout, desquels il ne sort aucun nerf,
cõme aussi ne sont ils troüez pour receuoir la moëlle de

L'oz de la poictrine.

l'espine. L'oz de la poictrine est au deuant du coffre,
& accõplist le bastiment propre pour receuoir le cœur,
& les autres organes qui luy sont asseruis: il est faict
peu souuent de sept oz, & plus cõmunement de moins:
lesquels reçoiuent tant à droict qu'à gauche l'assembla-

Les costes.

ge de sept costes. Car des douze qui sont a à chasque
costé finissantes par le bout en tendrons, les sept d'en-

hault sont attachees à l'oz de la poictrine: & de là elles
sont nommees vrayes & legitimes. Les autres sont nõ-
mees faulses & illegitimes: d'autant plus que n'estant
portees iusques à cest oz, elles se retirent du ventre vers
les parties plus basses. L'oz de la poictrine aboutit par
le bas en vn tédron ressemblant au bout d'vne espee rabatue, si bié q tout cest oz a quelque similitude auec vn
cousteau. Ie n'ay peu encores iusques au iourd'huy remerquer vn oz naturel dedãs le cœur, encores que Galen soustiêne que lõ y en trouue. En la partie plus haute
de cest oz de la poictrine, l'endroit ou il est plus large, *Les clauet-tes.*
& plº fort, & là ou le gosier se repose: il y a deux clauettes attachees vne de chasque costé, laquelle repousse
l'emboiture du bras à costé du coffre. Car le palleron *Le palle-ron.*
estát quasi faict en maniere d'vn triãgle, couure le derriere du coffre, de là se retraississant il faict vn petit col,
au bout dúquel il y a vne boitte propre pour receuoir la
teste du bras: outre cela il pousse vne saillie hors le milieu de sa creste, laquelle est nõmee l'espaule, ou le haut
du bras, pour autát quelle aboutist à la ioincture de cest
oz: là aussi estát ioincte par le moyen du tendron particulier à la clauette (ce qui se fait pareillemét en la ioincture de la clauette auec l'oz de la poictrine) elle retire
la ioincture du bras, estãt aidee de la mesme clauette, en
quoy faisant elle fortifie ceste ioincture par le hault aussi bien cõme faict l'interieure saillie du palleron, laquelle est faicte comme vn ancre, ou comme vn bec de cor-
beau, ou comme vn c ou vn C. Parquoy l'oz du bras est *Les oz du bras.*
attaché auec le palleron, & à l'endroit ou il a plusieurs
petits replis & enleuures, il tient derechef deux oz attachez, assauoir le susauantbras auecques le sousauantbras, lesquels encore ioincts ensemble, & estans nommez du nom de toute la partie, font l'auantbras, qui se
plie & s'esté auec l'oz du bras: ce qui est commun aux
hommes auec les animaux à quatre pieds. & d'auantage il a par hault vne saillie à l'endroit ou il faict le derriere de sa ioincture: ceste saillie est nommee le coulde,
& de mesme façon encore le sousauantbras a vne autre
saillie par bas, laquelle a prins son nom de la semblance
qu'elle a auec vne touche de tablettes. Au reste peu s'en *Les oz du poignet.*
fault que tous les oz du poignet ne soyent ioincts auec
le susauantbras, bien est il vray qu'il y a vn particulier
tendron qui les separe d'auec le sousauantbras. Tout le
poignet est faict de huict oz dissemblables tãt en façon
qu'en grãdeur, lesquels derechef sont attachez par bas
auec les quatre oz de la main, & le premier du poulce, *Les oz de toute la main.*
qui est faict de trois oz attachez de mesme suitte com-
me s'ils estoyent posez en bataille: ce qui se faict aussi es
oz des autres quatre doigts, & ainsi il y a quinze oz des
doids, ausquels on adiouste deux petits osselets semblables à la graine de iugioline, lesquels sont attachez au
second entre neud du poulce. Il s'en trouue encores de
pareils aux quatre premiers entreneuds des autres quatre doids: toutesfois ils sont beaucoup plus peris, & plus
tédronneux. Il y en a encores vn autre au troisieme entreneud du poulce, & vn autre que les anatomistes ont
obserué au costé de dehors de la ioincture du poignet,
& de l'oz de la main, qui soustient le petit doid. Les
autres entreneuds des doids en ont peu souuent vn,
si ce n'est es corps beaucoup aagez. Il y a vn grand oz
attaché aux deux costez du croupiõ, lequel est nommé *Les han-ches.*
l'oz de la hanche, à l'endroit ou il est large, & ou il touche les flancs: on le nomme aussi l'oz de la fesse à l'endroit ou il reçoit dãs sa boitte profonde la teste de l'oz
de la cuisse: il est encores nommé l'oz barré, là ou il s'attache

L'oz de la cuisse.

tache auec son semblable qui est en l'autre costé, & faict
l'endroit du penil, & est percé manifestemét. Tous ces
noms luy sont attribuez, encores que souuentesfois il
soit nommé l'oz de la fesse. Au haut de la cuisse il y a vn
aboutissement d'vne teste toute ronde assise dessus vn
long col trauersant en dedans, laquelle est ioincte auec
l'oz de la fesse: mais par le bas cest oz de la cuisse a deux
testes, lesquelles entrent dás le creux de la greue, & reçoiuent la saillie d'icelle greue dedans la cauité qui est
entre elles deux, ce qui se faict par le moyen des particuliers tendrons de ceste ioincture, laquelle aussi est
semblable au genoil des animaux à quatre pieds & des
oyseaux. Il apparoist vne grande saillie au hault de la
cuisse assez pres de la partie exterieure du col d'icelle,
que nous nommons la fesse, ou le grand tourneur. Il y a
en a encores vne autre par le dedás, laquelle toutesfois
est beaucoup plus petite & pour ceste cause on la nomme le petit tourneur de dedans. Or tout ainsi cóme en
Les oz de la iambe. l'auátbras il y a deux oz, ainsi en trouue-lon deux en la
iambe. Celuy qui est par le dedans, est beaucoup plus
gros que l'autre, & est nommé du nom de toute la partie: le second qui est dehors, & qui n'est point attaché a-
uec la cuisse, est nommé le sousgreue. Au deuant de la
ioincture du genoil il y a la roüelle, qui est vn oz tout
rond, nómé la meule ou la palette: cest oz est attaché en
cest endroit ainsi comme vn bonclier. Au reste les cheuilles qui sont parties tát de la greue que de la sousgre-

ue, sont apparoissantes sans chair, & enclauent l'osselet,
lequel est mis en l'hóme au mesme lieu & pour le mesme vsage qu'aux animaux à quatre pieds. Le talon est
attaché sous l'osselet, il passe par derriere, & outrepasse
de beaucoup la droite ligne de la iambe. D'auantage
l'osselet a vne petite teste au deuant, par laquelle il entre dans la cauité de l'esquif, auec lequel seulemét trois
oz de la rasette sont attachez: car le quatrieme qui est
dehors pied, & qui est semblable à vn dez, s'attache a-
uec le talon. Ces quatre oz du coudepied sont ioincts
auec les cinq oz de l'auátpied, sur lesquels sont appuyez
les cinq doids du pied. Entre ceux cy le seul gros orteil
est faict de deux oz, to° les autres ont trois entrenœuds:
& qui plus est, il y a autát de petits osselets au pied qu'en
la main: lesquels nous auons comparez au grain de iugioline, encores qu'au premier entrenœud du gros orteil il y en ait deux beaucoup plus gros que ceux de la
main: l'vn desquels, assauoir celuy qui est dedans, n'est
aucunemét subiect à corruptió, ainsi q́ disent les secta-
teurs de la philosophie cachee, soustenans friuollemét
qu'il est cóserué dans la terre iusques à ce qu'au téps de
la resurrection il s'en esleue vn homme, ainsi que d'vne
graine. Outre tous les oz il y a encor des ongles aux
pieds aussi bien qu'en la main, lesquels nous remettons
en cest endroit à raison de leur substance: tout ainsi cóme nous remettons au nombre des parties sousstenátes,
les tédrons qui empeschét que les sorcils ne s'affaissent.

Les oz de tout le pied.

DES LIENS DEPENDANS DES OZ, DES TENDRONS,
& des muscles instrumens du mouuement volontaire. Chapitre 2.

Le Lien.
E lien est vn coprs simple, lequel
prend son commencement de l'oz,
ou du tendron, il est du tout insensi-
ble, & dur, toutesfois plus mol que
le tendron, il est blác, & a beaucoup
d'vsage en la fabrique du corps humain, soit en liát, soit en maintenár,
soit en couurát & establissant les muscles. On luy a dó-
né cómunement le nom de nerf, aussi bien comme aux
tendons des muscles, & aux organes, par lesquels l'esprit animal est conduit. Le muscle est estimé l'instrument du mouuemét lequel depend de nostre volonté:
il est tissu de plusieurs fibres membraneuses, lesquel-
Le muscle. les retiennent la nature du lien, & sont recouuertes
de chair. Il a aussi bien l'ayde des nerfs qui descendent du cerueau & luy donnent la force, comme ont
les organes des sens. Il est aussi arrousé par les venes &
arteres, tout ainsi comme les autres parties, lesquelles
ont besoing de nourriture. Au reste le tendon est vne
alonge nerueuse du muscle, & quasi comme vn assemblage de ses fibres sans aucune chair, laquelle seulemét
sort du muscle lors qu'il tiét vne telle & si longue espace depuis son cómencemét iusques en sa fin, que les fibres n'ót mestier en toute ceste códuicte d'estre réplies
de chair, laquelle toutesfois est la principale parties de
iceluy: tellement que les muscles plus longs se termi-
nent en vn tendon maintenant rond, maintenant large, & presque membranenx, maintenát court & maintenant long. Les muscles plus courts demeurét en tout
& par tout charnuz & n'ont aucune allonge nerueuse
qui soit remerquable. Ils prennent volontiers leurs có-
mencemens à vn oz ou à vn tendron, ou en quelque
membrane, & finissent en la partie laquelle ils doiuent
mouuoir. Or la peau du front prend son mouuement

de la membrane musculeuse, laquelle luy est sousmise,
& est augmentee par les fibres charnues: car la peau naturelle couuerture du corps, est recouuerte par dehors
d'vne autre petite peau, qui n'est autre chose qu'vne ac-
croissance d'icelle, & est nommee par les Grecs epiderme, c'est à dire suspeau. Il y a par dedans vne membrane qui l'accompagne par tout le corps, & qui a esté nómee charnue, pour autant qu'en quelques endroits,
comme au front elle est renforcee & augmentee de fibres charnues. Qui la voudra nommer taye, le pourra
faire, d'autant que ceste membrane n'est autre chose
qu'vne couuerture tenvre, deliee, simple & destituee
de toutes fibres entre laquelle & la peau il s'amasse beaucoup de gresse principalement aux hommes. Les
paupieres de dessus se meuuent par le moyen de ceste Muscles des paupieres.
membrane que i'ay dicte, laquelle estant faicte charnue
en la partie de dedás l'œil, fait esleuer la paupiere, qui
de rechef est abaissee par le moyen de ses fibres dót elle
est remplie estant disposees en façon de nostre lettre C
vers la partie de dehors l'œil. Il y a sept muscles qui fót Muscles de l'œil.
mouuoir l'œil, le premier le faict au costé de dedans, le
second au costé de dehors, le tiers en haut, le quart en
bas, le quint & le sixieme le font torner egalement &
aydent l'action du premier & du second. Tous ces six
muscles sont semblables, ils ont la figure quasi ronde,
& prennet leur origine d'vne dure membrane, laquelle
enueloppe le nerf de la veüe, ils finissent en tendons
membraneux alentour de la partie de deuant de la dure taye de l'œil, & à costé de l'arc. Le septieme est caché
au dessous des six, & enueloppe luy seul tout le nerf de
la veüe, tout ainsi comme faisoiét les six premiers auec
le septieme: il est attaché en la partie de derriere de la
dure taye: il est tout charnu, & sert à faire les mesmes
mouuements que faisoyent les six premiers. Il y a vn

A ij

Muscles du nez.
muscle qui prēd son origine au costé de dedans la iouë, & finist en partie sur vn des costez du nez, & en partie sur la leure d'enhaut à l'endroit ou elle luy est subiecte: ce muscle faict mouuoir le costé du nez tant vers le haut qu'en la partie de dehors. Il y en a encore vn autre fort membraneux, lequel est caché dans le nez au dessous de la raye qui le reuest: par le moyen duquel le costé du nez est reserré en dedans. A chasque costé de la bouche & des leures il y a quatre muscles qui seruent

Muscles des leures.

au mouuement d'icelles, le premier est faict de la membrane charnue, laquelle est réforcee & faicte musculeuse par des fibres charnues principalemēt depuis la partie de deuant du col & de la face iusques aux iouës. Le second procede des iouës, & s'attache à la leure de dessus. Le troisieme procede de la machoire d'embas, & est porté iusques à la leure inferieure. Le quatrieme est dissemblable en ses parties, & est posé en ceste partie de la ioué de laquelle on enfle communement. Ces quatre muscles sont aydez par vne portion de celuy lequel nous auons desia entendu estre aucteur du mouuemēt exterieur du costé du nez: estās ioints & se mouuās ensemble, ils sont causes de cest esmerueillable & dissemblable mouuement lequel se faict par la bouche & les leures. Il y a aussi quatre muscles à chaque costé desti-

Muscles de la machoire d'embas.

nez pour mouuoir la machoire d'embas. Le premier est le templier, lequel prend son origine large & ample de l'oz du sommer, du front, de l'oz semblable au coing & des oz des temples: il s'attache à la saillie aigue de la machoire d'embas. Le second est nommé machelier, à cause qu'il ayde le mascher, il descend de ceste partie du taiz, laquelle est nōmee l'oz iougal, & est attaché au dehors de la machoire. Le troisieme vient des saillies du taiz, lesquelles ressemblēt à des aësles: & est attaché en l'interieure partie de la machoire, il esleue la machoire auec les susdits, la faisant mouuoir à costé, & du tout en arriere. Le quatrieme estant aydé de son compaignon tire la machoire en bas: & prenant son origine de ceste saillie de la teste, laquelle est semblable à vne touche de tablettes, ayant aussi particulierement deux ventres, il s'attache par le bout du menton auec la ma-

Muscles de l'oz yoïde.

choire. L'oz semblable à la lettre Grecque υ, est tiré en bas de droite ligne par deux muscles qui s'accōpagnent de pres, & prennent leur origine du haut de l'oz de la poictrine. Il y en a encores deux autres qui le retirent en haut, lesquels ont leur commencement en la machoire d'embas, & vn d'abondant encore à chaque costé, procedāt de la saillie du taiz, laquelle est semblable à la touche d'vne tablette. ces deux l'esleuent à costé tout ainsi comme deux autres qui l'abaissent à costé, & ont leur origine en la plus haute creste du palleron. Tous les huict muscles dont i'ay parlé sont attachez en la partie de deuāt de l'oz semblable à la lettre Grecque

Muscles de la langue.

υ. On remarque vn morceau de chair attaché à la racine de la langue, lequel vient du milieu de l'oz que i'ay dict: il peut estre nombré pour deux muscles & retire la langue en dedans & en bas. Il sort encores de chaque costé de cest oz vn muscle, lequel aboutist à la racine de la langue, & la retire au dedans: toutesfois il la fait d'auātage mouuoir à costé. Le cinquieme & sixieme muscle de la lāgue s'attachent en la racine d'icelle, & viennent (assauoir vn de chaque costé) de la saillie du taiz semblable à la touche : au moyen de ces deux, & selon que l'vn ou l'autre se retire, la langue se meut à costé vers le haut. Le septieme & huictieme sont à chaque costé, & viennent des costez de la machoire d'embas

assez pres de la racine des dents machelieres, ils s'estendent en longueur au dessous de la langue, de laquelle ils font mouuoir la partie plus apparoissante auant la section, alors que lon ouure la bouche: ils la tirēt aussi à costé vers le bas. Le neusieme est fort gros & espais, il a plusieurs diuisions, & aboutissant en la plus basse partie de la langue, il la faict mouuoir en dehors, & vient de la partie de dedans de la machoire d'embas pres le bout du menton, nonobstant lesquels muscles le corps de la langue apparoit auant la dissection estre tellement tissu de fibres qu'il peut estre par vne tresgrande industrie de nature tourné & viré en toutes sortes de mouuemens. Le premier tendron du sifflet est attaché auec

Les muscles du neuf de la gorge & du sifflet.

le second par le moyen de quatre muscles, lesquels retraisissent son anche : & le troisieme auec le second est attaché par quatre autres muscles qui ouurent l'anche, deux muscles aussi attachent le troisieme tendron auec le premier & ferment l'anche du sifflet. Il y en a encore deux attachez au bas du troisieme tendron, lesquels estraignent ceste mesme anche. Tous les douze sont nōmez les propres muscles du sifflet : mais entre les communs il y en a deux venans de l'oz semblable à la lettre Grecque υ, lesquels sont attachez au premier tendron, & ouurent l'anche, lors qu'ils esleuent le sifflet sur le deuant. Il y en a encores deux qui s'esleuent de l'oz de la poictrine, & s'attachent au mesme tendron, outre lesquels il y en a encores deux autres fort prochains, lesquels viennent du derriere de la gueule, & s'attachent au costé du mesme tendrō, ils retraisissent le sifflet estāt agité des deux que nous auons maintenant nombrez. Ces deux muscles sont fort charnus, comme aussi sont tous ceux du sifflet. Il en reste encores deux qui prennent leur cōmencement de l'oz semblable à la lettre υ, lesquels sont attachez à la racine de la luette, & la font

Muscles la teste.

esleuer en deuant. Entre les muscles qui font mouuoir la teste, ceux la doiuent estre nombrez, lesquels particulierement font mouuoir la premiere rouelle du col, toutesfois il y en a sept paires en general, lesquelles sont egalement distribuees aux deux costez. La premiere paire s'esleue petit à petit obliquement & en dehors, & s'attache à l'oz de derriere la teste, apres auoir pris son commencement des espines de cinq premieres rouelles du haut du coffre: La seconde paire qui semble diuersifiee & faicte nō seulemēt de deux muscles, mais de plusieurs, sort en plus grande partie des saillies trauersantes tāt des quatre superieures rouelles du coffre, que des cinq inferieures du col, desquelles estant deliuree elle s'esleue obliquement en dedans, & s'attache à l'oz de derriere la teste. La troisieme paire sort de l'espine de la seconde rouelle du col, & se conduit obliquement en dehors: puis s'attache à l'oz de derriere la teste. La quatrieme paire est attachee en mesme endroit, & sort de ceste partie de la premiere rouelle, en laquelle les autres rouelles sont espineuses. La cinquieme sort du milieu de l'oz de derriere la teste, & est portee aucunement en trauers iusques aux saillies trauersantes de la premiere rouelle. La sixieme sort de l'espine de la seconde rouelle, & passant par les mesmes saillies, elle s'attache au derriere de la teste, cōme les autres cinq paires: elle est faicte de muscles du tout charnuz, longs & gresles, tout ainsi que la troisieme, la quatrieme & cinquieme paire. La septieme est beaucoup plus remerquable, elle prend son commencement du haut de l'oz de la poictrine & des clauettes à l'endroit ou elles sont attachees auec cest oz, c'est assauoir de chaque

costé

costé vn muscle, lequel est porté obliquemēt vers haut, & s'attache contre le taiz en la saillie semblable au bout d'vne mammelle. Au reste la teste est droictemēt portee vers le derriere lors que les quatre premieres paires s'estendent esgalement. Et s'il aduient que les muscles des trois premieres paires agissent seulement d'vn costé, alors ils ayderont à tourner la teste: & en ce mouuement la cinquieme & sixieme paire ferōt tourner la premiere rouelle du col quant & quant la teste. Mais les muscles de la septieme paire lors qu'ils font egalement leur office baissent cōtre bas la teste en deuant, & lors qu'ils se retirent l'vn apres l'autre, ils sont faicts aucteurs de son retournement. Outre tous ces muscles ceux du col aydent beaucoup au mouuement de la teste: par lequel en second lieu elle s'abbaisse & s'esleue, & est conduicte à costé sur les espaules: tous ces muscles aussi doiuent estre rapportez aux huict paires, lesquelles font mouuoir le doz. La premiere paire vient des costez de la cinquieme rouelle du coffre, & aboutit iusques à la premiere rouelle du col: elle passe au dessous de la gueulle, & faict mouuoir la superieure partie du doz. La seconde vient à chaque costé de la premiere coste du coffre, & s'attache au dedans des saillies trauersantes des rouelles du col, lequel elle faict mouuoir à costé, mais vn peu d'auantage sur le deuāt. La troisieme procede des saillies trauersantes des six superieures rouelles du coffre, & s'attache à la partie exterieure des saillies trauersantes, lesquelles font aux rouelles du col: elle le faict mouuoir à costé, le recourbant toutesfois vn peu en arriere. La quatrieme paire vient de l'espine de la septieme rouelle du coffre, & aboutit iusques à la seconde rouelle du col, s'attachant à chaque rouelle qu'elle rencontre entre deux, tout ainsi que faict la premiere paire, desquelles comme prenant son origine, elle faict estendre la partie superieure du doz. La cinquiesme paire aussi a de chaque costé vn muscle, lequel prēd son cōmencemēt de l'oz de la hanche, aboutit aux saillies trauersantes des rouelles des reins, & à la derniere coste du coffre, & faict courber l'inferieure partie du doz. La sixieme prend son commencement du bas du croupion & du doz, est portee iusques au col, & s'attache aux trauersantes saillies des reins: mais beaucoup plus manifestemēt à celles des rouelles du coffre. Les deux muscles de ceste paire se retirent egalement alors qu'ils font estendre le doz, que si l'vn des deux seulement se retire, il sera faict aucteur du mouuement oblique, ou de celuy qui se faict à costé: ce qui est aussi propre à ceste paire, cōme en toutes les autres. La septieme paire est cachee sous la sixieme, & venant du derriere de l'oz du croupion, elle monte iusques à l'espine de l'onzieme rouelle du coffre, & est attachee aux espines qui sont entredeux, lesquelles elle lie ensemble, & faict estendre le doz en ceste partie, tout ainsi cōme faict la huictieme paire en son endroit: car partant de l'onzieme rouelle du coffre, & aboutissant à la septieme du col, elle est tout ainsi attachee aux espines d'entredeux, comme la septieme paire à celles ou elle aboutit. Le muscle qui tire le palleron vers la poictrine, prend son commencement de la seconde, troisieme, quatrieme & cinquieme coste du coffre deuant qu'elles soient allongees par leurs tendrons, de la il va aboutir quasi comme vn triangle iusques à la saillie de dedans du palleron. Le second qui faict mouuoir le palleron, descend de l'oz de derriere la teste, & s'estendant tout au long du col iusques à la huictieme rouelle du

coffre, il prend commencement du sommet de chaque espine, & puis il aboutit en la creste, & en la saillie d'enhaut du palleron vers le haut, & partie de la clauette. Ce muscle tire le palleron vers le haut, par le moyen de la partie qui est au long du col, mais il le retire en bas par le moyen de celle qui est sous le col au long du derriere du coffre, & qui est semblable au derriere d'vn chaperon de moyne. Le troisieme esleue aussi le palleron, & prend son commencement aux saillies trauersantes des rouelles du col, & s'attache au plus large anglet du bas du palleron. Le quatrieme prend son origine principalemēt des espines de la cinquieme, sixieme & septieme rouelle du col, & des trois premieres rouelles du coffre, & estant attaché au bas du palleron, il le tire vers le doz, & l'esleue aucunemēt. Le premier muscle qui faict mouuoir le bras sort en partie du milieu de la clauette prochaine de l'oz de la poictrine, & en partie de l'oz de la poictrine: puis s'estraississant en pointe il tire le bras vers la poictrine. Le secōd vient tant de l'autre partie de la clauette que de la saillie superieure & de la creste du pallerō, puis estāt de trauers attaché par son sommet à l'ētour de l'oz du bras, il l'esleue diuersemēt, & recouure fort bien la ioincture d'iceluy, estāt faict en maniere de la lettre Grecque Δ. Le troisieme vient du bas de la creste du palleron, & tire de droicte ligne le bras par deuers le doz. Le quatrieme prēd son cōmencemēt de l'espine de la sixieme rouelle du coffre, & du sommet de celles qui sōt depuis ceste espine iusques au plus bas du croupion, puis se ramassant comme en vne poincte de triāgle, il s'attache au bras à l'endroit ou les trois muscles susdits se retirent loing de ceste teste de l'oz, laquelle est attachee auec le palleron. Ce muscle tire le bras vers le bas, mais en diuerses manieres: cōme aussi son commencemēt est fort ample, n'estāt attaché en vn seul endroit, cōme les muscles seruāts à vn simple mouuemēt. Le cinquieme rēplit toute ceste cauité du palleron, laquelle est vers les costes. Le sixieme entreprend toute ceste partie bossue du palleron laquelle est au dessous de la creste d'iceluy. Le septieme remplit la cauité qui est entre la creste du palleron, & la plus esleuee saillie d'iceluy. Ces trois muscles s'attachent amplement contre les liens lesquels enuironnent la ioincture du bras, & sont causes de son tournoyement, toutesfois d'abondant le septiesme semble ayder aucunement à l'eleuation d'iceluy. Le premier muscle de ceux qui font mouuoir le coffre prend son commencement de la clauette, & s'attahe en la premiere coste, laquelle il faict esleuer: & par ce moyen il ayde à l'eslargissement du coffre. Le second sort du bas du palleron, & s'attache comme auec des doids sous les huict costes d'enhaut, auant qu'elles aboutissent en tendrons, puis les faisant mouuoir en dehors, il eslargit le coffre. Le troisiesme a son commencemēt large & membraneux sortāt du sommet des espines des trois inferieures rouelles du col & de la premiere du coffre, & s'enclauant aussi comme auec trois doids entre les trois superieures costes sous le bas du palleron, puis tirant ces trois costes obliquemēt en haut, il amplifie le coffre. Le quatrieme commence des l'oz de la hanche, & montant iusques au col, il s'attache à douze costes, l'endroict ou elles ont laissé les rouelles, & restraissit le coffre. Le cinquieme a son commencement membraneux, & sort du sommet de l'espine des deux inferieures rouelles du coffre, & de quelques vnes des reins: de la il se porte en trauers, & s'attache à la huictieme, dixieme & vnzieme

coſte , l'endroict ou elles ſe courbent en dedans , & par
ſon moyē le coffre eſt eſlargi. Le ſixieme le reſtraiſſit, &
eſt ſitué en la capacité du coffre, il ſ'eſtend par les tendrons des coſtes legitimes, & au coſté de l'oz de la poictrine. Entre les douze coſtes il y a des muſcles dedans
& dehors . Ceux qui ſont par le dehors, ſortēt en deuāt
de la coſte ſuperieure, & enuoyent obliquement leurs
fibres en celle d'embas, mais les muſcles de dedans ſortent au deuant de la coſte d'embas, & enuoyent leurs
fibres obliquement aux coſtes d'enhaut . Entre les ſix
eſpaces des tendrons attachez aux legitimes coſtes, les
muſcles exterieurs ſortant du tēdron d'embas, enuoyēt
en deuant leurs fibres obliques iuſques au tēdron d'enhaut, & les interieures fibres deſcendent en deuant du
tendron d'enhaut, & aboutiſſent à celuy d'embas. Ainſi
donc les muſcles des ſix entre-deux des legitimes coſtes ſont quatre à quatre, & ceux des faulſes coſtes ne
ſont que deux à deux, tellemēt qu'à vn des coſtez il y a
trente & quatre muſcles entre-coſtaux, leſquels ſeruēt
à eſtraiſſir le coffre . Si doncques l'on compte quarante
muſcles à l'vn des coſtez du coffre, autant en faudra-il
compter en l'autre , & ainſi il y en aura quatre vingts:
auſquels derechef on en adiouſte vn, qui eſt commun
L'entredeux trauerſant. à l'vn & l'autre coſté , c'eſt aſſauoir l'entre-deux trauerſant, lequel eſt attaché au bas de l'oz de la poictrine, aux
tendrons des faulſes coſtes, & aux ſuperieures rouelles
des reins. Il eſt nerueux par le mylieu, & charnu tout à
l'entour, l'endroict ou il ſ'attache, il ſepare les organes
ſeruans à la nourriture & generation, d'auec le ſiege du
cœur & des parties qui luy ſont aſſubiecties: ſon propre
Les muſcles du ventre. office eſt d'eſlargir le coffre .   Auec tous ces muſcles
on adiouſte les huict du ventre, aſſauoir quatre de cha-
que coſté . Le premier ou celuy de dehors enuoye ſes
fibres obliques en deuant, & donne auec ſon compaignon vn enuelopoir à tout le ventre . Le ſecond montant enuoye ſes fibres obliques vers le deuant, & auec
ſon compaignon il faict pareillement vn enuelopoir à
tout le ventre . Le troiſieme commence à l'oz barré, &
mōte iuſques à l'oz de la poictrine, auquel il enuoye ſes
fibres toutes droictes . Le quatrieme diſpoſe ſes fibres
en trauers, & donnant auec ſon compaignon vn enueloppoir à tout le vētre (ainſi que font les obliques) il ayde l'eſtraiſſiſſemēt du coffre tout ainſi comme font les
autres muſcles du ventre.
Muſcles qui flechiſſent l'auātbras.   Il y a deux muſcles qui flechiſſent l'auantbras, celuy
de deuant a deux teſtes: deſquelles l'vne prend ſon cō-
mencement de la plus haute partie du col du palleron,
& l'autre procede de l'interieure ſaillie du meſme palleron: il aboutiſt au ſuſauantbras. Celuy de derriere cōmence à l'oz du bras, & ſ'attache principalemēt au ſuſauantbras dans la partie de deuant du ply du bras . Il y a
encores trois muſcles qui l'eſtendent , le premier procede de la petite creſte du palleron, le ſecond deſcend
du derriere du col de l'oz du bras : les deux deſcendans en bas ſ'attachent enſemble auec le troiſieme: lequel ſortant enuiron du mylieu du bras , aboutiſt auec
les deux premiers dans la ſaillie de derriere du ſouſauantbras. Il y a encore vn muſcle fort greſle au dedans
du ſouſauantbras, lequel ſ'eſtend en vn large tendon,
apres auoir pris ſon commencement de l'interieure
enleueure de l'oz du bras, & ſe cache preſque du tout
au deſſous de la paume de la main, il eſt cauſe, ainſi que
l'on dit, que toute ceſte peau eſt rendue plus apte à tou-
Muſcles du ſuſauant- bras. cher, & moins ſubeicte au mouuement .   Le ſuſauantbras eſt panché vers bas par le moyē de deux muſcles,

le premier deſquels procede de l'interieure partie de
la ioincture du bras, & ſ'attache obliquement au ſuſauantbras. Le ſecond eſt pres du poignet, & paſſe en trauers du ſouſauantbras iuſques au ſuſauantbras , lequel
derechef eſt releué vers haut par le moyen de deux autres muſcles , l'vn deſquels eſt long, & prend ſon commencement de l'oz du bras: puis ſ'attache en l'inferieure partie du ſuſauantbras, l'endroict ou il ſe ioinct auec
le poignet : l'autre ſ'attache en ce meſme endroict, &
ſ'eſtend obliquement ſelon la longueur du mylieu du
ſuſauantbras , ayant pris ſon commencemēt de la partie de dehors de la ioincture du ſouſauātbras.   Le poi-
Les muſ. du poign. gnet ſe meut au moyen de quatre muſcles principaux:
les deux premiers procedent de l'interieure enleueure
de l'oz du bras, dont l'vn ſ'attache en l'oz de la main, lequel ſouſtiēt le ſecōd doid, & l'autre aboutiſt au plus petit oz du poignet . Le troiſieme muſcle procede de l'oz
du bras, & finiſſant en vn double tendō, il ſ'attache aux
deux oz de la main , leſquels ſouſtiennent le ſecond &
le troiſieme doid. Le quatrieme procede de l'exterieure enleueure de l'oz du bras, puis ſ'eſtendant le long du
ſouſauantbras , il aboutiſt iuſques à l'oz de la main , lequel ſouſtient le petit doid. Les deux premiers flechiſſent enſemble le poignet. Le troiſieme & le quatrieme
le font egalement eſtendre lors qu'ils ſe retirent: mais
alors que le premier & le troiſieme ſ'eſtendent, ils font
mouuoir le poignet au coſté de dedans, ainſi comme le
ſecond & le quatrieme le font mouuoir au coſté de de-
Muſcles des doits. hors .   Le premier muſcle, qui faict mouuoir les doids
des mains, procede du dedans & du deuant du ply du
bras : puis ſe partiſſant en quatre tendons vn peu au
deſſus du poignet, il va ſ'attacher aux ſeconds entreneuds des quatre doids leſquels il flechiſt . Le ſecond
deſcend du meſme endroit que le premier, mais il ſ'a-
baiſſe beaucoup plus, il ſ'eſcoule par deſſous, & ſe par-
tiſt en quatre tendons, leſquels ſont auſſi portez au deſſous de quatres premiers, leſquels ils percēt vn peu deuant que venir aux racines des ſeconds entreneuds : &
en la fin ils ſont portez iuſques aux troiſiemes entreneuds des quatre doids, leſquels ils flechiſſent. Le troiſieme procede du ſuſauātbras aſſez pres du ply du bras,
& puis ſ'attache à la troiſieme ioincture du poulce, laquelle il flechiſt. Il y a encores treze muſcles diſpoſez
par les doids, leſquels ſuyuent en ordre le troiſieme: aſſauoir deux attachez à chaque premier oz des cinq
doids, leſquels ſont aucteurs du mouuement d'iceux, &
trois encores principalement attachez au ſecond entreneud du poulce, par le moyen deſquels auſſi il ſe flechiſt . Le dixſeptieme muſcle mouuant les doids procede de l'interieure enleueure de l'oz du bras , & e-
ſtant attaché aux trois doids du mylieu, il les faict eſtē-
dre. Le dixhuictieme vient du meſme endroit que ce-
ſtui-cy, & eſt le principal aucteur de l'eſtendue du petit
doid , & eſtant diuerſement meſlé auec le tendon du
dixſeptieme muſcle attaché aux oz du quatrieme doid,
il ayde aucunement en ceſt endroit le retirement qu'il
faict vers le dehors . Le dixneuſieme (comme le vingt
& vnieme dont nous parlerons) prend vn commencemēt commun du ſouſauantbras aſſez pres du poignet:
& eſtāt preſque touſiours diuiſé en deux tendons , il en
enuoye l'vn au coſté de dehors du ſecōd doid, & l'autre
auſſi au coſté de dehors du troiſieme, eſtāt par ce moyē
aucteur de leur retirement vers le dehors . Le vingt-
ieme procede du coſté de dehors de l'oz exterieur de
la main qui ſouſtient le petit doid : & eſtant attaché au
                                                                premier

premier oz d'iceluy il le retire à costé vers le dehors.Le vingt & vnieme s'attache depuis le costé exterieur du dehors du poulce iusques à la troisieme ioincture, & est cause de l'estendue que faict le poulce deuers le second doid. Le vingtdeuxieme procede du susauantbras vn peu plus haut que celuy dont ie vien de parler, & se se-pare incontinent en deux parties l'vne desquelles faict vn tendon qui est attaché à l'oz du poignet, qui soustiét le poulce, & ayde la conduicte par laquelle la main va suiuât le mouuemét que fait le sousauantbras lors qu'il se pâche vers bas. L'autre partie de ce muscle est de re-chef diuisee en deux portions, lesquelles font vn tédon particulier. La premiere enuoye le sien au costé de de-dans de l'exterieure partie du premier oz du poulce: le tendon de la seconde s'approche seulemét de cest oz, & puis s'attache au secód & troisieme oz du poulce: par le moyen de ses tendons le poulce s'estend en dedans. Le vingttroisieme est situé au costé de dedans du premier oz du poulce, & retire euidemment le poulce d'auec le secód doid. Le vingtquatriesme procede de l'oz de la main,lequel soustiét le second doid,& estât principale-ment attaché au premier oz du poulce, il l'approche du second doid. Il reste encore quatre muscles gresles, lesquels sont en la paulme, despendans des quatre ten-dons du second muscle qui fait mouuoir les doids & s'attachent au costé de dedans du premier oz des qua-tre doids, & sont aucteurs de leur retirement à costé vers le poulce. Au dedans donques du sousauantbras sont situez les muscles qui ensuiuent: premierement celuy qui fait le large tédon de la main, le premier & le secód aucteur du mouuement du poignet, le premier le second & le troisiesme aucteur du mouuement des doids, auec les deux qui panchét le sousauantbras vers les parties d'embas.Et en la partie de dehors sont posez le dixsepriesme, dixhuictiesme, dixneufiesme, vingt-uniesme & vingtdeuxiesme, lesquels font mouuoir les doids auec le troisiesme & quatriesme aucteur du mou-uement du poignet, ensemble les deux qui releuent le sousauantbras, tellement qu'ils sont neuf en nombre: toutesfois il s'en trouuera dix,si d'auec le vingtdeuxies-me,qui faict mouuoir les doids, on separe ceste portió, laquelle enuoye vn tendon à l'oz du poignet sur lequel le poulce est soustenu. On remarque aussi dix muscles par les doids, lesquels font mouuoir leurs premieres ioinctures, & trois autres aussi, qui sont aucteurs du mouuement du second entreneud du poulce. & de re-chef encore le vingtiesme,le vingtroisiesme & le vingt-quatriesme qui font mouuoir les doids, auec les quatre par le moyen desquels les quatre doids sont amenez vers le poulce. Chasque coüilló de l'homme auec ses conduicts semáciers est recouuert d'vne petite mébra-ne laquelle procede de celle qui couure tout le ventre, & laquelle aussi est renforcie de quelques fibres droites & charnues: elle s'attache en la partie inferieure du códuit portesemée. Par le moyé de ces fibres vn muscle est cóposé, a l'ayde duquel le coüillon est obscurement soubzleué. Tout de mesme maniere les mébranes qui renforcissent l'amary sont accópagnees de quelques fi-bres: l'amary aussi a vn muscle de chasque costé, par le moyen du quel il est aucunement retiré vers le flanc. Il y a vn muscle qui entourne le col de la veisse, & em-pesche que l'vrine ne sorte contre la volóté. Ainsi y en a il vn autour de la fin du boyau droit, pour empescher que l'ordure ne sorte auant le temps:& deux autres en-core qui le retirent promptement en haut apres qu'il a

rendu les ordures. Il y a aussi vn muscle gresle attaché à chasque costé de la racine de la verge,lequel procede de l'oz barré, & ayde l'esleuement d'icelle. Il y a de re-chef deux autres muscles lesquels procedent de la par-tie de deuant du muscle qui entourne le boyau droit:& estants fort proches se plantent au conduict de l'vrine, la part ou passant soubz l'oz barré, il se recourbe vers haut. Ces deux muscles eslargissent le códuict de peur qu'il ne se ferme en ceste recourbure lors que la semé-ce est iettee par ce conduict.

Le premier muscle aucteur du mouuement de l'oz de la cuisse procede de l'assiette exterieure de l'oz de la hanche,& du derriere de la queue,puis il se pláte au de-hors de la grande saillie de l'oz de la cuisse, en la racine de laquelle aussi il s'attache fort amplement. Le second est presque du tout caché soubz le premier,& procedât dauantage du deuant de la hanche, il s'attache pareille-ment en la grande saillie de la cuisse. Le troisiesme est beaucoup plus petit que le second: soubz lequel aussi il est du tout caché. Il procede de l'oz de la hanche, assez pres du derriere de l'emboiture qui est en l'oz de la fes-se,& s'attache aussi en la grãde saillie de l'oz de sa cuisse, faisant estendre (comme les deux premiers) l'oz de la cuisse,& le retirant exterieuremét. Le quatriesme des-cend des trois oz inferieurs du croupion: & est aussi at-taché à ceste grande saillie & fait estêdre la cuisse, en la tournoyât vn peu en dehors. Le cinquiesme est le plus grãd de tous les muscles du corps, il a plusieurs cómen-cemens tous procedãs en partie de l'oz de la fesse, & de l'oz barré: lesquels aussi sont attachez au derriere de la cuisse, & touchét iusques aux inferieures saillies d'icel-le.La cuisse est estêdue par le moyé de ce muscle,main-tenue droicte, & ramenee aucunement vers le dedans, principalement à cause de ceste partie laquelle descend du bas de l'oz barré.Le sixiesme prend son commence-mêt des deux rouelles inferieures du coffre, & de quel-ques superieures des reins: descendant de cest endroit, il s'attache en la plus petite saillie de la cuisse, il est cause que la cuisse se flechist: comme aussi est le septiesme,le-quel sortant de tout le dedans de l'oz de la hâche,abou-tit en la mesme petite saillie, mais vn peu plus haut qne ne fait le sixiesme. Le huictiesme procede de l'oz barré, & s'attache en long côtre l'oz de la cuisse vn peu au de-soubs de la petite saillie. Il fait flechir la cuisse, & la fait beaucoup mouuoir en dedans. Le neufiesme occupe tout le deuant du pertuis de l'oz barré,puis il aboutit en la grande saillie de l'oz de la cuisse: laquelle il fait tour-ner en dedãs. Le dixiesme occupe toute l'interieure & posterieure partie du pertuis que i'ay dit, & se recourbe asseuremét au derriere de l'oz de la fesse,la ou il est qua-si comme renforcé par quelques muscles,lesquels pren-nent leur origine en icelle partie: de cest endroit il des-cend & s'attache en la grande saillie de la cuisse, & est cause qu'elle se retourne en dehors. Le premier muscle aucteur du mouuement de la iambe procede du deuant de la hanche, & se códuisant obliquement par le dedâs de la cuisse,il s'attache au deuât de la greue,& est le plus gresle & plus long muscle de tous ceux du corps. Le se-cond descend de la cóionction de l'oz barré,& s'attache en la mesme partie que le premier. Le troisiesme pro-cede de l'aboutissement de l'oz de la fesse,& s'attache au mesme endroit de la greue. Le quatriesme descendant du mesme endroit de la fesse, prend vne partie de son corps le long de la cuisse, & s'attache en là ioincture de la greue auec la sousgreue, mais dauantage encontre la fousgreue. Le cinquiesme viēt aussi du mesme endroit, & se plante au deuant de la greue, ainsi comme les trois premiers, excepté qu'il va moins en abaissant. Le sixiesme prend son commencement de l'espine de l'oz de la hanche, & recourant, comme vne membrane, tous les muscles qui embrassēt l'oz de la cuisse, il s'attache principalement au costé exterieur du genouil. Le septiesme procede de la racine de la grande saillie de la cuisse, & occupant tout le costé de dehors d'icelle, il fait vn mesme tēdon auec le huictiesme & neufiesme: au bout duquel la rouelle du genouil est attachee. Car le huictiesme procedant du col de la cuisse & de la racine de sa grande saillie, est le plus prochain d'icelle, & la recoure presque en tout & par tout. Le neufiesme descend de l'anterieure & plus apparoissante enleueure de l'oz de la fesse vn peu au dessus de l'emboiture qu'elle faict auec la cuisse: & estant couché sur le septiesme & huictiesme muscle, il se porte iusques au deuant du genouil: puis aboutissant en tendon, il en fait vn mesme auec les deux derniers, lequel est fermement attaché au deuant de la greue. Ainsi le premier, sixiesme, septiesme, huictiesme & neufiesme sont causes que la iambe s'estend: & le second, le troisiesme, quatriesme & cinquiesme l'estēdent aussi manifestement. Le muscle caché dans le iaret, lequel descendant du lien de dehors la ioincture du genouil, s'attache obliquement en l'oz de la greue, n'est aucunement cause du flechissement d'icelle, mais s'il fait quelque chose, seulement il imite le mouuement du premier muscle, lequel fait mouuoir obscuremōt le susauantbras vers la partie d'embas.

Le premier de ceux qui font mouuoir le pied, procede de la teste interieure de l'oz de la cuisse pres la ioincture du genouil: ainsi comme le secōd prend son cōmencement de l'exterieure teste du mesme oz. L'vn & l'autre compose tout le gras de la iambe, & estant cōioinct auec le tendon du quatriesme muscle aucteur du mouuement du pied, il s'attache au talon. Le troisiesme muscle est fort petit, & descend pareillement de la teste exterieure de la cuisse, puis aboutissant en vn tendon fort delié enuiron le iaret, il se va planter au costé de dehors du talon. Le quatriesme est le plus grand de tous ceux qui font mouuoir le pied. Il descend de la ioincture de la greue auec la sousgreue, & aboutist en vn fort tendon, auec lequel celuy des deux premiers est conioinct: il s'attache pareillement au talon. Le cinquiesme muscle est ioinct au derriere de la greue & sousgreue: desquelles prenant son commencement la part ou desia ils commencent à se separer, il enuoye vn tendon par derriere la cheuille de dedans, & l'attache en cest oz du coude-pied, lequel est prochain de celuy qui resemble au dé. Le sixiesme est en la partie du deuant de la greue, de laquelle il procede en l'endroit d'en hault auquel elle s'attache auec la sousgreue: & de là il enuoye son tendon en la racine de l'oz de l'auantpied, lequel soustient le gros orteil. Le septiesme descend de la sousgreue, & passe au costé de dehors la greue: puis il enuoye son tendon recourbé par dessoubs le pied iusques à l'oz de l'auantpied qui soustient le gros orteil. Le huictiesme est caché soubs le septiesme: & prenant son origine de la mesme sousgreue, il conduit son tendon iusques à la racine de l'oz de lauantpied, lequel soustiēt le petit orteil. Le neufiesme est vne portion de celuy que ie diray estre cause que les quatre orteils du pied s'estendent: il aboutist presque iusques au milieu de la longueur de l'oz de l'auantpied lequel est mis auant le

petit orteil. Le pied s'estend & est affermy contre terre par le moyen des cinq muscles premiers, encore que le troisiesme le face assez foiblemēt: que s'il aydē en quelque maniere au mouuement du pied, il le fait lors qu'il le conduit obliquement au dedans: mais le pied est flechy au moyen du sixiesme, du septiesme, du huictiesme & du neufiesme, par la vertu desquels aussi, selon qu'ils agissent, le pied est porté aux costez. Le premier muscle qui fait mouuoir les orteils, est situé en tout & par tout soubs la plante: il a en sa partie d'embas vne membrane fort espesse, laquelle luy est serrement attachee, & est aucunemēt semblable au large tēdon de la main. Ce muscle procede de l'oz du talon, & enuoye vn tendon à chasque second entreneud des quatre orteils, lequel est cause de leur flechissemēt. Le secōd & le troisiesme passe au derriere de la greue: le second toutesfois s'estend dauantage au long de la greue dont il descend, que le long de la sousgreue, il enuoye vn tendon en la plante: lequel diuisé en quatre, s'attache au troisiesme oz des quatre orteils, lesquels il flechist ayant persé les tendons du premier muscle, tout ainsi comme il est fait en la main. Le troisiesme descend de la ioincture de la greue auec la sousgreue: au long de laquelle estāt beaucoup estendu, il enuoye son tendon en la plante: quelque petite portion duquel est aussi meslee auec les tendons, lesquels flechissent le troisiesme entreneud du second & troisiesme orteil. Le demourant s'attache au second oz du gros orteil, & le fait flechir. Oultre tous ces muscles, il y en a encore dix, lesquels sont manifestement entrelaissez l'vn dans l'autre: & lesquels prennent leur origine des oz de l'auātpied, & estāts deux à deux à chasque orteil, font flechir les premiers oz d'iceux. Le quatorziesme donques (duquel le neufiesme mouuant le pied, est vne portion) descend du deuant de la greue, & se diuise en quatre tendons, lesquels attachez aux quatre orteils sont causes qu'ils s'estendent. Le quinziesme procede aussi du deuant de la greue, & s'attachant au gros orteil, il est cause de son estendue. Le seiziesme est situé au dessus du pied, & est comme vn morceau de cher diuisé en quatre tendōs, dont l'vn est porté au costé de dehors de la plus haute partie du gros orteil, le second au secōd orteil, le troisiesme au troisiesme, le quatriesme au quatriesme. Par le moyen de ces tendōs chasque orteil est retiré au costé de dehors. Le dixseptiesme muscle est au costé de dehors pied, & estāt attaché au premier oz du petit orteil, il le retire d'auec les autres. Le dixhuictiesme est estādu le long du dedās du pied, & retire le gros orteil d'auec les autres. Il y a encore vn morceau de chair en la plāte du pied, laquelle est diuisee en quatre parties attachees aux tendons par le moyen desquels les troisiesmes oz de quatre orteils se flechissent. Ces parties de chair sont situees au costé interieur des quatre orteils pres de la premiere ioincture, & sont causes qu'ils s'approchent vers le gros orteil. Parquoy si nous voulons conter les quatre portions de chair pour quatre muscles, nous remarquerōs au derriere de la greue le premier, le second, le troisiesme & le quatriesme muscle aucteur du mouuement du pied, le second & le troisiesme de celuy des orteils: puis au dessoubs d'iceux le cinquiesme qui fait mouuoir le pied. Et en la partie de deuant la greue nous remarquerōs le sixiesme, le septiesme, le huictiesme & le neufiesme aucteur du mouuement du pied: puis au pied nous notterōs le premier qui fait mouuoir les orteils, les dix qui flechissēt les premiers oz des orteils: puis le seiziesme,

me,

me, le dixseptiesme & le dixhuictiesme, lesquels font mouuoir les orteils, si nous ne voulons diuiser le seiziesme en plusieurs parties.

Au reste ie n'ay point fait mention des liés par tout ce traicté des muscles, pour autát que les ioinctures respondent en plus grand part l'vne à l'autre: car chasque ioincture est recouuerte particulierement d'vn lien, lequel sortant d'vn oz, aboutist en vn oz, ou en vn rédron: ou bien sortant d'vn tendron, il aboutist en vn oz, ou en vn tendron: & aussi peu trouue lon de ioincture qui ayt vn lien apart, comme en la ioincture de la teste il y en a vn tout rond, lequel sort de la dent ou piuot de la secóde rouelle du col, & s'attache en l'oz de derriere la teste: & vn autre lequel est en la premiere rouelle, & est porté en trauers par le derriere de ceste dent. Les troncs des rouelles sont attachez ensemble par le moyé d'aucuns liens fort tendronneux, & leurs saillies tant montátes que descédantes sont aussi attachees par le moyé des liens, lesquels encore qu'ils soient bien forts, toutefois ne les font que recouurir. Il y a dauantage aux entredeux des espines vn lié fort membraneux, tout ainsi cóme au susauantbras & en la greue, l'endroit ou ces oz se desioignent: vn mesme lien aussi, ou plustost vne membrane se trouue au grand trou de l'oz barré. Il y

a aussi trois liens particuliers en la ioincture du bras, le premier desquels est tout rond, & prent son commencement de la saillie interieure du palleron, & est porté en la saillie superieure d'iceluy.

En l'assemblage des oz du poignet tant de l'vn auec l'autre, que de tous auec ceux de la main, il y a par tout des liens tendronneux: ce qui se fait aussi au pied. Il y en a deux ronds qui descendent de l'oz du croupion, & s'attachent en l'oz de la fesse. En la teste d'enhaut de la cuisse il y a vn lien tout rond, lequel s'attache en la boite de l'oz de la fesse. Au milieu de la ioincture du genouil il y en a vn tendronneux, & encore vn autre particulier à chasque costé du derriere, lequel se descouure aisement quand on fait la decouppeure. Entre les liens recouurants en trauers les tédrons & les maintenants pour empescher qu'ils ne soient poussez de leur place, on en côte vn au dedás du poignet: & vn lequel est cótinué le long du dedás de chasque doid: & six encore au dedans du susauantbras, & du sousauantbras enuiron la racine du poignet. Au deuant de la greue pres l'osselet il y en a vn: & trois autres entre le talon & la cheuille du dedans: & vn de rechef entre le talon & la cheuille de dehors. Lon trouue aussi des liés de mesme nature au dedans & au dessoubs des orteils des pieds.

DES INSTRVMENTS SERVANTS A LA NOVRRI-
ture, qui se fait par le boire & le manger. Chap. III.

LE grand ouurier de toutes choses inuente soigneusemét les moyés pour faire que l'homme viue longuemét, & que son espece, pour ne iamais defaillir, demeure a tousiours immortelle: pour autant qu'vn homme ne peut estre fait immortel à raison de la semence engendrante, & des fleurs menstruelles qui sont les commenceméts de nostre generation, & a raison aussi de la matiere dont nous auons esté faicts. Ainsi donc auons nous obtenu en diuerse maniere les instruments seruants à la nourriture, à celle fin que l'hómme paruint à iuste acroissance, & que les choses fussent continuellemét restablies, lesquelles sans fin diminuét par le moyen de la chaleur naturelle. Parquoy les viandes sont portees, tout ainsi comme le boire, de la bouche en l'estomach, par vn certain códuit, apres qu'elles ont esté machees premierement soubs les dents, à celle fin que plus facilement elles y soient digerees. Ceste voye est nommee la gueulle & est faicte de deux propres tayes, lesquelles se peuuent estendre & retressir. Elle descend du gauion soubs le sifflet le lóg des rouelles du coffre, puis passát par l'entredeux trauersant, elle aboutit à la gauche ou superieure entree de l'estomach.

L'estomach est situé entre le foye & la ratte, au dessoubs de l'entredeux trauersant: il est fort ample, & fait en façon d'vne ouale trauersante, beaucoup plus large au costé gauche qu'au costé droit: il est cópolé de deux tayes ou membranes fort aptes a s'estendre & à se retressir, lesquelles de rechef sont recouuertes d'vn enueloppoir procedant du peritoine: il est entrelassé de plusieurs veines, arteres & nerfz. Il a la vertu & proprieté naturele de cuire ce qui luy est enuoyé de la bouche, & de le cóuertir en vne substance semblable à la creme de laict, laquelle il chasse dedás les boyaux par son issue d'embas, qui sort du haut du costé dextre. Les boyaux sont des corps longs & ronds faicts d'vn seul conduit,

tortu, lequel descend de l'estomach iusques au siege: ils se recourbent en plusieurs entortilleures, & sont composez de deux membranes, tout ainsi que l'estomach: lesquelles de rechef sont recouuertes d'vne troisiesme procedante du peritoine: ceste troisiesme se peut facilement estendre & retressir tout ainsi comme les deux propres, toutefois elle n'est pas egalement ample en tous endroits. Car le commencement du boyau nommé le douzedoitier lequel procede de l'estomach, & se recourbe par le derriere d'iceluy vers le doz, auecque ceste partie qui suit apres, laquelle nous nommons vuide, & celle encore qui est nómee deliee ou entortillee (toutes lesquelles remplissent les flács & les parties de dessoubs, & d'alentour le nombril) sont egales en estendue, & pour autant qu'elles sont estroictes, toutes ces parties de boyaux maintenant deduictes ont esté nommees gresles. L'autre partie est fort charnue & ample, en laquelle le delié aboutit: elle a vne petite allonge estroicte, & retortillee comme vn ver, laquelle n'a qu'vne seule entree: & pour ceste cause elle est nommee le sac par les anatomistes. Toute ceste partie des gros boyaux monte premierement du roignon dextre iusques au creux du foye: & de là elle descend & se retourne depuis le fond de l'estomach iusques à la ratte, puis le lóg du roignon gauche, & se recourbant en entortilleure pres le costé gauche de l'oz barré, elle fait ceste partie que lon nomme le boyau cullier, de là elle descend de droicte ligne iusques au siege: & en cest endroit elle est nómee le droict & principal boyau. Tout ce que l'estomach a digeré est enuoyé & retourné par les entortillemétes & recourbures d'iceux, mais les veines presques innóbralbes disposees en ordre le long des boyaux, sont enuoyees du creux du foye auec les arteres procedantes de la grande: elles sont portees entre les deux mébranes pleines de gresse & de glandes nommees l'entreboyau par le moyen desquelles les boyaux sont attachez contre le doz. Ces veines succent des boyaux &

(principalement des gresles)tout ce qui peut estre conuerty en sang,auec la delice & aqueuse superfluité procedant de la cuisson faire en l'estomach , & le portét au foye , qui est la boutique en laquelle le sang est fait.Ce qui reste de plus gros, comme superflu & mal propre à estre succé,se reserue dans les gros boyaux iusques à ce que commençant à facher l'homme, il est tout en vn coup poussé hors selon la volonté d'iceluy , & ce par le moyen du relachement d'vn muscle, lequel entourne le bout du boyau droit . *Le foye.* Le foye n'est aucunemét diuisé en loppins : il est situé en la plus haute partie de tous les organes qui luy sont assubiectis . Il est couché presque du tout sur l'estomach,& est prochainement au desoubs de l'entredeux trauersant, remplissant toutefois dauátage le costé droit du corps,qu'il ne fait le gauche. Il est esleué en bosse par haut , & creux par bas, s'acommodant proprement à la façon des parties, lesquelles sont posees pres de luy . Il est fait d'vne substance semblable à du sang nouuellement figé , laquelle est tissue par l'entrelassement de plusieurs veines , & recouuerte d'vne taye delice procedáte des liens, par le moyé desquels tout le foye est attaché auec le peritoine.Il reçoit deux petits nerfz , & vne artere : & est le propre souier de l'esprit naturel & nourricier,ou, cóme disoit Platon, de l'appetit de concupiscence:aussi bien cóme du boire & du manger . Au reste les premieres veines esparses par le foye sont en la partie bossue d'iceluy , & aboutissent toutes en la grande veine: les autres sont au creux, *La veine portiere.* & font le tronc de la veine portiere,laquelle dóne premieremét deux iectons à la vessie qui reçoit la cholere: & puis vn au derriere de l'estomach pres son embouchure d'embas. Il sort encore de là vn autre rameau,lequel est porté en la partie dextre du fód de l'estomach, & lequel produit aussi des petits rameaux espars par l'e- *La coiffe.* stomach & par la membrane superieure de la coiffe, laquelle est vn corps membraneux fait en façon d'vn sac propre pour conduire & porter assurement les códuits, encores qu'auec cela il ayde a entretenir la chaleur des boyaux,cóme estát recouuert de veines,d'arteres,& de gresse . Car cómençant ainsi qu'vn cercle des le milieu du doz soubs le derriere de l'estomach , il est porté le long du creux du foye iusques au fond de l'estomach, de la troisiesme mébrane duquel il prend son commécemét en cest endroit,puis il passe au creux de la ratte, & retourne quasi à son commencement vers le milieu du doz. De là ceste coiffe pend cóme vn sac,& est estédue dessus le deuant des boyaux, lesquels elle cache, & au deffaut de l'entreboyau,elle attache le boyau cuiller auec le doz la part ou il passe le lóg de l'estomach . Da- *Suite de la diuision de la veine portiere.* uantage le tronc de la veine portiere estant soustenu par la coiffe, se diuise en deux bráches apres auoir produit les rameaux dont i'ay parlé, celle du costé droit s'espand par l'entreboyau, & est poussee iusques aux boyaux, donnant premierement vn rameau au douzedoitier,& au vuide:ce rameau est soustenu par vn corps glanduleux , lequel est estendu le long de ces boyaux. La branche du costé gauche entrelassee en l'inferieure membrane de la coiffe,enuoye des petits iectós au derriere de l'estomach qui est au costé droit du doz . Elle en enuoye encore en la mébrane inferieure de la coiffe,& aux glädes lesquelles ont la couleur de cher,& lesquelles ont esté mises en cest endroit , pour assurer la distribution des rameaux.Il s'esleue de rechef vn rameau de ceste branche, lequel passe par le derriere de l'estomach, & enuoye premieremét ses iectons en la par-

tie d'iceluy laquelle est au milieu du doz , il enuironne aussi l'embouchure superieure de l'estomach en maniere d'vne couronne.De ceste branche encore,oultre les iectons espandus en haut & en bas, il y a vn rameau qui se desrobe par le derriere de l'estomach , & aboutit en l'embouchure inferieure d'iceluy.Mais la branche gauche du tronc de la veine portiere se conduit tousiours a costé senestre,& en cest endroit elle enuoye vne veine assez remerquable , laquelle est entrelassee dans la coiffe , & au boyau cuiller : toutefois ceste branche se pert dans le creux de la ratte, estant parauant separee en plusieurs rameaux, dont elle enuoye des iectons en la membrane inferieure de la coiffe. Il y a vn de ces rameaux (vn peu deuant qu'elle entre en la ratte) lequel enuoye des iectós au costé gauche de l'estomach, entre lesquels de rechef il y en a vn manifeste, qui passant le lóg du fond d'iceluy,vers le costé senestre,enuoye aussi des iectons audit estomach, & en la membrane superieure de la coiffe . Les rameaux de la veine portiere espandus par la substance du foye,retiennent dedans soy tout ce qu'ils ont tiré des boyaux,auec le peu qu'ils ont succé de l'estomach,pour le porter au foye : lequel cuit le meilleur de tout ce ius, & le conuertit en sang, dont il sort double superfluité, tout ainsi qu'il en sort du vin nouueau , & de toute autre cuisson, l'vne est espesse,& quasi comme la lie ou la bouë du sang, & est nommee vulgairement la noire cholere : laquelle est portee par *La ratte* vne des veines de la portiere iusques à la ratte qui est situee au dessoubs & derriere le costé gauche de l'estomach : elle est faicte en façon d'vne langue espesse : & s'accommode aux instruments circonuoisins,tout ainsi que fait le foye : elle est entrelassee de plusieurs veines & arteres recouuertes par sa propre cher, laquelle resemble à vn sang gros & espais:elle est aussi recouuerte d'vne taye delice procedáte de la coiffe. Nous croyons dócques que la ratte tire à soy toute la grosse superfluité du foye , qu'elle conuertist en sa propre nourriture: & que ce qu'elle ne peut digerer, elle le renuoye dans l'estomach . Mais la superfluité plus delice,qui est quasi comme la fleur du vin,est nommee iaune cholere,& est attiree par les conduits disposez en la substáce du foye entre les rameaux de la veine portiere , & de la veine creuse : ces conduits finissent peu à peu en vn rameau commun,qui sortát du creux du foye, est porté iusques en la vessie de la cholere,laquelle est attachee au milieu du creux du foye:& est faicte en maniere d'vne longue poire:& a le corps apte a s'estendre,& a se retressir. Les anatomistes sont d'opinion que la cholere est reseruee *Le fiel* en ceste petite vessie , iusques à ce qu'elle soit reiectee au boyau douzedoidier par le moyé d'vn códuit particulier . De là ceste cholere est mise hors du corps auec les seiches superfluitez de l'estomach : & qui plus est, par sa proprieté mordante, elle aguillonne les boyaux a pousser hors lesdictes superfluitez, & les nettoye du phlegme qui y est attaché. Au reste le sang ainsi repurgé des superfluitez que i'ay dictes , commence à sortir des estroicts rameaux de la veine portiere, & entre dás les petits reiectons de la veine creuse, estant aydé à faire comme d'vne códuicte par le moyen d'vne superfluité delice & aqueuse ,laquelle a esté attiree des boyaux iusques dans le foye . Car ceste aqueuse superfluité compagne du sang iusques en cest endroit, entrant auec iceluy en la veine creuse,luy dóne vne gráde ayde en ces destroicts. Mais ayant assisté iusques en ce lieu pour luy donner plus prompte & plus facile entree,il a

esté

esté raiſonnable qu'il fuſt repurgé d'auec le ſang,lequel n'a beſoing de ſi grande quantité,car autrement elle ne luy ſeruiroit que d'vne charge . Parquoy les roignons ſeruẽt de beaucoup eſtants prochains du foye , aſſauoir vn à chaſque coſté de la veine creuſe: l'vn & l'autre a la vertu d'attirer puiſſamment,& de faire eſcouler d'auec le ſãg la pluſpart de ceſte humidité deliee. Pour a quoy paruenir plus commodement , il y a vne veine & vne artere fort apparente , leſquelles trauerſent dedans le roignõ qui reçoit ce ſang delié en ſa capacité membraneuſe,creuſe,& ſeparee en pluſieurs rameaux , laquelle attire l'vrine par le moyen de la ſubſtance du roignon, qui eſt autour de ceſte capacité recouuerte d'vne double taye.Ceſte vrine derechef eſt renuoyee en vne autre capacité en laquelle aboutit le conduit de l'vrine, lequel eſtant fait comme vne veine , la va cõduiſant en la veſſie . Car la veſſie qui eſt faicte en maniere d'vne bouteille ronde , receuant peu à peu ce ſang delié , & eſtant ſituee au derriere de l'oz barré,eſt compoſee d'vne ſimple & particuliere membrane nerueuſe,tiſſue de trois ſortes de fibres , & apte à ſ'eſtendre & ſe retreſſir. Par deſſus ceſte cy il y en a encore vne autre procedãte de la membrane du peritoine,ou de celle du ventre, laquelle eſt l'enuelopoir & la force des inſtruments ſuſdits . Il y a deux conduits qui deſcendent de chaſque roignon : l'vn & l'autre ſe met dedans le derriere, mais aſſez pres du col de la veſſie,qui ce temps pẽdant amaſſe l'vrine iuſques à ce qu'elle ſoit miſe tout en vn coup dehors, alors qu'elle moleſte l'homme par ſa quantité, ou qualité , & que le muſcle qui entourne le col de la veſſie, eſt relaché . Le ſang repurgé par telle induſtrie ſ'eſcoulle dedans les rameaux de la veine creuſe: & cõme ſi c'eſtoient ruiſſeaux , il ſ'eſpand en iceux par tout le corps,à celle fin que chaſque partie puiſſe attirer d'iceluy ce qui luy eſt familier,le changer,ſe l'accommoder,& le cõuertir en ſa propre nourriture , & ſecter par ſes propres actions les ſuperfluitez de la cuiſſon qui ſe fait en chaſcune d'icelles . Au reſte la ſuite de la veine creuſe ſe comporte en ceſte façon.Premierement eſtãt au derriere du ſoye elle produit des rameaux par le deuant , leſquels ſ'eſpandẽt d'vne preſque innõbrable entreſuite,par toute la partie boſſue du ſoye . Ceſte veine montant plus haut, paſſe au trauers de l'entredeux trauerſant auquel elle enuoye deux rameaux . La veine creuſe baaille d'vne plus grãde ouuerture en la cauité dextre du cœur en l'endroit de ſon oreille droicte , que ne fait toute ſa ronde largeur en quelque autre partie qu'elle ſoit.Au derriere de ce baaillement (ſi tu ne l'aymes mieux nommer commencement) il y a vne veine qui ſort & embraſſe en maniere d'vne couronne tout le ſoubaſſement du cœur vers la partie poinctue , dont elle enuoye des rameaux eſpandus par toute ſa face.

La veine creuſe montãt au deſſus du cœur, & ayant paſſé le ſuſcœur en ceſt endroit, enuoye de ſon coſté droit la veine ſan per, laquelle pluſſouuent nourrit des deux coſtez toutes les eſpaces inferieures des huict coſtes.Mais eſtant montee iuſques au goſier, elle ſe diuiſe en deux parties , & enuoye des veines par le deuant à l'oz de la poictrine , & aux membranes qui enuirõnent le coffre.Ces veines auſſi paſſent par le deſſus du vẽtre. Il ſort vne veine remerquable de la racine de l'autre branche qui ſ'eſt eſleuee de la diuiſion qui a eſté faicte au goſier. Ceſte veine ſe coule en l'eſſelle par le deſſus de la premiere coſte: toutefois c'eſt apres auoir enuoyé vn rameau en la capacité du coffre, là ou il eſt diſpoſé

par les trois ſuperieurs entredeux des coſtes de ſon coſté : & encore vne autre qui ſ'eſleue par les ſaillies trauerſantes des rouelles du col, iuſques au tez ; puis vn tiers derechef qui ſ'eſpãd par le derriere du coffre pres la racine du chignon du col.Ceſte veine eſtãt ſortie du coffre , produit quelquefois en ceſt endroit la veine du bras , & enuoye vn rameau aux muſcles qui ſont couchez ſur le deuant du coffre : puis vn autre au derriere d'iceluy,& au creux du palleron : & encore vn autre au coſté du coffre, dont il ſ'eſpand iuſques en l'eſſelle . Le reſte de la brãche de la ſuſdite diuiſion faicte au goſier, ſe diuiſe en deux rameaux inegaux , deſquels celuy de dedans,qui eſt plus greſle,faiſant l'interieure veine goſeliere, ſ'eſleue en deux iectõs iuſques en la dure membrane du cerueau, & entre dans le tez : mais celuy qui eſt dehors, produit vn iecton de ſon coſté exterieur,duquel la veine du bras eſt faicte:il ſ'eſleue en haut,& produit la veine goſeliere de deſſus, laquelle ſ'eſpand çà & là par le goſier,& eſt diſtribuee en la langue,au neud de la gorge,au palais, en la face , aux tẽples,& au ſommet: puis elle enuoye trois veines dedans le tez.

La veine du bras enuoye vn rameau au derriere du chignon du col,vn au deſſus du palleron , & vn au deſſus de la ſaillie ſuperieure d'iceluy : lequel ſ'eſcoulant par deſſoubs la peau tout au long du dehors du muſcle de deuant, qui flechiſt le ſouſauantbras , & enuoyant des iectons deliez par la peau: premierement il ſe diuiſe au deſſus du coulde, auquel il enuoye quelquefois vn rameau qui eſt caché du tout,& ſe pert incontinent : puis apres il enuoye encore vn obliquement par deſſoubs la peau au dedans du ply du bras,lequel rencontre l'eſſeliere , auec laquelle il ne fait qu'vne ſeule veine . Il en produit encore vn troiſieſme ſoubs la peau le long du ſuſauantbras, qu'en la parfin il enuoye iuſques à la racine du poignet pres le bout du ſouſauantbras : & de là, eſtant meſlé auec les iectons de l'eſſeliere , il mõte iuſques au bout du quatrieſme & du cinquieſme doid.

L'eſſeliere eſtant cachee ſoubs l'eſſelle,& enuoyant vn rameau dedans la peau de dedans , qui reueſt le deuant de tout le bras , produit vn iecton à chaſque coſté des muſcles qui eſtendent le ſouſauantbras : & encore vn autre preſque iuſques au milieu d'iceux, puis elle iecte vn rameau qui deſcend auec le quatrieſme nerf du bras par le derriere du meſme bras iuſques au dehors du ſouſauantbras . Ceſte eſſeliere eſt incontinent diuiſee en deux veines: l'vne deſquelles ſe cõduit fort profondement par le milieu du ply du bras:& eſt touſiours accompagnee d'vne artere:elle ſe diuiſe en deux rameaux vn peu au deſſus du milieu de l'auantbras : d'ou elle en enuoye l'vn vers le poignet le lõg du ſouſauantbras, & l'autre le long du ſuſauantbras : là derechef eſtant ſeparee en reiectons , elle eſt tellement eſparſe par le dedans des doids,que chaſque doid en reçoit deux rameaux: & meſmes il y a vn certain rameau qui paſſe entre le premier entreneud du poulce , & l'oz de la main qui ſouſtient le ſecond doid,& eſt porté iuſques au bout de la main.L'autre veine ſe cõduit touſiours ſoubz la peau, & ſe diuiſe en deux rameaux pres le ply du bras , dont l'vn prenant chemin obliquement vers le meſme ply ſe meſle auec le rameau de la veine du bras : & des deux eſt faicte vne veine commune, laquelle eſtãt compoſee de ces deux veines moyennes , & deſcendant obliquement vers bas , puis montant en la fin par deſſus le ſuſauãtbras,ſe diuiſe en deux rameaux au dehors du ſouſauantbras , leſquels repreſentent la lettre Y . L'vn de ces rameaux se conduit principalement iusques au dehors du doid du milieu, l'autre descéd iusques au poulce,& au secód doid: & enuoye vn iecton au dedás de la main: lequel se mesle parmy les rameaux entrelassez dans le gras du poulce: l'autre bráche de l'esselliere produicte de la diuision faicte pres le ply du bras, enuoye plusieurs rameaux au dedás du soulauanthras, auec lesquels il passe sounétefois vne veine procedante de l'autre rameau qui cópose la veine cómune, & qui est descendu de la veine esselliere. Tous ces rameaux maintenant entrants diuersement l'vn dans l'autre,& maintenant se separants de rechef & s'entrelassans en la peau de dedás l'auantbras, sont portez en la parfin en la peau de dedans la main. Au reste le plus apparent iecton de ce rameau se conduit le long du soulauantbras, & enuoyant des rameaux au dehors de l'auantbras, il entre dás le rameau de la veine du bras pres la racine du poignet, lequel s'estend iusques au quatriesme & au petit doid.

La partie de la veine creuse laquelle descend au dessoubs du foye, produit vn rameau du costé senestre qu'elle enuoye en l'espaisse membrane du roignó gauche,& aux parties circóuoisines: puis apres en chasque roignon il entre vne grand' veine. Du plus haut de la veine qui entre dans le roignon droit, & qui plus souuent procede de pius haut que ne fait celle du roignon gauche, il sort vn iectó qui entre en l'espaisse membrane dudit roignon. Mais du bas de celle qui entre au roignon gauche, il sort la veine semanciere du costé senestre: & celle du costé droit procede beaucoup plus bas, assauoir du tronc de la veine creuse. Au reste a l'endroit ou ceste veine creuse passe le lóg des rouelles des reins, elle leur enuoye des iectons de neud en neud, lesquels se dispersent aux muscles prochains & aux costez du ventre. De toutes lesquelles veines celles sont les principales, qui procedent de la veine creuse l'endroit ou elle se separe en deux pareils rameaux vn peu au dessus de la ioincture que fait le croupió auec les rouelles des reins. Tát le dextre que le senestre rameau enuoye des iectons aux parties du croupion, & est diuisé en deux rameaux. Celuy de dedans enuoye de rechef vn iecton qui se pert dans les muscles situez au derriere de l'oz des háches & du croupió, & encore vn autre qui se diuise en plusieurs petits rameaux esparts en la vessie, en la verge, & en l'amary des femmes. Le reste de ce rameau ayant pris quelque portion de celuy de dehors, passe par le pertuis de l'oz barré, & entre en la cuisse ou il donne des iectons tant à la peau qu'aux muscles du dedans de la cuisse: ce rameu prend fin au dessus de la ioincture du genouil,& entre dans vn rameau d'vne au-

tre veine qui s'espand par la cuisse, ainsi que ie diray maintenát.Car le rameau de dehors de la senestre bráche de la veine creuse,passant par les eines pour descédre en la cuisse,enuoye vn iecton dás la membrane qui enueloppe le vétre: Il s'estend par le petit vétre iusques au nóbril: puis descendant en la cuisse il communique quelque rameau en la peau du penil, & aux mótagnettes de la nature de la femme: vray est qu'il enuoye vne grosse veine soubs la peau par le dedans de la cuisse, du genouil,& de la iambe.Ceste veine est espádue iusques aux orteils des pieds,& produit en descédant quelques petits rameaux espars çà & là dedans la peau. Il en uoye encore vne soubs la peau pardeuant l'emboiture de l'oz de la fesse,lequel se profondát entre les muscles, cómunique vn rameau aux muscles & à la peau situee au dehors de la cuisse: puis encor vn autre aux muscles lesquels occupét tout le dedás & le deuát de la mesme cuisse.L'extremité de la veine qui estoit descendue par le pertuis de l'oz barré,se conioinct auec ce rameau:dót vne gráde veine se retourne par le derriere de la cuisse, & donne des iectons aux muscles de ceste partie, dont quelques petits rameaux sont communiquez à la peau, & s'espandent en haut & en bas, iusques au gras de la iambe. Or ceste grande veine se separe en deux entre les testes inferieures de l'oz de la cuisse,& enuoye le rameau de dehors qui est le plus petit vers la sousgreue, duquel vn rameau procede oultre ceux qui sont espars au deuant du genouil: ce rameau est separé diuersemét iusques au dessus des orteils, & passe dessoubs la peau qui recouure en derriere, le dehors de la greue. Le reste est caché profondement entre les muscles estendus le lóg du costé de dehors la sousgreue, & s'achemine iusques au milieu de la iambe: mais la bráche de dedans est fort ample,laquelle produit vn rameau tout au long du dedans de la greue, tirant sur le derriere. Ce rameau se coulle soubs la peau iusques aux orteils. Elle en iecte encore vn autre qui se cache aucunement au gras de la iábe, & s'estéd iusques à la pláte du pied. Mesmes la principale partie de ceste branche passe par les muscles du derriere de la greue: & du deuant d'icelle, elle produit vn rameau qui passe par le lié mébraneux qui attache la greue auec la sousgreue. Ce rameau est caché soubs les muscles de deuant, qui recouurent la greue,& se conduit iusques au dessus des orteils: puis la veine descendant par derriere, & enuoyant des rameaux çà & là tant à la peau qu'aux muscles d'alentour, passe en la parfin entre la greue & le talon, & entre au bas du pied, là ou elle est tellement distribuee aux muscles & aux orteils qu'a chascun d'iceux elle dóne deux rameaux.

Les veines
semácieres.

DV COEVR, ET DES INSTRVMENTS SERVANTS
à son action.　　Chap. IIII.

E cœur est le siege de l'esprit cholere, & le principal instrument entre tous ceux qui sont faits pour remettre en vigueur la chaleur naturelle, & pour restaurer & nourrir les esprits.Il est faict en poincte, & en maniere d'vne pomme de pin, vn peu pressee par deuant & par derriere: son soubassement est situé soubs le milieu de l'oz de la poictrine,& sa poincte se retire beaucoup sur le deuát du costé gauche: sa substance est fort charnue, mais beaucoup plus dure que

celle des muscles: elle est tissue de trois especes de fibres, & de particulieres veines & arteres. Le cœur a deux cauitez ou ventricules. Celuy du costédroit est fort ample, & est recouuert de la plus delicte & tenure substance du cœur. Ceste cauité reçoit l'entree de la veine creuse, au deuant de laquelle il y a trois tayes par le dedans.Mesmes le vaisseau faict du corps d'artere,toutefois faisant l'office de veine, dont il est nommé veine arterieuse,ce vaisseau,dis-ie, sort de ceste cauité, & a pareillement trois tayettes en son entree,lesquelles regardent en dehors.La secóde cauité est au costé gauche,

che,

Artere veneuſe.

che,recouuerte de la plus epeſſe & principale ſubſtāce du cœur. Elle a pareillement deux entrees, deſquelles l'inferieure eſt celle d'vn certain vaiſſeau qui ſait l'office d'artere quand eſt en ce qui appartient à l'aër: toutefois il eſt ſait du corps d'vne veine: & pour ceſte cauſe il eſt nõmé artere veneuſe,ayāt en ſon entree deux tayes pãchees en dedans. L'entree d'en haut eſt le commēcement de la grande artere: auquel auſſi la nature a appozé trois tayes,qui regardent en dehors.Ces deux cauitez ſont diſtinguees par vn entredeux fort eſpes, cõpoſé d'vn corps apte à ſe retraiſſir & eſtendre, & plain par dedans de petites foſſes, tout ainſi comme les cauitez du cœur.Tout le cœur eſt enuirõné par deſſus d'vn

Le ſac du cœur.

enueloppoir mēbraneux, lequel toutefois ne le touche en nul endroit: car eſtant plus ample que tout le cœur, il eſt arrouſé par le dedans d'vn humeur aqueux. Ceſt enueloppoir eſt amplement attaché par dehors vers la partie d'embas auec l'entredeux trauerſant: & par les coſtez il eſt entretenu des deux membranes qui enuironnent le coffre,leſquelles renforciſſent ceſt enueloppoir à celle ſin que le cœur ſoit maintenu en ſa place.

poulmõ.

, Le poulmon remplit tout le reſte du coffre non encore occupé ny par le cœur,ny par les membranes que i'ay dictes,ny par la gueule qui deſcēd embas.Il ſaccõmode en tout & par tout aux parties circõuoiſines,ainſi comme ſait le foye: & eſtant diſtingué premierement en vne partie dextre & vne ſeneſtre, il eſt ſaict en maniere d'vn pied de beuf,ou de quelque autre pied ſourchu.L'vne & l'autre partie eſt de rechef diuiſee en deux pieces tiſſues de pluſieurs entrelaſſemens de vaiſſeaux.

le ſifflet.

Car les rameaux du ſifflet deſcendans en la capacité du coffre,ſont eſparts çà & là par le poulmon.Le ſifflet deſcend du gauion l'endroit ou ſont les glādes ſaliuieres, & les deux autres eſpeces de glandes.Il eſt en partie tēdronneux, aſſin de mieux ayder à la voix, & en partie membraneux pour eſtre plus apte a ſ'eſtendre & ſe retraiſſir & pour mieux ſeruit à la reſpiration . La veine arterieuſe auſſi procedant de la cauité dextre du cœur, laquelle prepare vn ſang familier pour les poulmons, eſt eſparſe d'vne innombrable entreſuite en la ſubſtāce d'iceux, & leur dõne le ſang prepare, auſſi eſt l'artere veneuſe entrelaſſee par les poulmons d'vne pareille entreſuite. La ſpongieuſe,molle, eſcumeuſe,maniable,& propre ſubſtance du poulmon, eſt entrelaſſee par ces vaiſſeaux, & recouuerre prochainement d'vne petite taye & tēvre, laquelle n'empeſche point l'eſtēdue ny le retraiſſiſemēt du poulmõ. Ceſte taye touche touſiours à la membrane qui recouure les coſtes. Au reſte d'autant que le poulmon ſ'eſlargit lors qu'il ſuit le volõtaire mouuement du coffre,& ce par le moyen du vuide:par ce moyē auſſi l'aër qui eſt autour de nous, eſt attire par

moyen & vſage de reſpiration.

les poulmõs comme par des ſoufflets . Premierement par le nez le long du bout du palais, ou bien par la bouche lors que nous attirons l'aër auec plus grande force, vne partie duquel entre dedans le cerueau par les pertuis du taiz,& le reſte deſcend ſecondement le long du gauion par le ſifflet, & remplit en tout & par tout le creux que le poulmon ſaict par ſon eſtendue . Ceſt aër eſt digeré en partie par la ſubſtāce du poulmõ,au moyē de ſa vertu naturelle : & eſtant preparé pour l'vſage du cœur, il permet que ſa meilleure partie ſoit attiree par les rameaux de l'artere veneuſe appliquez autour des branches du ſifflet : ce qui ſe fait à celle ſin que par le moyen de ceſte artere l'aër ſoit porté en la cauité ſeneſtre du cœur pour eſtre faict matiere idoine de l'eſprit

de vie . Car le cœur attirant ceſt aër auec vne grande quantité de ſang qu'il ſait paſſer de la cauité dextre en la ſeneſtre,engendre ceſt eſprit par le moyen de la vertu naturelle de ſa ſubſtance . Ceſt eſprit eſt ſaict en partie de la vapeur halencuſe du ſang, & en partie de l'aër. Puis eſtāt accompagné & entretenu par le ſang porté dedans la grande artere auec vehemēce, il eſt diſtribué par tout le corps pour attremper la chaleur naturelle de chaſque partie : tout ainſi comme la reſpiration remet en vigueur le cœur qui eſt l'entretiē de la chaleur. Parquoy il eſt fait vn meſme vſage de la reſpiration & du poux , par lequel la grande artere ſ'eſlargit,& ſe reſerre d'vn meſme accord auec le cœur . Ainſi donc le cœur ſ'ayde de l'aër pour faire l'eſprit, & l'aër auſſi attrempe la chaleur boulläte d'iceluy.Toutefois en ceſte generation d'eſprit tout ce qui eſt fumeux, & mal propre a eſtre conuerty en eſprit,eſt renuoyé des poulmõs par l'artere veneuſe, & pouſſé hors,ſelõ le commun accord de tous anatomiſtes, auec l'aër qui d'abondant eſtoit demouré dans les poulmõs: ce qui ſe fait lors que le coffre ſe retraiſſit : tellement que le cœur par ſon cõtinuel eſlargiſſement attire touſiours le ſang de la veine creuſe dedans ſa cauité droicte , à celle ſin qu'en partie il ſoit enuoyé dedans la cauité gauche, & qu'il ſoit auſſi en partie preparé benignement pour eſtre faict idoine nourriture des poulmõs,& en ſin pour leur eſtre donné par la veine arterieuſe, à lors que le cœur ſe retraiſſit. Le cœur reçoit l'aër des poulmõs en ſa cauité gauche à lors qu'il ſ'eſlargit : mais quand il ſe retraiſſit, il chaſſe dedans la grande artere le ſang, lequel y entre auec vehemence.Et pour empeſcher que le ſubit attiremēt du cœur n'endommageaſt la veine creuſe, & l'artere ve-

Les oreilles du cœur.

neuſe , la nature luy dõne des oreilles comme deux reſerues qui luy ſont attachees. Au reſte ie penſe que les petites membranes ont eſté attachees aux quatre en-

Les tayes du cœur.

trees des vaiſſeaux du cœur,de peur que le cœur ne penaſt en vain. Car celles qui ſont a l'embouchure de la veine creuſe,& de l'artere veneuſe, empeſchēt que lors que le cœur ſe retraiſſit , le ſang ne regorge en la veine creuſe,ny l'eſprit vital en l'artere veneuſe : & celles qui ſont a l'entree de la veine arterieuſe,& de la grande artere,empeſchent que le ſang qui a eſté donné aux poulmons , & l'eſprit qui deſia eſt ſorty, ne retourne de rechef dedans le cœur à lors qu'il ſ'eſlargit . Au reſte la

La grande artere.

grande artere eſtant ſortie du cœur,produit incontinēt deux rameaux,leſquels entournent le ſoubaſſemēt d'iceluy,& luy enuoyent leurs iectons embas eſpãdus par ſa ſubſtance.Mais le tronc de ceſte artere eſtant ſeparé en deux branches vn peu au deſſus du cœur, detourne la plus grãde a gauche vers l'eſpine, des deux coſtez de laquelle il ſort des rameaux qui ſ'eſpandēt par les huict coſtes d'embas.Et lors que ce tronc deſcēd au deſſoubs de l'entredeux trauerſant, il luy enuoye quelques iectons, ce qu'il fait auſſi incontinent à la coiffe , à l'eſtomach,au foye,à la veſſie de la cholere,au boyau cullier, & en la ratte auſſi: tous leſquels iectons ſont accompagnez des rameaux de la veine portiere. De rechef ce tronc enuoye vn autre iecton à l'entreboyau : & vn autre encore de chaſque coſté vn peu au deſſoubs du premier, lequel il enuoye au roignon. Il produit auſſi par le deuant les arteres ſemancieres : puis vn peu plus bas, il enuoye de rechef vn rameau à l'entreboyau, & paſſant auſſi il donne quelques iectons aux rouelles des reins,& aux muſcles ſituez en ceſte partie. Au commēcement de l'oz du croupion l'artere monte par deſſus la veine creuse, affin d'estre conduicte plus asseuremēt, encore qu'au parauant elle marchast a gauche par des-soubs icelle. Elle se separe en deux en cest endroit, tout ainsi que fait la veine, & fait vne pareille conduicte ius-ques au bout du pied se maintenant tousiours au pro-fond: mesmes il ne se trouue aucun rameau de ceste ar-tere, lequel soit esleué iusques à la peau. Toutefois le ra-meau procedāt d'icelle, & passant par le pertuis de l'oz barré, a cecy de particulier: c'est qu'il reçoit l'artere qui descend du nombril le lōg de la vessie & qui est propre aux enfans portez dans le ventre. L'autre tronc de la grande artere montant en haut, produit incontinēt vn rameau de son costé gauche, lequel est communiqué obliquemēt à la plus haute coste du mesme costé, & du-quel en premier lieu vn iectō est offert aux costes d'en haut: puis vne autre aux trauersantes saillies des rouel-les du col: lequel se pert en apres dedans la dure mem-brane du cerueau: & derechef vn autre qui est enuoyé au costé gauche de l'oz de la poictrine, & lequel estant tousiours caché profondement, est porté iusques au nō-bril. Ce rameau estant sorti hors du creux du coffre, en-uoye vn iecton aux muscles situez au derriere du col, & s'espād tout ainsi que la veine esselliere iusques au bout des doids, excepté qu'il est tousiours au profond, & qu'il n'enuoye aucuns iectons dedans la peau. La plus gran-de partie aussi du tronc de la grande artere dont i'ay maintenant parlé, montāt en la gorge, se diuise en deux inegales brāches. Celle du costé gauche est plus gresle, & fait l'artere apoplectique du costé gauche: celle du costé droit produit de son costé droit vn iecton qu'elle

enuoye en la premiere coste: lequel s'y perd tout ainsi que le rameau que nous auons dit estre porté oblique-ment à la premiere coste du costé gauche. Le reste de ceste branche dextre fait l'artere apoplectique de ce mesme costé: laquelle montant au gauion le long du sifflet (comme aussi fait celle du costé gauche) enuoye vn rameau, qui se perd du tout en la face & en la peau des temples iusques au sommet. Ceste apoplectique en-tre dedans le taiz apres auoir communiqué des rame-aux au neud de la gorge, à la langue, & aux trois especes de glandes situees en cest endroit: estāt dans le taiz elle se diuise en deux rameaux, le plus petit desquels se perd au premier & dextre reply de la dure mēbrane: le plus grād n'a point de veine pour compagne: il entre par vn pertuis particulier dans le taiz, & produit des iectons au costé de la dure membrane, & encore vn autre iecton, lequel passant par vn pertuis particulier, descend dedās les narines vers le bout du nez. Mais ce rameau princi-pal est estendu par le soubassemēt de la teste: & n'estant toutefois aucunement entrelassé en maniere de retz, il passe en deuāt, & enuoye vn iecton aux yeux auec la se-cōde paire des nerfz du cerueau, puis montant en haut il perse la dure membrane, & se perd en partie en la membrane delice, & en partie il mōte à la cauite dextre du cerueau, faisant en cest endroit vne portiō du retz si-tué en icelle: lequel est semblable à l'exterieur enuelop-poir de l'enfant pendant qu'il est au ventre de la mere: il cōmunique aussi l'esprit de vie au cerueau, à celle fin que l'esprit animal soit preparé d'iceluy par le moyen du cerueau, ainsi que maintenant ie diray.

DV CERVEAV, ET DES INSTRVMENTS
composez pour son seruice.   Chap. V.

L E cerueau est situé dedans le taiz: il est le siege de l'animale & souueraine puissance, representant propre-ment la figure de la cauité qu'il oc-cupe: il est diuisé par le haut tant en deuant qu'en derriere & selon la lō-gueur de la teste en vne partie dex-tre, & l'autre senestre: mais il est contigu au soubassemēt d'icelle, là ou est le commencemēt de la moëlle de l'es-pine, dissemblable d'auec celle des oz. Le petit cerueau y est attaché, & est presque vingt fois moindre que le grand, soubs le derriere duquel il est du tout situé, ne se retirāt toutefois dauātage en la partie de derriere. Tou-tes ces parties du cerueau sont recouuertes & enuelop-pees par la dure membrane, laquelle enuironne tout le taiz par dedans: & enuoye des filets par les coutures d'iceluy, lesquels s'estendent & produisent vn particu-lier enueloppoir pour tout le dessus du taiz. Ceste mē-brane est d'autant distante d'auec la tenure membrane du cerueau, qu'il est necessaire pour ne point empes-cher le mouuement de ses conduits. Elle enuoye vne saillie entre la dextre & senestre partie du cerueau, & encore vne autre au haut de la separation du grand & du petit cerueau, la part ou le grād est appuyé sur le pe-tit. Elle a aussi quatre principaux replis ou sinnositez lesquelles seruent de veines & d'arteres tout ensemble, & enuoyent vne dissemblable entresuite de conduits en la tenure membrane du cerueau. Car au dessus de la substance du cerueau, laquelle est continue, blanche, & nullement entrelassee de veines, il y a vne membrane tenure, qui ça & là enueloppe les destours du cerueau,

semblables aux repliements des boyaux: & maintient aussi les vaisseaux d'iceluy. Il y a trois manifestes cauitez contenues dans le cerueau, dont la premiere est situee au costé droit selon la longueur d'iceluy: le derriere de laquelle se retournant en bas par dedans la substāce du cerueau, est continué iusques au milieu de son soubas-sement. La seconde luy est semblable, & est situee au costé gauche, elles sont par haut distinguees l'vne d'a-uec l'autre l'endroit ou elles s'approchent en dedans, & ce par le moyen d'vne delice substance du cerueau, que nous nommons entredeux: elle est cōtinuee par haut à ceste portion de ceruelle, laquelle est nommee le duril-lon, pour autant que c'est la plus dure & la plus blanche partie de toutes celles qui sont en la premiere face du cerueau. Le bas de cest entredeux est continué auec la portion de ceruelle qui est faicte en façon de voulte ou d'escaille de tortue: il prend son origine d'vn assez am-ple soubassement des deux costez de la partie posteri-eure des deux premieres cauitez du cerueau: puis s'a-uançant en deuant, il se retraissit ainsi comme vne poincte de triangle: & est creux ainsi qu'vne voulte par le bas, ou il recouure la cauité dont nous parlerons maintenant. Car les parties d'embas des cauitez dont nous auons parlé, ne sont point separees par vn entre-deux, ains elles aboutissent en vne commune cauité si-tuee soubs le corps faict en façon de voulte, & cōtinuee par vn manifeste conduit descendant de droicte ligne par la substance du cerueau iusques en la tremie ou dās le bassin faict d'vne tēure membrane en maniere d'en-tonnoir, par lequel le phlegme descendant du cerueau, distille dessus la glande quarree assise dessus l'oz semblable

blable au coing, & descend de cest endroit au trauers
des pertuis manifestes, & non pas trouez en maniere
d'esponge, iusques au palais, & en la capacité des narines. Ceste commune assemblee de la cauité droicte &
de la gauche est nommee la tierce cauité du cerueau:
laquelle aboutit par derriere en vn conduit, qui passant
par les deux parties du cerueau semblables aux couillons & aux fesses, est continue en la quatriesme cauité
qui est commune au petit cerueau auec le commencement de la moëlle de l'espine, & est accompagnee de
ceste saillie de cerueau, laquelle à cause de la façon de
ses destours nous accomparons au ver qui croit dedans
du boys. Toutefois il ne se trouue aucun corps particulier en ceste cauité non plus que es trois autres. Mais le
plus apparent rameau de l'artere apoplectique (qui doit
façonner le rets semblable au dernier enueloppoir de
l'enfant pendant qu'il est au ventre) monte par le bas &
par le derriere d'iceluy pour aller tant en la cauité dex-
Le rets. tre, qu'en la senestre. Ce rets est faict au moyen du rameau de ceste artere, & d'vne portion du conduit appuyé & maintenu tant par la glade faicte en façon d'v-
ne pomme de pin, que par les couillons du cerueau, &
porté le long de la troisiesme cauité depuis le derriere
du quatriesme reply de la dure membrane, estendu selon la longueur du cerueau. Ce conduit attire à soy du
quatriesme reply, côme d'vn pressoir la matiere d'vne
veine & d'vne artere, puis estant diuisé en deux parties,
de l'vne il se conduit en la cauité dextre, & de l'autre en
la senestre : & se meslant auec les rameaux des arteres
paruenues en ces endroits, il façonne en chasque cauité le rets dont i'ay maintenant parlé. La vertu & force
naturelle de la substance du cerueau parfaict l'esprit a-
nimal, tant de la matiere de l'esprit de vie labouré en ce
rets, & aucunement accômodé aux actions du cerueau:
que de l'aër, lequel nous attirons en respirant, iusques
aux cauitez d'iceluy: le cerueau aussi s'ayde en partie de
cest esprit pour faire les principales actions de l'ame: &
l'enuoye en partie par les nerfz qu'il produit, à celle fin
qu'il soit porté aux organes qui ont besoing de l'esprit
animal, & qui sont principaux instruments des sens, &
du mouuement volontaire: toutefois il en enuoye vne
bonne portion de la troisiesme cauité par dessoubs ses
couillons en la quatriesme commune au petit cerueau
& à la moëlle de l'espine: laquelle en apres est distribuee par tous les nerfz procedants d'icelle. Enuiron le
milieu du soubassement du cerueau il sort de chasque
costé vne longue & ronde saillie, laquelle se porte en
deuant par le mesme soubassement: & estant appuyee
en l'vne des vuidures du huictiesme oz de la teste, elle
est particuliere a l'organe du fier, toutefois les anatomistes ne luy ont point donné le nom de nerf, pour autant qu'elle ne sort point hors la capacité du taiz. Mais
La premie- la premiere des sept paires de nerfz attribuez au cer-
re de ueau, prend son origine au soubassement vn peu plus
derriere que ne sont les deux saillies semblables à la
substâce de la ceruelle, & produit les nerfz de la veuë,
lesquels aboutissent en la taye de l'œil, semblable à vn
rets: car l'humeur crystallin est situé au centre de l'œil,
au deuât duquel il y a vne taye semblable à la plus tenure pelure d'vn oignon: le derriere de cest humeur est
remply par l'humeur semblable au verre fondu : lequel
de rechef est enueloppé par derriere d'vn enueloppoir
semblable à la substance du cerueau: dedans lequel la
substance du nerf est espandue. Mais la membrane deliee du cerueau entournant le nerf de la veuë, s'estend

en vne taye semblable à la peau d'vn grain de raisin:
ceste taye recouure tout l'œil, excepté qu'elle est per-
tuisee par le deuant en l'endroit que nous nommons la
prunelle. La dure membrane aussi enuironnant le mesme nerf, aboutit en la dure taye de l'œil, par laquelle il
est du tout enuironné: elle est resplendissante par le deuant, ainsi que de la corne, & se perd en l'arc ou au grâd
cercle de l'œil: auquel aussi la taye blanche de l'œil est
attachee par deuant. Au reste il y a vn humeur aqueux
entre ceste cornee, & la partie anterieure de l'humeur
crystallin: cest humeur est separé par vne taye fort tenure, laquelle en sa façon represente les cils: & procedant de la taye semblable à la peau du grain de raisin,
elle s'estend en rondeur par dessus l'humeur crystallin.
La seconde La seconde paire de nerfz est destinee pour mouuoir
paire de les muscles des yeux. La troisiesme paire sortant en vn
nerfz. tronc de chasque costé enuoye vne partie du plus petit
La troisies- des deux en la peau du frôt, & vne partie en la machoi-
me. re & aux leures d'en haut, & vne partie en la capacité
du nez: & vne partie aux muscles qui esleuent la machoire d'embas. Mais elle enuoye le plus gros en la langue: laquelle est faicte l'instrumêt du goust par le moyê
d'iceluy. Toutefois vne partie de ce mesme rameau est
retorteuillee en maniere des veulles de vigne, & est
enuoyee aux muscles dont i'ay maintenât parlé, & vne
autre partie encore aux dents de dessus: & vne autre en
la machoire d'embas, & aux dents qui y sont enclauees:
& puis en la parfin en la leure d'embas. La quatriesme
La quatries- paire aboutit en la peau du palais. La cinquiesme a
me. deux trôcs, tout ainsi comme la troisiesme, le moindre
La cinquies- desquels elle enuoye aux muscles qui esleuent la ma-
me. choire d'embas: & le plus gros dans l'organe de l'ouye:
encore que de ceste cy elle enuoye aussi quelques iectôs par diuers pertuis lesquels aboutissent aux muscles
dôt i'ay maintenant parlé. La sixiesme paire (oultre les
La sixiesme. rameaux qu'elle dône à quelques muscles du col, & en
descendant aussi quelques vns au neud de la gorge) est
augmentee par vne portion de la septiesme paire: &
donne des iectons aux muscles qui procedent d'alentour le haut de l'oz de la poictrine: elle enuoye aussi vn
rameau en la racine des costes, lequel est dispersé commodement par les organes seruâts à la cuisson du sang.
Ainsi sont distribuez iusques en ces parties l'vn & l'autre rameau de la sixiesme paire: mais le dextre particulierement enuoye en arriere vne partie à l'artere, qui
entre au bras droit, de laquelle partie il s'esleue vn nerf
qui se conduit le long du costé dextre du sifflet, & môte
iusques au neud de la gorge, & pour ceste cause il est
Le nerf nômé le nerf retournât. Le reste qui descêd de ce nerf,
retournant. enuoye des rameaux au costé dextre des poulmons, &
en l'enueloppoir du cœur: puis estant conioinct auec la
gueulle, il passe par l'entredeux trauersant, & dône force iectons au costé gauche de l'entree superieure de
l'estomach. Mais le nerf du costé gauche renuoye en
arriere toutes les parties qui composent le nerf retournant du costé senestre, à l'endroit du tronc de la grâde
artere couchee le long du doz. Du costé de ce nerf il
procede particulierement vn gresle iecton, lequel est
enuoyé au cœur: & le reste s'entrelasse au costé droit de
l'entree superieure de l'estomach: & enuoye aussi vn
petit rameau par le haut d'iceluy iusques au foye. La
La septies- septiesme paire est principalement distribuee par les
me paire. muscles du neud de la gorge & de la langue, oultre ce
qu'elle augmente de beaucoup la sixiesme paire. Tous
les nerfz procedans de la moëlle du doz enfermee de-

dans l'espine, sont diuisez en trente paires: sept desquel-les procedēt des rouelles du col: douze du coffre: cinq des reins, & six du croupiō: il ne sort aucun nerf de l'oz de la queüe. Ceux qui procedent des rouelles du col, s'epādent par les muscles procedās & yssans du mesme endroit. Il sort vn nerf de chasque costé des iectons de la quatriesme, cinquiesme & sixiesme paire, lequel est particulieremēt enuoyé en l'entredeux trauersant, puis il sort vne dissemblable tissure de nerfz de la cinquies-me, sixiesme & septiesme, & encore de la huictiesme & neufiesme, ou premiere & seconde paire du coffre: il procede de ceste tissure six nerfz entrants dedans les bras, oultre plusieurs iectons dispersez au creux & au costé de dehors du palleron. Le premier nerf qui entre dans le bras, procede des iectons dispersez dans le mus-cle qui esleue le bras, & produit vn petit rameau fort gresle par toute la peau, qui recouure le dehors du bras. Le second entrant par l'esselle, & communiquant quel-ques rameaux au premier muscle qui flechist le sous-auantbras, dōne vne bonne partie de soy au troisiesme nerf qui entre au bras, puis descendant au sousauātbras, & dōnant vn rameau au premier muscle qui releue vers haut le sousauantbras, il entre en la peau: & diuisé en plu-sieurs rameaux, il entrelasse la peau de dedans en la par-tie plus haute du sousauantbras: ce qu'il continue ius-ques au bout de la main. Le troisiesme aussi descendant par l'esselle, enuoye quelques rameaux en la peau de deuant du bras: & estant augmenté d'vne portion du second nerf, il communique des iectons au secōd mus-cle qui flechist le sousauātbras, auquel il s'achemine par le deuant de l'interieure enleueure de l'oz du bras, ie-ctant çà & là, auec le cinquiesme, des iectons aux mus-cles qui procedent de ces parties: puis passant le long du susauantbras iusques en la paulme de la main, il en-uoye deux iectons au dedans du poulce, & autant au se-cond doid, & vn seulemēt au costé de dehors de la par-tie interieure du troisiesme doid: quelquefois aussi il donne deux rameaux au troisiesme doid, & vn au qua-triesme. Le quatriesme nerf du bas est plus gros que tous les autres: il entre par l'esselle, & donnant des ra-meaux aux muscles qui estendent le sousauantbras, il descend par le derriere du bras iusques en l'enleueure exterieure de l'oz du bras, ayant parauant produit deux iectons en la peau. Le nerf qui est situé en ceste partie exterieure du coulde, enuoye vn iecton en la peau qui recouure le dehors du sousauantbras, ce qu'il continue iusques au poignet: puis estant diuisé comme en deux troncs & produisant quelques iectons par les muscles descendans de l'enleueure exterieure de l'oz du bras, il enuoye l'vn de ces troncs dedans le sousauantbras, les rameaux duquel s'espādent par les muscles qui ont leur origine en l'exterieure partie d'iceluy: mais ce tronc fi-nit assez pres de la racine du poignet. L'autre trōc qui est au dessus, descend dedans le sousauantbras: & oultre les iectōs qu'il departist aux muscles situez en ceste par-tie, il se cōtinue iusques au poignet, & enuoye deux ra-meaux en la partie de dehors le poulce: item deux au second doid. Le cinquiesme nerf est caché soubs l'essel-le, & est prochain de l'artere du bras: il se continue ius-ques au sousauantbras par le derriere de l'enleueure in-terieure de l'oz du bras: aux muscles duquel il ne com-munique aucun rameau: mais descendant le long du sousauantbras iusques au poignet, il donne quelques ie-ctons aux muscles procedants de ces parties: tout ainsi que fait le troisiesme: & au milieu de sa cōduicte il iecte

Six nerfz du bras.

vn rameau, lequel estant diuisé premierement en deux iectons, se perd au dehors du petit doid: puis diuisé en-core en trois autres il se communique au quatriesme doid par le moyen des deux premiers: & par le moyen du troisiesme, il se perd au costé exterieur de la partie de dehors du troisiesme doid. Tout ce qui entre de ce cinquiesme nerf au dedans du poignet, enuoye des ra-meaux au dedans du petit doid, & du quatriesme, & du troisiesme aussi. Le sixiesme nerf est merueilleusement gresle: il se coulle soubs la peau par le dedans du bras: & passant il enuoye quelques rameaux à icelle peau: puis paruenu iusques au sousauantbras, il se diuise le lōg d'iceluy en plusieurs iectons, lesquels il entrelasse par toute la peau iusques au poignet. Chasque entredeux des costes reçoit vn rameau des nerfz procedans des rouelles du coffre, oultre ceux lesquels se retournent vers les espines des rouelles & se communiquent aux muscles procedants d'icelles. Ce rameau se conduit en façon d'vn demy cercle iusques au milieu de la poictri-ne & du ventre, & disperse force iectons aux muscles tant du coffre que du ventre, & en toute la peau. Il sort quelques petites portions de ces nerfz entrecostaux, lesquelles augmentent les rameaux procedants de la sixiesme paire des nerfz du cerueau situez aux racines des costes. Au reste la distribution des nerfz procedāts des rouelles des reins respond en la plus grande partie à celle qui sort du coffre. Car ces nerfz enuoyent des rameaux au derriere, & montent le long des flancs en façon de demy cercle iusques au milieu du ventre, en-uoyants ce pendant des iectons aux muscles circonuoi-sins, & à toute la peau. Toutefois il descend de la pre-miere paire de ces nerfz des rameaux fort petits, les-quels se conduisent auec les arteres semācieres iusques aux couillons: & les nerfz descendants en la cuisse ont leur commencement des quatres paires d'embas. Bien est vray que le plus grand de tous procede des quatre premieres paires de l'oz du croupion: duquel la pre-miere paire descend des rouelles tout ainsi comme les paires tant du coffre que des reins. Mais les cinq paires d'embas ne sortent point par les costez de l'oz du crou-pion, ains d'vne racine par deuant, & d'vne autre par derriere. Celle de derriere se perd dans les muscles & dans la peau des oz du croupion, & des hanches. Et le rameau de deuant de la premiere paire auec les racines des trois paires suiuantes compose le nerf que nous a-uons maintenant dit. Les racines des paires inferieures se perdēt en la vessie, au siege, & en la verge, ou bien aux femmes dans le col de l'amary, & dans le replis de leur nature. Dauantage le premier nerf des quatre entrants en la cuisse, se coule le long du sixiesme muscle mouuāt la cuisse, & semant vn rameau en l'exterieure peau d'i-celle: il se perd dans les muscles situez au costé de de-hors. Le second entre dedans la cuisse auec la grande veine & artere, & produit incontinēt vn rameau, lequel descendant par le dedans de la cuisse, du genouil, & de la iambe, se continue soubs la peau iusques au bout des orteils, & espand çà & là des rameaux, estant accompa-gné de la veine, laquelle comme nous auons dit, passe par cest endroit. Le reste de ce nerf cesse dans les mus-cles qui recouurent la partie du deuant de la cuisse. Le troisiesme passe par le pertuis de l'oz barré, & donnant des rameaux aux muscles occupateurs de ceste partie, il enuoye vn iecton qui s'estend vn peu auāt en la peau du dedans de la cuisse: le reste est separé par les muscles situez en la partie interieure d'icelle. Le quatriesme est

Nerfz des costes.

Nerfz procedāts des rouelles des reins.

Nerfz de la cuisse.

le plus gros de tous les nerfz du corps faicts de plufieurs: il fe coule par le derriere de la cuiffe, la part ou
l'oz de la feffe fe retire du croupion, & enuoye vn iectó
en la peau de derriere de la cuiffe, lequel prend fin vn
peu au deffoubs du milieu d'icelle. Car il y a vn autre
rameau en la partie d'embas qui procede du quatriefme nerf, & communique des iectons aux mufcles procedants du derriere & du bas de l'oz de la feffe:comme
il fait auffi aux mufcles defcendás des teftes inferieures
de la cuiffe. Au refte eftant diuifé en deux troncs pres
le iarret, il códuit celuy de dehors,qui eft le plus greffe,
en la foufgreue: de ce tronc il fort vn rameau defendát
par la peau de dehors la iambe, & fe continue iufques
au petit orteil, & vn autre qui f'efpand en toute la peau
de deuant la greue. Le refte eft communiqué à la foufgreue en l'endroit au quel le feptiefme & le huictiefme
mufcle mouuant le pied prend fon origine. Dauantage
le plus grand tronc qui eft au dedans, enuoye en l'interieure peau de la greue, & en celle de la foufgreue vn
rameau,lequel fe coule iufques au taló, mais il fe cache

dans les mufcles du gras de la iambe, & enuoye vn rameau par le lié membraneux qui attache la greue auec
la foufgreue. Ce rameau eftant caché entre les mufcles
fituez au deuant de la iambe defcéd en la parfin au deffus du pied, & fe communique aux orteils en ceft en-
droit.La principale portion de ce grand tronc defcend
par le derriere de la iambe, & enuoyát quelques iectós
çà & là par les mufcles, elle paffe entre le taló & la cheuille de dedans iambe,& entre au bas du pied,donnant
des petits iectós aux mufcles fituez en cefte partie: puis
elle produit deux rameaux qui font enuoyez au deffoubs de chafque orteil. Voila comment le grand ouurier de toutes chofes a bafty noftre corps fubiect a cor-
ruption non feulemét pour viure, mais auffi pour bien
viure. Maintenant ie pourfuiuray en bref, & d'autant
que ce denombrement des parties de la fabrique hu-
maine le requiert, les inftruméts lefquels Dieu a defti-
nez pour la fucceffió du femblable, & lefquels il a voulu feparer des organes des fens & de la nourriture.

DES INSTRVMENTS SERVANTS AV
repeuplement des hommes.   *Chap. VI.*

'AVCTEVR de la fabrique humai-
ne a tellement bafty les deux hommes des le commencement pour la
cóferuation de l'efpece,que le mafle
donneroit le principal commencement de l'enfant,& la femelle le có-
ceueroit felon qu'il feroit conuena-
ble, & nouriroit des le commencement le petit enfan-
çon en mefme maniere & non autremét que fi c'eftoit
vn membre de fon corps,iufques à ce qu'eftant deuenu
plus fort il peuft eftre produit en la lumiere qui nous
entourne. Et pour ceft effect l'homme & la femme ont
obtenu particuliers & idoines inftruméts, lefquels ont
vne telle force ou allechemét au faict de la generation
que mefmes tous animaux, foient ils ieunes,ou fols ou
fans raifon, font tellement efguillonnez qu'a l'heure ils
fe mettent en tout deuoir de perpetuer leur efpece, en
mefme maniere que fils eftoiét les plus aduifez du mó-
de. L'homme a dóques deux couillós recouuerts d'vne
peau nommee la bource, & d'vne membrane charnue.
ils font faicts d'vne fubftáce blanche,cótinue & du tout
feparee de la fubftáce des autres parties:cefte fubftance
eft recouuerte d'vne forte membrane, laquelle la touche tout autour, & reçoit l'entremeflement & conionction des chofes qui font attachees auecques le couillon, compofant a chafcun d'iceux vn particulier enueloppoir, par deffus lequel il y en a encore vn autre propre procedant de l'endroit du peritoine, auquel il donne voye aux conduits femanciers. Car de là il fort vne
petite mébrane, laquelle enueloppe ces conduits auec
le couillon,n'y eftants toutefois fort attachez,fi ce n'eft
en l'endroit ou ils defcendent de la grande capacité du
peritoine:mefmes elle touche feulemét au bas du couil
lon en cefte partie charnue que nous eftimons eftre le
mufcle d'iceluy.Les conduits femanciers font,de chafque cofté vne veine & vne artere.La veine qui defcend
au couillon dextre, procede du deuant du tronc de la
veine creufe au deffoubs de l'iffue des veines qui entrét
dans les roignós : mais celle qui entre au couillon gauche,defcend du deffoubs de la veine qui fe códuit pour
entrer au roigon feneftre : ce qui fe fait affin(cóme lon

croit)qu'elle ne porte vn fang qui foit pur au couillon,
ainfi que fait la veine dextre,mais vn peu aqueux & delié : lequel par fa qualité fallee & afpre excite vn cha-
touillement lors que lon iecte la femence. Toutes les
deux arteres fortent de la grande artere vn peu au deffoubs de la veine femanciere du cofté droit : celle du
cofté droit cheuauche deffus le tróc de la veine creufe,
& va f'accompagner de la veine droicte, auec laquelle
approchát le couillon, elle f'enlaffe diuerfement auant
que d'y toucher : & fait vn corps qui represente plufieurs varices,& eft attaché par bas au haut du couillon:
puis enuoyant des rameaux à l'interieur enueloppoir
du couilló,il fe vire en plufieurs manieres par la fubftáce d'iceluy, laquelle fubftance ce pendant transforme
en femence par fa vertu naturelle, le fang gracieux &
l'efprit,tout ainfi comme la fubftance du foye fait changer en fang le ius qui luy a efté apporté des boyaux.
Cefte femence ainfi cuicte & parfaicte eft receuë par vn
conduit fort & puiffant, lequel eft attaché au derriere
du couilló,& eft faict en maniere d'vn ver retortillé diuerfement,comme les veuilles de vignes.Ce códuit eft
en apres long & ród en façon d'vn nerf, lors qu'il móte
en haut vers le grand creux du peritoine par la mefme
voye par laquelle la veine & l'artere femenciere eftoiét
defcendues:puis il fe reflechift vers le bas a l'endroit de
l'oz barré, & approche au derriere de la veffie, vers laquelle auffi f'approche le conduit qui porte la femence
du couillon gauche : lequel eftát affemblé auec le conduit du cofté droit, va aboutir en la racine du col de la
veffie a l'entour du corps glanduleux,qui eft attaché en
cefte partie. Là comméce le canal commun pour la femence & pour l'vrine : lequel eftant abaiffé vn peu vers
bas, eft derechef releué en haut vers le dehors de la
ioincture de l'oz barré, & fe conduit par deffoubs les
corps qui compofent la verge. Car il fort de l'oz barré
à chafque cofté vn corps nerueux long & rond, lequel
eft fort fpongieux par dedans,& plain d'vn fang efpais.
L'vn & l'autre ioincts enfemble font la verge, laquelle
eft idoine par le moyen de cefte fubftance à fe dreffer
& engroffir, lors qu'elle doit iecter la femence dedans
l'amary : à f'auachir & à f'amenuifer lors qu'il n'eft be-

C

foing de fa grandeur & groffeur. La verge eft rengroffie par le bout en façon d'vn glan : ce qui a efté fait pour l'vfage plus commode de Venus. elle eft auffi reueftue d'vne peau qui eft apte à la couurir & defcouurir par ceft endroit.

L'Amary.

La femme a vn amary dedié à receuoir la femence, & à retenir l'enfant : il eft fitué entre la veffie & le droit boyau, & a comme la veffie vn fond & vn col, lefquels fe peuuent eflargir & retreffir côme eftâts faicts de membranes lafches, tiffues de quelques fibres charnues, ou moyen defquelles l'amary fe demene en partie volontairement. il eft attaché par les coftez auec le peritoine, tout ainfi comme les boyaux font maintenus par l'entreboyau. La façon de fon fond n'eft pas du tout ronde, ains elle eft aucunement enfoncee par deuant, & par derriere, & par le haut auffi : fi bien qu'elle fait de chafque cofté vn anglet rebouché : & eft femblable au front d'vn veau qui commence à pouffer fes cornes. Il n'a qu'vne feule capacité en fon fond du tout femblable au mefme front : & aboutit en vne mefme entree qui fort en l'ouuerture du col de l'amary, & eft faicte en façon de la tefte de la verge. Cefte entree fouure & fe referme par vne feule vertu naturelle, & nô à la volonté de la femme. Le fond a vne feule, fimple & propre mébrane. elle eft efpaiffe aux femmes qui ne font groffes d'enfant, à celle fin qu'elle fe puiffe eftêdre en vne merueilleufe eftêdue lors qu'elles font engroffies. Il y a encor vne autre mêbrane pardeffus cefte cy, laquelle procede du peritoine. Le col de l'amary eft long & rond, & n'eft autrement eftendu és femmes qui ne font groffes d'enfant : au refte il n'eft moins ample que le fond. Il reçoit l'attache du col de la veffie : & eft garny en fon emboucheure de quelques chairs cuiraffeufes & de petits replis ou aefles. D'auantage à chafque cofté de l'amary il y a vn couillon, auquel les côduicts aboutiffent tout ainfi comme aux hommes : toutefois il y a cecy de particulier, que feulement la moytié de la veine & artere femenciere eft offerte au couillon, & l'autre eft entrelaffee au fond de l'amary. Le conduit qui fort du couillon & porte le peu de femence delice & beaucoup aqueufe, embout en l'amary dans le mouffe anglet de fon cofté. Les veines & les arteres qui entrelaffent par plufieurs rameaux l'amary, outre celles que nous auons dictes, procedent de ces diuifions de conduicts, lefquelles fe font au deffoubs de la ioincture du croupiô auec la derniere rouelle des reins : & feruêt à nourrir l'enfant, & a maintenir la chaleur naturelle d'iceluy.

L'enfant eftant dedans le ventre de la mere, eft recouuert de trois enueloppoirs, que les femmes nomment, arrierefais, dont l'vn eft vulgairemêt nômé la Secondine, laquelle feulement entourne l'enfant en maniere d'vn large cercle. elle eft efpaiffe & noiraftre comme la ratte. & eftant prochaine à l'amary, elle reçoit les conduicts qui abboutiffent en iceluy, à celle fin qu'eftâts affemblez en cefte fecôdine, affauoir en deux veines & en deux arteres, ils fuffent attachez au nombril, & en la parfin que par ce moyé vne veine fuft portee au foye, & deux arteres aux rameaux de la grande artere, lefquels doiuent defcêdre par les pertuis de l'oz barré. Le fecond enueloppoir eft vne membrane nommee farciere, laquelle enueloppe tout le petit enfant : & eft accomparee à la femblâce d'vne farce dont on remplit quelque viande : elle reçoit l'vrine de l'enfant entre foy & le trofiefine enueloppoir, laquelle eft portee par vn particulier conduit des la plus haute partie de la veffie iufques en cefte capacité : de peur que l'vrine poignante ne moleftaft l'enfant, fi elle euft efté ioincte à la peau d'iceluy. Le troifieme enueloppoir eft vne membrane fort tenure, & de là elle eft nommee par les anatomiftes, l'aigneliere : elle reçoit la fueur de l'enfant entre foy & la peau d'iceluy, laquelle eft recouuerte comme d'vne boüe rouffaftre. Or quand l'enfant eft né, encore qu'il ne foit aucunement apris, il fucce incontinent le laict des mammelles, qui luy eft vne nourriture trefcommode. Les mammelles font fituees en la poitrine, & font anoblies d'vn petit bout & faictes d'vn corps glanduleux, lequel par fa vertu naturelle conuertift en laict tout le fang qui luy eft porté par les veines.

FIN DE L'ABREGE' D'ANDRE' VESAL.

BREFVE

BREFVE DECLARATION
DES PARTIES DV CORPS HVMAIN
TANT SIMPLES QVE COMPOSEES:

PAR IAQVES GREVIN, DE CLERMONT
en Beauuaisis, Medecin à Paris.

PREFACE AV LECTEVR.

IE NE fais point tant eflongné de raifon ny tant prefomptueux, que ie ne fcache bien & que ie ne recognoiffe quant & quant la grande diligence d'André Vefal, en la diffection des corps humains, & en la foigneufe remerque des parties d'iceux. Car ie le reuere côme l'vn des plus doctes, des plus diligens & plus exercitez en cefte partie de nature. Ce n'eft donques pour adioufter à fa diligêce, ou pour fuppler à quelque defaut, que i'ay mis en auant cefte declaration des parties tât simples que composees: mais bien pour releuer le lecteur d'vn empefchement qu'il euft peu trouuer en plain chemin de cest abregé: ou plus toft de la peine qu'il euft eu d'aller rechercher dans vn grand volume & en plufieurs parolles ce que ie luy donne en bref: car certainement l'excellence & perfection de ces figures anatomiques me fembloyent meriter non feulemêt vne fimple hiftoire des noms, des lieux, ou des parties du corps, ou de l'affiette quelles ont en iceluy: mais auffi vne explication naturelle, ou pour le moins vne fommaire demôftration d'icelles, telle que ie la dôneray cy apres des parties tant fimples que composees. En quoy faifant fi d'auenture l'on trouue que ie n'aye en tout & par tout enfuiuy l'opinion de Vefal, ie prie le lecteur de penfer que tout ainfi que Vefal a efcrit librement fa fentence, fouuentefois contraire à celle des anciens: ainfi libremêt i'ay efcrit, ce qui m'a femblé approcher plus pres de la verité. Au refte ceux qui voudront diligemment collationner l'explication des characteres mife aux figures, auec les figures mefmes, certainement ceux la pourront recognoiftre combien nous auons racouftré de lieux, lefquels eftoyêt deprauez en l'explication premierement imprimée & adiouftee à ces mefmes figures. Ce que ie prie le lecteur prendre en auffi bonne part, que de bonne affection ie l'ay fait, affin de profiter en quelque forte à noftre Republique.

DE LA DIVISION DE TOVTES LES
parties du corps.   Chap. I.

IE me fuis toufiours efmerueillé comme cefte partie de medecine, laquelle iufques icy a tant empefché de bons efprits, femble encores eftre demouree manque en cela, qui toutefois deuroit auoir efté le mieux traicté, attendu l'excellence de fon action, felon laquelle le plus fouuent la fanté ou la maladie aduient au corps humain. Car certainement tout homme qui voudra regarder de pres comment iufques au iourd'huy l'anatomie du corps a efté traictee & expliquee, tant par les philofophes que par les medecins: celuy la parauanture les pourra reprendre a bon droit de ce qu'ils ont plus toft pris peine d'expliquer les parties d'vn corps mort, que de celuy qui eft viuant: en quoy faifant ils fe font arreftez en vne partie & ont laiffé les autres. Ie dy cecy pour autant qu'Hippocrate confiderant l'homme viuât, a dit qu'il eftoit composé de trois natures, l'vne qu'il nomme contenante, l'autre qui eft côtenue, & la tierce laquelle eft efparfe & infufe par tout le corps, c'eft à fcauoir, comme a expliqué Galen, les parties fermes & folides, les humeurs & les efprits. Si donques l'anatomie eft vne fcience des parties du corps humain tant exterieures qu'interieures, certainement il faudra que celuy qui voudra efcrire l'anatomie, efcriue neceffairement de ces trois fubftances, defquelles le corps eft composé. Mais d'autant que ie n'ay maintenant entrepris d'entrer en vne fi ample carriere, ie laifferay cefte difpute pour vn autre endroit, auquel elle viendra plus a propos, & me contenteray de pourfuiure ce que i'ay deliberé, a fcauoir d'efclaircir en partie ce qui me femble neceffaire pour l'intelligence de l'anatomie, auant que d'entrer en la confideration des pourtraicts cy apres mis en auât, & pour plus ample declaration de ce que Vefal a touché en l'explication d'iceux. Toutes les parties du corps viuant font ou fimples ou composees. Car ainfi les medecins qui s'exercent en icelles non plus ne moins que les philofophes en la congnoiffance generalle de ce qui compofe le monde: ainfi, dis-ie, les partiffent-ils a leur imitation & les appellent femblables & diffemblables. Or les fimples & femblables font ou fermes & folides, ou coulantes: les fermes & folides font oz, les tendrons que les Latins appellent cartilages, les liens qui nomment ligaments, les filets qu'ils nomment fibres, & les rayes qu'ils appellent membranes. Les parties coulantes font nommees ou humides ou fpirituelles: voire efprit naefme. Les humides font de deux fortes felon Ariftote, au premier liure de l'hiftoire des animaux, car les vnes font du tout humides, comme le fang, le phlegme, la cholere, la melâcholie, & toutes telles autres humiditez, lefquelles eftants contenues dans le corps retiennent le naturel de ces quatre premiers humeurs. Les autres ne font du tout humides, comme la chair, la greffe, & la moëlle. La chair eft de deux fortes, l'vne eft ainfi proprement nommee, dont les mufcles font faicts en plus grande partie: l'autre eft celle que les Grecs nomment parenchyme ou fang figé, ainfi qu'eft la chair du foye. La moëlle eft ou du cerueau, ou de l'efchine, ou des oz. L'efprit eft ou animal ayant fon principal domicille dans le cerueau & s'ef-

Les differentes de toutes les parties du corps.

Les parties fimples & femblables.

Les organes de la faculté animale.

Organes de la faculté vitale.

Organes de la faculté naturelle.

tendant par tout le corps au moyen de l'espine & des nerfz: ou il est vital logé dans le cœur & cömuniqué aux autres parties par le moyen des arteres: comme le naturel est residât dans le foye & est aussi enuoyé par les veines iusques aux parties les plus eslongnees. Non toutefois que ces trois esprits soyent aucunement dissemblables, sinö en tant qu'ils ont diuers noms pour la diuersité de leur action. Car c'est vn mesme esprit, qui meust, qui vit, & qui nourrist. Or ne sera-ce que bien fait de tirer les differences des parties cöposees & semblables, nommees organiques, des premieres facultez du corps à celle fin que nous ne poursuiuiös rien sans ordre. Toutes les facultez du corps sont ou animales, ou vitales, ou naturelles. Les animales consistët au sens & au mouuement: i'excepte la raison, laquelle n'est icy comprise, d'autant qu'elle est sans corps & qu'elle ne s'ayde d'aucun organe corporel. Les organes du sens & du mouuement sont en partie dedans le cerueau, & en partie hors d'iceluy: encores qu'ils reçoiuent leur force & puissance du cerueau. Ceux qui sont destinez au sens commun, à l'imagination, à la memoire & à l'affection sont contenu dedans le cerueau & sont distinguez de place, par quelques vns. Mais les nerfz autheurs du sens & du mouuement exterieur, dependent du cerueau: lesquels descendâs aux yeux, au nez, aux oreilles, en la langue, & en la peau donnët la vertu de voir, de flerer, d'ouïr, de gouster & de sentir: Et lors qu'ils sont enuoyez aux muscles ils sont autheurs premiers du volötaire mouuemët. Les principaux organes donques de la faculté animale serôt le cerueau & la moëlle de l'espine, ensemble les nerfz: & les subministrâts serôt les yeux, le nez, les oreilles, la langue, la peau & les muscles de tout le corps. La faculté vitale cösiste au poulx, & la vertu du poulx, qui est propre au cœur, est cömuniquee aux arteres, & est aydee par le benefice de la respiration necessaire. Les organes de ceste respiration sont mouuants & despendâs du cerueau, & pour ceste cause ils ne sont point nöbrez entre les instruments de la vie, si ce n'est à cause de leur vsage: d'autant que l'vsage de la respiration appartient à la vit, & l'action procede de la faculté animale. Les autres instruments de la respiration sont nommez conduisants, ou receuans. Le neud de la gorge & le sifflet conduisent le vent, & les poulmös le digerent. Les principaux organes donques de la faculté vitale sont le cœur & les arteres: le neud de la gorge, le sifflet & les poulmons sont les instrumens subministrants. Nous auons encore la faculté naturelle, laquelle comprend la generation, l'accroissemët & la nourriture. Les organes de la generation sont les conduits semenciers, les couillons, la verge & l'amary. Les instruments de la nourriture subministrent à l'accroissement, & sont compris soubs quatre especes: Car les vns preparent & conduisent la nourriture, les autres la digerent, les autres la netoyent de ses superfluitez & les autres conseruent & aydent l'action des trois premiers. Les instrumens qui conduissen: & preparent la nourriture sont la bouche, la guenle, les boyaux greiles, les veines & tous leurs rameaux: Les instruments qui digerent la nourriture sont l'estomach & le foye: ceux qui la netoyent sont les gros boyaux, la vessie du fiel, la ratte, les roignons, les cöduits de l'vrine & la vessie. Ceux qui aydent l'action des autres parties sont le peritoine, la gresse, la membrane charnue, l'entreboyau & la coiffe. Toutefois le consentement de toutes les parties du corps est tel qu'à peine en trouuerez vous vne qui n'ayt besoing de l'ayde de l'autre: ou bien qui ne s'accommode à son profit & vtilité. Ainsi les organes de la faculté animale aydent la vie, comme nous auons dit de la respiration, & les instrumens de la vie cömuniquent à l'œure de la cuisson. Ces choses ainsi deduictes il nous faut brefuement discourir en particulier d'vne chasque partie simple & cöposee.

DES OZ.　Chap. II.

Ce que lon doit considerer és oz.

De la ioincture des oz & de ses differences.

Puis que nous commençons aux oz, il faut dire en bref ce qui se doit considerer en iceux. Nous cösiderons donques la substance de l'oz, par laquelle nous entendons s'il est gros & espais, ferme, massif & solide, creux, pierreux, aspre & rude, glissant & poly, mince, tenure & delié, tendre & spongieux. Nous considerons la quantité par laquelle l'on cognoit s'il est grand, ou petit, long ou court, large ou estroit. Nous considerons la figure ronde, ou carree, ou triangle, ou representant quelque autre figure. Nous considerons le lieu auquel il est assis, comme aussi l'assemblage & liaison par laquelle il est conioinct. Nous considerons l'office & vsage d'vn chascun, comme s'il est faict pour l'appuy & soustien des autres parties, ou pour seruir d'attache, ou pour la deffence des parties nobles, ou pour ayder les autres actions de nature. Nous considerons aussi la complexion & tëperament d'vn chascun oz. Car encore que tous les oz soyent froids & secs, voire les plus froids, secs, & terrestres de toutes les autres parties: si est ce qu'estants collationnez les vns aux autres ils sont ou plus, ou moins froids & secs, & partant plus durs, ou plus mols, ou plus blancs, ou plus noirs, qui sont secödes qualitez despendantes des premieres. Bref nous considerons le nombre, & principalement celuy qui compose & parfaict chascune partie instrumentale. Entre toutes ces choses l'assemblage, liaison ou ioincture me semble estre fort necessaire pour plus entiere & parfaicte cognoissance des oz, principalemët quand il est question de mettre la main à l'œure, lors que quelque maladie est suruenue en iceux. Tous les oz donques sont attachez ensemble ou par vne conionction auec mouuement, ou par vne conionction sans mouuemët. La premiere conionction est vulgairement nommée Article: la seconde est nommee Symphise, c'est à dire, vnion ou reprise: cöme quand deux oz sont tellemët attachez ensemble qu'ils ne se peuuent mouuoir. Or ceste premiere conionction auec mouuement se faict ou par Emboiture, ou par Enclaueure. L'Emboiture est nömee par les Grecs Enarthrose & est parfaicte, ou imparfaicte: la parfaicte est simplement nommee Emboiture & retiët le nom du genre: l'autre est particulieremët nommee Impression: les Grecs l'ont appelee Arthrodie. L'Emboiture parfaicte se faict toutefois & quantes que l'oz s'allongit par le bout & a quasi comme vn col estroict là ou vne teste toute ronde aboutit, & se cache dedäs vne ample cauité de quelque autre oz. L'Impressiö ou Emboiture imparfaicte se faict en mesme façon, excepté que la cauité qui reçoit n'est pas si profonde, ny la teste de l'oz qui est receu si arrödie: ains vn peu enfoncee par le bout. L'Enclaueure que les Grecs nomment Ginglyme, se faict lors que les oz s'entrereçoiuent & entrët les vns dans les autres. Tous les mouuemëts qui se font és ioinctures sont manifestes, ou obscurs, & ont esté distinguez de noms propres par les Grecs. Ils ont nommé le mouuement manifeste Diarthrose, & l'autre obscur Synarthrose: toutefois ce ne sont especes distinguees, ains seulement noms propres pour signifier ces mouuements manifestes ou moins manifestes. La seconde espece de cöronction que nous auons nömee Reprise ou Symphise est distinguee en deux, à sçauoir en Enclaueure & en Harmonie. L'enclaueure est faicte lors qu'vn oz est planté en vn autre cöme vn pieu en terre, ou vn cloud dans du bois. L'harmonie est ou simple & parfaicte, ou bien imparfaicte. La parfaicte se faict par vn simple touchement ou aboutissement, comme si c'estoyent deux pieces de bois vnies & attachees, ou collees l'vne cötre l'autre. L'imparfaicte est nommee proprement Cousture & se faict lors que les oz crenez entrent les vns dans les autres, comme si c'estoyët deux cies ioinctes ensemble par les dents. I'ay deduit ces differences vn peu autremët qu'és deux impressions latines, qui ont esté faictes par cy deuät: toutefois il n'y a dissemblance qu'en

sorde

l'ordre & non en la chose. Ie l'ay changé d'autant que cest ordre cy me semble plus methodique que l'autre que i'auois fait suiuât Real Columbe. Or ce n'est pas assez d'entendre ces differences pour l'entiere cognoissance de ceste liaison:mais aussi il sert sçauoir par quel moyen les oz ainsi mis & approchez les vns des autres se peuuent tenir ensemble. Car il faut quelque chose qui les y maintienne. Nous disons donques qu'ils sont attachez ensemble ou par le moyen des tendrons,ou par le moye. de la chair, ou par le moyen de quelques liens. Dela les Grecs ont dit que les oz estoyent conioincts ensemble par Synchondrose, ou par Syndesmose,ou par Syssarcose. Voila ce qui me semble necessaire pour plus ample intelligéce de l'anatomie:& pour autât que la verité doit estre preferee à toutes affectiõs,ie n'ay suiuy en ceste explicatiõ que ce qui m'a semblé en approcher de plus pres. Nous d'onnerons exéples de toutes ces choses,alors que nous explicquerons les parties cõposees.

DES TENDRONS.
Chap. III.

R puis que brefuement & comme par vn sommaire nous voulons poursuiure le chemin encommencé, ayant parlé des oz, il faut venir aux tendrons que les Latins nomment Cartilages, lesquels nous auons nombrez les seconds entre les parties fermes & solides. Le tendron donques est vne partie massiue & solide laquelle tient vne consistence moyenne entre l'oz & le lien,tellement que s'il estoit plus dur il ne seroit point dissemblable de l'oz,comme aussi s'il estoit plus mol il seroit en tout & par tout tel que le lien: pour ceste cause Aristote a dict que le tendron estoit de mesme substance que l'oz, excepté qu'il n'estoit si sec. Le tendron est vne partie faicte de semence & pour ceste raison nommee par les Grecs Spermatique ce qui faict qu'elle est blanche,comme toutes autres de pareille nature. L'vsage des tendrõs est commun auec celuy des oz & ont d'auantage ceste propriété de lier les oz & empescher par vn continuel frayement ils ne soyent vsez. Car estans plus mols que ne sont les oz, ils obeissent plus facilement. Il y a à chasque œil deux tendrons composants les paupieres, à sçauoir l'vn en haut & l'autre en bas,ils sont tendres à celle fin que courrant l'œil il ne luy facent dommage. Il y a aussi à chasque oreille vn tendron, lequel s'amolist tousiours d'autant qu'il s'eslongne de l'oz dont il sort. Il y en a trois au nez, deux à chasque costé & vn au millieu,les deux premiers sont mobiles a raison des muscles, l'autre est immobile. Il y a encore deux tendrõs au haut de la machoire basse,à sçauoir de chasque costé vn,l'endroit ou elle s'emboite dedans l'oz de la temple. La luette n'est autre chose qu'vn petit tendron, & les cercles du gouzier que l'on nomme le sifflet sont de mesme substance,selon Vesal, & de substance d'oz selon Columbe. Cela se pourra facilement accorder par la venë: à chasque espine du doz il y a vn tendron, excepté à la premiere. Il y en a vn aussi entre le croupion & la quenë apparoissant principallement aux femmes, a raison de la necessité de l'enfantement. Il y en a aussi vn au haut de la poyctrine l'endroit ou elle reçoit les clauettes. vn peu au dessoubs entre le premier & le second oz il y en y a vn autre: & tout au bout vn autre que l'on appelle la fourcelle. A chasque costé tant vraye que fausse il y a vn tendron par le deuant,la part ou elles se ioingnét a la poyctrine, ou bien ou elles se courbent sur le ventre. A chasque cauité tant de la rouelle du genouil que de la hanche, & de l'oz de la iambe il y a vn tendron : tout ainsi comme au bout du petit oz du bras, la part ou il touche au poignet: & vn autre qui separe l'oz barré en deux. Bref à chasque ioincture d'oz il y a vn tendron quelque fois gros, quelque fois tenure & mince,selon la necessité de l'vsage, soit es ioinctures, lesquelles ont le mouuement manifeste, soit en celles qui l'ont obscur: Car par le moyen des tendrons le mouuement

en est faict plus doux. Ie n'entens pas en cecy comprendre tous les tendrons, lesquels se pourroyent trouuer es corps des petis enfans: Car la plus part d'iceux s'endurcissent auec le temps, Ie parle de ceux qui demeurét necessaires pour la manutétion du corps parfaict.

DES LIENS.   Chap. IIII.

LES parties que nous auons mises au troisiesme lien entre les fermes & solides sont les liens que les Latins nomment Ligaments. Lesquels il est maintenant saison de poursuiure,comme aussi les autres parties de mesme nature, desquelles les muscles sont composez. Car la nature des parties dissemblables ne se peut entendre sans sçauoir qu'elle est leur composition. Lien donc est vne partie semblable la plus froide, seiche & terrestre apres l'oz & le tendron. Ie me suis quelque fois trouué en compagnie d'hommes doctes, entre lesquels quelques vns vouloyent maintenir les liens n'estre parties simples,ains cõposees de membrane,& mesmes passants plus auant ils vouloyent donner a entendre que rien ne pouuoit & ne deuoit estre nommé simple que les sibres. Toutefois il me semble, sauf meilleur ingement, que tout ainsi comme les quatre elements desquels nous vsons ne peuuent estre en tout & par tout simples, & toutefois nous les prenons pour tels, ainsi certes ces parties, bien qu'elles ne sussent telles,sont nommees simples,comme estants les elemêts des corps. I'appelle elements en medecin ce qui apparoist à l'œil estre en tout & par tout semblable & non composé. L'ordre que plusieurs ont proposé en la deduction des liens de tout le corps est que les liens commencent a vn oz & finissent en vn oz, ou commençants en vn oz ils finissent en vn tendron, ou commençants a vn têdron ils finissent en vn oz,ou en vn têdron mesme, c'est à dire que par le moyê des liens deux oz sont cõioincts ensemble, ou vn oz auec vn tendron,ou deux tendrõs ensemble. On en peut encore adiouster vn, c'est que par leur mesme moyen les muscles sont attachez auec les oz & les tendrons. L'exemple des premiers est en trois qui attachent la teste auec les rouelles de dessoubs, deux que Vesal nomme, & vn que quelques vns ont adiousté,lequel descend du derriere de la teste & se conduict iusques aux deux premieres rouelles du col. Tels sont aussi ceux, lesquels lient ensemble les rouelles de toute l'espine,tels sont ceux qui maintiennent la teste de l'oz de la cuisse auec le grand oz de la fesse, & tous ceux aussi qui embrassent les ioinctures pour les rendre par ce moyen plus fortes. L'exemple des seconds est en l'assemblement des oz auec les tendrons comme du dernier oz de la poyctrine auec la fourcelle & les deux qui sont au genouil, lesquels lient la cuisse auec la iambe.Ceux qui commencent en tendrons & finissent en tendrons sont ceux qui lient les tendrons des costes fauces auec ceux des vrayes costes, les tendrons du sifflet, & tant d'autres qui sont faciles à voir auant que les tendrons s'endurcissent aux petis enfans. Ceux qui commencent aux tendrons & finissent en oz peuuent estre ceux la mesme. Car le commencement ou la fin des liens ne peut & ne doit estre plus tost remerqué en l'vn qu'en l'autre quant aux manieres de conionctions susdictes:bien est il vray qu'en la derniere qui est de l'oz auec le muscle il se peut bien faire,car la part ou le muscle se retire, là nous attribuons le commencement.Or cecy soit dict par maniere d'annotation.

DES FIBRES, DE LA CHAIR
& des membranes.   Chap. V.

CE que nous auons dict cy dessus me semble non seulement necessaire pour ayder a l'entiere intelligence des muscles, mais aussi des oz, maintenant puis que nous sommes en ce propos il nous faut sommairement deduyre les autres parties : Car le

muscle est faict de plusieurs pieces simples, comme estant vne
partie dissemblable, en la composition de laquelle plusieurs parties s'assemblent, c'est à sçauoir les fibres ou filets, la chair & les
membranes. Nous parlerons cy apres des nerfs, des arteres & des
veines qui sont aussi autres parties dissemblables concurrentes
en la constitution d'iceux: les fibres & les liens luy donnent la
tissure & la force, la chair les remplist, le nerf les faict mouuoir,
l'artere luy donne vie, la veine le nourrist, & la mēbrane couure
& embrasse le bout, nous en parlerons cy apres. Les fibres sont
Definition
de fibre.
parties des simples, lesquelles resemblent petis filets, elles sont
de nature froides, longues, blanches & deliées. Les vnes sont sensibles, & les autres insensibles: celles qui sont sensibles ont conti-
nuité auec les nerfs, car autrement ne le serayent-elles: telles sont
celles des muscles, lesquelles ne semblent estre autre chose que la
Action des
fibres.
ramification du nerf & du lien. toutefois & quantes qu'elles
agissent elles se retirent tousiours: tellement que par leur moyen
il se faict trois actions au corps, à sçauoir l'atraction par celles
qui sont droictes, l'expulsion, par celles qui sont en trauers, la retention par celles qui sont obliques ou en biez, pourueu qu'elles
soyent aydées des deux autres: tellement qu'en toute partie du
corps ou ces trois actions ont esté necessaires en icelles, il y a des
filets disposez en ces trois façons, s'il n'y a eu necessité que de
l'vne d'icelles, ou de deux, il n'y en a eu que d'vne sorte ou de
deux: nous les notterons en leur endroict, à sçauoir en l'explication des parties naturelles, vitales & animales. Au reste quād
nous disons droict, oblique & de trauers, cela se doit entendre
non à cause de leur action: car quand elles agissent, elles se retirent tousiours droict deuers leur commencement, mais ayant
esgard à tout le corps: attēdu que celles qui sont selon la longueur
d'iceluy sont nommées droictes, celles qui sont de trauers trauersantes, & celles qui sont obliquement posées sont appelées obli-
Definition
de la chair.
ques ou biezes. Parlons de la chair qui est vne partie simple non
ferme & solide: mais humide, non du tout humide, mais vn
peu plus ferme, comme estant faicte des humides, lesquelles sont
ses commencemens, n'estant dissemblable d'icelles sinon entant
qu'elle est plus ferme. Il y en a de deux sortes, à sçauoir propre
& impropre, ainsi que nous auons dict cy deuant, quelques vns
toutefois en ont voulu faire de trois sortes, distinguants celle des
entrailles en deux, ce qui toutefois n'est fort necessaire & se peut
facilement entendre en l'vne & l'autre maniere. La chair ne
sert d'autre chose sinon que de faire corps, remplir & entretenir
les parties ausquelles elle a esté ordonnée par la nature. I'ay dict
quel estoit son vsage en la constitution du muscle, & cela doit
Definition
de mēbra-
ne.
suffire. Venons à la membrane qui est vne partie du corps simple & semblable en tout & par tout: elle est large, tenace, des-
liée & toutefois assez forte, elle se r'amasse & s'eslargist selon la
necessité. Il y en y a trois en la teste, à sçauoir les deux internes
nōmées meninges & l'autre externe par dessus le taiz nōmée par
les Grecs pericrane, c'est à dire sus-taiz, desquelles la plus part
de celles de tout le corps sont extraites. Les nerfs sont renestus
des deux premieres, & tous les oz du corps sont enueloppez de
la tierce, & lors elle est nommée perioste c'est à dire sur-oz. Tous
les muscles ont vne membrane, laquelle est faicte ou plus tost ex-
traicte de celle du nerf ou du lien qui entre en iceluy. Bref toutes les mēbranes se peuuent distinguer en deux differences: celles
qui ont des fibres seront le premier chef, celles qui n'en ont point
seront le second. Cecy suffira pour ceste heure.

DES GLANDES ET DE LA gresse. Chap. VI.

N la description des parties de dedans, & princi-
pallement de celles que l'on nomme communemēt
naturelles, l'on rencōtre souuentefois des glādes &
de la gresse que nous auons dict estre parties sim-

ples & non composées, lesquelles se doyuent r'apporter à celles
que nous nommons humides. Affin donques que l'on ne puisse
rien d'esrer en ce discours, nous adiousterons encore en cest endroict la description de l'vn & de l'autre. Les glandes sont par-
Definition
des glādes
ties simples, molles, non toutefois en tout & par tout spongieuses
& d'vne chair fort courte: elles sont ainsi nommées à raison de
la semblance qu'elles ont communemēt auec le gland, semblance, dis-ie, quand à la figure. Nous les diuiserons sommairement
en deux. Les premieres seront celles lesquelles sont necessaires
Differences
des glādes
pour la vie, les secōdes donnent seulemēt quelque ayde en l'establissemēt du corps. Aux premieres sont rapportees les glādes des
mamelles aux femmes, lesquelles sont en nombre & sont grosses
principalement quand elles alaitent. Telles sont aussi les quatre
destinees pour arrouser la bouche, & faire la saliue, de peur qu'elle ne demeure seiche: à sçauoir deux au commencemēt du sisflet
& deux autres autour de la gueule. Tels sont encore les couillons
tant en l'hōme qu'en la femme, lesquels Galen a mis au nombre
des glandes. Les autres glandes qui donnent seulement ayde en
l'establissemēt du corps, sont celles dont les vnes sont mises aux
fourchets des conduits pour empescher qu'ils ne se rompēt: pour
succer les trop grandes humiditez, qu'elles leur communiquent
derechef lors qu'il en est besoing. Les premieres sont les deux de
la ceruelle, l'vne que les Grecs nomment Conare, c'est à dire
semblable à vne pomme de pin, & l'autre qui est soubs la membrane espaisse, puis toutes celles qui sont depuis les oreilles iusques aux clauettes: celles aussi qui sont en la membrane qui diuise le dedans de la poictrine en deux, & vne grande quantité
d'autres qui sont en l'entreboyau & en la coiffe. Item les deux
glandes qui sont au col de la vessie nommees par les Grecs pro-
states (quelques vns toutefois n'en mettēt qu'vne) celles qui sont
aux esselles & aux eines faictes particulierement par la nature
pour receuoir les excrements tant du cœur que du foye: comme
aussi celles des oreilles & du col pour receuoir les excrements du
ceruean. Bref il ne se trouue gaire diuision de veine ou d'artere,
Definition
de la gresse
qu'il n'y ayt quelque petite glande pour la fortifier. Au reste la
gresse est aussi vne partie simple, humide, moins toutefois que le
sang, de la portion duquel elle est faicte, portion dis-ie, plus aërce
& plus deliee, laquelle s'estant escoulee par les plus petis pertuis
des veines, & s'estant attaché contre quelques parties plus froides, s'amasse incontinent & se conuertit en ceste substance, que
nous appelons gresse. Toutes les parties du corps sont aptes à receuoir de la gresse, excepté quelquesvnes, esquelles il n'a esté expedient qu'il y en eust: bien que parauenture elles fussent plus froides, & possible plus aptes à en receuoir, que celles ausquelles il y
en a à grande abondance. Car certainement il ne nous faut tellement rapporter la generation d'aucunes parties du corps aux
raisons naturelles, que quant & quant nous n'ayons esgard à
vne certaine preuoyance de nature, laquelle a fait les parties du
corps telles qu'il estoit expedient qu'elles fussent: ainsi voyons
nous qu'en la partie la plus chaude de tout le corps il y a de la
gresse, c'est à sçauoir à l'entour du cœur, & dans le ceruean il n'y
en a point: il n'y en a point aussi à l'entour des membranes, des
couillons, ny à l'entour du suscœur, ny aussi à l'entour des liens
qui enueloppent les ioinctures. Et toutefois en quelques ioinctes
il y en a pour vn certain vsage particulier: toutes les autres parties sont aptes à en receuoir principalement la membrane qui est
au dessoubs du cuir à l'endroit du ventre, voire en toutes autres
parties excepté le front & les leures. Il y en a aussi beaucoup en
l'entreboyan & en la coiffe.

DE LA MOELLE. Chap. VII.

L nous reste a donner la description de la moëlle,
& ainsi nous aurōs expliqué toutes les parties simples. La moëlle dōques est vne partie du corps simple, molle, blanche, humide, non toutefois en tout &

par

par tout. Laquelle est contenuë dedans les cauitez des oz, & ce
ou pour la nourriture d'iceux, ou pour quelque autre vsage necessaire à nature: il y en a de deux sortes, l'vne laquelle est faicte
& entretenuë de la partie du sang plus grasse, laquelle estant entrée en iceux se petrist parfaictement, & est celle qui a esté or-
donée pour la nourriture des oz. L'autre est faicte des la premiere conformation du corps, & est entretenuë de la partie plus humide & froide de tout le sang, & ce pour vn vsage necessaire de
nature: & non pour la nourriture des oz. La premiere est diuisée en deux, à sçauoir en moelle parfaicte, contenuë d'ans les plus
grandes cauitez des oz, & en vn autre plus humide & moins
cuitte (comme il semble) laquelle remplist les petites cauitez des
oz.qui sont quasi comme spongieux: de l'vne & de l'autre les oz
sont nourris. La seconde moelle est aussi double, distinguée seulement à raison du lieu auquel elle est: l'vne est contenuë dans
le taiz & l'autre dans l'espine, & est vn peu plus dure que la
premiere. Desquelles tous les nerfs du corps prennent leur commencement. En celle du cerueau s'engendre l'esprit animal, qui
par cõtinuation est cõmuniqué à l'espine. Tant les oz du cerueau
que ceux de l'espine sont nourris par la seconde espece de la premiere moelle, laquelle est enfermée dans les cauitez d'iceux. Ie
sçay bien que quelques vns n'ont voulu recepuoir la moelle du
cerueau & de l'spine comme vraye moelle: mais plus tost comme
vne espece de chair, pour autant qu'elle ne croist & ne d'escroit,
comme faict l'autre: toutefois il me semble qu'il n'y a aucune
absurdité d'ensuyure en cecy & Aristote & Galen: car quand
on dict que la moelle croist & d'escroist, cela s'est tousiours entendu de celle qui nourrist les oz.

DE LA CONIONCTION
des oz.   Chap.   VIII.

Nous auons desia parlé des parties simples ou semblables: il nous reste a expliquer sommairement
la nature des composées & dissemblables: mais
auant que d'entrer au discours d'icelles, ie veux
ensuyuant ma promesse, declarer la conionction
des oz, dont les especes ont desia esté proposées: & monstrer
qu'elle est celle d'vn chacun oz en particulier. Car certainement
cela appartient aux parties instrumentales & organiques. Nous
commencerons donques à la teste, & pour autant qu'en icelle
nous remerquons vne confusion d'aucunes coustures & vrayes
harmonies, nous annoterons que les vnes sont dictes vrayes &
legitimes & les autres fauces & illegitimes. Les vrayes sont celles que nous auons d'escriptes chascune en son espece. Les fauces sont celles qui participent de la nature de l'vn & de l'autre,
comme celles des oz de la temple. Or les deux oz du sommet sont
distinguez par deuant d'auec l'oz du frond par le moyen de la
cousture couronnale: mais ils sont distinguez d'auecque l'oz de
derriere par la cousture que les Grecs nomment L'ambdoyde. Ils
ont aussi la cousture droicte qui les separe d'ensemble. Du costé
des oreilles ils ont la cousture harmonieuse, qui est illegitime &
escailleuse, par laquelle ils touchent au deux oz de la temple.
L'oz de derriere a la mesme cousture, que les Grecs nomment
L'ambdoyde, laquelle le separe d'auec le sommet & l'oz de la
temple, auquel endroict elle desiste d'estre vraye & se faict harmonieuse, se separant d'auec l'oz semblable a vn coing tirãt vers
le soubassement. Par le moyen de ceste mesme cousture qui re-
monte vers haut iusques à la fin de la couronnale, les oz des temples sont separez d'auecque le mesme oz semblable au coing. Et
par le moyen aussi d'vne petite cousture trauersante ils sont distinguez d'auec la machoire de dessus, l'endroict ou se rencon-
trants auec la saillie d'vn des oz d'icelle, ils font comme vne ance
que nous appelons l'oz iougal ou l'ance du taiz. L'oz du frond
est separé d'auec le sommet par la cousture couronnale, & d'auec

la machoire de dessus & les aesles de l'oz semblable au coing par
le moyen de la fausse cousture que i ay dict estre montée iusques à
la fin de la couronnale. Car estant là montée elle redescend du
haut de l'aesle, puis elle recule vn petit vers le grand coing de
l'ail, entrant iusques au profond d'iceluy, & de là elle se rehausse
par dessus le nez, apres qu'elle a passé au long de l'oz semblable
au coing, & qu'elle s'est ouuerte pour doner place au crible crestê.
Cest oz du frond est quelque fois double, à sçauoir lors que la cousture droicte passe par son millieu, & descend iusques à la racine
du nez. Par le moyen de ceste fausse cousture les oz de la macho-
re d'en haut sont separez d'auec ceux du taiz. Et quant est de
l'assemblage de ceste machoire, elle est faite par le moyen de la
vraye harmonie quelque fois ioincte auec la cousture, & quelque
fois simple. La machoire de dessouz est cõioincte d'ans la causé
de l'oz de la teple par impression faisant vn mouuemẽt tres manifeste. Les dens sont fichees dans l'vne & l'autre machoire par
encloueure. Les osselets du nœud de la gorge sont ioincts ensemble par harmonie, au moyen de quelques tendrons qui les assemblent. L'oz du derriere de la teste est assemblé auec la premiere
rouelle par impression, & par mesme moyẽ est la premiere rouelle
ioincte auec la seconde, & ce auec vn mouuement manifeste.
Toutes les autres rouelles sont ioinctes par encloueure, tant celles
du col que du dos & des reins, excepté la douaziesme du dos, laquelle est cõioincte par impression tant auec l'onziesme, qu'auec
la premiere des reins. De mesme façon aussi les costes sont ioinctes auec les rouelles & leurs saillies trauersantes: & de leurs
allonges tendronneuses elles aboutissent par deuant à l'oz de la
poictrine. Les oz de la poictrine sont cõioincts ensemble par
harmonie, comme aussi sont les oz du croupion & de la quëue:
tant ensemble comme auec les oz de la hanche, lesquels aussi
par le deuant s'assemblẽt en mesme maniere & font ce que nous
nommons communement l'oz barré. Les clauettes sont cõioin-
ctes tant auec le paleron qu'auecques l'oz de la poictrine par le
moyen d'impression, se mouuant assez manifestement. Le bras
s'attache auecques le paleron par emboyture, & par bas il se
ioinct auec le susauanbras par encloueure & auec le sousauanbras par impression. Le susauanbras se ioinct auec le sousauanbras par impression & ce par mouuement non manifeste. L'vn
& l'autre se ioinct auecques le poignet par mesme impression,
mais diuersement: à sçauoir l'vn receuant & l'autre estant receu. Tous les oz du poignet sont ioincts ensemble par encloueure,
auec vn mouuement obscur, excepté le septiesme, lequel est ioinct
par emboyture auec le premier & le second. Et les oz du poignet
auecque ceux de l'auanpoignet sont assemblez par impression
par vn mouuement obscur. L'auanpoignet est assemblé auec
les dois par emboyture, par vn mouuement manifeste. Les oz des
dois s'assemblent par encloueure & se mouuent manifestement
& aysément. L'oz de la cuisse est emboyté dans la grande capacité de l'oz de la hanche, & est cõioinct par encloueure auec l'oz
de la greue, par le mesme mouuement que i'ay dict. La sougreue
est ioincte auec la greue par impression, laquelle se meut obscurement. La greue est ioincte auec l'osselet par vne fort manifeste encloueure, & l'osselet est fermé auec l'esquif par emboyture, par mouuement obscur. L'esquif aussi par mesme mouuement, mais par impression, est attaché auec les trois oz sans
nom, lesquels derechef sont attachez aux trois oz de dedans
l'auanpied. L'oz du talon est ioinct auec l'esquif & l'oz semblable au dé par encloueure obscurement mouuante. Les oz
de l'auanpied sont cõioincts par derriere par impression, &
par emboyture par deuant. Les oz des orteils sont tous encla-
uez, ce qui se fait par vn mouuement manifeste tant en ceux
cy qu'és autres. Voyla comment par le moyen de cest assemblage les parties qui d'elles mesmes sont simples, viennent en la
composition des organiques. Venons maintenant aux autres
parties.

DES ORGANES ET INSTRV-
ments de la faculté animale.   Chap.   IX.

R puis qu'il est maintenant question des parties composées, regardons qu'elles sont les premieres parties les plus composées entre les organiques. Ceux qui ont voulu parler de l'anatomie par ordre de resolutiõ, ceux la ont divisé tout le corps en quatre parties, à sçavoir, la teste, le coffre, le ventre & les parties exterieures, lesquelles sont attachees au tronc du corps. La teste derechef est separee en autres parties composées, comme est tout le cerveau, les nerfz, les yeux, la langue, le nez, & les oreilles. Le [*Le cerveau.*] *cerveau est le principal siege de l'esprit: ie dy principal, pour autãt qu'en iceluy sont les actions plus grandes & admirables: & pour autant aussi que de luy procedent les sens & le mouvement. Car certainement l'esprit en soy est espars par tout le corps, & est suffisant de faire en la moindre partie ce qu'il fait par tout, si les organes estoyent propres & disposez. Il est environné de deux mẽbranes. La premiere vers le taiz est nommee dure-mere: elle est grosse & espesse, estant collationnee avec la seconde que l'on nõme pitoyable mere, si biẽ que quelques uns ont escrit que ce sont deux mẽbranes conioinctes ensemble. Entre la premiere & le cerveau il y a une distance propre pour suffire au mouvemẽt du cerveau. Elle est attachee avec le taiz à l'endroit des coustures d'iceluy. L'autre membrane est contre la moelle du cerveau & l'embrasse en tout & par tout, voire iusques aux plus petits tournoymẽts: l'une & l'autre est tissue de plusieurs veines & arteres, non tant pour leur nourriture que pour celle de la moelle du cerveau, laquelle est dessoubs blãche & molle. Elle se recourbe en plusieurs endroits, ainsi que font les petis boyaux dans le vẽtre. Ces divers retortillements sont tousiours recouverts par le mince & delice membrane, & d'autãt moins apparoissent qu'ils sont profondez par la dissection. Toute ceste moelle est divisee en deux parties, à sçavoir, celle de devant & celle de derriere: dissemblables seulemẽt en corpulence: car celle de devãt est beaucoup plus molle que celle de derriere. Il y a quatre cavitez ou ventricules dedans le cerveau: deux sur le devant, un droit & l'autre gauche: l'un & l'autre longuet & caverneux. Le troisiesme est un peu plus long, il est au dessoubs de ces deux, & se retire sur le derriere. La quatriesme cavité est entre la cervelle de derriere & la moelle de l'espine ayant une petite cavité par laquelle elle cõmunique avec la troisiesme cavité. En ces quatre cavitez est cõtenu l'esprit animal, & de la il est communiqué aux nerfs & à l'espine. Et à fin que la pesanteur du cerveau n'estoupast l'esprit du troisiesme vẽtricule, la nature a comme endurcy au dessus d'iceluy une partie de la moelle en forme d'un durillo, au dessoubs duquel il y a en-*[*La voulte.*] [*Le durillon.*] [*Les couillõs.*] *core une voute, laquelle soustient avec le durillon toute la pesanteur du cerveau de dessus. Derriere ceste voute il y a deux petits corps endurcis nommez couillons, & encore deux autres nom-*[*Les fesses.*] [*La glande piniere.*] *mez fesses: les uns & les autres sont ainsi nommez à cause de ce qu'ils representent. Là aussi se voit la glande semblable à la pomme de pin, laquelle est nommee par les Grecs Conaire. Les retortillements de la moelle qui est en la partie posterieure de la*[*Les vers.*] *teste s'aboutissent a deux petis corps semblables a des vers, & pour ceste raison les Latins les nomment Vermiculaires. Au dessoubs des deux cavitez de devant sont portez les enlassemẽts des veines & arteres iusques la ou on dit l'esprit estre purifié avant que d'entrer dans les cavitez du cerveau. Voyla quant a la cervelle, laquelle est le cõmencement de la moelle de l'espine & des*[*La moëlle de l'espine.*] *nerfs. La moelle de l'espine cõmẽce au derriere du cerveau & n'est en rien dissemblable d'iceluy, sinon qu'elle ne se meut pas, & qu'elle est beaucoup plus dure d'autant qu'elle s'en retire loin. Elle a deux membranes qui environnent sa moelle, l'une vient de la dure mere, & l'autre de la delice: par dessus lesquelles tou-*[*Les nerfz.*] *tefois il y en a une grosse & espaisse. Le commencement des nerfs*

est tant au cerveau comme en l'espine: ils sont de mesme nature[*Les yeux.*] *& substance que l'une & l'autre, si ce n'est qu'ils sont plus secs, d'autant qu'ils s'en eslongnent. Les yeux sont parties organiques, ils ont esté mis en la teste comme au lieu plus apparent: ils sont faicts de muscles, de membranes, d'humeurs, de nerfs, de veines, d'arteres de glandes & de graisse. Les muscles sont expliquez dans les tables, & n'est icy mestier de disputer du nombre à cause duquel quelques uns sont en dispute. Entre les muscles il y a de la gresse pour suffire au mouvement assidu: à fin de les tenir tousiours humides, comme aussi les deux petites glandes, dont l'une est en haut & l'autre en bas, & ont esté faictes pour ceste cause: de la viennent les larmes. Entre les membranes il y en a une par le dehors tenure & delice, apres ceste-cy suit la cornee dure & un peu espaisse: quelques uns en adioustent encore une entre ces deux premieres. L'autre qui suit apres est nommee Vuee par les Latins, à raison de la similitude qu'elle a avecq le grain de raisin despouillé de sa premiere peau. La quatriesme est semblable à va-rez, & pour ceste cause, les Latins l'ont nommee Retine. La cinquiesme est semblable aux toylles des araignes, & pour ceste cause elle est nommee araigneuse. Il y a trois humeurs dans l'oeil, le premier est nommé Aqueux, il est entre la membrane Vuee & la cornee. Le secõd est nommé chrystalin, il est un peu durcy, en forme ronde un peu pressee, si bien que l'on le peut tirer de l'oeil pour le manier à l'aise. Le tiers est nommé vitreux, à raison qu'il resemble a un voyrre fondu. Il est dedãs la membrane araigneuse, comme aussi est le chrystalin. Au millieu de toutes ces parties le gros nerf de la veüe est planté, que les Grecs nomment Optique. Il y a aussi plusieurs petis filets de nerfs, veines & arteres*[*Le nez.*] *espandus çà & là dedans les muscles & la gresse. Le nez est faict de tendrons, de muscles & de sa peau. Il recoit en sa partie superieure un nerf, lequel descend de la troisiesme paire des nerfs*[*Les oreilles.*] *du cerveau. Les oreilles sont faictes de parties semblables si vous exceptez le muscle. La plus grande part de la cinquiesme paire des nerfs du cerveau descend dedans le pertuis d'icelles. La lan-*[*La langue.*] *gue est composee d'une chair molle, rare & spongieuse, laquelle retient d'autant la nature du muscle, comme volontairement elle se meut. Elle est aussi composee d'un lien qui la tient par dessoubs, de veines & d'arteres esparces par sa corpulence, ensemble d'un nerf qui descend de la troisiesme paire. Le tout est recouvert d'une membrane deliee. Le palais est faict en voute: il bastist le dessus de la bouche & a sa membrane commune avecque la gueule & le dedans du nez, laquelle recoit la qua-triesme paire des nerfs du cerveau. La peau est le principal or-*[*La peau.*] *gane du toucher, non pas celle que les Grecs appellent Epiderme, laquelle n'a aucun sentiment, est tenure & se rengendre facilement lors qu'elle a esté couppee, comme ayant esté faicte d'excrements qui se renouvellent de iour à autre: mais i'entẽ la vraye & legitime peau, laquelle estant perdue ne se rengendre iamais: car telle est la nature des parties que l'on nomme solides. Ceste peau est composee en plus grande partie de veines, d'arteres, de nerfs & environne tout le corps, & est tousiours continue, comme aussi est la premiere nommee Epiderme ou surpeau, excepté en quelques parties, esquelles elle est ouverte, comme a la bouche, aux yeux, aux oreilles, au nez, au fondement, en la verge & autres que la nature a ainsi laissees ouvertes pour la necessité.*[*Les muscles.*] *Les muscles viennent apres, lesquels sont instruments du mouvement volontaire. Leurs corps est composé de fibres procedentes des nerfs, & des liens & revestues de chair. Leur figure est ordinairement longuette, ils s'engrossissent tousiours depuis la teste iusques au ventre, puis ils se ramenuisent & finissent en un tendon gresle. Toutefois cela n'est pas en tous, comme on peut voir à l'oeil. L'action des muscles se faict lors que leurs fibres se retirent vers leur commencement. Or il faut notter és mouvements qui se font aux corps, que toutes les actions des fibres ne despendent pas de la volonté, attendu que le mouvemẽt des*

des orgrnes naturels est en tout & par tout hors d'icelle, mais toute action des fibres qui sont és muscles est volontaire.

DES ORGANES OV INSTRV-ments de la faculté vitale. Chap. X.

Escendant de la teste pour venir au coffre oultre les muscles & les oz du col, il y a deux parties or-ganiques, l'vne se nome le sifflet, l'autre la gueul-le. I'appelle le sifflet tout le conduit du vent, le-quel començant a la racine de la langue est plan-té iusques dans les poulmons, les Latins le nomment de diuers noms. *Le neud de la gorge* est au haut du sifflet & est faict de plusieurs parties simples. Il y a l'oz semblable a l'ypsilon des Grecs v: cest oz est instrumental comme estant faict de plusieurs, pro-pres pour seruir de racine à la langue. Au dessoubs de cest oz il y a quatre tendrons lesquels sont la teste du *sifflet*, tous quatre sont declairez au premier chapitre de l'abregé, le reste du sifflet est faict d'autres tedrons & demy cercles, ou de petits oz, come quel-ques vns ont escrit. Les muscles de ces parties ont esté declairez, & pour ceste cause ie ne m'y arresteray. Cest instrumet a esté ainsi faict tant pour receuoir le vent & le conduire dans les *poulmos*, que pour ayder a former la voix, laquelle apres est articulee par la langue, le palais, les dents & les leures. Le poulmon est attaché à la racine du sifflet, & est diuisé en deux parties, dont l'vne est vers le costé droit & l'autre vers le gauche. l'vne & l'autre encore diuisé en deux parties que les Latins appellét Lobes, nous les pouuons nommer loppius. Ce qui a esté fait par nature à celle fin qu'il fust plus apte à se mouuoir legerement. La substance du poulmon est faicte de ceste seconde espece de chair que nous anons dit estre nommee par les Grecs Parenchime. Toute ceste chair est enuironnee & reuestue par vne petite peau tenure & deliee: elle est sans fibres, & est fort spongieuse. Elle reçort aussi plusieurs veines & arteres ainsi qu'il a esté expliqué en l'abregé. Entres les poulmans, auant que trouuer le cœur, on descouure vne membra-ne espaisse, dure & sans fibres: c'est celle que les Grecs appellent Pericarde, nous la nommons *Suscœur*, pour autant qu'elle est par dessus le cœur & l'enuironne comme vne boite, si bien qu'elle re-presente la mesme figure du cœur, duquel elle est tellement eslon-gnee, qu'il luy est aisé se mouuoir & iouer a laise en la capacité d'icelle: ce qui est necessaire à cause de son continuel mouue-met. Ceste cauité aussi a esté faicte par la nature pour receuoir vne humidité propre à arouser le cœur, lequel autrement se pour-roit trop seicher, à cause du mouuement que i'ay dit. Il ne faut toutefois penser qu'en l'homme viuant il y en ayt tant qu'il en apparoit apres la mort, lors que l'on fait les dissections. Car cer-tainement il ne faut douter qu'en mourant il ny ayt beaucoup de vapeurs au corps, lesquelles se fondent en eau par le moyen de la froidure suruenante. Ceste membrane prend son commence-ment de la racine du cœur, elle a plusieures veines, arteres, & nerfs. Le nerf luy vient de la sixiesme paire descendant du cer-ueau, & les veines & arteres des rameaux espars tant par les membranes moiteiennes que par l'entredeux trauersant. Apres *cœur.* ceste membrane on trouue le cœur qui est l'organe des organes de la vie, & pour ceste cause il est la racine, origine & fontaine de toutes les arteres. Il est situé droictement au milieu du coffre: i'ent en son soubassement. car il pousse sa partie plus menue vers le costé gauche, tirat en bas: il est faict d'vne chair dure & ma-siue, tissue de trois sortes de fibres, à scauoir de droictes, d'obli-ques & de trauersantes. Car il luy est necessaire d'attirer, de re-tenir & de pousser hors tant le sang de la grade veine, que l'aer de l'artere veneuse. Il ne faut toutefois penser que la substance du cœur soit nourrie de ce sang attiré par le moyen des fibres droictes. Car il y a vne veine que l'on appelle couronalle & vne artere de mesme nom, par lesquelles il est enuironné comme de deux couronnes. ces deux sont esparses çà & là par toute sa chair,

dont il se nourrist & prend vie: il a d'abondant vn petit nerf qui descéd de la sixiesme paire, lequel est espars en la petite mem-brane, de laquelle il est renestu, outre celle dont nous auons parlé. Au millieu du cœur il y a deux canitez, l'vne est nommee gau-che & l'autre droicte: entre ces deux canitez il y a vn entredeux qui les separe, cest entredeux est de la mesme substance du cœur, & se retire d'auantage vers le costé gauche: tellement que la cauité droicte est beaucoup plus grande que la gauche: comme aussi la chair qui l'enuironne est plus molle, plus laxe & moins espesse que celle du costé gauche, laquelle contient vn sang beau-coup plus spirituel. La cauité droicte reçoit deux ouuertures, l'vne de la grand veine, & l'autre de la veine arterieuse, autant en a la gauche, l'vne de la grand artere, & l'autre de l'artere ve-neuse. A ces ouuertures sont mises les onze petites membranes, d'esquelles il a esté parlé en l'abregé, & ce pour les causes alleguees en ce mesme endroict. Il y en a trois à l'ouuerture de la grand veine, & trois à l'ouuerture de la veine arterieuse, trois à l'ouuer-ture de la grad artere, & deux à l'ouuerture de l'artere veneuse. Tant à l'entre du costé droict que du costé gauche il y a deux saillies faictes en maniere d'oreilles, & pour ceste cause elles sont nommees les oreilles du cœur. Elles sont membraneuses & con-tiennent plusieurs petis destours & ont esté faictes pour la seure-té des côduits. Les arteres sont faictes de deux membranes, l'vne *Les arteres.* interieure, & l'autre exterieure: toutes les deux sont tissues de fibres: mais differetes. La membrane exterieure est tenure & de-liee & a des fibres droictes, & quelque peu d'obliques. L'interien-re est espesse & forte cinq fois autat que celle de dehors, comme à escrit Galen, toutes ses fibres sont trauersantes: il y a encore vne petite taye par le dehors de la secode mebrane, laquelle est sembla-ble aux toyles des araignees & laquelle a esté nomee par quelques vns tierce membrane: toutefois elle n'apparoist qu'aux grandes arteres. D'auantage on remerque encore en quelque endroict vne autre mebrane exterieure, par laquelle elles sont sonuentesois at-tachees & couuertes, mais pourtat q cela n'aduient a toutes, ny en tous endroicts on ne l'a point estimee comme propre: mais seule-ment comme accidentaire. Voyla quat aux parties côtenues dans le coffre, maintenant il nous reste à parler de celle du ventre.

DES ORGANES ET INSTRV-ments de la faculté naturelle. Chap. XI.

R pour expliquer les organes & instruments na-turels il faut donner la description de tout le ven-tre inferieur situé entre l'entredeux trauersant & l'oz barré. Il faut aussi expliquer la bouche & la gueulle qui sont les deux principaux organes entre ceux qui preparent la nourriture. La bouche a les leures & les *La bouche.* dents en la partie de deuat & en celle de derriere, elle a l'embou-cheure de la gueulle & du sifflet. ses costez sont faicts du dedans de la ione. Sa partie superieure est le palais, & la langue est infe-rieure. Par le moyen de toutes ces parties la nourriture est aucu-nement preparee, cependant que les dents la rompent. La gueulle *La gueulle.* passe pres du sifflet commençant au neud de la gorge & finissant à la bouche de l'estomach. C'est vn long tuyau, lequel a esté faie par la nature, tant pour attirer le manger & le boire, que pour le côduire & pousser dans l'estomach. Il passe par le long du coffre: se retirat vers la partie senestre. Ce tuyau est fort membraneux, & nerueux comme estant faict de deux membranes, l'vne inte-rieure & l'autre exterieure. celle de dedans est beaucoup plus es-paisse que celle de dehors, elle est toute fibreuse comme aussi celle de dehors: car il estoit necessaire à cause de l'action. les fibres de ceste cy sont toutes de trauers en faço de petits anneaux, & ce pour pousser ou en bas ou en haut lors qu'elle se reserre. Celles de l'au-tre sont droictes pour tirer tat d'enhaut que d'embas, lors que la necessité si offre. Au reste nous notteros en cest endroit que ceste membrane interieure de la gueulle est continuee à celle qui reuest le dedans de la bouche, du nez, du palais, de l'estomach & de tous les boyaux. Au dessoubs de la peau de laquelle nous auons desia *La membrane charnue.* parlé & auant que venir aux premiers muscles il y a vne membrane que l'on nõme charnue, d'autant qu'elle est tissue en partie de chair, elle couure aussi tout le corps: toutefois elle est plus apparente en quelques parties qu'és autres. Apres ces couuertures il y a vne petite & delice mẽbrane, qui est vn grãd enueloppoir, commun à toutes les parties organiques cõtenues dans le ventre. Elle *Le peritoyne, ou grãd enueloppoir.* est nõmee par les Grecs Peritoyne, elle vient des liens, lesquels liẽt les rouelles des reins & non seulement elle couure, comme i'ay dict, generallement toutes les parties du ventre d'embas: mais aussi elle donne vne couuerture particuliere à chascune d'icelles. Elle se redouble entre les boyaux, & faict ceste partie que l'on nomme communement le Mesentere (ie le nomme Entreboyau) au long duquel sont portees les veines, lesquelles de son nom sont *L'entreboyau.* appelees Meserraiques. L'entreboyau attache les boyaux ensemble, & sert de porter les veines que i'ay dictes, de peur qu'elles ne se rompẽt par la longitude du chemin qu'elles ont a faire depuis le foye iusques aux boyaux. De ce redoublement aussi de membrane il est faict vne autre partie que nous appelons la coiffe: les *La coiffe.* Grecs la nomment Epiploon: elle commence du fond de l'estomach & se couche sur la partie de deuant de tous les boyaux, & de la ratte mesme: elle est tissue de plusieurs veines, arteres, nerfs, & gresse, ce qui semble auoir esté faict pour la nature, non tant pour la deffence de ces parties, que pour ayder a la digestion. Ces *L'estomach* parties ainsi discourues il faut venir à l'estomach, que les Latins nomment ventricule, c'est la premiere cuisine, en laquelle se faict la cuisson des viandes. Il est faict en la façon du ventre d'vne cornemuse & touche par le haut à la fin de la gueulle d'ont nous auõs parlé, & par son issue il touche au premier boyau. Il est principalement situé en la partie gauche vers la ratte. Tout cest estomach est faict de trois membranes, tissues de diuerses fibres. La premiere, qui est celle de dedans, nerueuse & espesse a les fibres droictes selon Galen & Vesal, ce qu'aucuns ne veulẽt approuuer, disants qu'elles sont obliques. La secõde plus charnue a les fibres trauersantes & quelques vnes obliques. La tierce n'en a point: car elle vient du grãd enueloppoir. Toutes les sortes de fibres ont esté dõnees à l'estomach pour autãt qu'en iceluy toutes les actions de nature estoyent necessaires: à sçauoir l'atraction, la retension, & l'expulsion, & pour autant que la retention estoit plus necessaire, tant en l'entree qu'en l'issue d'iceluy, nature a faict ces deux parties plus espesses & leur a donné des fibres trauersantes en façon d'anneaux, lesquelles se ferment, & s'ouurent selon que la *Les boyaux* necessité le requiert. Tous les boyaux viennent incontinent apres l'estomach, & sont de mesme substance qu'iceluy, sinon qu'ils sont vn peu plus deliés, ils ont aussi deux propres membranes & vne tierce commune. La premiere a des fibres obliques, la seconde les a toutes trauersantes, la tierce n'en a point. Tous les boyaux se peuuent diuiser en deux, à raison de leur façon: les vns sont menus & gresles, & les autres sont gros. Les anatomistes les diuisent communement en six, comme vous auez desia ouy, toutefois ce n'est qu'vn mesme canal depuis l'estomach iusques au siege, lequel est menu par haut & gros par bas, & lequel ne se peut diuiser que par quelques considerations particulieres. Au *Le foye.* costé droict de l'estomach on voit le foye qui est la seconde boutique de la cuisson & le commencement de toutes les veines. Il est de figure quasi ronde, Galen & ceux qui l'ont suiui veulent qu'il soit separé en diuisions que l'on nomme lobbes ou loppins, ce que quelques vns n'ont voulu receuoir, comme estant fort rare: toutefois il me souuient en auoir veu deux, lesquels estoyent diuisés en trois. Toute la substance du foye n'a aucunes fibres, mais est semblable a du sang figé, tissa de veines & d'arteres: & pour ceste cause sa chair est nommee par les Grecs Parenchyme, comme amas de sang figé: toute ceste chair est enueloppee d'vne petite membrane, en la substance de laquelle il y a vn petit nerf qui

descend de la sixiesme paire des nerfz du cerueau: là dedans se faict le sang par la vertu qu'il a de ce faire. Le foye est attaché aux parties circõuoisines auec deux liens, l'vn est massif & fort: il procede du peritoyne & passe du deuant en derriere. L'autre procede du mesme peritoyne: il est fort, rond & menu, & est vers le costé gauche du foye la part ou il s'attache au peritoyne. Les *Les veines.* veines ont leur origine au foye. La portiere sort de sa partie creuse. La grande procede de la partie bossue & est esparce par toutes les parties du corps. La veine est vn corps composé d'vne substãce tenure & membraneuse: elle est creuse & commode a cõduire le sang. Ce corps est faict de deux membranes, l'vne propre & particuliere, & l'autre commune & exterieure, laquelle procede des mẽbranes circonuoisines par la ou elle passe. Ceste cy n'a point de fibres, mais l'autre en a de trois sortes, propre pour tirer, retenir & chasser. Toutes les brãches des veines peuuẽt estre rapportees à deux: Car elles descendent ou du tronc de la portiere, ou du tronc de la creuse. Les premieres portent le sang imparfaict de l'estomach & des boyaux dedans le foye: les autres le portẽt parfaict & bien cuit hors du foye, pour le donner a toutes les parties du corps, lesquelles s'en nourrissent. Pour ceste cause les veines sont les principaux organes entre ceux qui preparent & conduisent la nourriture. Dessus la substance mesme de ce foye à costé dextre il y a vne petite vessie, laquelle tient le fiel: elle est longuette & *La vessie du fiel.* membraneuse, comme estant faite d'vne simple membrane propre: elle a par le dedans des fibres droictes, par le dehors des trauersantes, & des obliques entredeux: car aussi il est necessaire qu'elle tire le fiel meslé dedans le sang, qu'elle le garde quelque temps, & puis qu'elle le iette hors par les boyaux. Elle a vne veine qui procede de la portiere: vne artere qui vient de celle qui entre au foye, & vn nerf de la sixiesme paire du cerueau. Au costé gauche dessoubs l'estomach il y a vn autre instrument de nature que l'on nomme la ratte: elle est grosse & faicte en for- *La ratte.* me ouale vn peu recourbee: elle est d'vne couleur de plomb noyrastre & reçoit plusieurs conduicts, par lesquelz elle attire la partie plus espesse du sang, laquelle nous appelons melancholie: sa chair est fort spongieuse & rare, faicte ainsi par la nature pour mieux receuoir les excrements melancholiques: toute ceste chair est enuironnee par vne petite peau laquelle procede du peritoyne, ses veines procedent de la portiere, ses arteres de la grande, & le nerf de la sixiesme paire du cerueau. Il y a deux roignons situez *Les roignons.* au deux costez du grand rameau de la veine creuse, l'vn est à gauche, & l'autre à dextre vis à vis l'vn de l'autre, excepté que le droict est vn peu plus esleué que le gauche. Leur figure est longuette & fort arrõdie vers l'espine, & creuse à l'endroict qui reçoit la veine. Leur substance est fort dure, massiue, espesse, & sans fibres, laquelle est reuestue par dehors de deux membranes venãt du peritoyne. Ils ont vne cauité par le dedans, en laquelle la veine & l'artere se descharge des excrements sereus, s'estant vn peu auant que d'entrer diuisee en deux petis rameaux, lesquels font place au conduict de l'vrine solide & membraneux, propre *Les cõduicts de l'vrine.* pour porter l'vrine dans la vessie, lequel descendant en bas entre au col d'icelle. Il est faict de deux mẽbranes, l'vne exterieure & cõme venãt du grãd enueloppoir, & l'autre propre, laquelle a des fibres seulement obliques. L'vrine qui descend par ces conduicts entre dans la vessie, & ne peut toutefois regorger à cause de deux petites membranettes qui sont à la fin d'iceux. La vessie est tout *La vessie.* au bas du ventre entre l'oz barré & le gros boyau, elle est ronde, mais vn petit longuette, ayant vn long col par lequel elle iette l'vrine. Elle est faicte de deux membranes, l'vne exterieure & comme venant du peritoyne, & l'autre interieure forte & nerueuse, laquelle se peut estendre & retressir, selon la necessité: elle est tissue de trois sortes de fibres, celles de dedans sont droictes, celles de dehors sont trauersantes, & celles du millieu sont en biez. Le col de la vessie est long d'vn demy doibt & est estroict & charnu ayant au bout deux petites glandes, que les Grecs

nomment

nomment proſtates aux quelles aboutiſſent les conduiſts ſemanciers dont nous parlerons. La veſſie reçoit des veines & arteres tant de la grande veine que de la grande artere, leſquelles entrant par le col ſe r'amaſſent en vne grande quantité des petis fillaments qui s'epandent par toute la ſubſtance de la veſſie. Elle reçoit auſſi de deux ſortes de nerfz:les vns viennēt de la ſixieſme paire,& les autres viennent du bas de l'eſpine. La veſſie des femmes eſt diſſemblable à celle des hommes en ce qu'elle n'a point de glandes en ſon col,& en ce qu'elle eſt attachée à l'amary. Voyla quāt aux organes,leſquels ſont deſtinez pour purger la nourriture.Venons maintenāt à ceux qui ſeruēt à la generation,à ſçauoir les conduiſts ſemanciers,les couillons,la verge,& l'amary. Or les conduiſts ſemanciers ſont faiſts de veines & d'arteres:meſmes ce ne ſont autres q̃ veines & arteres. La veine du coſté ſeneſtre cōmēce a celle qui entre au roignon celle du coſté droiſt cōmence au gros tronc, toutes les deux arteres ſortēt du tronc de la grāde artere,la part ou elle monte deſſus la veine creuſe. Les veines & arteres ſe rencontrent & deſcendent dans les couillons, & delà elles reſortent, ne faiſant touteſfois qu'vn ſeul conduiſt de chaſque coſté & ſeulement vers le col de la veſſie, puis aboutiſſent au conduiſt de l'vrine. Les premiers conduiſts ſont nōmez preparants, & les ſeconds ieſtans, pour autant qu'ils ieſtent la ſemence deſia cuitte & parfaiſte. La veine & l'artere preparante s'attachent tellement la part ou elles ſe rencontrent qu'il ſemble que ce ne ſoit qu'vn corps. Ceſt enlaſſement a eſté faiſt par la nature à celle fin que la matiere retenue en iceluy fuſt plus exaſtement cuitte. Les conduiſts donques paſſent pres la ſubſtance du couillon,& là cōmence le ieſtant,lequel eſt dur & variqueux & lequel ſe porte iuſques aux glandes nommees Proſtates. Vne pareille choſe ſe fait en la femme excepté que les ieſtans entrent dans le fond de la matrice & n'aboutiſſent en aucune glande. Les couillons ſont deux en nombre ſituez en la bource aux hommes:& aux deux coſtez de la matrice aux femmes. Ils ſont longuets faiſts en forme ouālle,leur ſubſtance eſt eſpeſſe,molle,rare, ſpōgieuſe & cauerneuſe:tellemēt qu'il ſemble que ſe ſoyent glandes, leſquelles ont la vertu de cuire la ſemence. Or les couillons des hommes ſont enuironnez premierement de la bourſe en la diſſeſtion de laquelle on trouue premierement la peau, puis la membrane: charnue le tout faiſt en façon d'vn petit ſac propre pour cacher les deux couillons : ce qui n'a eſté neceſſaire en la femme,qui les a dedans le corps. Outre ceſte couuerture il y a les mēbranes particulieres d'iceux, touteſfois les anatomiſtes ne ſont d'accord du nombre : car les vns en ont pris deux, & les autres trois, la premiere eſt tiſſue de fibres charnues & eſt nommee par les Grecs Erythroïde,c'eſt à dire la rouge:la ſeconde vient du peritoyne & eſt nommee darte. La troiſieſme touche a la ſubſtance meſme du couillon, & eſt nommee epididyme ou ſuſcouillon, de laquelle ſeule les couillons des femmes ſont conuerts. La verge de l'homme eſt faiſte de ſubſtance ſpongieuſe,preſque ſemblable a celle de la ratte,laquelle eſt reueſtue de liens eſpais,leſquels prennent leur cōmencement de l'oz barré & finiſſent en la teſte de la verge.Ceſte teſte eſt plus dure que tout le reſte & eſt faiſte en façon d'vn gland: Elle eſt perſee de ſon long & faiſt le conduiſt commun de l'vrine & de la ſemence.Ce conduiſt n'eſt autre choſe que le col de la veſſie allongi iuſques au bout de la vergeː elle reçoit des veines,des arteres, & des nerfs,outre la peau & la membrane charnue qui la couure, & des muſcles auſſi dont il a eſté parlé en l'abrege.Les veines & arteres viennent des ramifications tant de la grāde veine que de la grāde artere.Les nerfs viennent du bas de l'oz du croupion. Il reſte a parler de l'amary qui eſt l'endroiſt auquel ſe faiſt la generatiō de l'hōme.Il eſt enclaué entre l'oz barré,le croupion & les oz des hāches:il eſt rōd s'allongiſſant vn peu vers le deuāt ainſi que la veſſie & eſt faiſt de deux membranes,l'vne cōmune,qui procede du peritoyne, &

l'autre propre & particuliere, laquelle eſt tiſſue de trois ſortes de fibres, tant pour attirer la ſemēce que pour retirer l'enfant & le metire hors en temps prefix par nature. Il n'y a qu'vne cauité cō l'amary, en laquelle pluſieurs cōduiſts aboutiſſent,leſquels aboutiſſemēts ſont nōmés petits vaiſeaux, par les anatomiſtes. Le col de l'amary a douze dois de l'ongueur & eſt fait d'vne ſubſtance mēbraneuſe & pleine de rides.Il aboutiſt en vne fente charnue, ſoubs laquelle il y a deux petites membranes que les Anciens ont nommees Nymphes, accōpagnees quelque fois d'vne autre membrane qu'ils ont nommee Hymen. Quant eſt des cornes que l'on a attribuees à l'amary, certainement elles ſe voyent aux amaris des beſtes, & non pas a ceux des femmes.

DE LA PROCREATION
de l'homme.   Chap.   XII.

Lʀ Ors que la ſemēce de l'homme eſt ieſtee en l'amary de la femme, il faut auſſi neceſſairement que celle de la femme y ſoit ieſtee en meſme inſtant pour faire la conception, autrement rien ne ſe fera. Ceſte conception ſe fait par le pere & la mere bien diſpoſez,par le moyen de la ſemēce exaſtemēt & parfaiſtement cuitte,laquelle eſt eſpeſſe,ſeconde,& laquelle eſt incontinēt enuironnee de toutes pars par l'amary. La ſemence maſle & femelle eſt en l'vn & en l'autre,tellement que la ſemence de l'hōme eſt nommee femelle lors qu'elle eſt ſeulemēt apte à engendrer des femelles,& celle de la femme peut eſtre nommee maſle, ſi elle eſt diſpoſee à engendrer vn maſle.La ſemence maſle eſt plus puiſſante & parfaiſte que n'eſt pas la femelle: car la femelle fait l'homme imparfaiſt que nous nommons la femme. Or la ſemence tant du pere que de la mere eſtant conioinſte enſemble par vne accordance moderee & comme faiſtes vn, ſont diuerſement maniees par l'eſprit qui eſt enclos au dedans, tellemēt que les parties au parauant confuſes ſont peu a peu diſtinguees. Cependant il s'engendre des membranes a l'entour de ceſte ſemence. La premiere eſt nommee par les Grecs Allantoide, c'eſt à dire farciere, laquelle recouure & enuirōne en tout & par tout le petit enfant, & alors il s'engendre des veines qui procedēt de celles de l'amary, leſquelles s'amaſſent enſemble & font la veine du nōbril qui perce ceſte premiere membrane & s'attache au milieu du foye.De meſme maniere les arteres de l'amary s'amaſſent & entrēt en la ſemēce.Ces choſes faiſtes la ſecōdine apparoit, c'eſt vne mēbrane eſpeſſe laquelle eſt comme faiſte d'ordures & n'enueloppe pas eu tout & par tout le petit enfant. La troiſieſme membrane vient apres,elle eſt nommee par les Grecs Amnee,elle eſt forte,elle enueloppe tout l'enfant & ſert de receuoir la ſueur, l'vrine & les autres excrements d'iceluy pendant qu'il eſt au ventre de la mere. L'vrine du petit enfant eſt enuoyee du fond de la veſſie par vn conduit nōmé l'vrinier, iuſques au nombril,& là il perce la premiere membrane,à celle fin de deſgorger l'vrine en celle cyːen laquelle les excrements ne pourriſſent point non tant à cauſe de la chaleur naturelle,que par la prouidence de la nature vniuerſelle. Pendāt que ces choſes ſe font és parties exterieures,l'eſprit qui eſt eſpandu par toute la ſemence ne ſe repoſe aucunement,ains en vn meſme temps il ſepare & fait toutes les parties du corps,les vnes deſquelles touteſfois apparoiſſēt plus toſt q̃ les autres, ſelō qu'elles ſont groſſes ou petites naturellemēt. Delà eſt procedee ceſte grāde diſpute entre les Philoſophes & medecins, laquelle a trauaillé pluſieurs modernes anatomiſtes,leſquels voulāts quelque parties du corps eſtre engēdrees les premieres,s'areſtēt du tout & deſſendent obſtinemēt q̃ celles ont eſté engēdrees les premieres, leſquelles leurs apparoiſſent premieremēt.Et non ſeulemēt ils diſent ces choſes,mais auſſi ils ſouſtiennēt q̃ les nerfs,les veines & les arteres prennent leur commencement au cerueau,au foye & au cœur. tout ainſi que les ruiſſeaux ont commēcé de couler des fontaines.

METHODIQVE DIVISION ET DENOMBREMENT
DE TOVTES LES PARTIES DV CORPS HVMAIN.

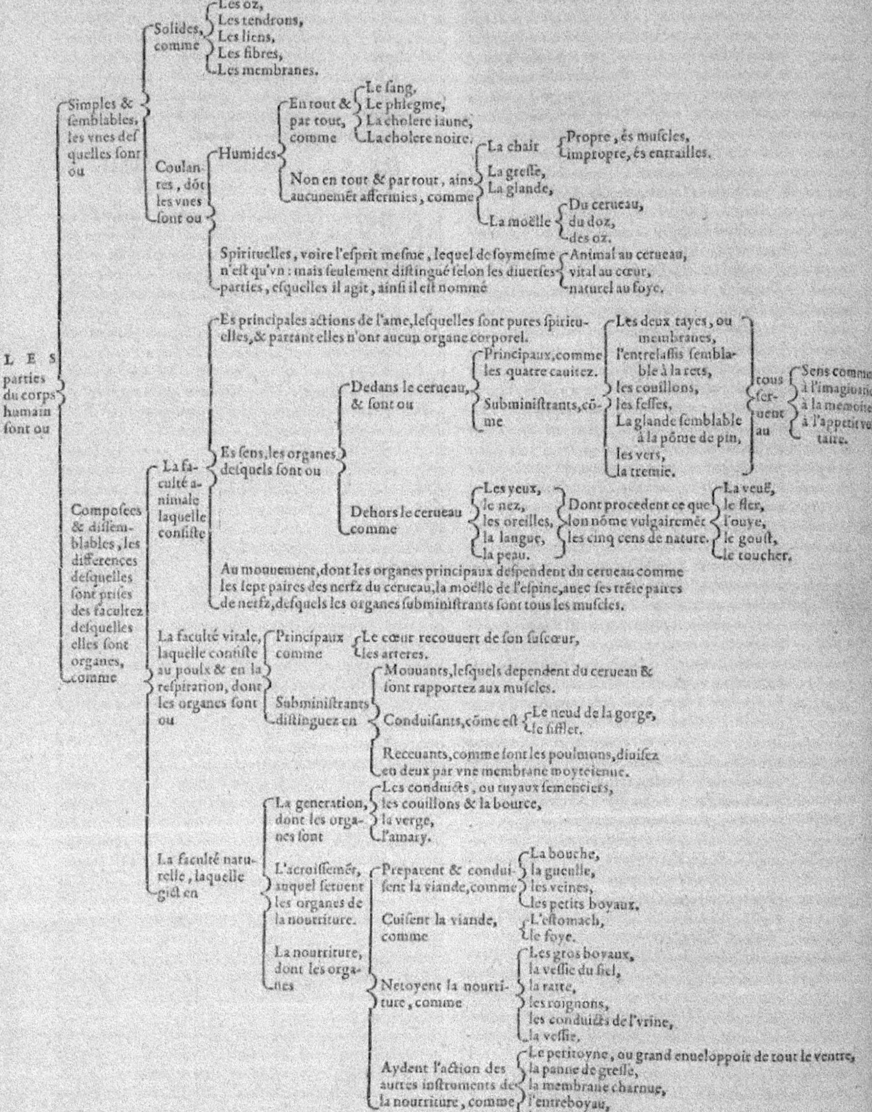

LES parties du corps humain sont ou

- **Simples & semblables, les vnes desquelles sont ou**
  - **Solides, comme**
    - Les oz,
    - Les tendrons,
    - Les liens,
    - Les fibres,
    - Les membranes.
  - **Coulantes, dõt les vnes sont ou**
    - **Humides**
      - **En tout & par tout, comme**
        - Le sang,
        - Le phlegme,
        - La cholere iaune,
        - La cholere noire.
      - **Non en tout & par tout, ains aucunemét affermies, comme**
        - La chair { Propre, és muscles, / impropre, és entrailles.
        - La gresse,
        - La glande,
        - La moëlle { Du cerueau, / du doz, / des oz.
    - **Spirituelles, voire l'esprit mesme, lequel de soymesme n'est qu'vn : mais seulement distingué selon les diuerses parties, esquelles il agit, ainsi il est nommé** — Animal au cerueau, vital au cœur, naturel au foye.

- **Composees & dissemblables, les differences desquelles sont prises des facultez desquelles elles sont organes, comme**
  - **La faculté animale laquelle consiste**
    - Es principales actions de l'ame, lesquelles sont pures spirituelles, & partant elles n'ont aucun organe corporel.
    - **Es sens, les organes desquels sont ou**
      - **Dedans le cerueau, & sont ou**
        - Principaux, comme les quatre cauitez.
        - Subministrants, cõme : Les deux tayes, ou membranes, l'entrelassis semblable à la rets, les couillons, les fesses, La glande semblable à la pôme de pin, les vers, la tremie. — tous seruent au { Sens commun, à l'imagiation, à la memoire, à l'appetit volontaire.
      - **Dehors le cerueau comme** : Les yeux, le nez, les oreilles, la langue, la peau. — Dont procedent ce que l'on nõme vulgairemét les cinq cens de nature { La veuë, le fler, l'ouye, le goust, le toucher.
    - Au mouuement, dont les organes principaux despendent du cerueau comme les sept paires des nerfz du cerueau, la moëlle de l'espine, auec ses trête paires de nerfz, desquels les organes subministrants sont tous les muscles.
  - **La faculté vitale, laquelle consiste au poulx & en la respiration, dont les organes sont ou**
    - Principaux comme : Le cœur recouuert de son suscœur, les arteres.
    - **Subministrants distinguez en**
      - Mouuants, lesquels dependent du cerueau & sont rapportez aux muscles.
      - Conduisants, cõme est { Le neud de la gorge, le siffler.
      - Reccuants, comme sont les poulmons, diuisez en deux par vne membrane moyteienne.
  - **La faculté naturelle, laquelle giêt en**
    - La generation, dont les organes sont : Les conduicts, ou tuyaux semenciers, les couillons & la bource, la verge, l'amary.
    - L'acroissemét, auquel seruent les organes de la nourriture.
      - Preparent & conduisent la viande, comme : La bouche, la gueulle, les veines, les petits boyaux.
      - Cuisent la viande, comme : L'estomach, le foye.
    - La nourriture, dont les organes
      - Netoyent la nourriture, comme : Les gros boyaux, la vessie du fiel, la ratte, les roignons, les conduicts de l'vrine, la vessie.
      - Aydent l'action des autres instruments de la nourriture, comme : Le petitoyne, ou grand enueloppoir de tout le ventre, la panne de gresse, la membrane charnue, l'entreboyau, la coiffe.

Ensuit la premiere figure qui represente les parties exterieures tant de l'homme que de la femme.

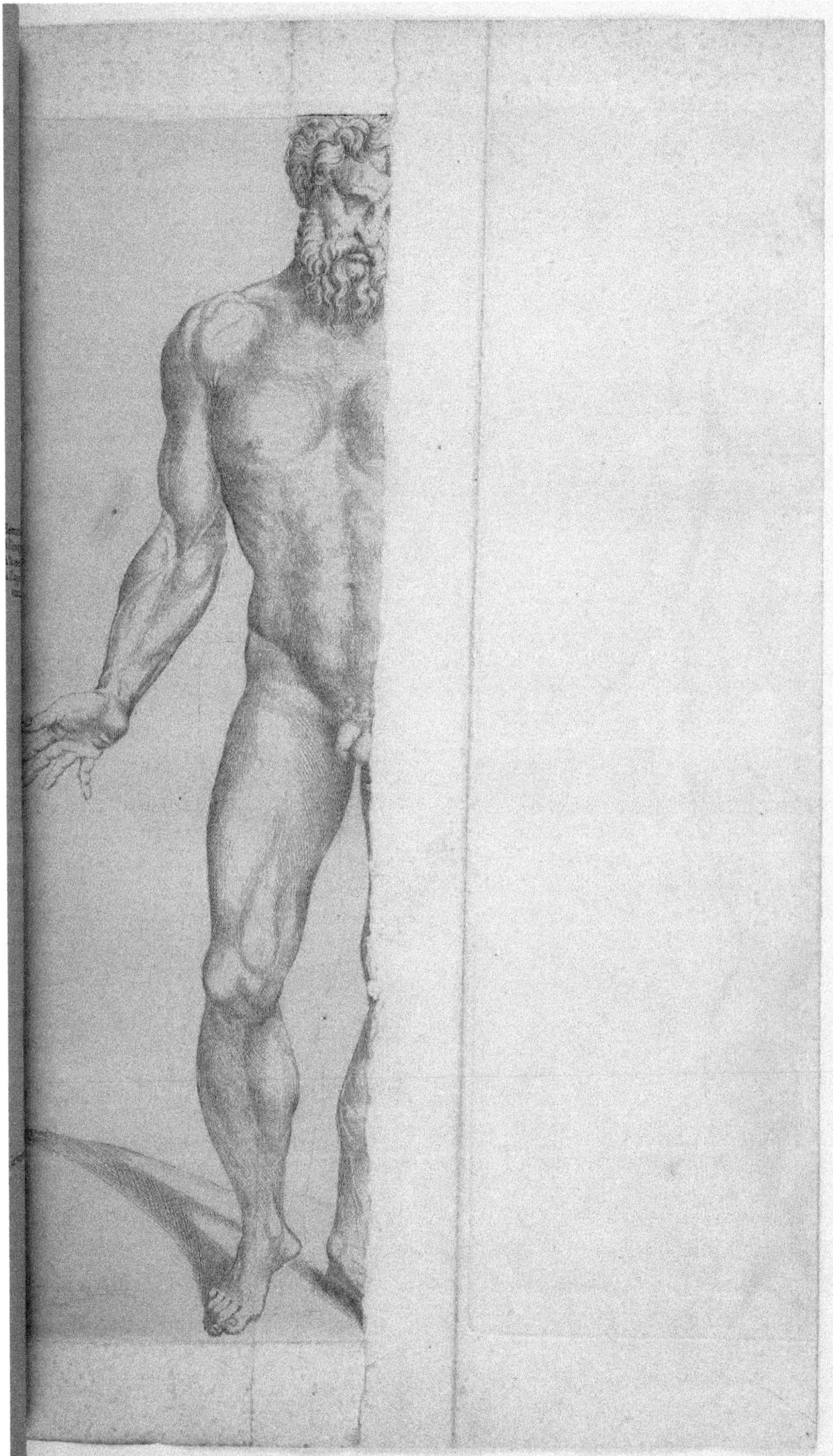

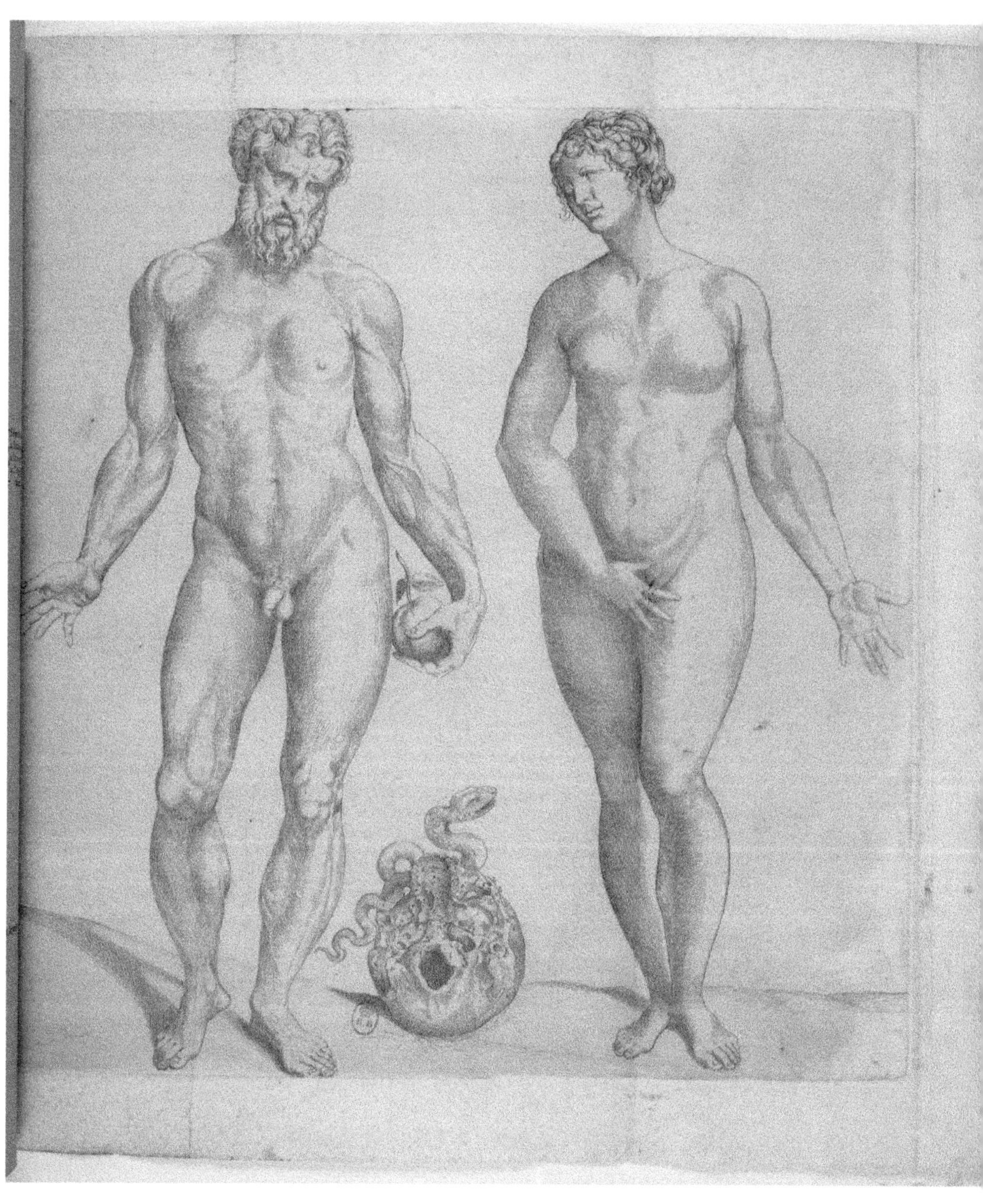

LES NOMS DES PARTIES EXTERIEVRES
DV CORPS, LESQVELLES APPAROISSENT
fans aucune decouppeure.

NOVS entreprenons icy le denombrement des noms, par lesquels sont signifiees & nommees les assiettes de dehors, ou le lieu des parties exterieures de l'hôme: lequel toutefois ne sera si long qu'il ne se puisse commodemēt adiouster en la marge des portraicts qui representent la face de tout le corps, tant de l'homme que de la femme, encore que riē n'empesche que nous ne proposons vne brieffe descriptiō, & quasi vne table de ces presentes figures: attēdu que bien peu s'en faut que les mesmes noms ne soyent imposez tant aux parties exterieures du corps, qu'aux oz, & a celles, lesquelles sont au dessous d'icelles desquels nous auons desia touché les principaux & ceux qui ont esté imposez par les meilleurs Anatomistes: & ce d'autant que cest abregé le requeroit. Toute la face du corps a esté premierement diuisee par ceux qui luy ont imposé les noms en grandes parties, les portions desquelles ont esté derechef nōmees de diuers noms. Et ainsi les Medecins Ægyptiens diuisoyent le corps en quatre: ascauoir en la teste, le coffre, les mains, & les cuisses, prenāt le coffre pour tout le tronc du corps ainsi que fait Aristote, depuis le gosier, ou le col, ou les clauettes iusques aux eines & au penil, ou bien encore dauātage iusques au haut des cuisses: & non seulement entendans par iceluy la partie du corps, laquelle est entouree des costes ainsi qu'a fait Galen & quelques vns des principaux Anatomistes. Les autres ont aussi distingué en quatre toute la face du corps ainsi qu'ont fait les Ægyptiens ayants esgard aux puissances qui le gouuernent & aux sieges des esprits: toutefois ils ont diuisé le tronc du corps en deux parties autrement que les autres n'ont fait, nōbrans pour vne seule & premiere partie de leur diuision toutes les mains & les cuisses, cōprenants aussi par le nom d'extremité les parties, lesquelles cōposent ce que proprement nous nōmons les membres. Ainsi mettent ils deux sieges principaux au tronc du corps, selon les deux profonditez qui apparoissent à ceux qui decouppent ceste partie, l'inferieure desquelles est diuisee d'auec celle d'en haut par le moyē de l'entredeux trauersant: & comprend en soy le foye, qui est le siege de l'esprit naturel & nourricier, & mesmes la boutique en laquelle le sang est faict. Elle comprend aussi les organes qui sont destinez pour luy seruir & ceux encore qui aident la generation. La profondité superieure enclost le cœur qui est le fouyer de l'esprit cholere & la fontaine de l'esprit vital, elle enclost aussi les instruments qui sont seruiteurs du cœur. La troisiesme profondité est en la teste & est dediee principalemēt pour le cerueau, qui est le siege de l'ame presidente, & la serue de l'esprit animal. Le corps estant ainsi sommairement diuisé, est derechef nommé par diuers noms selon la diuerse apparence de chasque partie. Ainsi dōques toute ceste partie de la teste, laquelle est en deuāt au dessus des sourcils, sans poil, & laquelle mōtre quelques rides, est nommee le front. Celle qui est au dessus vers le haut de la teste, est nommee le deuāt de la teste: puis celle qui est à chasque costé du deuant de la teste au dessus de l'aureille en laquelle est le cōduit de l'ouye, est nōmee temple. Le milieu de la teste qui est au dessus

es noms / toute la / &c.

du deuant & qui tire en derriere est nommé le sommet & est quasi le centre du cercle qui borne le commēcement des cheueux. Le derriere de la teste est depuis le sommet iusques au plus haut des muscles, lesquels apparoissent au chignon du col & mōstrent vne fosse & sont nommez par quelques vns tendons. Toute la partie de deuant la teste, depuis le front iusques au mēton est nommee la face: & le plus bas du front comprend les sourcils qui sortent vn peu dehors & sont bornez de leur poel, il comprēd aussi tout ce qui est entre les deux. Les yeux sont au dessous recouuerts de paupieres tant par haut q̄ par bas, desquelles les parties tendrōneuses, sont nommees pignes, l'endroit ou elles s'assemblēt en clignant & ou elles sont reparees de poels mis par ordre ainsi que l'on voit les rames des galeres: ces poels sont nommez les cils. Les deux costez de l'assemblee des deux paupieres sont nōmez les anglets ou coings, le plus grād desquels est vers le nez & le plus petit vers la tēple. Au milieu des deux paupieres ouuertes oultre le morcellet de chair, qui est au grand anglet, on apperçoit le blanc de l'œil, au milieu duquel il y a deux cercles: le plus grand est nommé l'arc, ou la courōne: & le plus petit est nommé la prunelle. Le nez est entre les deux yeux, les ouuertures duquel sont nommees narines & leurs costez de dehors, naseaux: puis le dedās est faict d'vn entredeux. Les parties qui sont au deux costez du nez, rouges & arrondies en façon de pômes sont nommees les pommettes ou les iouës: celles d'entredeux sont nōmees le creux de la face, lequel nom toutefois a esté imposé par quelques vns à toute ceste partie des yeux qui est entre les paupieres & les iouës. L'autre partie de la face que nous enflons est nommee la bouffe, & tout ce qui est en icelle depuis les sourcils iusques aux dents de dessus est nommé la machoire d'enhaut, & le reste plain de barbe aux hommes, est nōmé la machoire d'embas: le bout de laquelle par deuāt est nōmé le mēton, lequel a quelque fois vne petite fosse au dessous de la rougeur de la leure d'embas. Le haut de la leure superieure qui est soubs le nez & a vn petit rayon est nommé la moustache, & ce qui est entre les leures est nommé la bouche, laquelle estant ouuerte descouure la langue, le palais, le bout du palais, les dens, les genciues & le dedans du gauion. Se qui est entre la teste & les clauettes, ou le coffre, est nommé le col & la nucque: toutefois ce dernier mot s'accōmode plus tost au derriere du col: tout ainsi comme le deuant est nōmé la gorge, l'endroit ou est le sifflet & ou lon peut toucher la teste d'iceluy. Les anciens ont imposé le nom d'espaulle à la ioincture du palleron & de l'oz du bras: dont il est aduenu qu'ils ont nōmé le haut de l'espaulle, ceste partie qui est fort apparoissante & esleuee en la racine du col & aux costez du coffre. Ce qui est depuis l'espaulle iusques au gosier ou au creux de la racine de la gorge est nommé la clauette. On nōme le bras tout ce qui est depuis l'espaulle iusques au bout des doids, la premiere partie de laquelle estendue iusques à la premiere ioincture ou iusques au coulde, est nommee proprement le bras, ou l'espaulle par quelques Latins. Au dessous de ceste partie est l'esselle qui est vne cauité enuironnee de muscles que quelques vns nōment tendons. Le coulde est au derriere de ceste ioincture. La

Les noms / de tout le / bras.

partie qui est depuis le coulde iusques à la premiere ioincture est nommee l'auanbras, & par aucuns des Latins le bras. Toute la main cómence au bout de l'auanbras, la partie de laquelle disposee depuis l'auanbras iusques à la racine des quatre doids, est diuisee en deux: celle qui est prochaine de l'auanbras est nommee le poignet & l'autre l'auâpoignet, lequel est aussi nómé la poitrine par les Latins, & ce à cause de la semblâce qu'il a aueeques la poitrine. Le dedans de l'auanpoignet enuironné de plusieurs petites montagnettes compose la paulme de la main, de laquelle les doids sont le reste. Chascun d'iceux est composé de trois parties disposees en ordre de bataille & est recouuert d'ongles par dehors. Le plus grand de tout est à l'opposite de l'action des autres, & est nommé le poulce, celuy d'apres l'enseigneur, puis celuy du milieu l'impudique, apres lequel est le medecin, ou porte-anneau. Le petit ou l'oreiller est hors de tous les autres: la plus part de ces nós ont esté imposez par les Latins, toutefois les Françoys ne les retiennent point & les nomment seulement le *Les noms* poulce, le second, le troisiesme, le quatriesme & le petit *de tout le* doid. Nous nommons le coffre toute ceste partie du *coffre.* tronc du corps, laquelle estant enuironnee des costes compose la plus grande partie des costez. Au deuant d'iceluy est la poitrine en laquelle sont situees les mâmelles, auec le petit bout & le cercle qui noircist à l'entour. Le reste du deuant de ce tronc est nommé le ventre, d'ont la partie plus prochaine de la fourcelle & des tendrons des costes est nommee soustendrons, tout ainsi que les entrailles contenues en iceux. Ainsi ceux qui nomment l'entredeux trauersant du nom d'auantcœur ont aussi nommé du mesme nom les tendrons ausquels il est attaché, & mesmes quelques autres donnent le pareil nom à toute la partie de deuant lé coffre. Ce qui est sans oz au dessoubs des costes inferieures & de l'oz des hanches(lesquelles sont beaucoup plus esleuees aux femmes qu'aux hommes) & qui obeyt au toucher est nommé les flancs, au milieu desquels est le nóbril & puis le petit vêtre au dessoubs, la partie plus basse duquel est nommee la motte, & l'endroit ou est la verge de l'homme, & la nature de la femme est nommee le penil, lequel a les aisnes aux deux costez vers le ply des cuisses. La partie honteuse de l'homme apparoissante sans decouppeure est nommee la verge, laquelle fait vne teste vers le bout qui est la partie plus grosse de toute sa longueur. Au milieu de ceste teste il y a vn cô-

duit commun a l'vrine & à la semence. Et la peau qui se recouure est nommee le prepuce proprement, encores que quelques vns ayent donné vn pareil nom à toute la peau de dessus la verge. La ligne qui est en ceste peau depuis le prepuce iusques au fondement & qui est enleuee en façon de cousture est nómee la raye: & la partie de la raye qui apparoit en cest endroit est nommee la racine d'icelle, ainsi comme tout ce qui est depuis la peau qui recouure les couillons & qui est nómee la bource, iusques au fondement, est nommé l'entrefesson. La fente de la partie honteuse de la femme (qui est l'entree du col de la matrice) est nommee la nature, en laquelle il y a des leures, des montagnettes rehaussees & quelque petite chair peausue. L'entree du boyau droict, qui apparoit entre les fesses est nommee le siege, ou le trou du cul. Le derriere du tronc du corps est nommé le doz, ou l'eschine, aux deux costez de laquelle les espaulles sont situees au plus haut du coffre. Ce qui est entredeux & depuis icelles iusques aux costes inferieures ou bié iusques à l'endroict qui apparoist gros lors que l'on courbe le doz, est nommé coffre au dessoubs duquel est l'entredeux trauersant. La partie qui est depuis le coffre iusques aux fesses est nommee les reins. Les fesses sont grosses & charnues situees au derriere des oz des hanches. Entre lesquelles sont les *Les dif-* saillies descharnees de l'oz du croupion & de la queuë, *prin-* lesquelles s'entresuiuent iusques au fondemét. La cuisse *tieux du* commence à la ioincture qu'elle faict auec la fesse & se *corps.* continue iusques au genouil, le derriere duquel, l'endroict ou est le ply, est nommé le iarret. La iambe est apres le genouil & dure iusques a la ioincture, ou au cómencement du pied. Le deuât de la iambe est nommé la greue & est fort descharné. Le derriere ou est la sousgreue est charnu & est nommé le gras, ou le mollet de la iambe. Les deux enleueures qui sont au bout & aux costez de l'oz de la iambe fort descharnez sont nómez les cheuilles, auec lesquelles l'osselet n'est aucunement attaché ny caché en cest endroict. Le derriere du pied qui apparoist outre la droicte ligne de la iambe est nómé le talon. toutes les autres parties du pied, lesquelles apparoissent à l'œil retiennent le nom des oz selon les Latins, mais au côtraire selon les François. le plus haut du pied se nomme le coud de-pied: l'auanpied le suit & puis les orteilz. Le dessous du pied se nomme la plante, & le dedans se nomme le creux, ou le danspied.

BREF DENOMBREMENT DE TOVS LES OZ DV CORPS.

I L y a vingt oz en la teste, à sçauoir huict au taiz & douze en la machoire d'enhaut: toutefois ie ne prés point les oz iougaux pour faire nombre, attendu qu'ils ne sont point limitez aux bornes qui leur soyent propres, ains seulement ils sont faicts d'vne partie de quelques vns des vingt. Il y a quatre oz en l'organe de l'ouye, c'est à sçauoir deux a chasque oreille. Item trente & deux déts: vn oz en la machoyre d'embas, onze ordinairemét en l'oz du neud de la gorge, vingt & quatre rouelles: six oz au croupion: quatre en la queüe. Ité vingt & quatre costes, trois oz en la poyctrine, ou sept selon quelques vns: toutefois n'en conte maintenāt que trois, & vne autre fois fais-en selon ta fantasie. Item deux palierous, deux clauettes, deux oz des bras, deux susanâbras, deux sousauâbras: seize oz au poignet, à sçauoir huict en chasque main. Item huict aux auanpoignets, à sçauoir quatre à chasque main: trente aux dois, à sçauoir quinze à chasque main, & douze ordinairemét à chasque main semblables au grain de iugioline, si bié quaux deux mains il s'en trouue vingt & quatre. Item deux oz à chasque costé du croupion, deux aux cuisses, deux greues, deux sousgreues, deux rouelles aux genouils, deux talons, deux osselets, deux esquifs, huict au coud du pied, à sçauoir quatre à chasque pied: dix en l'auanpied, à sçauoir cinq à chasq pied: vingt & huict aux orteilz, à sçauoir quatorze à chasque pied & puis vingt & quatre semblables au grain de iugioline, tout ainsi qu'à la main: toutefois il s'en trouue quelques vns du tout tendronneux. Ainsi r'amassants tous ces oz ensemble il y en aura, si ie ne m'abuse, trois cens & quatre. Que si l'on veut encore adiouster les quatre de la poictrine: & que l'on en veuille aussi côter deux en la machoire d'ébas, il s'en trouuera trois céts & sept. Qui voudroit aussi côter particulieremét tous les aboutissemérs ou allóges (attédu qu'és petits enfás les oz sont bornez de leur propres limites) certainemét on pourroit augmenter ce nôbre d'encore vne fois & démie autât. Ce q̃ l'on cognoistra facilemét si l'on côsidere les rouelles, les oz des cuisses, les oz de la iambe & plusieurs autres aboutissens. Et d'auātage qui voudroit côter les oz ainsi q̃ l'on les voit aux petits enfans, bon Dieu! quel amas on en feroit! veu q̃ toutes les rouelles sont faictes de deux ou de trois oz, & de trois aussi ceux qui sont attachez auec le croupion, & quelques autres semblables tellemét qu'vn chacun se peut imaginer vn nombre d'oz a sa fantasie.

L'EXPLICA-

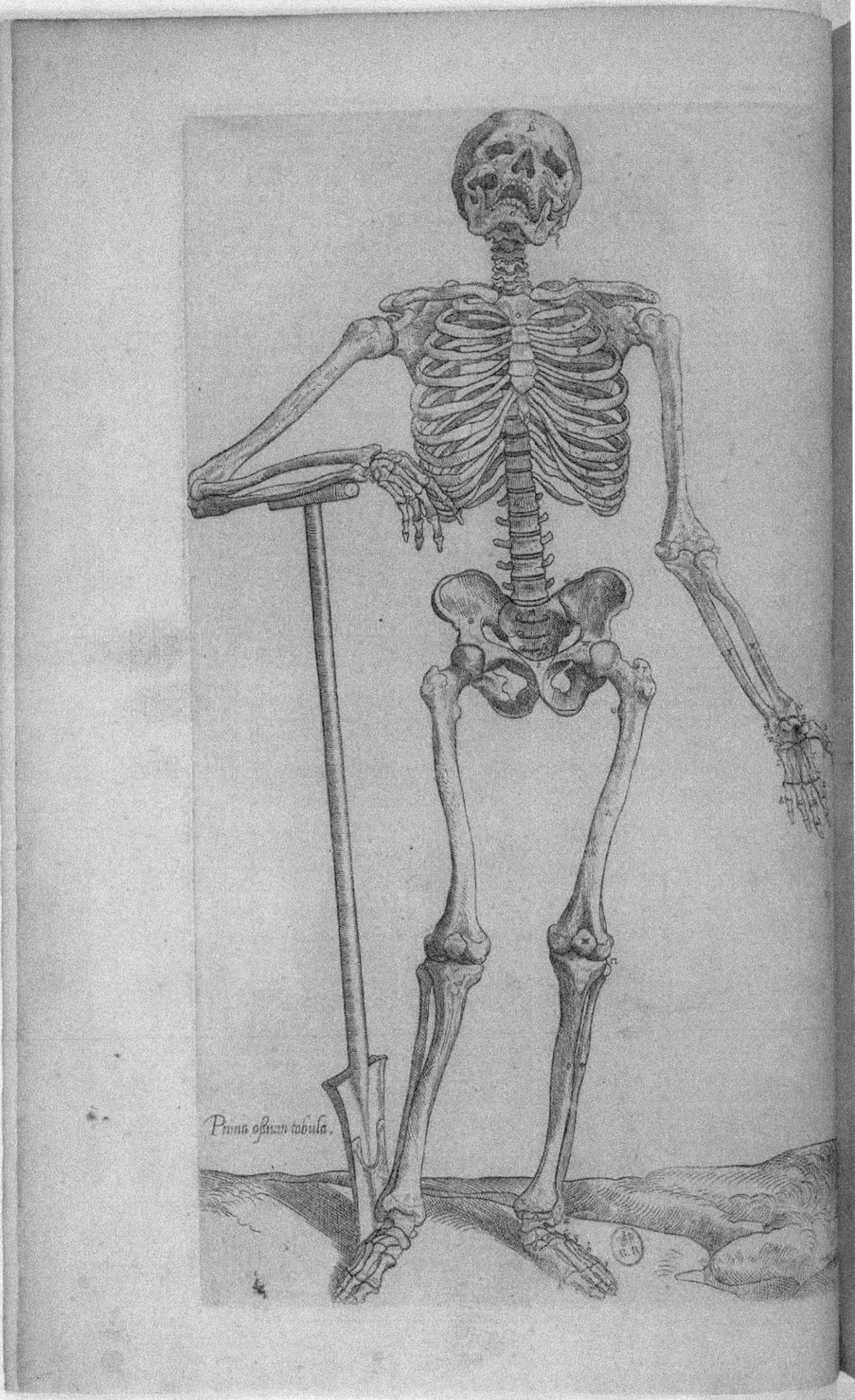
Prima ossium tabula.

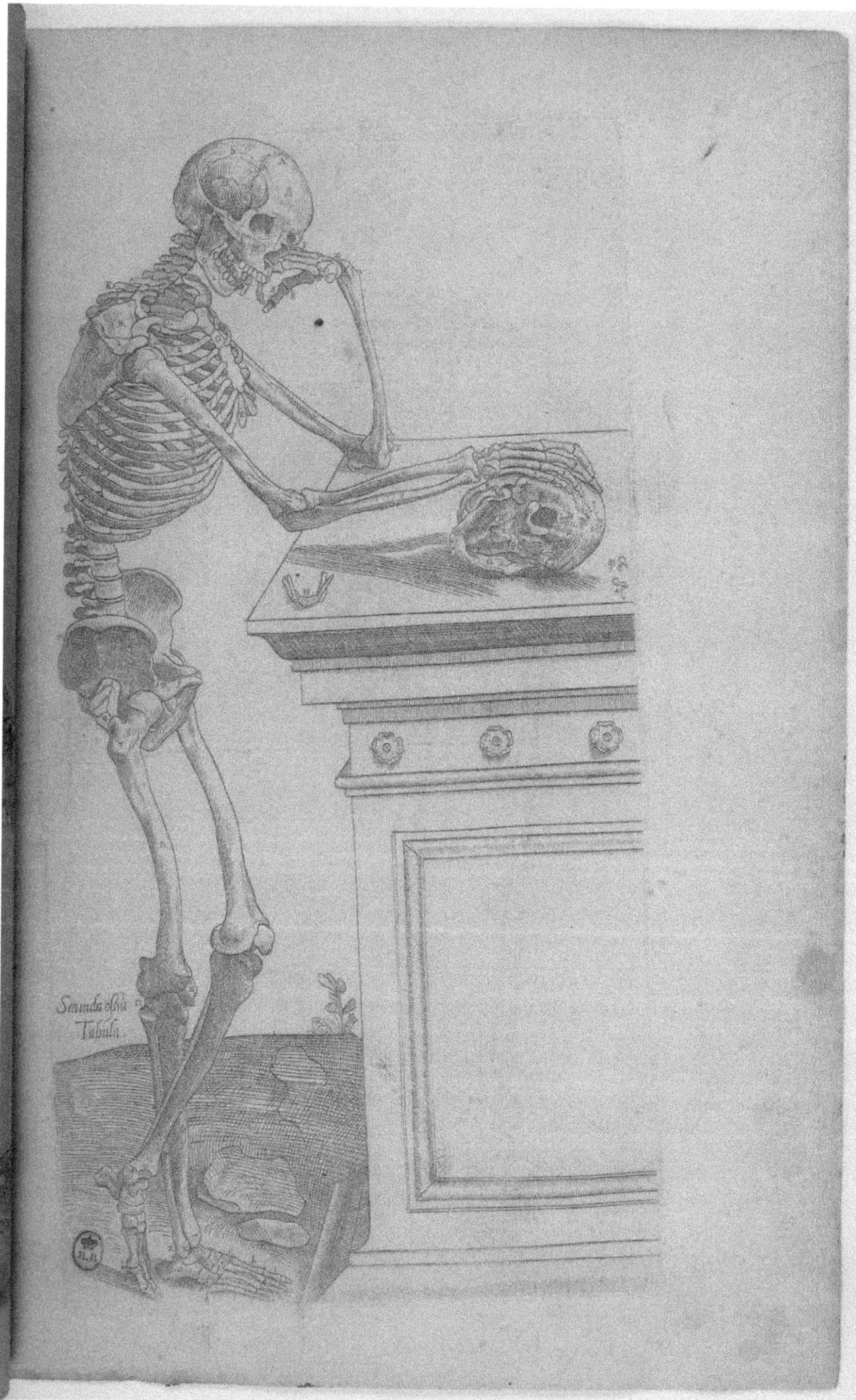
Secunda ossium
Tabula.

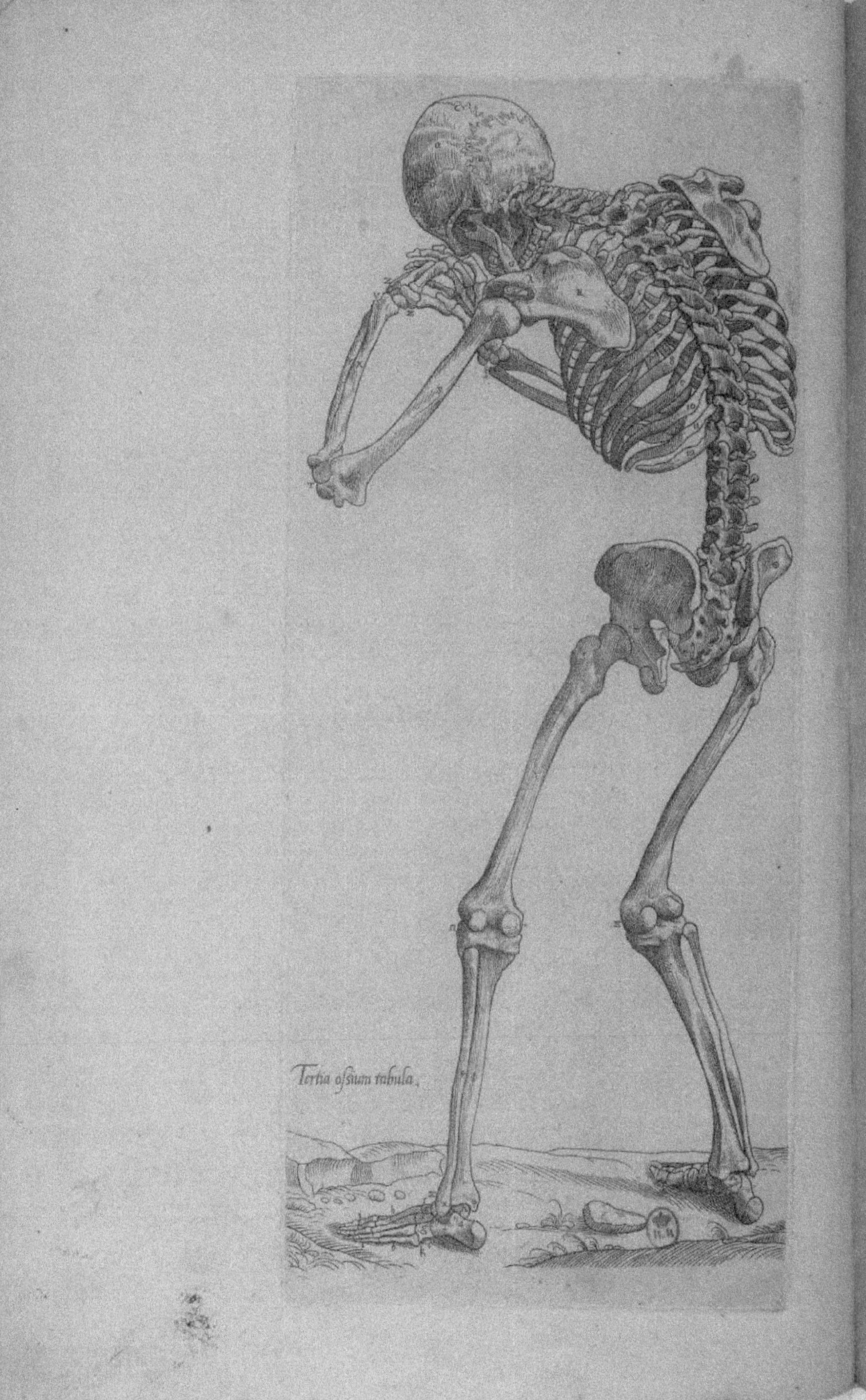
Tertia ossium tabula.

L'EXPLICATION DES CHARACTE-
RES CONTENVS AVX TROIS FIGVRES QVI
REPRESENTENT L'ANATOMIE DES OZ.

ES trois precedentes figures sont marquees quasi de pareils characteres, toutefois on pourra promptement estre aduerty par le nombre, lequel i'adiousteray presentement a chasque character, de ceux qui seulement seront particuliers à quelques vnes d'icelles figures. Or en ceste explication i'ay deliberé d'adiouster principalement les noms de chasque oz, à sçauoir ceux qui sont receus & vsitez par les meilleurs anteurs.

Personne ne doute de ce qui est signifié par le mot general d'oz & de tendron, parquoy nous commencerons à proposer les noms des oz particuliers par les oz de la teste, ou du taiz, laquelle est aussi nõmee le crane par les Latins. Toute l'assiette des oz de la teste qui embrassent & recouurent le ceruueau, est faicte de huict oz, & est nõmee le taiz ou l'armet du ceruueau: quelques vns toutefois donnent ces noms seulement à ceste partie, laquelle est recouuerte de cheueux, & le cercle de laquelle est nommé la couronne, le taiz, le pot, ou l'escuelle de la teste. Les coustures par lesquelles les oz de la teste sont cõioins ensemble se peuuent nommer cõionctions ou ioinctures.

A 2,3 La cousture couronnasse faicte en façon d'arc: la cousture de la pouppe.

B 2,3 La cousture l'ambdoyde, laquelle est faire en façon de la grãde lettre grecque Λ, la cousture de la proüe.

C 3 La cousture faite en façon de flesche, ou d'vn tret, ou d'vne broche, passant le long de la teste: elle est quelque fois nommee neruialle, & principalemẽt en l'endroict ou s'assemble auecque la couronnalle.

D 2,3 Cest assemblement lequel ne represente la façon d'vne vraye cousture est nommé auec son semblable, la ioincture faite en façon d'escaille, ou la ioincture temporalle, escailleuse, escorsiere & fausse. Les autres coustures de la teste n'ont point de nom, & aussi n'est il mestier que ie m'amuse a les recercher & nombrer plus amplement.

ε 2,3 Cest oz auec son cõpagnon est nommé l'oz du sommet, quelques vns les nomment les oz du deuant de la teste, nerueux, esgaux, faicts en façon d'arc: encores que quelques vns ayent donné ce nom aux oz iougaux, ils sont aussi nommez parietaux cõme aussi sont les oz des temples: on les nomme encore les oz de la raison, ou du pensemẽt.

δ 1,2,3 L'oz du frond ou du deuãt de la teste, selon quelques vns l'oz couronnal: l'oz de la pouppe de la teste, l'oz ehonté, l'oz du sens commun.

γ 2,3 L'oz de derriere la teste, l'oz de louage, l'oz de la boite, l'oz de la proüe, l'oz de la memoire: quelques vns le nomment l'oz du soubassement de la teste: lequel nom aussi a esté particulierement donné à l'oz semblable au coing, que l'on peut nommer en François le chauuesouricier.

β 2,3 Les oz de la temple à chasque costé, les oz pierreux, quelques vns les nomment faux & parietaux.

q. L'oz semblable à l'enclume, ou à vne dét macheliere.

* L'oz accomparé à vn maillet, ou à l'oz de la cuisse. il ne se faut point esmeruecller si ces oz n'ont point de noms propres, attẽdu que les anciens anatomistes ne les ont point cognus.

ε 2 La saillie de l'oz de la temple, laquelle est faicte en maniere d'vne touche de tablettes, ou d'vne esguille: l'esperõ de la teste, l'oz calamin, sagital, claual, acual.

ζ 1,2,3 La saillie de l'oz de la temple faicte comme le bout d'vne mammelle, & est nommee mammelliere.

E 2,3 L'oz semblable au coing, le chauuesouricier, il est notté au taiz ou la main de la seconde figure est appuyee. L'oz du palais, l'oz du soubassement, encore qu'ainsi l'on nomme l'oz de derriere de sa teste.

η 2 L'endroit du taiz que nous nommons pierreux.

θ 2 Les saillies de l'oz semblable au coing, lesquelles sõt accomparees aux aisles des chauuesouris.

F 1,2,3 Cest endroit, comme aussi celuy de l'autre costé, est nommé l'oz iougal ou coniougal, les oz esgaux: ce qui est aussi attribué aux oz des tẽples, les ances des oz des temples, les oz faicts en arc: ils se peuuent nõmer en François l'ance du taiz.

Nous n'auons point adiousté de characteres aux douze oz de la machoire d'en haut, pour autãt qu'ils n'õt point de nõm particulier: toutefois l'entredeux du nez est nommé par quelques vns l'oz de la creste. Au reste la machoire de dessus est quelque fois nommee mandibule comme aussi celle d'embas, laquelle

G est nottee par vn G aux trois figures.

Il y a communement seize dents à chasque machoire, dõt les quatre de deuant sont nommees tranchantes, ou rieuses. Celle qui de chasque costé est prochaine de la tranchante est nommee œilliere, dent de chien, ou mordante: tellement qu'à chasque machoire il y a deux chiẽs-dents, lesquelles sont aussi quelque fois nommees rieuses. Les cinq d'apres sont nommees meulieres & machelieres. Ciceron les nomme genuines, duquel nom quelques vns ont nommé celles qui suruiennent apres l'enfance: nous les nõmons les dents de sens & de sagesse.

H 2 L'oz qui represente la lettre grecque υ. Il est figuré sur la table ou est appuyé le bras de la figure, l'oz de la langue, l'oz du gosier, le morceau d'Adam. l'interprete d'Auicène le nõme Alfaic ayant quatre costez, deux embas & deux en haut, ce qui se doit obseruer par ceux qui sont curieux de l'anatomie,

I, K, L, M & N Par ces characteres marquez és trois figures nous entẽdons le doz, l'espine, la carine de l'homme faicte de plusieurs rouelles, lesquelles ont plusieurs saillies par derriere, nommees espines. Au reste depuis I iusques à K on represente le col: & les rouelles du coffre depuis K iusques à L, lesquelles quelque fois sont simplement nommees les rouelles du doz. Depuis L iusques à M sont les rouelles des reins, & l'oz du croupion depuis M iusques à N à l'endroit de l'N est l'oz de la queüe.

O 1,2,3 L'oz de la poictrine, le bouclier du cœur. La partie d'enhaut de cest oz est nõmee la fourcelle d'enhaut, & celle d'embas la fourcelle d'embas.

P 1,2,3 Le tendron de la poictrine, faict en façon de la pointe d'vne espee rabatue: le bouclier de l'entree de l'estomach: le milieu de la fourcelle d'embas.

1,2,3, &c. iusques a 12 Par ces characteres apposez aux trois figures des oz nous merquerõs les douze costes du coffre tant legitimes qu'illegitimes. Les legitimes sont les sept d'enhaut: les illegitimes sont les cinq inferieures.

Q 1, 2, 3 Les clauettes. quelques vns les nomment la fourcelle d'enhaut, estant ainsi distinguees d'auec l'oz du bas de la poictrine.

R 1,2,3 Le palleron. les Latins luy ont donné plusieurs autres noms.

λ Par ce caractere apposé és trois figures nous denotons la saillie superieure du palleron, laquelle est nommee le palleron, on la nôme le groing de porc, la teste du pallerõ. L'autre saillie inferieure marquee

μ en la premiere figure par ρ, est faite en façon d'vne ancre ou de la lettre C, & est nommee l'œil du palleron, lequel nom est aussi quelquefois attribué à la creste du palleron.

S 1,2,3 L'oz du bras.

T, V 1, 2,3 Toute ceste partie est nommee l'auanbras.

X 1,2,3 L'oz de dessus en l'auanbras est nómé le susauanbras.

Y 1,2,3 L'os de dessous en l'auanbras est nommé le sousauanbras la saillie duquel estant nottee en la seconde figure par la lettre Grecque ι est nommee le coulde. & celle qui est nottee par la lettre grecque ξ est nommee saillie faite en maniere d'vne touche de tablettes

Z, Z 1, 2,3 Le poignet.

Γ 1,2 L'auanpoignet, ou la main.

Δ, Δ 1, 2,3 Les dois, le premier desquels est nômé le poulce, le grand & l'auanmain, celuy qui le suit est le second nómé l'enseigneur. le troisiesme est celuy du millieu, le quatriesme est le porte-anneau & le doid du cœur. Le cinquiesme est le plus petit.

Θ 1,2,3 Les oz attachez à l'os du croupion, à sçauoir vn de chasque costé diuisé en trois parties selon les anatomistes, desquelles la premiere nottee par la lettre ο est nómee l'oz de la hanche. La seconde qui est celle ϖ du millieu & est nottee par la lettre grecque ϖ est

nômee l'oz de la fesse, lequel nõ aussi souuentefois est imposé à tout cest oz. La troisiesme qui est en deuãt ρ nottee par la lettre grecque ρ est nommee l'oz barré, l'oz du penil, l'oz des parties honteuses, l'oz pertuisé.

ς 1,2,3 La ioincture des deux oz qui font l'oz barré, en laquelle il y a vn tendron que nous nottons particulierement auec ceste lettre grecque ς.

Λ 1,2,3 L'oz de la cuisse.

τ 1,2, 3 L'exterieure saillie de l'oz de la cuisse nommee le tourneur. La plus petite & interieure saillie du mesmes oz est nottee par la lettre grecque υ.

Ξ 1,2,3 La rouelle du genoul, la rondelle, la meule, l'œil du genouil.

Π, Σ 1, 2,3 Toute ceste partie est nommee la iambe: ce nom s'attribue particulierement au plus grand oz.

Φ 1,2,3 L'oz de la iambe, ou la greue & est notté par la lettre grecque Φ.

Ψ 1,2,3 L'oz de la sousgreue.

χ 1,2,3 Les cheuilles, desquelles l'vne, à sçauoir celle de dedans est notte par φ en la seconde & troisiesme figure, & l'autre est nottee par χ: toutefois en la premiere figure elles sont nottees au contraire.

Ω 1,2,3 L'osselet, ou l'oz semblable à la noix d'arbaleste.

a 2,3 L'oz du talon.

b 1,2,3 L'oz semblable à l'esquif.

c,c 1,2,3 Ceste partie du pied qui est faicte des quatre oz est nommee le coud du pied, dont les trois oz de dedãs

d, e, f nottez par d, e, f, sont nommees par quelques vns Chalcoïdes, nous n'auõs point de nom François propre pour les nommer. Celuy de dehors qui est notté g par vn g est semblable a vn dé & est tout quarré

h, h 1,2,3 La plante du pied.

i, i 1,2,3 Les orteils des pieds.

k 1,2,3 Les oz semblables à la graine de iugioline.

EXPLICATION DES CHARACTERES MERQVEZ EN LA
figure qui est entre l'homme & la femme representez en la premiere table.

A 'EXTREMITE' de la cousture couronnale, laquelle apparoit au creux de la temple.

C,C La cousture l'ambdoide: ces deux characteres monstrent la partie inferieure de ceste cousture la part la où elle desiste d'estre vraye cousture.

F L'assemblage escailleux, lequel apparoist aucunemẽt en ceste partie.

K L'oz senestre du sommet. toutefois vous n'en voyez qu'vne bien petitte partie.

L L'oz du frond, duquel vous ne voyez qu'vne petitte portion.

M,M,M Vous pouuez voir icy vne grande partie de l'oz de derriere de la teste.

N,N L'oz de la temple.

O,O L'oz semblable à vn coing.

P,P Les saillies de l'oz semblable à vn coing, lesquelles ressemblér aux aisles des chauuesouris, il y en a qua-

2,3,4,5 tre marquez 2, 3, 4, 5.

Q,Γ Le premier oz de la machoire d'enhaut, lequel i'ay aussi marqué par Γ.

S,Λ Le plus grand ou le quatriesme oz de la machoire d'enhaut: ie l'ay aussi particulierement marqué Λ.

V,X L'ance du taiz, ou l'oz iougal.

Y La place ou la cousture de l'oz iougal doit estre marquee. elle n'est point marquee en cest endroit, toutefois on la pourra bien adiouster auec la plume.

a,a L'interualle de la cousture qui borne l'oz semblable à vn coing & est commune a l'oz de la temple.

b L'interualle de la cousture qui borne l'oz susdict, & est commune à l'oz du front.

d L'interualle de la cousture commune a l'oz susdict, & à l'oz de l'anglet externe de l'œil est cachee en cest endroit.

e L'interualle de la cousture qui borne l'oz susdict, & est commune au quatriesme oz de la machoire superieure.

f Ceste cousture est particuliere à la machoire d'enhaut.

g La cousture commune à l'oz du front & à la machoire d'enhaut.

h La cauité dedans laquelle s'emboiste la petitte teste de la machoire d'embas.

i La saillie semblable à la touche de tablettes.

k La saillie mammeliere.

l,l Les deux parties de l'oz de derriere la teste, lesquelles se ioignent a la premiere rouelle du col.

m,m,m Les cachettes de la cousture l'ambdoyde sont marquees par ces characteres, lesquelles passent en deuãt le long du soubassement du taiz & tirent les vnes vers les autres la part ou vous voyez ces lettres n,n.

n,n La ligne laquelle ioinct les susdictes cachettes, & est commune

Ensuit la premiere figure des muscles.

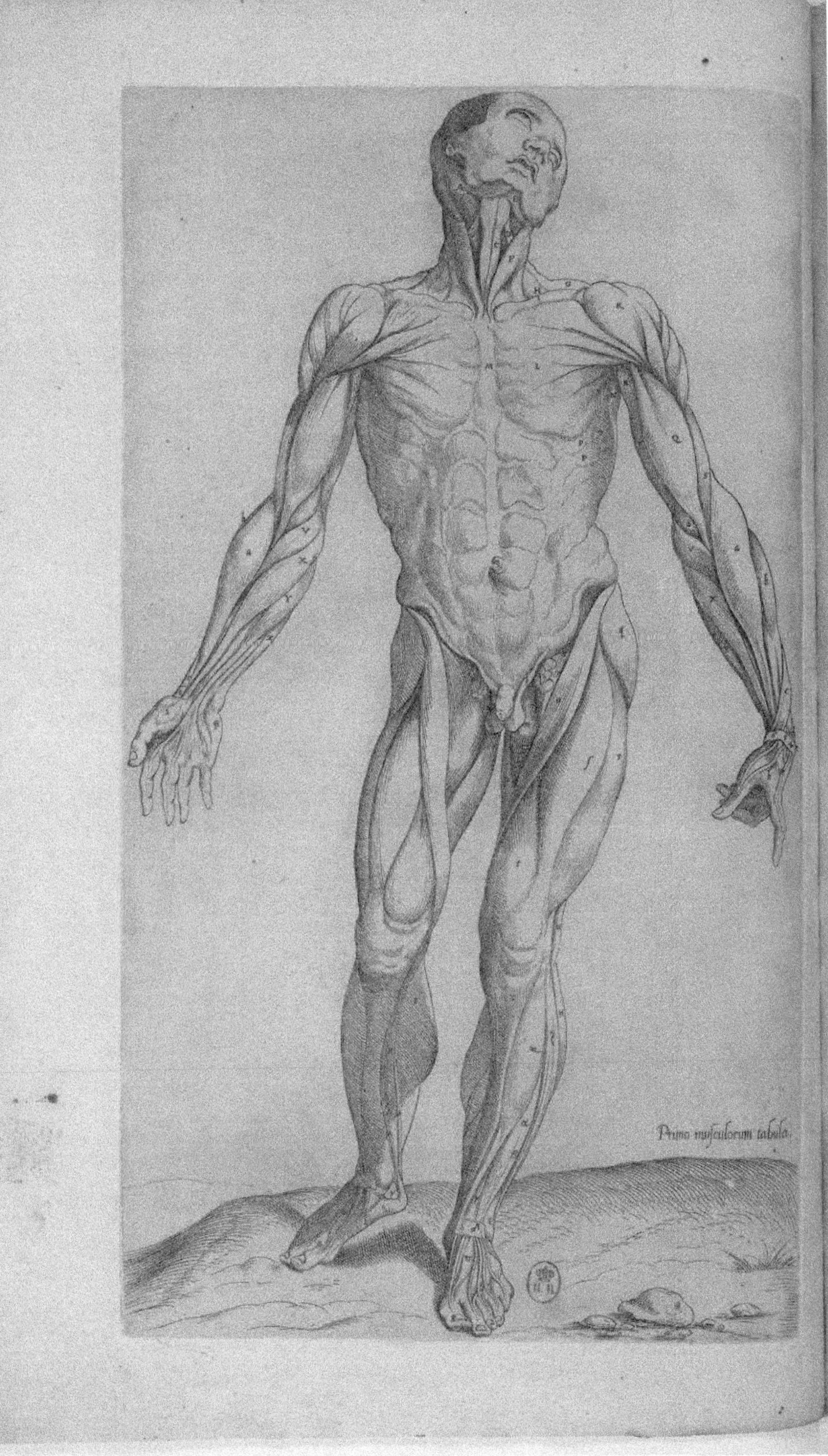

Primo musculorum tabula

commune à l'oz semblable au coing & à l'oz de derriere la teste.

o,p La cousture laquelle passe a costé dextre depuis le
characere n, entre l'oz semblable au coing & l'oz de
la temple senestre.

q L'interualle de la cousture qui borne l'oz semblable
au coing & est commune aux six oz de la machoire
Π d'enhaut lesquels sont marquez par la lettre Π.

r La ligne de l'oz de la temple laquelle en maniere de
cousture borne l'oz dedans lequel est enclaué le cômencement du conduict de l'ouye, & laquelle semble le separer du reste de l'oz.

f La partie raboteuse & la saillie de l'oz de la temple la
part ou il regarde la ligne trauersante qui est commune a l'oz semblable au coing & est marquee n.

z La saillie du huictiesme oz de la teste, ou bien l'entredeux qui est au milieu de la cauité du nez.

L'EXPLICATION DES CHARACTERES
merquez en la premiere table des muscles.

CESTE *presente table mostre la plus part du
deuãs du corps, dot i'ay couppé la peau, la gresse,
la membrane charnue, les nerfs, les veines &
arteres qui sont par le dessus de la face du corps
si quelques vnes il y en a. I'auoys deliberé de ne*
mettre aucuns characeres en ceste table, n'en la suiuante, à
celle fin que l'on les peust cõtempler plus à l'aise, n'estat brouil-
lees par iceux. Ioint aussi que la troisiesme est presque la premiere que i'ay ordonnee pour l'intelligëce de ce que nous voulons monstrer en cest art. Car ny ceste cy ny la suiuante ne mõstrent rien qui ne soit ordinairement obserué par les bons
peintres & sculpteurs en la pourtraiture des hommes musculeux & bien proportionnez, attendu que les parties membraneuses & les fibres aussi disposees selon les muscles, lesquelles
se voyent en la face & au col de la troisiesme figure, ne sont
qu'en pescher le peintre & le sculpteur, ausquels aussi i'ay voulu satisfaire en partie. Encore que ce ne leur soit assez d'entẽdre les muscles situez, és parties exterieures de tout le corps:
mais plus tost oultre la parfaicte congnoissance des oz ils doiuent sçauoir quel est l'office de chasque muscle, pour estre ad-
uertis en quelle façon il faut representer le muscle maintenãt
court, maintenant long, maintenant esleué, & maintenant
renforcé, ayant tousiours ceste regle generalle deuant les yeux,
que toutefois & quantes que le muscle fait mouuoir vn oz &
que par maniere de parler, il le retire vers son milieu, alors il
est plus court, plus esleué, & plus apparoissant: d'autant qu'il
se ramasse du tout en son centre: au contraire lors que le muscle lasche aller l'oz qui est retiré ailleurs, son ventre s'allonge
& s'affaisse tellement que d'autant moins il en apparoit: c'est
pourquoy ces artisans prennent garde principalement aux
ventres des muscles. Or maintenant ie commenceray l'explication des characteres de ceste figure presente, en laquelle
à peine declareray ie quelque muscle particulierement, ains
seulement i'adiousteray vn charactere à chasque muscle de l'vn
des costez lesquels pourrons estre veus en passant. Il n'y a aucun muscle apparoissant en la face, à cause qu'ils sont merueilleusement tenures & membraneux, & à cause aussi qu'ayant
osté la peau ils n'apparoissent point autrement que nous les
voyons en ceste presente figure.

A Plusieurs glandes sont nottees par ceste lettre, lesquelles sont en la racine des oreilles, situuees au derriere de la machoire d'embas, & remplissent le creux
de ceste partie & sont apposees pour plus asseuree diuision des cõduits. Ce sont celles lesquelles sont mo-
lestees aux petits enfans par la descẽte des humeurs
& lesquelles sont subiettes aux escrouelles. L'on peut
aussi veoir en ceste partie, sans aucun charactere, le
trou de l'oreille couppee.

B Le muscle du costé gauche, lequel descend de la machoire d'embas & s'attache en l'oz qui represente la
lettre grecque υ.

C Le muscle qui procede de l'oz de la poitrine & s'attache auec son compagnõ en l'oz semblable à la lettre grecque υ.

D C'est vn muscle fort gresle, lequel monte de la superieure coste du palleron, & s'attache à l'oz semblable
à la lettre grecque υ. Ce muscle est notté en la quatriesme table des muscles par les lettres V & V, & en
la cinquiesme par R & S. Les endroits qui apparoissent creux à l'entour du D, sont les passages des nerfs
de la sixiesme paire du cerueau, accõpagnez des interieures veines goselieres & des arteres apoplectiques.

F Ce muscle est l'vn de la septiesme paire, lequel meut
la teste. Il procede de l'oz de la poitrine & des clauettes & fait vne attache fort charnue en la partie mã-
meliere de l'oz de la temple.

G C'est vne partie du second muscle qui fait mouuoir
le pallerõ, la façon duquel a esté prise par les moynes
pour faire leur chapperons. Nous ne voyons autre
chose de ce muscle en cest endroit, fors ce qui est attaché en la partie de l'espaulle qui tient auec la clauette: toutefois nous le verrons representé en tout &
par tout en la neufiesme figure, & sera notté par les
characteres Γ & Δ.

H Les exterieures veines goselieres passent par cest endroit, lequel aussi apparoit aux hommes viuants du
tout creux sans aucune distinction de muscles, si
ce n'est en ceux lesquels en retenant leur vent, font
enfler les veines goselieres. Apres que l'on aura de-
couppé ceste veine auec quelques petites membranes glereuses, le muscle que i'ay notté d'vn D, apparoistra: & encore vn autre aussi, lequel sortant de la
premiere coste du coffre va s'attacher au deuant des
saillies trauersantes des rouelles du col. Il sera notté
d'vn C en la huictiesme table des muscles.

I Le deuant de la clauette qui apparoist descharné.

K Le muscle qui esleue le bras & procede de l'espaulle,
de la clauette, & de la creste du palleron. L'on voit
icy la partie qui prend son commencement de la clauette & de l'espaulle.

L Le muscle qui ameine le bras vers la poictrine.

M L'oz de la poictrine qui apparoist descharné: car le
muscle qui tire le bras vers la poictrine commence à
estre charnu seulement au coste de cest oz: & encore
que celuy du costé droict touche au gauche par son
commencement nerueux, membraneux & tenure:
toutefois l'oz de la poictrine n'est point pour cela recouuert és hommes viuants.

N Ceste lettre est cachee sous l'esselle & notte vne partie du muscle, lequel abbaisse le bras vers les parties
inferieures, & lequel sera marqué d'vn Γ en la table
suiuante.

O,O Ceste semblance de dois monstre l'attache de quel-

que muscle, lequel est attaché aux huict costes d'enhaut, & ayde la respiration. ce muscle sera notté par
F & F en la huictiesme table des muscles.

P,P Ceste semblance de dois est le commencement du
muscle du ventre descendant obliquement vers bas,
lequel ie n'ay voulu remarquer de plusieurs characteres: comme aussi n'ay-ie faict le muscle droict du
vêtre, pour autant qu'il est encore du tout caché sous
les parties nerueuses & tenures, tât des muscles trauersants du ventre, que du muscle qui ameine le bras
vers la poictrine. toutefois les enleueures que vous
voyez le long du vêtre sont parties du muscle droict
d'iceluy, lesquelles ne sont empeschees de s'enleuer
par les tenures tendons des trauersants: tout ainsi
que mesmes nous voyons, és corps qui ne sont beaucoup gras, ces enleueures n'estre empeschees d'apparoistre auant que la peau soit couppee & retiree.

Q Le muscle de deuant, qui fleschit l'auanbras.

R Ceste lettre est cachee sous l'eisselle, & merque la
partie charnue de la reste interieure du muscle precedent: laquelle partie est apparoissante ainsi qu'vn
muscle particulier.

S,S Le muscle de derriere, lequel fleschit l'auanbras: i'ay
merqué ce muscle de deux characteres, à celle fin
que personne ne pête que les endroicts merqués par
les lettres fussent deux muscles diuers.

T Le muscle qui procede de la creste inferieure du palleron, lequel ayde à estendre l'auanbras.

V Le muscle superieur entre ceux qui retournent vers
bas l'auanbras. Or pour autant que les auanbras &
les mains de ceste figure ne sont point representez
d'vne mesme façon, ce n'est sans propos que i'ay adiousté le charactere à chasque costé V, & quelques
autres aussi qui ensuiuent.

X Le muscle attaché en l'auanpoignet au deuant du second doid: ce muscle fleschit l'auanpoignet.

Y Le muscle qui enuoye le large tendon en la main.
Ce qui est sans characteres aux deux costez de ce
muscle le long de l'auanbras, est le muscle autheur
du fleschissement des seconds entreneuds des quatre dois, lequel sera marqué en la cinquiesme figure
par le charactere ☉.

z Ce charactere môtre en l'auanbras dextre le muscle
qui procede de l'enleueure interieure de l'oz du
bras, lequel s'attache en l'oz droict du poignet & faict
fleschir le mesme poignet.

a Par ce charactere apposé en l'vn & en l'autre auanbras nous remarquons le muscle, lequel retourne en
haut l'auanbras & lequel descendant de l'oz du bras,
s'attache en l'inferieure saillie du susauanbras.

b Ce charactere remarque en l'vn & en l'autre auanbras le muscle, qui auec vn tendon fourchu faict esté-
dre le poignet.

c A chasque auanbras par ce charactere nous montrós
les deux muscles, lesquels procedent du sousauanbras: & l'vn desquels enuoye vn tendon à l'oz du
poignet, qui soustient le poulce. L'autre estant diuisé
en deux tendons en enuoye l'vn au premier oz du
poulce, & l'autre au second & au troisiesme.

d Par ce charactere apposé en la main gauche le tendon du muscle est remarqué, lequel retourne le
poulce vers le second doid.

e Par ce charactere les tendons sont nottés, lesquels se
coullent par le long & le dedans du second doid.

3,4,5,6 Ces characteres sont en la main gauche, & monstrêt
le lien trauersant, lequel se descouure au dehors de
l'auanbras, toutefois chasque charactere de nombre remarque particulierement combien d'annelets
ou sinuosites peuuét apparoistre au dessus de la main
à ceux qui la decouppent, tous lesquels sont quatre
en nombre, propres au susauanbras, & accommodez
à chasque tendon au costé duquel on peut voir le
charactere du nombre. Mesmes le nombre 6 qui est
au gauche auanbras ne monstre autre chose que celuy qui est au droict.

h Ce charactere est en la main gauche & monstre l'assiette du muscle qui faict approcher le poulce vers
le second doid.

i Ce charactere est en la main droicte & notte le muscle qui retire beaucoup le poulce d'auec le second
doid. Au costé plus bas de ce muscle on voit vne partie du muscle superieur qui flechist le premier oz du
poulce.

q Ce charactere est en la main droicte & monstre le
muscle situé en la partie de dehors la paulme de la
main. Lequel retire le petit doid d'auec les autres. Au
costé droict de ce muscle il s'endecouure vn autre, lequel est presque du tout caché dessous, & faict flechir
le premier entreneud du petit doid, & le retire aussi
au costé de dehors.

k La taye qui enueloppe le couillon & les conduicts
semanciers, lesquels descendent aux hommes par
cest endroict.

l Ceste lettre est cachee en l'eine gauche, & monstre
les glandes qui remplissent le creux des eines, la part
ou passe la grande veine accompagnee d'vne attere
pour entrer en la cuisse. Ces glandes estât couppees,
il apparoist vn grand creux, ainsi que souuentefois
nous voyons és apostemes des eines.

m Le muscle qui descend de l'oz barré, & entre en la
cuisse: il est le huictiesme qui faict mouuoir la cuisse,
& sera notté par ce charactere Σ en la huictiesme figure.

n Il passe par c'est endroict deux muscles, d'ont l'vn est
le sixiesme qui faict mouuoir la cuisse, lequel sera
marqué en la huictiesme table par le charactere ☉.
L'autre est le septiesme & sera marqué en la mesme
table par la lettre grecque Λ.

o Ce muscle procede de l'oz de la hanche & estant attaché à la iambe il est le premier moteur d'icelle.

p Ce muscle est le second qui faict mouuoir la iambe
& procede de la ioincture de l'oz barré.

q Ce muscle est le sixiesme qui faict mouuoir la iambe,
duquel la substance charnue est fort apparête. Mais
son tendon est si tenure & delié, qu'il n'empesche
point la venue des muscles qui sont dessous. Parquoy nous ne le voyons point icy particulierement,
non plus qu'en la seconde figure des muscles: toutefois nous en verrons autant que l'œil en peut remarquer lors que l'on le decouppe auec mesure, & ce en
la troisiesme & quatriesme figure, la ou il sera marqué, à sçauoir en la troisiesme par vn Φ & en la quatriesme par vn 3.

r Encore que ce muscle soit recouuert ainsi que les autres situez en c'est endroict, par le tédon du sixiesme
qui faict mouuoir la iambe, duquel nous auons maintenant parlé: toutefois il apparoist comme mesme il
faict aux hommes charnuz auant que la peau soit
ostee. au reste ceste lettre r notte particulierement
le septiesme muscle qui faict mouuoir la iambe.

Le

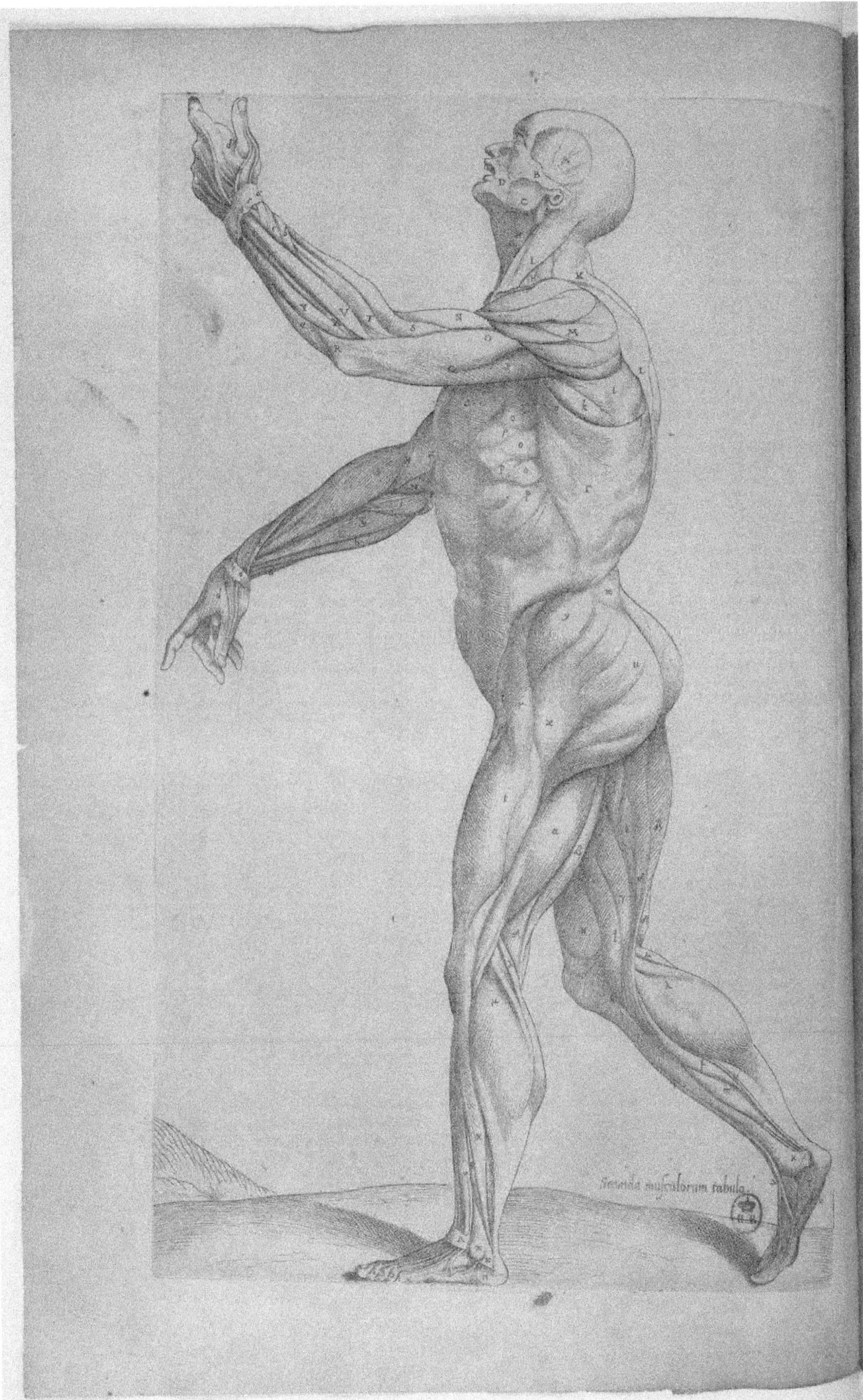

Secunda musculorum tabula.

ſ Le neufieſme muſcle qui fait mouuoir la iambe, lequel a ſon attache au deſſus l'embœiture de l'oz de la feſſe, il eſt couuert auſſi par le tendon du ſixieſme muſcle qui fait mouuoir la iambe.

t Ce muſcle eſt le huictieſme qui fait mouuoir la iambe, & ſemble aucunement entourer tout l'oz de la cuiſſe. Il eſt auſſi couuert par le tendon du ſixieſme qui fait mouuoir la iambe.

u La partie nottee par la lettre u eſt au coſté gauche du genoul, & eſt vne portion du quatrieſine muſcle qui fait mouuoir la iambe.

x,y Toute ceſte partie de la greue eſt deſcharnee & n'eſt recouuerte par aucun muſcle.

z Ce muſcle eſt le ſixieſme en ordre entre ceux qui font mouuoir le pied. Il deſcend par deſſous le lien trauerſant, qui eſt au deuant de la iambe notté par la lettre ♂, & ſ'attache en l'oz de l'auanpied qui ſouſtiet le gros orteil.

α Ce muſcle eſt celuy qui eſtend les quatre orteils des pieds & eſt caché en plus grande partie ſoubs le muſcle qui eſt notté par la lettre z.

β Cecy eſt vne portion du muſcle qui eſtend les quatre orteils du pied, laquelle aydât à ſouſleuer le pied en deuant, eſt contee pour le neufieſme muſcle qui fait mouuoir le pied.

γ Le tendon qui fait eſtendre le gros orteil. la partie du muſcle charnue qui produit ce tendon, eſt cahee profondement ſoubs les autres muſcles.

♪ Le lien trauerſant ſitué au deuant de la iambe, lequel fait voye aux quatre muſcles dont ſ'ay maintenant parlé.

ε La cheuille de dehors : ou bien la partie deſcharnee de la ſouſgreue.

ζ Ce muſcle eſt couché le long de la ſouſgreue, & ſe recourbant par le deſſous du pied, il ſ'attache à l'oz de l'auanpied qui ſouſtient le gros orteil, & eſt nombré le ſeptieſme qui faict mouuoir le pied.

η Ce muſcle procede de la teſte inferieure de l'oz de la cuiſſe, & eſt le ſecond qui faict mouuoir le pied.

θ Ce charactere auec quelques vns de ceux qui enſuiuent eſt merqué en la iambe droicte, pour autât que les muſcles deſquels ils ſont l'indice ſont plus apparens en icelle. par la lettre θ ſ'ay notté le muſcle qui procede de la teſte interieure de l'oz de la cuiſſe, & eſt le premier qui faict mouuoir le pied.

ι Ce tendon eſt le plus greſle de tous ceux du corps, & procede du muſcle, lequel deſcend de l'exterieure teſte de l'oz de la cuiſſe & eſt le troiſieſme qui faict mouuoir le pied.

κ Cecy eſt le plus grand muſcle de tout le gras de la iambe, il procede de la ioincture de la ſouſgreue & de la greue. Il eſt le plus robuſte de tous ceux qui font mouuoir le pied, & eſt le quatrieſme en ordre.

λ Le muſcle qui fleſchit le troiſieſme oz des quatre orteils du pied, ſe deſcouure bien peu en ceſt endroict.

μ L'on voit en ceſt endroict vne petite portion du cinquieſme muſcle qui faict mouuoir le pied. toutefois elle ſe manifeſtera d'auantage en la iambe droicte de la figure ſuiuante : comme feront auſſi les muſcles dont maintenant nous auons parlé, & principalemét ceux qui ſont en la iambe droicte.

ν Le lien trauerſant de la greue au tallon.

ξ C'eſt le muſcle qui demeine le gros orteil au coſté de dedans, & eſt couché le long du creux du pied.

ϖ Par ce charactere appoſé au pied gauche nous auons notté le muſcle qui approche le gros orteil auec les autres, ou bien qui le demeine au coſté de dehors. D'auantage au deſſous des tendons du muſcle qui eſtend les quatre orteils & qui eſt merqué par la lettre α, il apporiſt des tendons, leſquels font mouuoir en dehors le ſecôd, le troiſieſme & quatrieſme orteil, & leſquels ont vn meſme commencement auec la portion du muſcle qui ſert au gros orteil, & eſt nottee par la lettre ϖ.

L'EXPLICATION DES CHARACTERES
merquez en la ſeconde table des muſcles.

L A ſeconde table ſe rapporte à la premiere en ce qui concerne la decouppeure, & eſtant tournee de coſté elle monſtre les meſmes muſcles auec l'aſſiette des oz apparoiſſants au dehors, & par maniere de dire comme deſcharnez. Ceſte figure donques eſt digne d'eſtre veüe. Elle a les muſcles nottez de meſmes characteres que la precedente. Parquoy toute la face & toute la teſte auſſi ſera remerquee de peu de characteres comme il s'enſuit, attendu qu'il n'y apparoiſt gueire autre choſe que les oz.

A Le muſcle tempher. Tout ce qui eſt par deſſus le cercle qui faict le commencement de ce muſcle, eſt du tout deſcharné, ſi ce n'eſt que regardant de plus pres chaſque partie l'on trouuera que l'oz du frôt ne l'eſt du tout : attendu qu'il eſt recouuert d'vne tenure & muſculeuſe tiſſure, laquelle nous auôs couppee auec la peau & toute la membrane charnue du front.

B L'oz iougal, ou l'ance du taiz. Le trou qui eſt au bout de ceſt oz, eſt le conduict de l'ouye.

C Ce muſcle eſt nommé le macheur & ſera le ſecond en ordre entre ceux qui font mouuoir la machoire d'embas.

D Ce muſcle ayde au mouuement de la bouſſe, & ſortant d'vne machoire il entre en l'autre.

E Le muſcle gauche procedant de la machoire d'embas, lequel eſt attaché en l'oz faict en la façon de la lettre grecque υ.

F Le muſcle montant de l'oz de la poictrine iuſques à l'oz ſemblale à la lettre grecque υ.

G Le muſcle gauche montant du haut de l'oz de la poictrine, iuſques au bas du tendron faict en maniere d'vn eſcuſſon. Ce muſcle eſt caché ſous celuy que nous auons merqué d'vne F, toutefois l'on en peut voir vne partie.

H,H Ce muſcle procede de la ſuperieure creſte du palleron & ſ'attache en l'oz ſemblable à la lettre grecque υ. On le voit facilement à l'endroict de l'H d'embas, depuis que l'on a oſté la greſſe & la veine goſeliere exterieure, l'H d'enhaut notte les glandes ſituees en la racine de l'oreille, & au dedans de la machoire d'embas.

I Le muſcle qui procede de l'oz de la poictrine & de la clauette, lequel eſt attaché en la ſaillie de l'oz de la temple laquelle repreſenre le bout d'vne mamelle.

K,L Le ſecond muſcle qui faict mouuoir l'epaule, le K môtre la partie ſuperieure d'iceluy, laquelle ſouſtene en haut le palleron : & L monſtre la partie d'embas, par le moyen de laquelle le palleron eſt retiré en bas.

Il se descouure au costé droict de L, vne partie du muscle droict, lequel sera merqué auec la gauche en la neufuiesme table des muscles par les characteres 1, 2, 3, 4, Γ & Δ.

M Ce muscle qui esleue le bras, sera monstré plus manifestement en la quatriesme figure par le charactere Ξ & en la dixiesme par le charactere Δ. Ce que i'ay voulu notter de peur que l'on ne pésast, voyât ce portraict, que ce muscle ainsi merqué de diuers characteres, fust faict de plusieurs: attendu mesmes que ces nottes trompent souuentefois les bons peintres & sculpteurs, ausquels ie prie d'estre non seulement attentifs en cest endroict: mais aussi en toute la partie exterieure du bras, pour autant qu'ils allongent sans raison, quasi comme iusques au dehors l'auanbras, le muscle que ie merqueray par N.

N Encore que quelques vns des subsequéts characteres soyent merqués en l'vn & en l'autre bras, si est ce que seulement vous deuez auoir esgard au bras gauche, iusques à ce que ie parle du droict. Par le charactere N nous nottons le muscle de derriere, lequel faict flechir l'auâbras & lequel semble es corps viuâts prédre son commencement vn peu plus haut au dessus du muscle qui leue le bras, encore qu'à la verité il ne le face. Et iaçoit que son cómencement ne soit merqué trop bas, si est ce que parauanture il est plus haut que de raison, ce que les peintres doiuent obseruer diligemment.

O Ce muscle faict estendre l'auanbras, & procede du col, qui est sous la teste du bras emboyté auec le palleron.

P Ce muscle faict aussi estendre l'auanbras & a son cómeucement en la creste inferieure du palleron.

Q Les deux muscles precedens, lesquels font estendre l'auanbras, s'assemblent en cest endroict, si bien qu'ils ne se monstrent plus comme estans deux. Au reste ce qui les faict apparoistre plus gros en cest endroict, qu'en nul autre de leurs estendue: cela aduient d'autant que ceste partie est plus charnue: & d'autant aussi que sous eux est caché le troisiesme muscle qui estend l'auanbras, & qui procede de l'oz du bras, il sera merqué en la douziesme figure par X & par vn D en la treziesme.

R Les muscles qui fond estendre l'auanbras, s'attachent en cest endroict contre la saillie posterieure du sousauanbras, & contre les liens de ceste ioincture: donnants la partie nerueuse de leur attache à l'endroict triangle du sousauanbras, lequel faict le coude descharné.

S Ce muscle descend du bras, & s'attache en l'aboutissement inferieur du susauanbras: il est cause qu'il se retourne en haut.

T Le muscle au tendon fourchu, lequel fait estendre le poignet.

V Le muscle qui fait estendre principalement le secód, le troisiesme & le quatriesme doid.

X Le principal muscle qui fait estendre le petit doid.

Y Le muscle inferieur entre ceux qui font estendre l'auanpoignet.

a Le muscle inferieur entre ceux qui font flechir le poignet.

b,c Nous remerquôs deux muscles en cest endroit, entre lesquels celuy d'enhaut est notté par b, & est attaché an poignet: celuy d'embas que nous auons notté par c, est diuisé en deux tendons, l'vn desquels il enuoye au premier entreneud du poulce, & le second aux deux autres entreneuds du mesme poulce.

5,& 6 Le lien trauersant est merqué par ces nôbres, lequel passe par le dehors de l'auanbras & est diuisé en autant d'annelets qu'il y a de characteres de nombres: car 1 monstre le lien commun au sousauanbras auec le susauanbras: 2 monstre le lien propre au sousauanbras: 4, 5, & 6 monstrent les quatre liens particuliers au susauanbras.

d C'y est la place du muscle, ou bien le muscle mesme, lequel fait exactement approcher le poulce vers le second doid.

e Le tendon du muscle qui tourne le poulce vers le second doid.

Il faut maintenant prendre garde au bras droict, & là contempler en partie les mesmes characteres qui ont esté mis au gauche & en partie aussi des nouueaux N,N,P,S,T, a, tous ceux cy signifioyent le mesme qu'ils signifioyent en l'autre bras, toutefois à peine peut on voir icy vne ligne du muscle qui est notté par a. Le muscle ausi est representé par b, c, & par 4, 5, 6, d, & e. Mais les characteres particuliers sont ceux qui ensuyuent.

Z Le muscle de deuant, lequel fait flechir l'auanbras.

f Le muscle d'enhaut, lequel fait pancher vers bas le susauanbras.

g Le muscle d'enhaut qui flechit le poignet.

h Le muscle duquel procede le large tédon de la paulme de la main.

i Le muscle situé au creux du palleró, lequel fait tourner en dehors le bras & est nombre le septiesme entre ceux qui le font mouuoir.

Ce charactere & tous ceux qui ensuyuent, sont au costé gauche.

k Le muscle par lequel le bras est retiré en derriere vers le doz plus hautement que par celuy que maintenant ie merqueray, il est nommé le troisiesme qui fait mouuoir le bras.

Γ Ce muscle est le quatriesme qui fait mouuoir le bras, il sera merqué par O en la neuñesme table, & sera encore dauantage descouuert en la dixiesme, ou nous le merquerons par Θ. Mais pour autant qu'en nulle d'icelles tables le costé de ce muscle n'apparoistra si bié qu'en ceste cy, il est expedient d'adiouster encore quelques characteres pour plus grande intelligence. Ce muscle dóc est celuy par le moyen duquel le bras est retiré vers bas. il represente aucunement la figure triangle, dont le costé de dedans est situé le long des saillies des espines, desquelles ce muscle procede,

l,m de, & s'estend depuis l iusques à m. le costé de dehors s'estend depuis m iusques à n: & monte obliquement depuis le croupion tousiours sur le deuant,

n iusques au lieu auquel il s'attache: car n monstre la partie de ce muscle desia prochaine de son attache, laquelle ne peut estre veué sans decoupper quelque autre muscle. Ce costé a esté notté en la premiere table par N, & le sera en la suiuante par V, & derechef encore plus exactement ceste attache sera monstree au bras droict de la septiesme table par la lettre O. Le troisiesme costé est depuis l iusques à n, lequel passant de trauers est conduict le long de l'anglet inferieur du soubassement du palleron. l monstre aussi la partie de ce muscle, laquelle est au dessous celuy que nous auons merqué par L.

Δ De crainte qu'vn petit o ne fust trop caché en l'ombre de la poictrine nous auons mis le charactere Δ

monst-

monstrant le muscle par lequel le bras est tiré vers la
poictrine.

o,o Toutes ces figures faictes en maniere de poinctes
monstrent les attaches du muscle, lequel se ferme
contre les huict superieures costes du coffre en maniere de mains estendues.

p,p Les commencemens du muscle du ventre descendant en biez, lesquelz s'entrelassent auec les attaches du muscle precedent nottees par o. Or tout ce
qui est au vêtre n'est autre chose que ce muscle biezé,
encore que le muscle droict du ventre semble se descouurir aucunement à raison de la tenureté du tendon biez : tout ainsi comme il faict auant la decouppure.

q C'est le commencement du premier muscle qui faict
mouuoir la iambe, lequel sera notté en la figure suiuante par Σ, il est aussi merqué en la cuisse d'extre
par vn q.

r Le sixiesme muscle qui faict mouuoir la iambe, duquel il procede vn l'arge tendon enuironnant tous
les muscles situez autour de la cuisse. Ce tendon empesche d'autant moins la veue des autres muscles,
pource qu'il est tenure comme vne membrane. Ce
qui est cause que l'on peut voir le muscle qui sera tantost merqué par t. Nous merquerons ce muscle par φ
en la troisiesme figure, & par ʒ en la quatriesme.

ſ Vne partie du neufiesme muscle qui faict mouuoir
la iambe & qui sera notté en la quatriesme table
par Φ.

t Le septiesme muscle qui faict mouuoir la iambe, &
qui est recouuert par le tendon mébraneux du sixiesme muscle lequel faict mouuoir la iambe.

u Le premier muscle qui faict mouuoir la cuisse gauche : celuy qui faict mouuoir la droicte se descouure
icy en la plus grande partie.

x L'endroict de la grande saillie exterieure de l'oz de
la cuisse, laquelle est aussi nommee le tourneur.

y La partie du second muscle qui faict mouuoir la cuisse, laquelle apparoist ayant osté la peau. le reste est caché sous le premier qui la faict aussi mouuoir, & sous
celuy duquel procede le l'arge tendon & lequel est
icy notté par r.

α Le quatriesme muscle qui faict mouuoir la iambe : on
voit aisément la partie exterieure d'iceluy : mais il
n'apparoist aucunement en la cuisse droicte.

β Par ce charactere apposé en l'vne & en l'autre cuisse
nous auons notté le troisiesme muscle qui faict mouuoir la iambe.

γ Le second muscle qui faict mouuoir la iambe est seulement merqué en la cuisse droicte.

δ I'ay mis δ par deux fois en la cuisse droicte pour mô-
strer le muscle, lequel ie mettray le cinquiesme en
nombre entre ceux qui font mouuoir la cuisse. I'ay
aussi mis ce mesme charactere δ en la cuisse gauche
pres le iarret pour monstrer le mesme cinquiesme
muscle de ceste cuisse.

ε,ζ Par ces deux characteres apposez en la cuisse droicte,
i'ay notté le cinquiesme muscle qui faict mouuoir la
cuisse, & premierement par ε la partie de derriere
de ce muscle nous est monstree : & par ζ le derriere
de la partie de deuant. Ie ne doute point que cecy
ne soit vn peu obscur : toutefois nous verrons ces
muscles apertement és autres tables suiuantes, c'est à

sçauoir en la septiesme au charactere ß : en la huictiesme au charactere φ & c : en la douziesme au charactere Ξ & Σ. Car toutes choses ne peuuent pas estre
dictes en vn seul endroict.

η Le muscle qui apparoist gros en cest endroict, est le
huictiesme qui faict mouuoir la iambe.

θ,ϰ La partie descharnee de toute la greue, toutefois
particulierement la cheuille de dedans est merquee
par ϰ.

λ Ce charactere est en toutes les deux iambes, & notte
le muscle qui faict le mollet de la iambe.

μ Ce charactere est en toutes les deux iambes & monstre le second muscle qui faict mouuoir le pied.

ν C'est le tendon plus gresle de tous ceux du corps, il
est notté en la iambe droicte & procede du troisiesme muscle qui faict mouuoir le pied.

ξ Le grand muscle qui faict le mollet de la iambe, &
qui est le quatriesme qui faict mouuoir le pied : en
la iambe droicte.

π Le muscle qui flechist les troisiesmes ioinctures des
quatre orteils : en la iambe droicte.

ρ Vne partie du cinquiesme muscle qui fait mouuoir
le pied en la iambe droicte.

ϲ Le lien trauersant de la cheuille de dedans iusques
au talon au pied droict.

τ Le muscle qui retire le gros orteil des autres orteils,
& le fait mouuoir au costé de dedans. Ce muscle se
monstre fort manifestement en cest endroit, au pied
droict.

υ Le lien attaché côtre le muscle qui flechit les secôds
entreneuds des quatre orteils. Ce lien fait autant dâs
la plante du pied, que fait le large tendon en la paulme de la main : il est notté au pied droict.

φ Ce charactere est en l'vn & en l'autre iambe, & notte le sixiesme muscle qui fait mouuoir le pied : il est
situé au deuant de la iambe.

χ Ce muscle est situé le long de la sousgreue, & est septiesme qui fait mouuoir le pied : il est notté en la iambe gauche.

ψ Ce muscle est dessous le precedent, & est le huictiesme entre ceux qui font mouuoir le pied. son tendon
se voit apertement sous le lien qui sera maintenant
notté par Σ, tout ainsi que fait celuy du septiesme, en
la iambe gauche.

ω Le muscle qui fait estêdre les quatre orteils. Au costé
gauche de ce charactere ω on voit vne partie du muscle, laquelle s'attache par vn tendon fourchu en l'oz
de l'auâpied qui est precedêt le petit orteil. Ce muscle sera môstré le neufiesme qui fait mouuoir le pied,
& sera aussi merqué en la quatriesme figure par le
charactere Ω, en la iambe gauche.

Θ Le tendon du muscle qui fait estendre le gros orteil.

Λ,Δ Le lié trauersant cômun à la greue & à la sousgreue :
il est merqué en la iâbe gauche par Λ, & en la droicte
par Δ.

Ξ La cheuille de dehors, ou la partie descharnee de la
sousgreue, laquelle represente vn triangle au pied
gauche.

Σ Le lien trauersant de la sousgreue au talon, au pied
gauche.

Π Le muscle qui retire le petit orteil d'auec les autres
orteils, au pied gauche.

G

L'EXPLICATION DES CHARACTERES

merquez en la troisiesme table des muscles.

E present pourtraict qui represente la face anterieure de tout le corps est different d'auec le premier, en ce qu'il monstre quelques muscles faicts de la membrane charnue, & quelques vns aussi faicts en la face, lesquels sont descouuerts de leur gresse. Il appartient aussi dauātage à la cognoissance des muscles que ne font les deux precedentes.

A Ces lignes qui sont cōduictes le long du front composent la substance musculeuse tant d'iceluy que du haut du nez.

B Le muscle de la temple, à l'endroit duquel il paroist quelques fois (mais bien peu souuent) vne membrane charnue, tissue de quelques fibres charnues, laquelle fait mouuoir l'oreille de chasque costé.

C Le muscle qui esleue la paupiere, & qui est situé en l'interieur coing de l'œil.

D Le muscle qui tire la paupiere en bas, & qui est situé au petit coing de l'œil.

E La commune rencontre des muscles de la paupiere, laquelle se fait au milieu de la longueur d'icelle.

F Le muscle duquel vne partie se conduit à l'vne des narines, & l'autre à la leure de dessus.

Tout ainsi qu'il est difficile de monstrer la dissemblable entrelassure des fibres des muscles, laquelle se fait aux leures: aussi n'ay-ie voulu remplir la face de plusieurs characteres, laquelle de soymesme est assez obscure.

G La ioue & la partie du deuant de l'oz iougal, le tout descharné.

H Le muscle particulier à la leure d'enhaut, lequel descend de la ioue.

I Le commencement du second muscle macheur, lequel n'est recouuert par le large muscle que maintenant ie descriray.

Γ Ce muscle est faict d'vne membrane charnue & est le principal autheur des mouuements de la bousse, des leures, & de la peau du deuant du col. Ce muscle est attaché à chasque costé aux parties de dessous, & le reste de la membrane charnue, laquelle n'est faicte du tout de chair, a esté recouppé de ce corps. Et quant est de la tissure & conduite des fibres de ce muscle, lisez ce qui ensuit.

K, L Le cōmencemēt de ce muscle est depuis K iusques à L, cōmençant depuis les costez de l'oz de la poictrine, & du milieu de la clauette prochaine de l'oz de la poictrine. les fibres de ce commencement montent droict iusques à M : & depuis L iusques à N est

M, N nottee la partie du commencemēt sortāt du demourant du milieu de la clauette & de l'espaulle, les fibres duquel montent obliquemēt vers les parties de deuant. Dauātage encore que ceste partie de muscle ne se monstre, laquelle est au derriere du col, si est ce

O que le charactere O qui est en la racine de l'oreille monstre aucunement les fibres trauersantes, lesquelles passent par cest endroit. Parquoy en descriuāt les costez de ce muscle, il faut presupposer que le premier est depuis N iusques à O, & le second depuis O iusques à H. Mais le troisiesme est merqué depuis K iusques à N passant par L. Et le quatriesme depuis K iusques à M. Car la ligne qui noircist d'auantage & est tiree depuis K iusques à M doit estre prise pour l'entredeux du muscle droit & du gauche.

P Le muscle qui esleue le bras, & est presque limité en la partie de deuāt le corps par L, N, & Q : toutefois

Q il passe plus bas que Q iusques à son attache.

Δ Le muscle qui tire le bras vers la poictrine, lequel aussi se descouure en la suiuante table, & estant couppé, & leué hors de son commencement, il est merqué par vne pareille lettre Δ, il est aussi limité par les mesmes characteres. Depuis K iusques à L est merqué la partie de son commencement, laquelle procede de la clauette. & depuis K iusques à R est nottee celle qui procede du milieu de la largeur de l'oz

R de la poictrine. La lettre R aussi monstre la partie mēbraneuse du muscle, laquelle est cōtinuee iusques à la tēureté nerueuse du muscle qui descend en biez par le ventre, & ce au costé de la fourcelle. La lettre

S S notte la partie charnue du muscle procedante particulieremēt des tendons de la sixieime & septieime coste, à raison du muscle qui descēd en biez par dessus le vētre. L'attache de ce muscle est merquee par Q l'endroict ou il aboutist entre le muscle qui esleue le bras & qui est notté par P : & entre celuy de deuāt qui flechit l'auanbras, lequel sera merqué par Z. Au reste qui voudra contempler les costez d'iceluy & l'attache de ses fibres, qu'il voye la figure suiuante, laquelle descouure l'attache de ce present muscle nottee par Q & T. qui est vn charactere particulier à icelle table. & ainsi l'on pourra mesurer les cinq costez de ce muscle collationnant ensemble les characteres de l'vne & de l'autre figure. Le premier est depuis K iusques à L : le second depuis K iusques à R, le troisiesme depuis L iusques à Q : le quatriesme depuis R iusques à T, ce qui sera monstré en la table suiuante. Car la large attache de ce muscle est cachee en ceste figure. Le cinquiesme costé se verra seulement en la quatriesme table & sera notté depuis Q iusques à T.

V Le muscle qui tire le bras vers bas & est le quatriesme qui le faict mouuoir.

5,6,7,8 Les attaches du second muscle qui faict mouuoir le coffre, sont nottees par ces nombres, lesquelles tiennent aux costes apparoissantes à l'endroict ou sont ces characteres, & pource la plus haute attache se voit facilement en la cinquiesme coste.

⊙ Le muscle du ventre, lequel descend en biez & lequel auec son pareil recouure tout le ventre & vne grande partie du coffre. Le commencement de ce muscle est merqué par les mesmes nombres lequels monstrent les attaches du second muscle qui faict mouuoir le coffre : attendu que le commencemēt & les attaches respondent l'vne à l'autre. D'auantage depuis R iusques a X on voit la ligne blanche, qui est le long de ceste partie descharnee, laquelle nous ne pouuons distinguer par sa propre couleur : encore qu'il fust beaucoup necessaire de diuersifier toutes les tables par les propres couleurs des corps, sur lesquels elles ont esté tirees : à celle fin que les parties charnues fussent prōptement distinguees d'auec les mēbraneuses. Mais se seroit vne despéce trop grāde.

X La verge descouuerte de sa peau, que vulgairement nous nommons le prepuce ou le fourreau : le long de laquelle nous voyons vne ligne qui represente l'endroit ou les deux corps, dōt elle est faicte, s'assemblent en vn : lesquels sont monstrés couppés en la table

Ensuit la troisiesme figure des muscles.

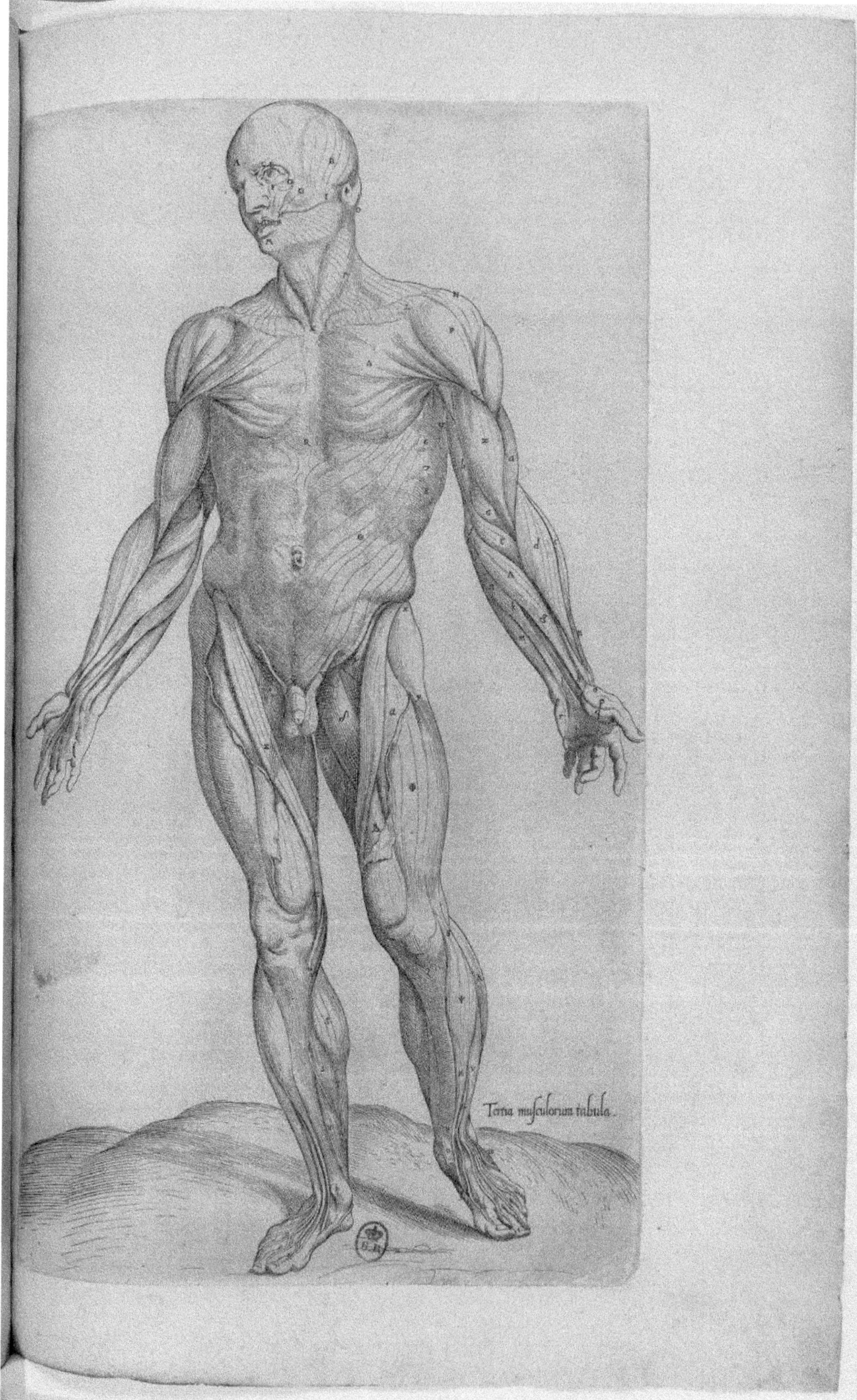

Tertia musculorum tabula.

table suiuante, par la lettre q. Mais qui voudra voir exactement qu'elle est leur nature, il le pourra voir en la derniere figure des muscles.

Y Les conduits ou tuyaux semanciers recouuerts encore de leur membrane procedante du peritoyne, ou membrane qui enueloppe toutes les parties contenues dedans le ventre.

Z Le muscle anterieur qui flechist l'auanbras.

x,& a Le muscle posterieur qui flechist l'auanbras.

b Ceste lettre est cachee au costé de dedãs le bras: elle merque le muscle qui estend l'auanbras & qui descéd de la creste inferieure du palleron.

c Le muscle qui par vn double tendon faict estendre le poignet.

d Le muscle qui retourne le susauanbras vers haut & qui est attaché en l'aboutissement inferieur d'iceluy.

e Le muscle superieur qui retourne en bas le susauanbras.

A L'autre muscle qui flechist le poignet & qui est attaché en l'oz de l'auanpoignet, lequel est au droit du second doit.

f Le cõmencement de ce muscle merqué A est notté par f: & le commencement de son tendon est notté

g par g: l'endroit de h est celuy auquel il semble que ce tendon prenne fin, ie dy à ceux qui ne decouppét diligemment.

Π Le muscle duquel procede le large tendon qui est en

i la paulme de la main, l'origine duquel est nottee par i

k & le commencemét de son tendon par k: puis l'en-

l droit ou son tendon commence a s'eslargir est merqué par l.

m L'autre muscle inferieur qui flechist le poignet, & qui est attaché au quatriesme oz d'iceluy.

n L'on voit icy obscurement la portion des muscles, desquels l'vn donne vn tendon au poignet, & l'autre au poulce.

o La partie descharnee en laquelle est le premier entrenœud du poulce.

p Le muscle qui retire fort le poulce d'auec le second doit.

q Le plus apparent muscle des deux qui flechissent le premier oz du poulce.

r Le muscle qui retire fort a costé le petit doit d'auec les autres & qui sera merqué en la table suiuáte par x.

Σ Ce charactere est en la cuisse droite, & monstre le premier muscle qui fait mouuoir la iambe, le commencement duquel est notté par s: & le commen-

s,u cement de son tendon par t: & son attache par u.

2 Au reste le charactere 2 monstre l'attache du second

3 muscle qui fait mouuoir la iambe: & le charactere 3 monstre celle du troisiesme.

Φ Le sixiesme muscle qui fait mouuoir la iambe, le cõ-

x mencement duquel est notté par x: & l'endroit ou

y il laisse a estre charnu est merqué par y: & là il recouure toute la cuisse en maniere d'vne membrane.

Nous n'auõs sceu mieux representer le tendon ou la membrane de ce muscle que vous la voyez en toutes les deux cuisses, esquelles vous remerquerez la partie plus tenure d'iceluy, laquelle recouure le bas de la cuisse, estre comme deschiree: ce qui a esté fait à celle fin, qu'elle representast la nature d'vne membrane: Car tout ce qui est au dehors de ceste ligne, ou couppure inegalle, cella est le tendon ou la membrane de ce sixiesme muscle.

α Le neufiesme muscle qui fait mouuoir la iambe.

β Le huictiesme qui fait mouuoir la iambe: il est descouuert dauantage du sixiesme en la cuisse gauche, qu'en la droicte. Ie n'ay point adiousté de charactere au septiesme, pour autant qu'il est encore recouuert en tout & par tout par le sixiesme. toutefois le charactere Φ le peut bien monstrer attendu que la membrane du sixiesme n'est si espaisse qu'elle puisse empescher qu'on ne voye les pourtraicts des muscles de dessous.

γ Par ce charactere apposé au costé de l'eine nous merquons les muscles, lesquels nous nommerons le six & le septiesme autheur du mouuement de la cuisse. D'auantage ce charactere γ monstre les glandes des eines auec le creux d'on i'ay recoupé les conduits qui entrent en la cuisse.

♪ Le huictiesme muscle qui fait mouuoir la cuisse.

ε Le second autheur du mouuement de la iambe: le tendon duquel est merqué par 2.

ζ La partie descharnee de toute la greue: toutefois la cheuille de dedans est merquee particulierement

η par η.

ψ Le sixiesme muscle qui faict mouuoir le pied, l'origine duquel est nottee par θ, & le commencement de

κ son tendon par κ dont la conduicte est assez manifeste sans charactere, encore que ξ monstre quasi l'en-

ξ droit de son attache.

λ Le septiesme muscle qui fait mouuoir le pied.

μ Le tendon du muscle qui fait estendre le gros orteil.

ν Le muscle qui fait estendre les quatre orteils.

ξ Le muscle qui retire en dedans le gros orteil d'auec les quatre autres.

ο Le lié trauersant situé au deuãt de la iambe, & maintenant retourné a costé à raison de la couppure.

ϖ Le tendon du double muscle neufiesme en nombre entre ceux qui font mouuoir le pied.

ρ Le premier qui fait mouuoir le pied.

σ Le quatriesme qui fait mouuoir le pied.

τ Le plus long & plus gresle tendon procedãt du troisiesme muscle qui fait mouuoir le pied.

υ Le muscle qui flechist les troisiesmes oz des quatre orteils.

φ Le cinquiesme qui flechit le pied.

EXPLICATION DES CHARACTERES
merquez en la quatriesme table des muscles.

ESTE table presente monstre plusieurs muscles de la precedente, lesquels ont esté ostez en decouppant: & encore plusieurs autres lesquels ne s'estoyent descouuerts és precedentes figures. Ce qui se fera & continuera iusques à la huictiesme table des muscles, tant que l'on voye les oz de deuant tous descouuerts.

τ Le muscle de la temple, le commencement duquel

A,B,C semblable à vn demy cercle est limité par A,B & C.

D L'exterieure & descharnee partie de l'oz iougal ou de l'ance du taiz.

Δ Le macheur, lequel sera nombré le second muscle qui fait mouuoir la machoire inferieure. Le commécemét de ce muscle procedant de la ioué est merqué

E,F E, & la partie prochaine de l'oreille par F. Dauantage toute la partie de son commencement se mesure selon la longueur de l'oz iougal depuis E iusques à F.

G Par ceste lettre le bas de ce muscle est merqué. Au reste si quelcun le veut comparer à vn triangle, qu'il se propose les trois costez d'iceluy par F, E & G.

H Le petit nerf de la plus petite racine de la troisiesme paire des nerfs du cerueau : ce nerf passe par cest endroit pour aller en la musculeuse tissure du front, & en la paupiere de dessus.

I Le petit nerf de ladicte racine, lequel s'estend en la leure de dessus & au dehors de la narine.

K Le tendon qui aboutit en l'oz gauche du nez.

L La narine gauche attachee & appuyee au tendron susdict, le tenure muscle de deuãt de la narine se manifeste entre K & L auec quelques liens mêbraneux, ce qui se voit incontinêt que l'on a descouuert le nez de sa peau.

M Le muscle qui passe de la machoire d'enhaut en la basse, & est le second qui fait mouuoir la bouffe.

N Le muscle gauche particulier à la leure d'embas, tout le corps duquel peut estre plus facilement representé que la diuerse tissure de ses fibres. Ce qui se fait aussi du muscle notté par M. On peut voir le trou de l'oreille sans y adiouster le charactere O, tout ainsi que les glades qui sont au dessous d'iceluy representent ceste mesme lettre.

O A grand peine voit on vne portion de ce muscle, lequel tire en bas la machoire inferieure.

P L'oz semblable à la lettre grecque v est situé en cest endroit.

Q Le muscle qui procede de la saillie de la teste, laquelle est faicte en maniere d'vne touche de tablette, & qui s'attache en l'oz semblable à la lettre grecque v.

R Le muscle gauche descendant de la machoire inferieure, lequel s'attache en l'oz semblable à la lettre grecque v. son pareil se descouure aucunement en cest endroit.

S,T Le muscle droit & le gauche attaché à l'oz semblable à la lettre grecque v, lequel monte du haut de l'oz de la poictrine.

V,V Le muscle long & gresle, lequel procede de la superieure creste du palleron, & s'attache en l'oz semblable à la lettre grecque v.

θ Le muscle seruant au mouuement de la teste, lequel prend vne partie de son commencement en l'oz de

X la poictrine notté par X, & vne autre en la partie de

Y la clauette plus prochaine d'iceluy notté par Y. Au

Z reste son attache est merquee par le charactere Z à l'endroit ou il embrasse toute la saillie mammeliere de la teste.

a La clauette descharnee en plus grande partie par son deuant.

b L'attache que fait le second muscle qui fait mouuoir le palleron en l'espaulle, & en la partie plus large de toute la clauette.

c Les conduits qui montent en la teste & les nerfs qui descendent dans le bras, font vne grande obscurité de muscles en cest endroit.

d Le muscle descendant de la clauette, lequel est attaché en la premiere coste du coffre, & est le premier qui le fait mouuoir.

Ξ Le deuant du muscle qui esleue le bras. le derriere situé encore en sa propre place sera monstré en la dixiesme table & sera notté par Δ. Mais la suiuante figure monstrera ceste cy couppee de son cômencement & nottee par γ.

e, f, g Ces trois characteres monstrent icy la partie de ce muscle plus aparoissante, laquelle ils limitent en maniere d'vn triangle.

h L'attache du muscle qui retire le bras vers la poictrine, lequel i'ay notté au bras dextre par Q & T, & ay

Q, T

Δ merqué ce muscle par Δ, à celle fin que ces characteres fussent rapportez aux nottes de la precedente table, en laquelle aussi K, L & R peuuét estre rapportez.

K, L, R

1 L'oz de la poictrine descouuert du commencement du muscles qui retire le bras vers la poictrine.

2, 3, 4 La seconde, troisiesme & quatriesme coste du coffre, apres lesquelles les autres suiuent d'ordre. Les exterieurs muscles entrecoustaux apparoissent aux entredeux de ces costes. Et les lignes qui sont par le trauers des costes, au costé gauche des characteres, môstrent l'aboutissement des costes auec leurs têdrons : car ces characteres sont merquez sur les tendrons.

k Le premier muscle qui fait mouuoir le palleron.

l Le second muscle qui fait mouuoir le coffre.

m Ceste lettre est cachee en l'esselle droicte, & là elle merque le muscle qui retire le bras en bas, & qui est quatriesme en nôbre entre ceux qui le fôt mouuoir.

n Le muscle droit du ventre estant au costé dextre, lequel en cest endroit monte plus haut que la tenure nerueuse de celuy qui monte en biez.

o Le muscle du vêtre lequel descend en biez, & lequel nous auons portraict retiré appart vers le derriere.

Π Le muscle du ventre lequel monte en biez & recoure (côme l'on peut veoir) tout le vêtre de son costé, lequel est aucunement limité par o, n, p, q, & par la ligne qui est au bas du ventre le long de l'oz de la hanche, de celuy de la cuisse, & de l'oz barré.

p,q Vne partie des muscles du ventre lesquels descendêt en biez. Ceste partie a esté laissee pres la ligne blãche qui apparoit le long du ventre. Dauãtage par q nous monstrons particulieremêt la composition de la verge, laquelle est couppee pres l'oz barré, l'endroit ou elle commêce à estre pendante. Les deux plus grãds cercles monstrent les deux corps dont elle est composee, & le tiers qui est au dessous d'iceux monstre le conduit ou tuyau commun à l'vrine & à la semence.

r Les conduits ou tuyaux semenciers, lesquels ie ne veux maintenant discourir particulieremêt non plus

s que le muscle du couillon, lequel i'ay notté par s à celle fin qu'il fust distingué d'auec les conduits.

t Le muscle de deuant qui fleschit l'auanbras au commencement interieur duquel (qui est charnu & fort apparoissant au bras droict) ie n'ay mis aucun charactere, pour autant qu'il ne peut estre tiré en ceste figure, non plus qu'en la suiuante. Mais l'espace qui est apparoissante entre les deux commencements n'est autre chose que l'oz du bras.

u Le muscle qui estend l'auanbras, & qui procede de l'inferieure creste du palleron.

x,x Le muscle de derriere, lequel fait fleschit l'auanbras.

y Le muscle superieur, lequel fait tourner en bas le susauanbras.

ω Le plus long muscle qui fait retourner en haut le susauanbras.

β Le muscle qui fleschit les secondes ioinctures des quatre doids.

Σ Le muscle procedãt de l'interieure enleueure de l'oz du bras, lequel est estendu le long du sousauanbras, & fait flechir le poignet. Il a son commencement notté par y & son attache par vn δ.

γ, δ té par y & son attache par vn δ.

L'autre

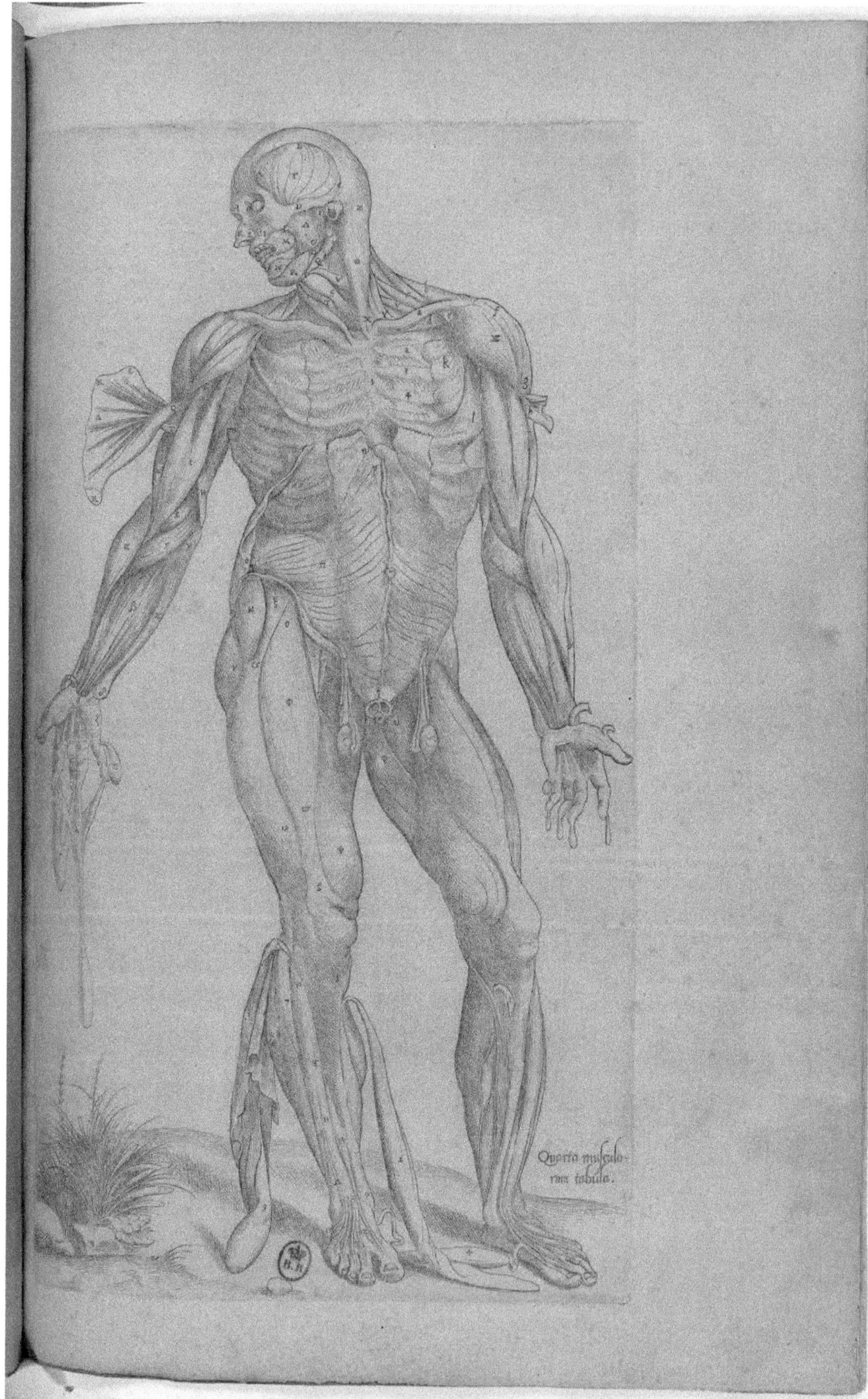

Quarta musculo-
rum tabula.

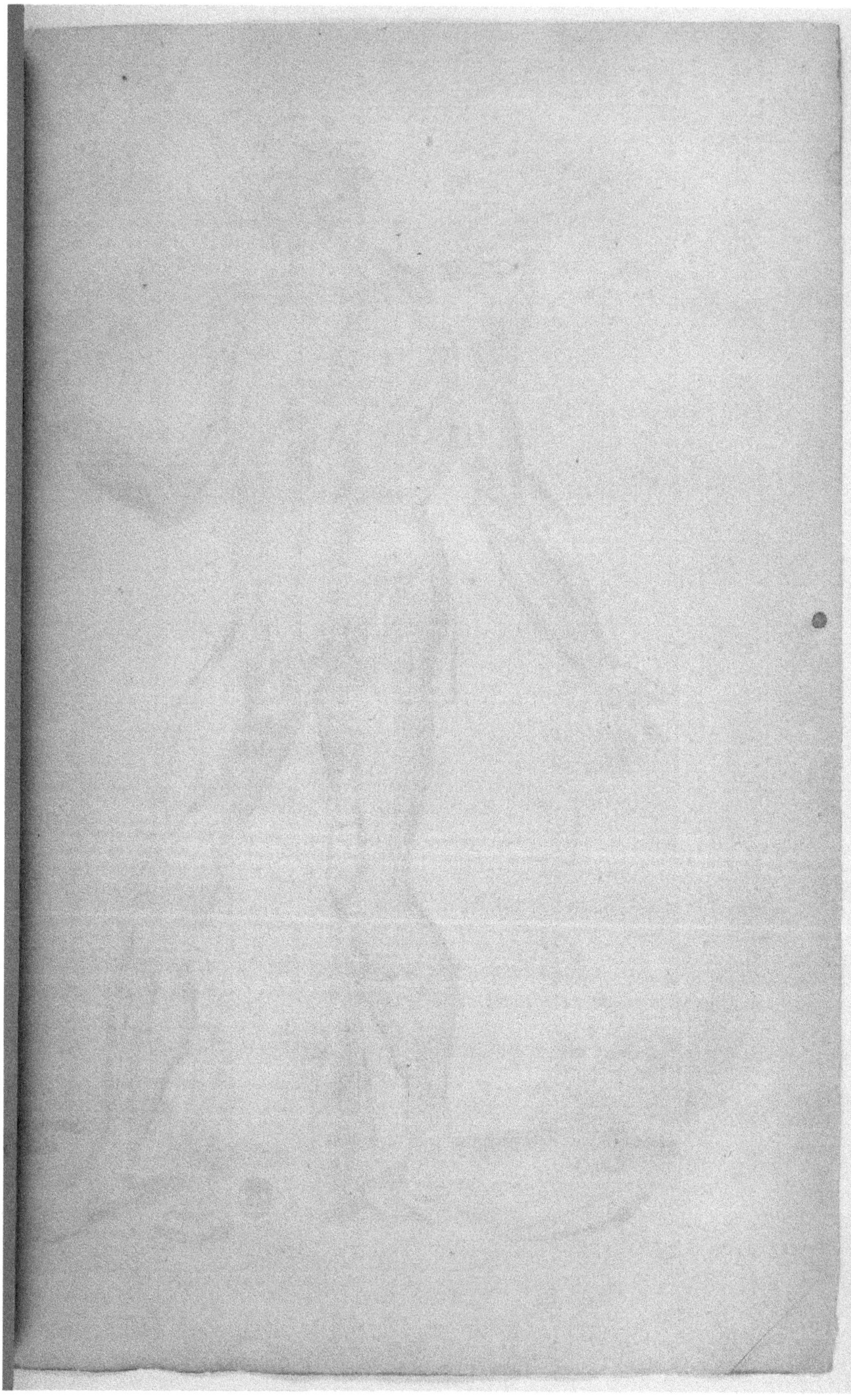

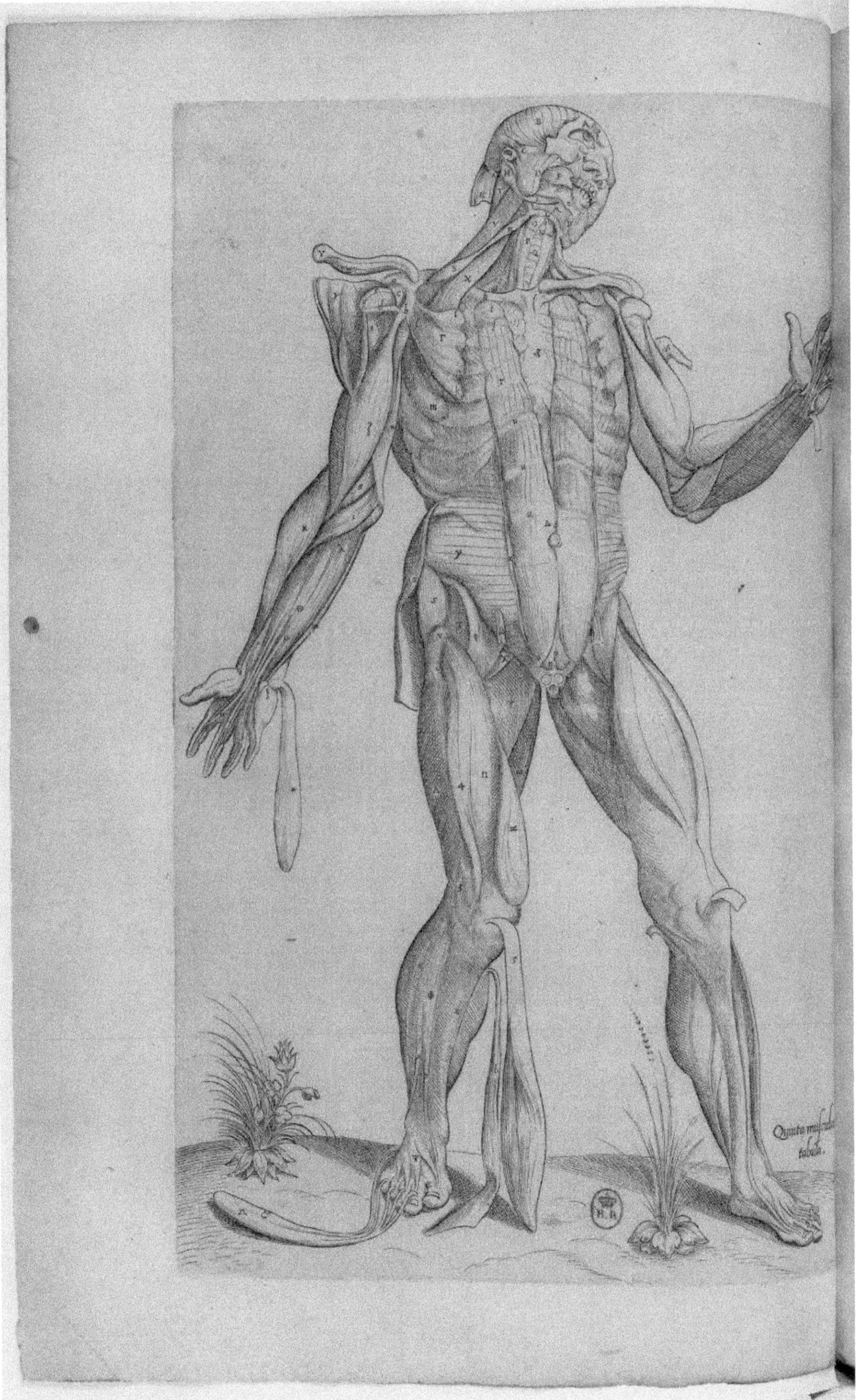

Quinta musculorum
tabula.

e L'autre muscle qui flechit le poignet & qui pend en bas en la figure.

ζ Le muscle qui flechit en dehors le premier entre-neud du petit doid.

η Ce muscle pend en bas & est celuy qui retire en dehors le petit doid d'auec les autres doids.

θ Le lien trauersant apparoit icy au dedans du poignet & est recouuert par les tendons qui passent en ceste part.

ι Le grãd muscle qui flechit le premier oz du poulce.

κ Ce muscle péd à son attache, & est celuy par le moyẽ duquel nous retirons fort le poulce d'auec le second doid.

λ Le large tendon de la main auec son long tendon, lequel pend au bout des quatre doids de la main droicte: dauantage il apparoit icy en la paulme de chasque main des tẽdons recouuerts de membranes glereuses & cõtinuez iusques en cest endroit des doids, auquel ils les flechissent.

μ Le second muscle qui fait mouuoir la cuisse.

ν Le premier muscle qui fait mouuoir la cuisse.

ξ L'assiette de l'oz attaché au costé droit de l'oz du croupion, de laquelle nous auons retranché le premier & le sixiesme muscle qui fait mouuoir la iambe.

υ Par ce charactere nous nottons l'assiette de la grãde & exterieure saillie de l'oz de la cuisse.

Φ Le neufiesme muscle qui fait mouuoir la iambe; le

ο,ϖ commencement duquel est merqué par ο au dessus de l'emboyture de l'oz de la fesse: & le commencement de son tendon est notté par ϖ: puis l'endroit ou ce tendon s'attache auec ceux de dessous est notté

ρ par ρ.

σ Le septiesme muscle qui fait mouuoir la cuisse.

τ Le tendõ du sixiesme muscle qui fait mouuoir la cuisse passe par cest endroit auec le tendon du septiesme.

υ Le huictiesme muscle qui fait mouuoir la cuisse, il est merqué à la cuisse gauche au costé de la verge.

φ La partie de deuant du muscle seruãt au cinquiesme mouuement de la cuisse.

χ Le second muscle qui fait mouuoir la iambe.

ψ Le huictiesme qui fait mouuoir la iambe.

ω Le septiesme qui fait mouuoir la iambe.

2 Le premier qui fait mouuoir la iambe.

3 Le sixiesme qui fait mouuoir la iambe.

4 Le sixiesme qui fait mouuoir le pied, il pend à son attache ainsi comme font les deux precedens. Au reste nous auons reserué en la iambe gauche vne portion du premier qui fait mouuoir la iambe, & vne aussi du sixiesme qui fait mouuoir le pied: ceste cy est mer-

6,5 quee par 6, & l'autre par 5.

7 Le septiesme muscle qui fait mouuoir le pied.

8,9 La partie descharnee de toute la greue au dehors de laquelle nous auons despouillé le sixiesme muscle qui fait mouuoir le pied, toutefois 9 notte particulierement la cheuille de dedans.

Ψ Le muscle qui estend les quatre orteils du pied, dont

10 le commencement est merqué par 10: & la partie de laquelle il enuoye la portion de son corps que nous nombrons pour le neufiesme muscle qui fait

11 mouuoit le pied, est nottee par 11, & la mesme por-

Ω tion est merquee par Ω.

12 La partie du muscle que nous auons nottee par Ψ, de laquelle sortent les quatre tendons, par lesquels les quatre orteils sont estẽdus. Le neufiesme muscle qui

Ω fait mouuoir le pied est merqué par Ω, ainsi que i'ay desia dit & se conduit vers son attache par vn double

13 tendon notté par 13.

14 Le muscle qui fait estendre le gros orteil.

15 Le huictiesme muscle qui fait mouuoir le pied.

16 Le second muscle qui fait mouuoir le pied. Nous ne merquerons point les autres qui sont au derriere de la iambe, pour autãt qu'ils sont les mesmes que desia nous auons monstrez aux trois precedentes tables.

17 Vne portion du muscle qui approche le gros orteil, pres du second orteil: ceste mesme portion se mõstre au dessus du pied & est faucement merquee par 14.

L'EXPLICATION DES CHARACTERES
merquez en la cinquiesme table des muscles.

A  E pertuis par lequel le petit nerf de la troisiesme paire du cerueau passe pour entrer en la substance musculeuse du front & de la paulpiere d'enhaut.

B Le muscle de la temple.

C La plus grande partie de l'oz iougal est couppee en cest endroit à celle fin que l'assemblement du muscle macheur notté par D, & de celuy de la temple fust manifestement descouuert.

D C'est le second muscle, qui fait mouuoir la machoire d'embas.

E Le pertuis, par lequel passe le petit rameau de la troisiesme paire des nerfs du cerueau, pour aller à la leure de dessus & en la narine.

F Le muscle tresample passant de la machoire d'enhaut en celle d'embas, lequel est le second qui sert au mouuement des bouffes.

G Tous les deux nerfs qui passent pres ce charactere, se perdent en la leure d'embas. Dauantage le haut de ce charactere monstre la spongieuse substance des leures, laquelle se voit en l'vne & en l'autre.

H,I Le muscle qui tire embas la machoire inferieure, chasque charactere monstre l'vn des ventres de ce muscle, au milieu desquels il y a vne partie d'iceluy laquelle est sans chair, & ronde.

K Vne portion du muscle qui fait mouuoir la teste, lequel sortant de l'oz de la poictrine & de la clauette, s'attache en toute la saillie mammeliere.

L L'oz semblable à la lettre grecque υ, autour duquel nous auõs couppé la premiere, la secõde, & la troisiesme paire des muscles qui le font mouuoir.

M Le premier & le second muscle de la langue procedant de l'oz semblable à la lettre grecque υ.

N Le tendron de l'oz du sifflet, semblable à vn escusson, lequel est encore recouuert des muscles cy apres declairez.

O L'vn des muscles (à sçauoir le droict) lesquels procedants de l'oz semblable à la lettre grecque υ s'attachent au tendron semblable à vn escusson.

P Le muscle du costé droict, lequel montant de l'oz de la poictrine s'attache au tendron du neud de la gorge qui represente vn escusson. Au costé de dehors de ce muscle on voit l'assemblee de l'artere apoplectique, de l'interieure veine goseliere & de la sixiesme paire des nerfs du cerueau.

H

Q Le deuant du sifflet.

R,S Le muscle propre à l'oz semblable à la lettre grecque υ,lequel monte de la superieure creste du palleron. chasque lettre montre chasque ventre d'iceluy:
& la partie qui est entre les deux , est celle qui n'est
pas beaucop dissemblable de la substāce d'vn tēdon.

T Vne portion des muscles de la seconde paire qui fait
mouuoir la teste.

V Le troisiesme muscle qui fait mouuoir le palleron
procedant des saillies trauersantes des superieures
rouelles du col.

Y Nous auons separé la clauette du costé droict,d'auec
l'oz de la poictrine , laquelle est encore attachee à
l'espaulle,ayant aussi le muscle qui sera nōbré le premier entre ceux qui font mouuoir le coffre & qui en

Z cest endroit est merqué par Z.

a L'espaulle,ou la plus haute saillie du palleron.

b La saillie interieure,ou plus basse du palleron.

c Le quatriesme lien particulier à la ioincture de l'oz
du bras & du palleron , passant de l'interieure saillie
du palleron iusques à la superieure d'iceluy.

d Le lien long & rōd passant du sommet de l'interieure saillie du palleron iusques au deuant de la partie
exterieure de la teste du bras.ce lien est le premier de
ceste ioincture , apres le lien membraneux commun
à toutes les ioinctures.

e C'est encore vn autre lien long & rond , lequel sort
du plus apparent endroit de la boite du palleron,ius-
ques en la partie de dehors de la teste du bras,il est le
second lien particulier à ceste ioincture.

f Les deux liens nottez par d & par e s'assemblent par
leurs costez,& font quasi comme vn lien trauersant,
duquel sort la teste exterieure du muscle de dedans,
qui flechit l'auanbras & qui sera cy apres merqué
par ζ.

g L'oz de la poictrine à chasque costé duquel sont attachez les tendrons des sept costes d'enhaut.

h La premiere coste du coffre.les autres qui s'entresuiuent peuuent estre congnues auec leurs entredeux,
sans aucuns characteres.

Γ Le premier muscle qui fait mouuoir le palleron.

i,k Le commencement du muscle precedent est notté
par i & k & represente la façon d'vne main,tout ainsi comme le muscle qui est au dessous merqué par m
le fait en son attache.

l l represente le tendon de ce muscle.Dauantage toutes ces trois lettres i,k,& l monstrent la façon de ce
muscle en maniere de triangle.

m Le muscle lequel procede du soubassement du pallerō & s'attache aux huict superieures costes du coffre.

Δ Le muscle droict du costé dextre du ventre. le com-
n mencement charnu de ce muscle est merqué par n,
& n'est guere dissemblable d'vn triangle. Le cōmen-
o cement nerueux du mesme muscle est notté par o,
& fait presque tout le corps d'iceluy. Les deux muscles droicts du ventre se touchent par leurs costez de
p,q dedans,depuis p iusques à q. Toute la partie qui est
au dessus de q monstre la deioincture des deux muscles, laquelle se fait tousiours dauātage d'aurāt qu'ils
montent plus haut . Au reste l'assemblee que fait la
tenureté nerueuse des muscles biezās auec le muscle
trauersant se mōstre en cest endroit iusques au bout
de la poictrine par la lettre q.

r Ceste ligne met fin à la partie charnue du muscle
droict , qui est la derniere portion de son attache en

l'homme,ainsi que nous verrons en la quatriesme table sous le chatactere n.

f Par l'entredeux qui est depuis r iusques à f est notté
le tendon du muscle droict du ventre d'vn singe , ou
bien la membrane ou la partie sans chair du mesme
muscle . Mais la partie charnue attachee en la pre-
t miere & seconde coste du coffre est nottee par t.

u,u,u Les lignes ou parties nerueuses , lesquelles sont au
trauers du muscle droict,& contre lesquelles les tenuretez nerueuses du muscle qui monte en biez sont
opiniatrement attachees.

x Ceste ligne monstre vne partie du muscle qui monte
en biez l'endroit ou il est tellement attaché auec le
muscle trauersant le ventre,que mesmes en descoup-
pant,il ne peut estre separé d'auec celuy cy,si ce n'est
en laissant ceste merque.

y Le muscle trauersant par dessus le ventre.

α Le muscle qui monte en biez , lequel est replié hors
le ventre.

β Vne partie des conduicts ou tuyaux semanciers. Dauātage ces trois cercles qui sont à la racine des muscles droicts,ou bien qui sont pres les characteres n,o,
& p , monstrent le mesme qu'ils monstroyent en la
precedente table,c'est à sçauoir la façon & nature de
la verge couppee.

γ La partie de deuant du muscle qui esleue le bras est
renuersee.

δ Vne partie de l'attache du muscle qui esleue le bras
est encore manifeste au bras gauche.

ε La partie descharnee de l'oz du bras , apparoissante
entre les deux commencemēts du muscle de deuant
qui flechit l'auanbras.

ζ Le muscle de deuant qui flechit l'auanbras.

η Le muscle qui fait estendre l'auanbras dont le commencement est attaché en l'inferieure creste du palleron.

θ,θ Le muscle de derriere,lequel flechit l'auanbras.

ι Le muscle superieur entre ceux qui retournent le
susauanbras vers bas.

κ Le plus long muscle de tous ceux qui font mouuoir
le susauanbras , par le moyen duquel le susauanbras
est retourné vers haut.

θ Le muscle qui flechit les secōds oz des quatre doids.

λ Le commencement du muscle precedent est merqué par λ, & est caché sous le muscle qui est particulier au susauanbras & qui est nottee par i.La distribution que fait ce muscle en quatre parties charnues
μ est nottee par μ, lesquelles derechef aboutissent en
quatre tendons.

ν,ξ Le lien trauersant situé au dedans du poignet,diuisé
par la decouppeure , & retourné de chasque costé.
Toutefois le premier muscle qui flechit le premier
oz du poulce est merqué par ν. & celuy par le moyen
duquel le premier entreneud du petit doid se flechit
en dehors , est notté par ξ. Et quant est de la dispo-
sition des quatre tendons qui flechissent les seconds
oz des quatre doids , elle est fort apparente , encore
que i'aye notté ceux qui aboutissent au second & au
o petit doid par o.

ϖ L'on voit communement en cest endroit le muscle
qui flechit les troisiesmes oz des quatre doids.

ρ Vne partie du muscle qui flechist le troisiesme oz du
poulce,& qui est plº apparoissant au gauche auābras.

* Le muscle situé le long du sousauanbras, lequel fait
flechir le poignet.

Le

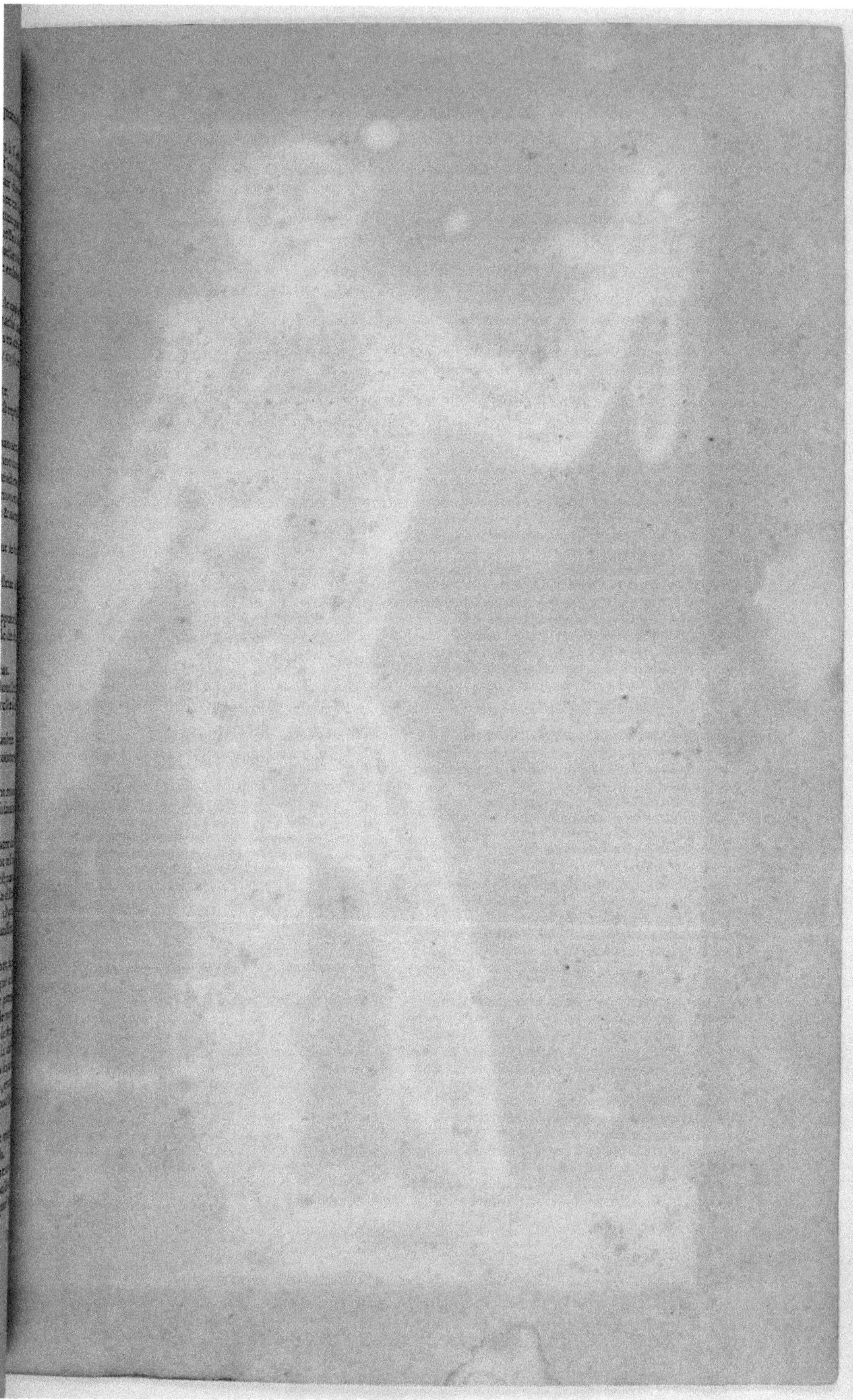

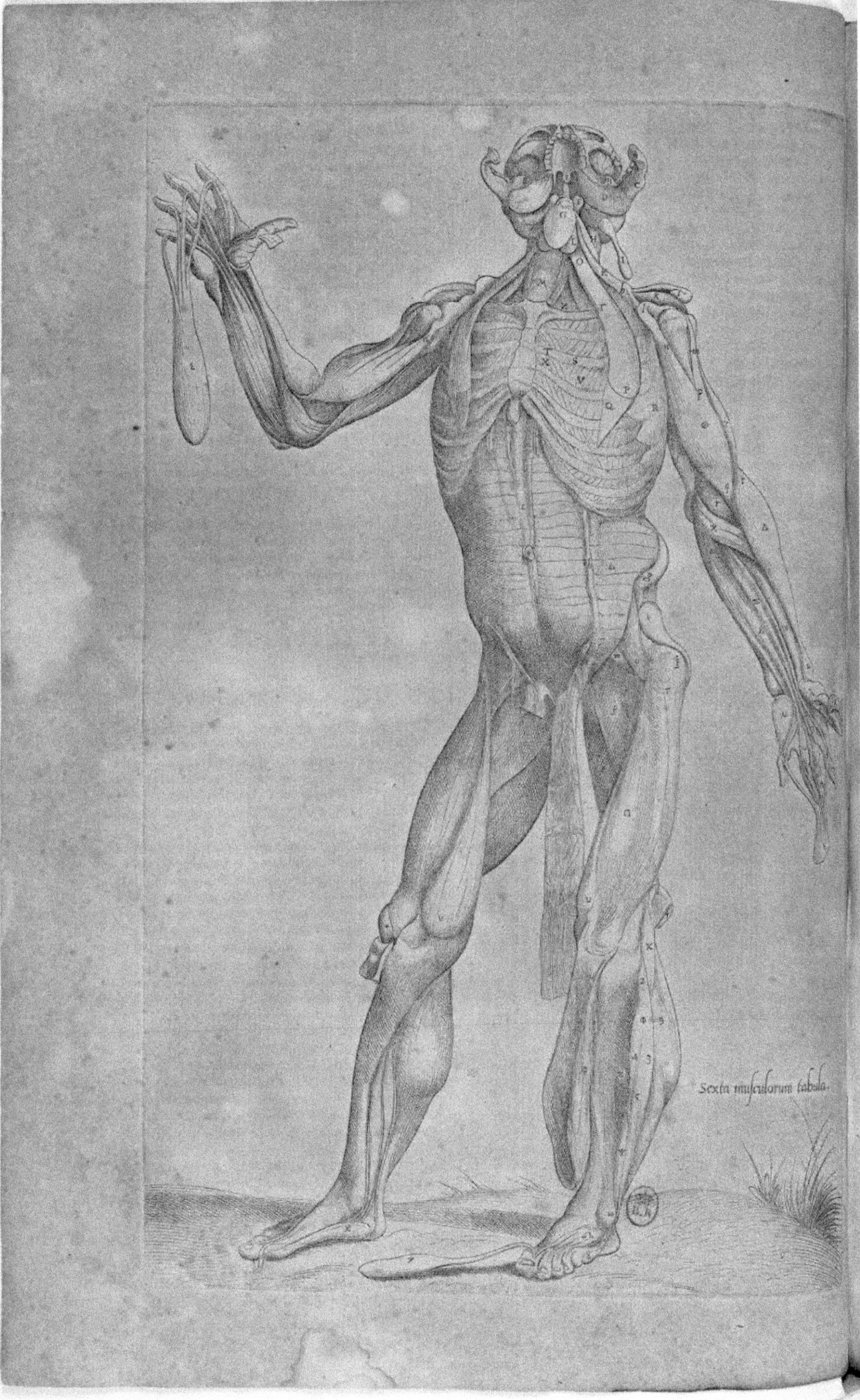

Sexta musculorum tabula.

e Le second muscle flechissant la cuisse.

τ En cest endroit la teste de l'oz de la cuisse apparoist aucunement entrant dans la boyte de l'oz de la sesle, laquelle est recouuerte d'vn lien. toutefois ce charactere τ a esté principalement mis pour monstrer le col de l'oz de la cuisse.

υ La grande & exterieure saillie de l'oz de la cuisse.

φ Le septiesme muscle qui fait mouuoir la cuisse.

ψ Le cinquiesme muscle qui fait mouuoir la cuisse.

Λ Le septiesme muscle qui fait mouuoir la iambe : le commencement duquel est ample, procede de la racine de la grãde saillie de l'oz de la cuisse & est notté

2 par 2 : & l'endroit ou il aboutist en vn large tendon meslé & attaché auec les tendons du huictiesme & neufiesme muscle qui fait mouuoir la iãbe, est notté

3,4 par 3. Ceste ligne nottee par 4 monstre sa fin au deuant de la cuisse la part ou le huictiesme muscle commence à se cacher dessous.

Ξ Le huictiesme muscle qui fait mouuoir la iambe.

Π Ceste lettre monstre aussi le huictiesme muscle qui fait mouuoir la iambe, toutefois elle notte particulierement le creux, dans lequel estoit situé le neufiesme muscle qui faisoit mouuoir la iambe, lequel pendant à son attache est notté par 5. La plus grande partie donques de ce creux est faicte par le huictiesme muscle : toutefois le septiesme en fait la portion, qui est depuis la ligne merquee par 4, iusques à l'ombre du septiesme, tellement que tout ce creux est fait par ces deux muscles.

5 Le neufiesme muscle qui fait mouuoir la iambe est notté par ce charactere, apres auoir esté couppé en son cõmencemét il pend au genoil, l'endroit ou il se mesle auec les tendons du septiesme & huictiesme muscle qui fait mouuoir la iambe.

b Le second muscle qui fait mouuoir la iambe est pendant en cest endroit.

Σ En ceste iambe l'oz de la greue apparoist du tout decharné. Car entre tous les muscles situez en ceste partie, celuy seul est demeuré, lequel fait estendre le

φ gros orteil & lequel est notté par φ, & son tendon

7 par 7.

8 Le septiesme muscle qui fait mouuoir le pied.

9 Le huictiesme muscle qui fait mouuoir le pied.

Ψ Le morceau de chair situé au dessus du pied, lequel estant diuisé en quatre portions aboutist en quatre tendons, & fait mouuoir en dehors le gros orteil, & les trois prochains d'iceluy.

Ω Cy est estendu le muscle, lequel fait estendre les quatre orteils, auec vne portion de celuy, lequel nous auons nombré au lieu du neufiesme muscle qui fait mouuoir le pied, & lequel est merqué par le charac-

& tere &.

Ie n'ay adiousté aucuns characteres aux muscles qui sont au derriere de la iambe, pourtant qu'ils sont mesmes que ceux des tables precedentes. Pour ceste mesme occasion aussi les parties decharnees tant de la greue que de la sousgreue n'ont esté merquees, attendu que l'on les peut apprendre par les precedentes figures.

L'EXPLICATION DES CHARACTERES
merquez en la sixiesme table des muscles.

LA teste representee en la sixiesme figure est destournee en arriere, & si monstre la machoire d'embas diuisee en deux à l'endroit du menton & escartee à chasque costé. I'ay aussi couppé vne partie de l'oz iongal.

A Ceste lettre monstre l'attache du muscle de la temple en la saillie aigue de la machoire d'embas.

B La saillie aigue de la machoire d'embas.

C La partie senestre de la machoire d'embas.

D Le muscle caché dans la bouche, lequel est attaché au dedans de la machoire inferieure, l'endroit ou elle est plus large, & est le troisiesme muscle qui la fait mouuoir.

E Le bout du palais, lequel pend encore à la fin dudit palais.

F La glande du costé gauche semblable à vne amande, laquelle est attachee au plus haut du neud de la gorge.

G La langue, toutefois le haut de ce charactere est prochain du couuescle du neud de la gorge.

H Plusieurs muscles seruans au mouuement tant de la teste que du col sont meslez en cest endroit.

I Le muscle qui tire vers bas la machoire inferieure est en cest endroit pendu à son attache.

K Le troisiesme muscle qui fait mouuoir le palleron.

L La glande fort charnue, laquelle est au costé gauche de la racine du neud de la gorge.

M Le sifflet destitué de ses muscles.

N Ceste assemblage est faict des conduicts & des nerfs situez le long du sifflet : toutefois les premiers muscles qui font mouuoir le doz se monstrent icy aucunement. Pourautant qu'il eust fallu pourtraire ceste

partie du col & de la poictrine semblable a celle qui est en la figure suiuante : i'ay pensé que ce seroit sans propos, si i'exprimois le muscle du chieu, selõ Galen, lequel prenant son commencement des saillies tra-

O uersantes du col notté par O, se continue tousiours charnu iusques à la quatriesme coste : là ou estant

P notté par P il aboutist en vn tendon membraneux,

Q lequel est merqué par Q, & se continue vers bas iusques à quelques certaines costes.

R Le muscle qui prend son origine du soubassemét du palleron, & est le second qui fait mouuoir le coffre.

S L'oz de la poictrine est apparoissant sans aucuns characteres, tout ainsi comme les costes & les entredeux d'icelles auec les muscles de dehors, nommez entrecostaux. Mais à ceste fin que vous puissies mieux cõprendre le tout, la lettre S signifiera l'oz de la troisies-

T me coste : & T signifiera le tendron d'icelle, puis le muscle entrecostal du costé de dehors situé entre l'entredeux de la troisiesme & secõde coste est mer-

V qué par V : les fibres duquel descendent en deuant. Le muscle entrecostal de dehors apparoissant entre les tendrons de la seconde & troisiesme coste (les fi-

X bres duquel montent en deuant) est merqué par X.

a L'artere & la veine descendante par dessous l'oz de la poictrine iusques au haut du vêtre, est couppee en cest endroit d'auec les muscles droicts.

Δ Le muscle trauersant, lequel est manifestemét limité par le bas des costes & par le costé de l'oz attaché au costé gauche du croupion. Dauantage l'endroit auquel le tendon du muscle qui monte en biez s'attache obstinement auec le muscle trauersant deuant

b qu'il soit monté iusques au droit, est notté par b, & la

rudesse que fait l'attache des muscles obliques ou biezans auec les trauersants, l'endroit ou les muscles droicts se separent d'ensemble au dessus du nombril

c vers l'oz de la poictrine, est nottee par c.

d Le pertuis qui fait voye aux conduicts ou tuyaux semanciers des hommes.

e La veine & l'artere qui monte vers haut dedans les muscles droicts & parties circonuoisines,& procedēt de la grande diuision des conduicts qui entrēt dedans les cuisses.

f Le droict muscle du ventre, situé au costé gauche, pend à l'oz barré.

g L'espine de l'oz de la hâche descouuerte des parties charnues des deux muscles biezans du ventre.

h Regardez aux pallerons & au bras gauche : car là ce charactere notte l'anglet superieur du palleron, auquel est attaché le muscle merqué par K.par vn mesme moyen aussi ce charactere h, môstre l'espine superieure du palleron.

i L'epaule ou la superieure saillie du palleron.

k Le cinquiesme muscle qui fait mouuoir le bras.

l La saillie interieure du palleron,laquelle est faicte en façon d'vne ancre.

ʘ Le muscle de deuant qui flechit l'auanbras,duquel la teste de dehors procedante du bout de la boyte du

m palleron est nottee par m: & celle de dedans sortant

n de la saillie interieure du pallerō est merquee par n. Et à fin que l'on puisse discerner plus parfaictement la partie nerueuse de ceste teste, il faut s'accōmoder au bras droict de ceste figure, auquel la partie ner-

o ueuse est merquee par n: & la charnue par o . toutefois toutes ces parties ne sont seulement monstrees en ceste table presente : mais aussi elles le sont en toutes les precedētes.Au reste l'assemblage des deux

p testes est merqué par p: & le commencement du

q tendon de ce muscle est notté par q.

r,r Le muscle de derriere,lequel flechit l'auanbras.

ſ Le muscle qui est cause que l'auanbras s'estend,le cōmencement duquel procede de l'inferieure espine du palleron.

Λ Le plus long muscle entre ceux qui font mouuoir le susauanbras, le haut duquel apparoissant a la veue

t est merqué par t: & son attache, laquelle est en l'in-

u ferieur aboutissement du susauanbras,est notté par u.

x Le muscle plus haut des deux, lesquels retournēt en bas le susauanbras.

Ξ Le muscle qui flechit les troisiesmes oz des quatre

a doids,le commencement duquel est notté par a: & la partie laquelle se diuise en quatre parties charnues,desquelles derechef il sort quatre tendons, est

ß notté par ß. Dauantage l'on voit aisement en l'vne & en l'autre main par quel moyen les tendons de ce muscle s'estēdent iusques aux troisiesmes entreneuds des doids: & comme aussi ils passent à trauers des tēdons du muscle qui est dessus, toutefois le rēdon qui va iusques au troisiesme oz du troisiesme doid est

γ notté par γ,& celuy qui flechit le second oz est notté

ſ par ſ.Ce que i'ay fait tout expres à fin ḡ l'on l'entēdist mieux & qu'il fust plus facile de les discerner.

« Le muscle qui flechit le second entreneud des quatre doids.

ζ,Ζ Il faut rapporter ces characteres aux quatre muscles, par le moyen desquels les quatre doids sont approchez du poulce : ces muscles sont situez au costé de dedans des tendons qui flechissent le troisiesme oz.

x Le muscle qui flechit le troisiesme oz du poulce ,le tēdon duquel qui passe entre les muscles qui flechissent le premier oz du poulce, & ceux qui flechissent

θ le second,est merqué par θ.

x Le plus grand muscle, qui flechit le premier oz du poulce pend icy à son attache.

λ Le plus petit muscle qui flechit le premier oz du poulce. Il estoit caché sous le grand qui est merqué par x. Le premier oz du poulce apparoist decharné & tout neud entre λ & x.

μ Le muscle qui flechit en dehors le premier oz du petit doid. L'enleueure qui apparoist au deuant de ce muscle est l'endroit du sousauanbras. dōt il produict la plus forte partie du lien , qui attache le poignet auec le sousauanbras.

ν Le troisiesme muscle qui fait mouuoir la cuisse.

ξ La grande saillie de l'oz de la cuisse.

ο Le septiesme muscle qui fait mouuoir la cuisse.

ϖ Le sixiesme muscle qui fait mouuoir la cuisse.

ρ Le huictiesme muscle qui fait mouuoir la cuisse.

σ Le cinquiesme muscle qui fait mouuoir la cuisse.

Π Le huictiesme muscle qui fait mouuoir la iambe, lequel entourne aucunement tout l'oz de la cuisse:son

τ ample & large commencement est notré par τ : il sort de la racine de la grāde saillie de l'oz de la cuisse. Et particulierement ce charactere Π monstre vne portion du creux , auquel estoit situé le neufiesme muscle qui fait mouuoir la iambe. Ce creux est manifeste en la cuisse droicte tout ainsi qu'en la fin charnue du muscle, lequel est enleué en maniere d'vne

υ demy pomme & est notté par υ.

φ Ce muscle pend à son attache, & est le septiesme qui fait mouuoir la iambe : il est creux par dedans pourautāt qu'il embrassoit le huictiesme qui fait mouuoir la iambe,le tendon duquel est attaché en mesme endroit que cestuy cy. Et à fin que lon le puisse mieux contempler,ce septiesme muscle est tellement separé au genoil dextre d'auec le tendon du huictiesme, que mesmes vne portion de la rouelle du genoil se

* descouure manifestement & est nottee par *

χ,ψ Cest endroit doit estre principalement rapporté à l'onziesme table des muscles , laquelle monstre vne partie du quatriesme muscle qui fait mouuoir la iabe , procedante de l'oz de la cuisse. Et la partie prochaine de l'attache du quatriesme muscle est merquee par χ,& celle qui est couppee & qui procede de l'aboutissement de l'oz de la cuisse est nottee par ψ.

Σ Tout le costé de dehors de l'oz de la greue est apparent en la iambe gauche. Ie dy le costé lequel mesme est sans chair auant la couppeure , & lequel aussi apparoit en la iambe droicte . Dauantage le lien de la iambe,lequel est entre la greue & la sousgreue, l'endroit ou ils se separent, est notté particulieremēt par Σ. & la cheuille de dehors auec la partie descharnee

ω de la sousgreue est merqué par ω.

Φ Le septiesme muscle qui fait mouuoir le pied, le cō-

z mencement duquel est merqué par z,& le commen-

ſ cement de son tēdon est merqué par ſ, lequel est accompagné de chair,tant par deuāt que par derriere, & par dedans mesmes ou il regarde la sousgreue. La

4 partie donc charnue de deuant est nottee par 4,&

3 celle de derriere par 3.

Ψ Le huictiesme muscle qui fait mouuoir le pied,la plus grande partie duquel est cachee sous le septiesme,son tēdon qui retourne par le derriere de la cheuille

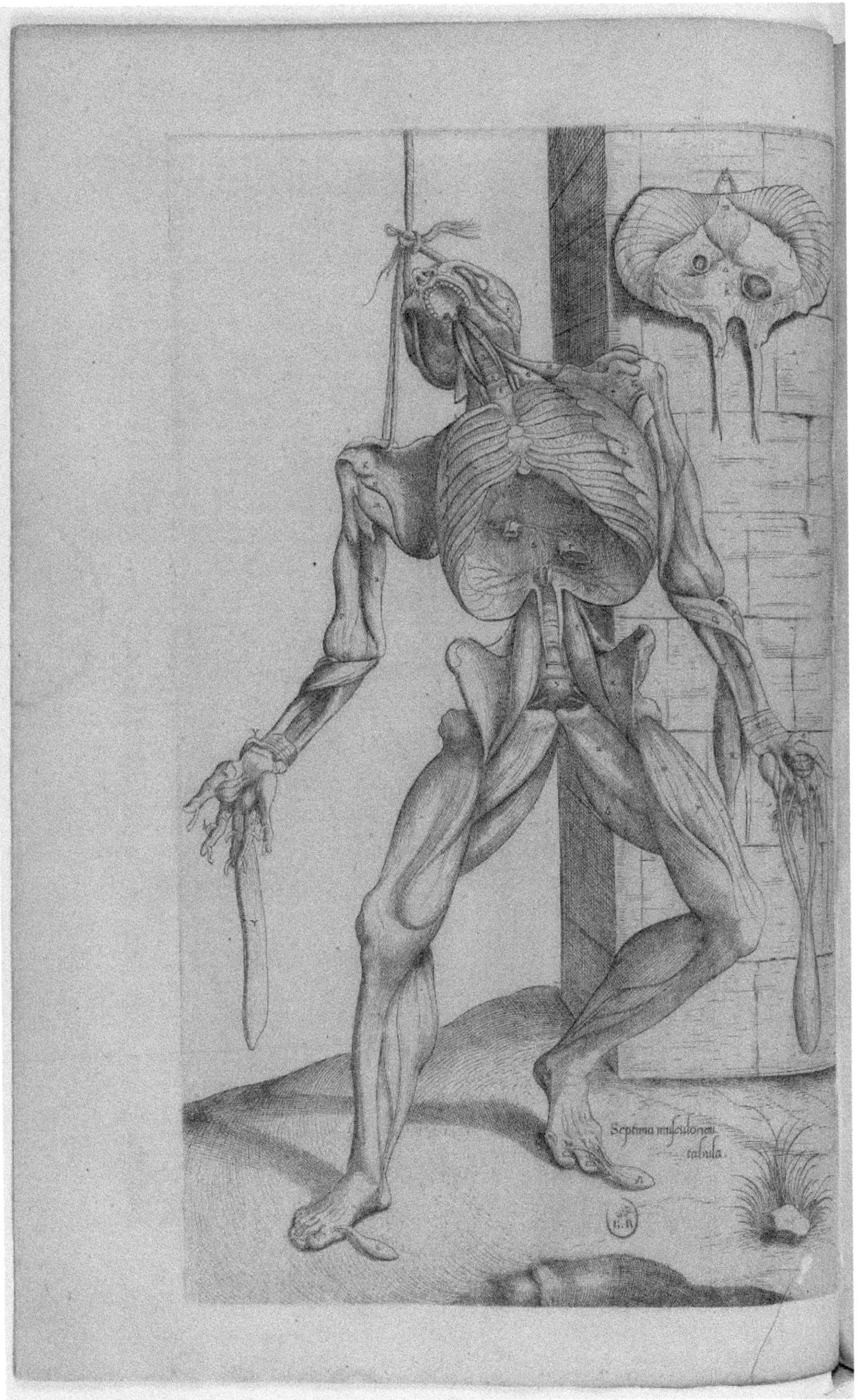
Septima musculorum
tabula.

6 uille de dehors est notté par 6.
Ω Vn amas musculeux, par le moyen duquel le gros orteil & les trois suiuants sont menez en dehors.
7 Le muscle qui estend le gros orteil est cy couché par
l'ayre.
8 Le muscle qui retire le petit orteil en dehors apparoist en cest endroit.
9 Le second muscle qui fait mouuoir le pied.

χ Par ce charactere mis au pied droict nous nottons le
muscle, lequel retire au costé de dehors le gros orteil
d'auec les autres orteils.

*Ie n'ay adiousté aucuns characteres au derriere de la iam-
be droicte, pourautant que tous les muscles situez en cest endroit ont esté monstrez en toutes les tables precedentes. Que
si vous ne vous contentez sans characteres, vous les pourrez
retirer de la premiere, seconde & troisiesme table des muscles.*

L'EXPLICATION DES CHARACTERES
merquez en la septiesme table des muscles.

*E corps sur lequel la septiesme table des mus-
cles a esté portraicte tomba en derriere lors que
l'on lascha la corde, à laquelle il estoit attaché.
Et ce d'autant qu'il fust necessaire pour voir
l'entredeux trauersant, lequel aussi on peut
voir depeinct en ceste table au costé gauche, en telle maniere
qu'il nous apparust apres qu'il fust tiré du corps, & attaché
contre la muraille, contre laquelle il tenoit, pourautant qu'il
estoit gluant. Et à fin que le palleron ne tombast embas comme vne aisle rompue, nous l'attachames tellement à vne corde
que le dedans se voit aysement.*

A Le bout du palais est merqué par ceste lettre, estant
toute la machoire d'embas arrachée.

B Le tronc d'aucunes rouelles du col qui apparoissent
par deuant.

C,D La premiere paire des muscles qui fait mouuoir le
doz.

E,F Vne partie de la guelle cachee sous le sifflet, lequel
nous auons notté par F. Dauantage les conduicts qui
sont à chasque costé de ces characteres sont ceux
qui font les arteres apoplectiques auec les veines goselieres de dedans, & la sixieme paire des nerfs du
cerueau.

G L'vn des muscles de la sixiesme paire qui fait mouuoir le doz.

H Le troisiesme qui fait mouuoir le palleron.

I Le cinquiesme muscle qui fait mouuoir le bras.

Γ Le sixiesme muscle qui fait mouuoir le bras, l'attache

K duquel est merquee par K : le reste de sa façon s'ac-
cómode à la figure du palleron : encores que si vous
voulez establir la figure triangle de ce muscle vous
pourrez collationner ensemble les lettre K, L & L.

L,L Le second muscle qui fait mouuoir le coffre, & qui
est attaché aux huicts costes d'enhaut en façon de
main.

M Le troisiesme muscle qui fait mouuoir le bras.

N,N Muscles qui font estendre l'auanbras, le commencement desquels est notté par N qui est en haut, & procede du palleron.

O Vne partie du tendon du quatriesme muscle qui fait
mouuoir le bras.

P Le muscle de derriere qui flechit l'auanbras.

Q Le muscle d'enhaut, lequel retourne en bas le susauanbras.

R,R Le muscle de deuant qui flechit l'auanbras.

S Le susauanbras.

T Le sousauanbras.

V Le lien qui est entre le susauanbras, & le sousauanbras, la part ou ils sont separez.

X Le muscle inferieur lequel fait retourner en bas le
susauanbras.

Y,Y Le plus long muscle qui retourne en haut le susauanbras est pendant à son attache au susauanbras dextre,

lequel s'esleue dauantage auec toute la main que ne
fait pas le gauche.

a Le plus petit muscle qui flechit le premier oz du
poulce.

1,2,3 Les muscles qui flechissent le second oz du poulce
sont nottez par ces trois characteres.

b Le muscle qui flechit le troisiesme entreneud du
poulce est icy pendu à son attache.

c Le muscle qui flechit les troisiesmes oz des quatre
doids. Regardez bien ce muscle pour autant que les
muscles qui ameinent les quatre doids vers le poulce
sont appliqués aux tendon d'iceluy : desquels celuy

d qui fait mouuoir le second doid, est notté par d, &
est pendant à son attache ainsi que les trois autres.
mesmes vne partie des tendós du muscle qui flechit
les seconds oz des quatre doids, est encore apparoissante : dont i'ay notté celle qui est particuliere au se-

e cond doid par e : & le tendon qui flechit le troisies-

f me oz par f. Dauantage on voit en la main droicte
les attaches desdicts muscles, dont l'attache du muscle qui approche le second doid vers le poulce est

g nottee par g : & l'attache du muscle qui flechit le se-

h cond oz par h : & puis celle du tendon ordonnné au

i flechissement du troisiesme oz par i. Au reste le coffre de ceste presente figure est en tout & par tout
semblable à celuy de la precedente, quant aux muscles entrecostaux, ce qui a fait que ie n'y ay voulu adiouster aucuns characteres.

Δ L'entredeux trauersant duquel le cercle membraneux peut aysément estre limité en celuy qui est
estendu hors le corps.

k,l,m,n La partie charnue de l'entredeux trauersant distinguée par quelques fibres, est hors les characteres k,
l, m, n.

o,p Deux liens ou tendons de l'entredeux trauersant attachez au tronc des rouelles des reins.

q L'ouuerture de l'entredeux trauersant par laquelle il
touche aux rouelles : & par laquelle aussi il fait voye
à la grande artere & à la veine sans pair. Les bouches
desquelles sont nottees par q dans le corps de ceste
figure, tout ainsi que les rameaux de l'artere lesquels
s'espandent par l'entredeux trauersant.

r Le pertuis qui fait voye à la gueulle, lequel aussi est
merqué par le mesme charactere dans le corps.

f Le pertuis par lequel passe le tronc de la veine creuse, & est aussi notté dans le corps par le mesme charactere.

t Le sixiesme muscle qui fait mouuoir la cuisse.

u Le neufiesme muscle qui fait mouuoir le doz.

x Le septiesme qui fait mouuoir la cuisse.

y L'oz du croupion est merqué par ce charactere, lequel monstre aussi quelques nerfs qui sortent de sa
mouelle.

I

α Le huictiesme qui fait mouuoir la cuisse.
ß Le cinquiesme qui fait mouuoir la cuisse.
γ Le huictiesme qui fait mouuoir la iambe.
ι Le muscle qui retire le gros orteil d'auec les autres.
♪ Vne masse musculeuse pēd icy à son attache,laquelle

meine en dehors le gros orteil & les trois qui l'ensui-
uent.Au reste tout ce qui est aux iambes de ceste presente figure,est semblable en tout & par tout aux
precedentes.

L'EXPLICATION DES CHARACTERES
merquez en la huictiesme table des muscles.

ESTE *figure est la derniere qui reprensente le deuant du corps,elle monstre les muscles qui re-stēt en ceste partie sēlo le progrez de la decoup-peure.Et à fin qu'elle descouurist les muscles en-trecostaux de dedans, & ceux qui sont par le dedans du coffre attachez au costez de l'oz de la poictrine, i'ay couppé cest oz auec les tendrons des costes & l'ay renuer-sé au costé gauche de la iambe droicte sous le second doid de la main dextre.*

A,B Les muscles qui flechissent le col ou la superieure
partie du doz, & sont les deux de la premiere paire,
laquelle fait mouuoir le doz.

C Le muscle procedant de la premiere coste, il est l'vn
des deux de la secōde paire qui fait mouuoir le doz.

D,D,D Les exterieurs muscles entrecostaux, lesquels on
voit facilement aux entredeux des costes.

E,E,E Les interieurs muscles entrecostaux, aux entredeux
des costes.

F,F Le muscle attaché aux huict costes du coffre, qui est
le second qui le fait mouuoir.

G Les pallerons des deux costez sont maintenant nus,
descharnez & mis hors de leur place selon l'ordre de
la decouppeure.

H Le muscle qui retornoit le bras en deuāt, & qui estoit
situé en la partie creuse du palleron est maintenant
pendant à son attache.

I Le muscle attaché en l'anglet superieur du soubassement du palleron, lequel est le troisiesme qui le fait
mouuoir.

Γ Le muscle de derriere qui flechit l'auanbras,le commencemēt duquel est merqué en sa partie exterieu-

L re, & plus haute par L, & en l'interieure & plus basse

M,N par M : mais son attache est merquee par N.

O Le susauanbras.

P Le sousauanbras.

Q Vne partie du tendon du muscle de deuant qui flechit l'auanbras.

R Ce muscle pend à son attache, & est le superieur qui
retorne vers bas le susauanbras.

S Ce muscle pend au sousauanbras, en l'auanbras gauche, & est l'inferieur qui retorne vers bas le susauanbras.

T A l'endroit de ce charactere il apparoit vn lien fort
massif qui attache le poignet auec l'auābras, ce qui se

V voit aussi en la partie nottee par V.

X Les muscles qui flechissent le second entreneud du
poulce pendent icy à leurs attaches.

Δ Nous n'auons sceu mieux descouurir les huict muscles qui sont au poignet, par le moyen desquels les
premieres ioinctures des quatre doids se flechissent.
Au reste la main droicte est peincte de costé pour

Y mieux monstrer le muscle qui est merqué par Y, lequel flechist en dedans le premier oz du secōd doid.

Θ Le sixiesme muscle qui flechit la cuisse, le commencement duquel descendant du tronc des rouelles est

a merqué par a:& l'endroit auquel il cōmence à pous-

b ser son tendon est notté par b.

Λ Le septiesme muscle qui flechit la cuisse.

Ξ Le neufiesme muscle qui fait mouuoir le doz.

Π L'oz du croupion,des pertuis duquel il sort en deuāt
des nerfs que l'on voit aisement.

Φ Le cinquiesme muscle qui fait mouuoir la cuisse:tou-
tefois ce charactere Φ monstre particulierement la

c partie de derriere de ce muscle, & c monstre celle
de deuant.

e La partie de deuant de l'oz barré denué de chair, selon l'ordre de la decouppure.

Ψ Le neufiesme muscle qui fait mouuoir la cuisse situé
au deuant du pertuis de l'oz barré.

Ω Les tendons du septiesme muscle qui fait mouuoir la

g,h iambe notté par g, & du huictiesme notté par h, &

i du neufiesme notté par i,sont remerquez au genouil

k gauche & monstrent la rouelle d'iceluy nottee par k
& attachee contre iceux.

l Le huictiesme muscle qui fait mouuoir la iambe est
seul pendant à son attache au genouil droict : il　
merqué par l,& garde encore la rouelle merquee
par k.

m Le deuant de l'oz de la iambe descouuerte de tous
muscles.

n Le deuāt de la sousgreue en la iambe droicte,denuee
de tous muscles,selon l'ordre de la decouppeure.

o Le liē passé entre l'oz de la greue & celuy de la sousgreue,l'endroit ou ces deux oz se separent.

• Ce charactere est caché au mollet de la iābe droicte,
& monstre les muscles qui ont esté merquez en la
sixiesme table par Φ & Ψ, à sçauoir le septiesme & le
huictiesme qui fait mouuoir le pied.Il ne reste aucūs
muscles au dessus du pied,ains il est seulement recouuert par les liens de ceste partie. Au reste les muscles
qui se descouurent au derriere de la iambe commencent à s'oster selon l'ordre de la decouppeure, tellement que le premier & le secōd qui font mouuoir le

p,q pied,sont merquez par p & q,lesquels pendēt depuis
le quatriesme autheur du mesme mouuemēt & sont

s,t nottez par t, iusques à la lettre s, par laquelle particulierement est notté le tēdon du troisiesme muscle
qui fait mouuoir le pied,lequel se coulle entre s & u.

u Vne partie du muscle qui flechit la troisiesme ioincture des quatre orteils est nottee par ceste lettre u.

x Le cinquiesme muscle qui fait mouuoir le pied, se
monstre assez obscurement en cest endroit.

α La partie de derriere de l'oz de la poictrine, ou celle
qui regarde le cœur.

1,2,3,4,5,6,7 Les tendrons des sept vrayes costes sont nottez
par ces characteres. Les autres quatre tendrons sont
ceux de la huictiesme,neufiesme,dixiesme & onziesme coste.

ß Le sixiesme muscle du nōbre de ceux qui font mouuoir le coffre.

L'EXPLI-

Ensuit la huictiesme & neufiesme figure des muscles.

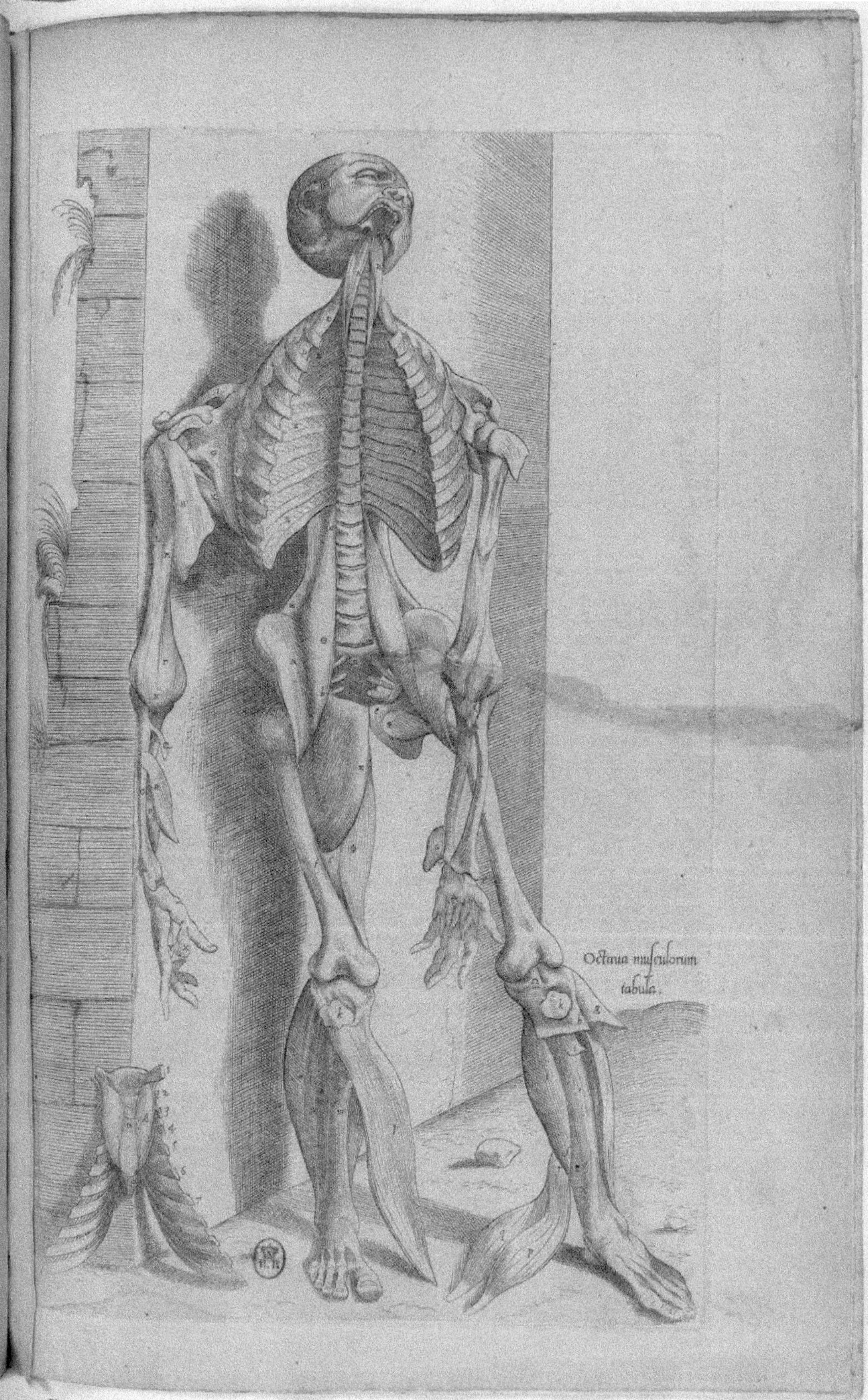

Octaua musculorum
tabula.

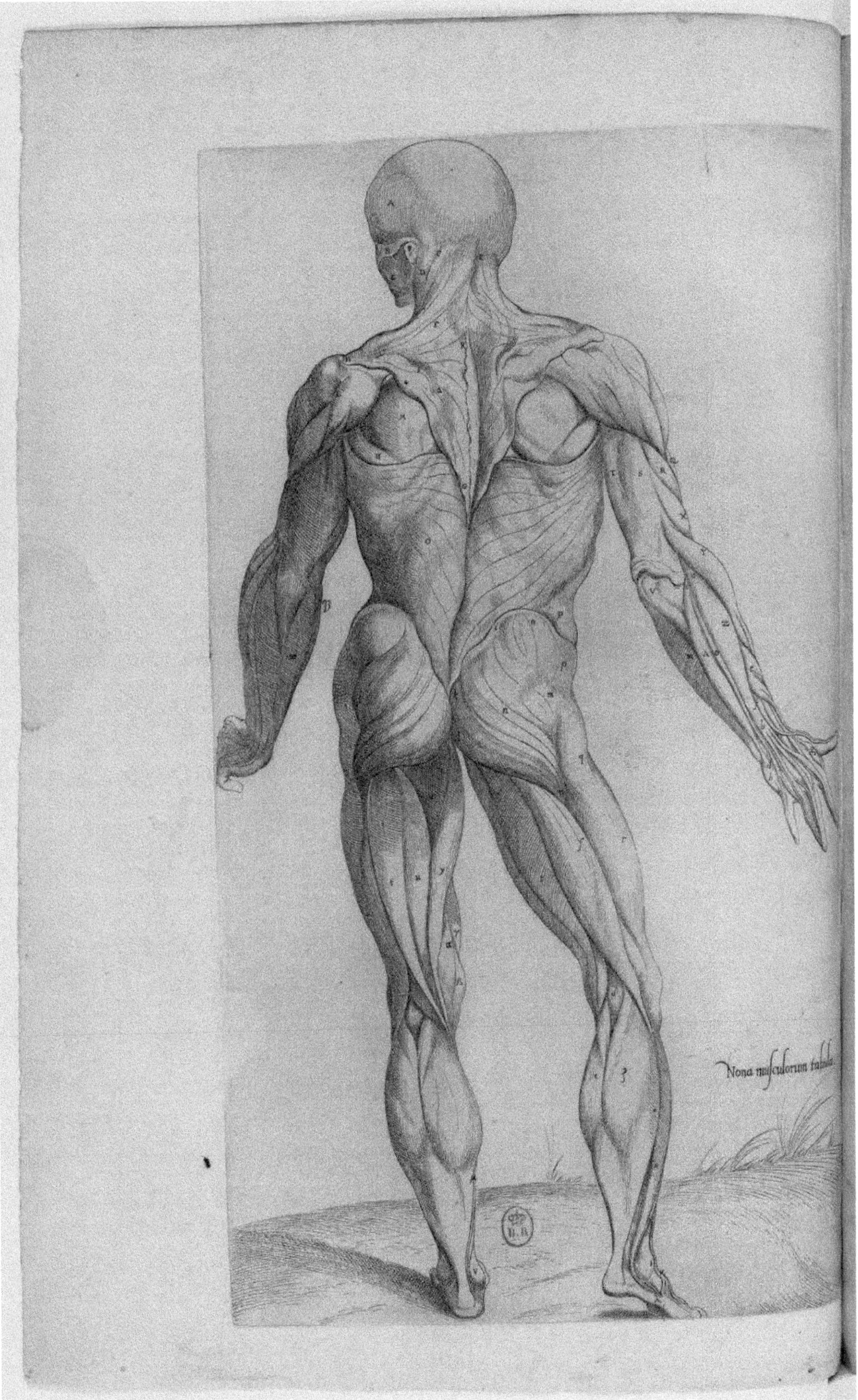

Nona musculorum tabula.

L'EXPLICATION DES CHARACTERES
merquez en la neufiesme table des muscles.

CESTE neufiesme table selon l'ordre est la premiere entre toutes celles qui representent le derriere du corps. Mesmes si vous voulez accōmoder en ordre celles qui monstrent le deuant auec celles qui representent le derriere, ceste cy sera la troisiesme ou quatriesme entre toutes: car il n'y a encore aucun muscle couppé, sinon ceux qui sont faicts par la membrane charnue, & qui ont esté monstrez en la troisiesme table. Dauantage nous auons couppé en ceste cy les liens trauersants, lesquels sont au bout de l'auanbras pres le poignet, pour autāt qu'ils ont esté manifestement monstrez en la premiere & seconde figure, & que derechef nous auons appresté ceste table pour la doctrine.

A Le muscle de la temple.

B L'oz iougal.

C Le muscle macheur, qui est second entre ceux qui font mouuoir la machoire d'embas. Les pertuis de l'aureille & les glandes qui sont au dessous se peuuēt veoir facilement sans aucun charactere.

D Le muscle qui fait mouuoir la teste: il procede de l'oz de la poictrine & de la clauette & s'attache en la saillie mammeliere.

Γ,Δ Le second muscle qui sera nōbré entre ceux qui font mouuoir le palleron, son commencement qui pro-
E cede de l'oz de derriere de la teste est merqué par E
F & par F: & celuy qui sort de toutes les espines des rouelles qui sont entre l'oz de derriere la teste & la huictiesme rouelle du coffre, est notté depuis E ius-
G ques à G. Mais l'attache que ce muscle fait en la creste du palleron, en l'espaulle & en la partie plus large
H,I de la clauette, est merquee par H & par I. Ce muscle a presque vn demy cercle membraneux en la partie
* nottee par * ou bien les fibres charnues d'iceluy aboutissent en vn demy cercle. Le col est attaché auec
K le haut du coffre en la partie merquee par K. Dauantage les costez qui limitent ce muscle sont nottez en la maniere qui ensuit. Le premier est par le trauers du derriere de la teste depuis E iusques à F. Et quant est de ce que le bout du costé merqué par F ne semble tant s'eslongner de la racine de l'aureille que fait F de E, cela aduient à raison du racourcissement, ce qui est aussi monstré par le bras gauche, lequel parauenture semblera estre trop court à ceux qui n'entēdent pas la perspectiue. Au reste le second costé ou seconde ligne de ce muscle est depuis E iusques à K & G. La troisiesme depuis F iusques à H. La quatriesme depuis H iusques à G. Ainsi donc ce muscle est limité par ces lignes: toutefois il n'y a aucune apparence de separatiō en la ligne de l'attache qui est depuis H iusques à I, ny en l'entredeux qui est depuis I iusques à K.

L Le muscle qui esleue le bras, & qui est le second autheur de son mouuement.

M Le muscle qui remplit toute la partie enleuee du palleron & qui est le cinquiesme entre ceux qui font mouuoir le bras.

N Le muscle qui procede de la creste inferieure du palleron, & qui est le troisiesme autheur du mouuemēt du bras.

O Le quatriesme muscle qui fait mouuoir le bras, & qui sera notté en la table suiuante par ☉.

P Ceste lettre monstre au costé dextre vne portion du muscle du ventre lequel nous nommons montant en biez.

Q Le muscle de deuant qui flechit l'auanbras apparoit aucunement en cest endroit.

R Le muscle de derriere qui flechit l'auanbras.

S Le muscle qui estend l'auanbras, le commencement duquel descend du col de l'oz du bras.

T Vn des muscles qui estendent l'auanbras, le commēcement duquel procede de la creste inferieure du palleron.

V La partie du sousauanbras, laquelle est faicte en triāgle, & laquelle n'est recouuerte d'aucūs muscles, ains reçoit principalemēt les attaches nerueuses des muscles qui estendent l'auanbras.

X Le muscle qui retourne vers haut le susauanbras, & qui est attaché en s'inferieur aboutissement d'iceluy.

Y Le muscle qui estend le poignet auec vn double tendon.

Z Nous estimons ce muscle estre cause que le second, le troisiesme & quatriesme doid est estendu: son cō-
a mencement est merqué par a, & l'endroit ou il laisse
b à estre charnu est notté par b.

☉ Le muscle que nous estimons estre cause que le petit doid s'estend: Nous auons fait portraire la meslange des tendons qui se fait à la racine des doids, tant du muscle qui est notté par Z que de cestuy cy qui est merqué par ☉, en la mesme maniere que le plus souuent elle nous est apparue.

A L'vn des muscles qui estend le poignet, duquel le cō-
c mencement merqué par c procede du bras, & son attache qui est en l'oz de l'auanpoignet qui soustient
d le petit doid est merqué par d.

Ξ Ce muscle est notté aux deux auanbras, & est celuy qui flechit le poignet & qui est attaché au quatriesme oz d'iceluy. Il n'est si facile à veoir en nulle autre des tables qu'il est en ceste cy, tout ainsi que le commencement du muscle duquel procede le large ten-
q; don de la main, lequel est notté par q;, auec le commencemēt aussi du muscle qui flechit le poignet, lequel estant attaché en l'auanpoignet est merqué par A en la troisiesme table des muscles.

e Les muscles qui passent en biez par cy, sont ceux, desquels l'vn enuoye vn tendon en l'oz du poignet qui soustient le poulce, & l'autre aussi vn tendon au premier oz du poulce, & vn au secōd, & au troisiesme.

f Le muscle attaché au dehors des trois oz du poulce, lequel fait retourner le poulce vers le second doid.

g Le muscle qui fait approcher le poulce vers le secōd doid.

h Le muscle qui fait retirer le petit doid d'auec les autres.

Π Le premier muscle qui fait mouuoir la cuisse, le cercle duquel est limité par i, k, l, m, & n. La partie de
i,k son commencement procedante du haut de l'oz de la hanche est nottee depuis i iusques à k, & celle qui procede de l'oz de la queüe & du bout de l'oz du croupiō, l'endroit aussi ou le muscle du costé gauche s'assemble auec cestuy cy, est merquee depuis k ius-
l ques à l. La plus haute partie de son attache est not-
m,n tee par m, & la plus basse par n, laquelle ne se descouure du tout, pour autant qu'elle se pert entre les muscles qui font mouuoir la iambe.

o Le second muscle qui fait mouuoir la cuisse est caché en partie par le premier.

p Le sixiesme muscle qui fait mouuoir la iambe, lequel aboutist en vn large tendon qui est par dessus tous les muscles qui entournent la cuisse : il n'est pas si espaix qu'il puisse empescher que l'on ne voye les muscles de dessous.

q La fin de la partie charnue du muscle que i'ay notté par p.

r Le septiesme muscle qui fait mouuoir la iabe, & qui est recouuert par le tendon mêbraneux du sixiesme.

f Le quatriesme qui fait mouuoir la iambe.

t Le troisiesme qui fait mouuoir la iambe est notté en l'vne & en l'autre cuisse tout ainsi qu'aucuns de ceux qui suiuent.

u Le muscle que nous notterons au lieu du cinquiesme qui fait mouuoir la iambe.

x Il se descouure en cest endroit vne portion du cinquiesme muscle qui fait mouuoir la cuisse.

y Le second qui fait mouuoit la iambe.

α Le premier qui fait mouuoir la iambe.

β Le huictiesme qui fait mouuoir la iambe.

γ Le neufiesme qui fait mouuoir la iambe.

δ L'artere qui entre en la iambe passe par ce lieu creux auec la grand veine de la cuisse, & auec le plus gros nerf de tout le corps.

ε Le premier muscle qui fait mouuoir le pied.

ζ Le second qui fait mouuoir le pied.

η Le septiesme qui fait mouuoir le pied.

θ Le huictiesme qui fait mouuoir le pied.

ι La partie descharnee de la sousgreue, laquelle fait la cheuille de dehors.

κ Vne petite portion du neufiesme muscle qui fait mouuoir le pied se descouure icy aucunement.

λ Le muscle qui retire le petit orteil d'auec les autres.

μ Le tendon du troisiesme muscle qui fait mouuoir le pied est notté par ce charactere au mollet de la iambe gauche.

ν La cheuille de dedans.

L'EXPLICATION DES CHARACTERES
merquez en la dixiesme table des muscles.

 ESTE table est la dixiesme en ordre entre toutes, & la seconde qui monstre le derriere du corps, laquelle par l'ordre de descouppure peut suiure la quatriesme. Il y a en ceste figure desia quelques muscles de la precedente, lesquels sont pendants à leurs attaches: tellemêt que plusieurs se descouurêt qui n'estoyent apparents en l'autre. Et entre les autres le muscle que nous auons merqué en la neufiesme table (qui est la precedente) par Γ & Δ, est osté en ceste cy : pour autant que nous ne l'auons peu laisser pendant en sa naturelle forme sans empescher la veue de quelques autres.

A Le muscle droict de la premiere paire qui fait mouuoir la teste.

B,B Le muscle droict de la seconde paire qui fait mouuoir la teste.

C Le troisiesme muscle qui fait mouuoir le palleron.

D La clauette descharnee par l'ordre de la decouppure.

E Le troisiesme muscle qui fait mouuoir le coffre, & qui sera merqué en la table suiuante par F.

Γ Le quatriesme muscle qui fait mouuoir le palleron, G,H,I,K les quatre costez duquel sont limitez par G,H,I & K.

L Le cinquiesme muscle qui fait mouuoir le bras.

M La creste du palleron & l'espaulle, ou saillie superieure d'iceluy.

Δ Le second muscle qui fait mouuoir le bras, lequel vous pourrez limiter aisement au derriere du corps, si vous congnoissez que son attache est nottee par P : N,O,P car P, N, & O limitent ceste partie de muscle en façon d'vn triangle. Le deuãt de ce muscle est merqué en la quatriesme table des muscles par Ξ.

Q Le septiesme qui fait mouuoir le bras.

R Le troisiesme qui fait mouuoir le bras.

& Quelques muscles qui font mouuoir le coffre passent par cest endroit, auec le quatriesme qui aussi fait mouuoir le coffre.

Θ La seconde table monstroit ce muscle merqué par Γ. C'est cestuy par le moyen duquel le bras est tiré en bas vers le doz, & est le quatriesme qui le fait mou- S,T uoir, le commencement duquel est notté par S & T, & monstre la longueur d'iceluy : la partie prochaine V de son attache est merquee par V, laquelle toutefois ne peut estre môstree en ceste figure : bien est il vray que l'on la peut voir en partie en la septiesme table nottee par O. Le costé de ce muscle qui ne procede X plus de l'oz de la hanche est notté par X. Or vous pourrez limiter tous les costez d'iceluy premierement depuis S iusques à T, puis depuis T passant par X iusques à V, & puis encore depuis S iusques à V. Au reste l'anglet inferieur du soubassement du palleron, lequel passe en cest endroit, & est recouuert par vn des costez du troisiesme muscle, est merqué Y par Y.

Z Vne partie du muscle qui descend en biez par le ventre.

a Le muscle qui descend de l'inferieure creste du palleron, & est cause que l'auanbras s'estend.

b Le muscle qui descend du col de l'oz du bras pres le palleron, & est cause que l'auanbras s'estend.

c Vne portion du muscle de deuant qui flechit l'auanbras.

d Vne portion du muscle de derriere qui flechit l'auãbras.

e Le long muscle qui retourne le susauãbras vers haut.

f Le muscle qui estend le poignet auec vn double tendon.

g On voit en cest endroit vn lien membraneux, lequel attache le haut du susauanbras auec l'oz du bras.

h,h Le sousauanbras est en cest endroit du tout descharné & sans muscles.

i Le muscle qui flechit le poignet, & qui est attaché au quatriesme oz d'iceluy.

Λ,Ξ,Π Ces trois characteres monstrent trois commencements des muscles procedants du sousauanbras. Le premier merqué par Λ est celuy lequel estant attaché au susauanbras plus haut que le millieu de sa longueur, fait le plus court muscle, par le moyen duquel le susauanbras est retourné vers haut. Le secõd merqué par Ξ est celuy qui se diuise en deux parts cottees par k & l : car la lettre k demonstre la portion, laquelle enuoye vn tendon à l'oz du poignet qui soustient le premier oz du poulce : & la partie d'embas est merquee par l, laquelle derechef est diuisee k,l en deux.

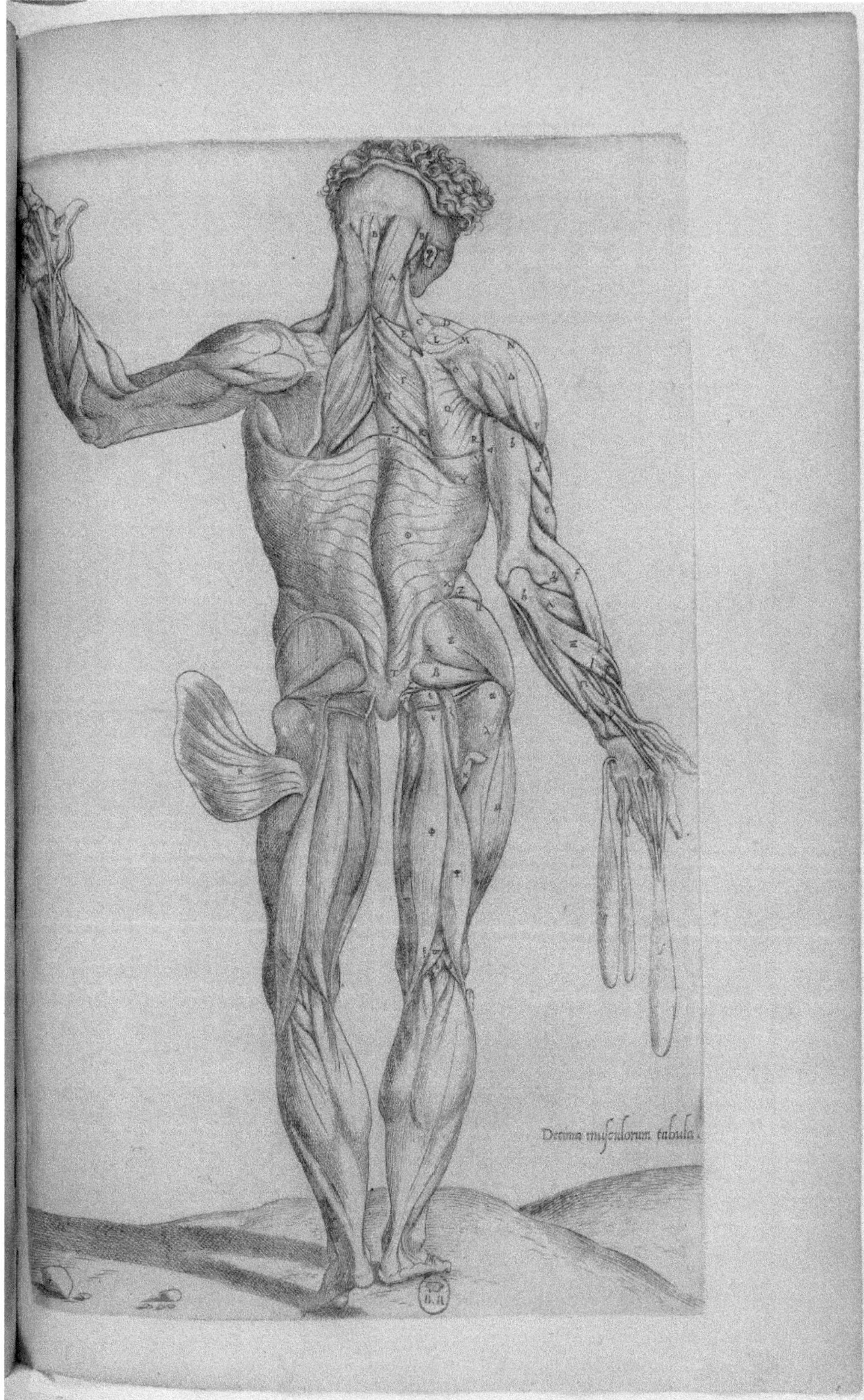
Decima mufculorum tabula

m en deux : dont l'vne est merquee par m & s'attache
au premier oz du poulce : La seconde est nottee par
n n & est attachee au second & au troisiesme oz d'iceluy. Au reste le troisiesme commencement merqué
Π par Π est celuy lequel est aussi diuisé en deux por-
o,p tions nottees par o & p : desquelles celle d'enhaut
nottee par o est attachee aux trois oz du poulce : &
celle d'embas merquee par p est celle qui retire le
second & troisiesme doid d'auec le poulce.

q Ce muscle péd à son attache, & est celuy lequel estéd
par vn seul tendon le poignet. aussi fait celuy qui est
la principalle cause que le petit doid s'estend & qui
r est merquee par r : tout ainsi que l'autre merqué par
ʃ ʃ lequel fait estendre le second, troisiesme & quatriesme doid.

t Le muscle qui approche le poulce vers le secód doid.

ς Le second muscle qui fait mouuoir la cuisse, le commencement duquel, fait en maniere d'vn demy cer-
u,x cle, est notté par u & par x, encore que la lettre u
deusse estre dauantage sur le deuant, si la figure se retornoit plus à costé.

y Ceste lettre monstre l'attache de ce muscle, tellemét
qu'il est du tout limité par u,x & y.

α La grande & exterieure saillie de l'oz de la cuisse.

β Le quatriesme muscle qui fait mouuoir la cuisse.

γ Le lien qui passe de la saillie trauersante du cinquiesme oz du croupion iusques en la saillie aigue de l'oz
de la fesse.

♪ Le lien qui sort de la mesme part du croupion & s'attache en la partie de derriere & plus haute enleueure
de l'aboutissement de l'oz de la fesse.

ι Le dixiesme muscle qui fait mouuoir la cuisse & qui
estant retourné du derriere de l'oz barré descouure
comme vn autre muscle qui s'applique par dessus &
par dessous.

ξ Pour autant que cest endroit sera apparent en la suiuáte table tout ainsi qu'il est en ceste cy, ie n'ay point
voulu coupper le nerf, lequel entre tous autres est digne d'estre congneu. C'est celuy que nous mettrons
quatriesme en nombre entre ceux qui entrent en la
cuisse & qui sera merqué par 7 en la cinquiesme &
sixiesme figure des nerfs. Car ce nerf duquel i'estime
la conduite & la congnoissance estre tant necessaire,
est celuy certainement par le long duquel l'humeur
descend de la teste iusques aux pieds, apres que sortant du taiz il a passé par les pertuis des rouelles du
doz, lesquels font passage à la moëlle de l'espine.
quelques vns sentent souuentefois ceste humeur
couler dans leur cuisse, cóme vne eau tiede & quelques vns comme vne eau froide. Quant à moy ie pé-
se que la distribution de ce nerf est digne d'estre en-
tendue, d'autant que maintenant il s'offre plusieurs
maladies procedantes des humeurs, qui descendent
dessus ce nerf. Vous voyez derechef ce nerf merqué

» au i'arret par le charactere », qui particulierement
monstre la plus grande portion d'iceluy, laquelle en
plus grande partie descend iusques au bas du pied
entre le talon & la cheuille de dedans, encore qu'elle
se diuise en plusieurs autres petits rameaux. La plus
petite partie de la diuision de ce nerf faite au iarret
θ est merquee par θ & est diuisée pres que du tout dedans les muscles, lesquels sont au costé de dehors
iambe & au deuant d'icelle. Ceste partie n'est moins
digne d'estre obseruée que quelques autres nerfs de
tout le corps : à tout le moins à cause des medicaméts
bruslants que l'on a accoustumé d'appliquer en ces
parties malades : car outre que les medecins cognoi-
stront parfaictement l'endroict auquel ils doyuent
estre appliquez : ils pourront aussi examiner auec
grand contentement quel vlcere ouuert par le moyé
de ces medicaments, pourra purger l'humeur descédant le long de ce nerf : Attendu que l'vlcere ainsi
bruslé est prochain du rameau merqué par θ, lequel
ne peut estre touché pour autant qu'il est faict plus
bas, que n'est l'aboutissemét superieur de la sousgreue.
Ie pourrois souuentefois adiouster de telles choses
en ceste explication si ie ne sçauois que ce seroit folie
de mesler les autres parties de medecine parmi les
anatomiques : ou bien si ie ne me deliberois de les
poursuiure particulierement comme i'ay desia commencé.

x,x Ce charactere est notté en l'vne & en l'autre cuisse.
il monstre le premier muscle qui la fait mouuoir &
qui est du tout tiré hors de sa situation en la cuisse
gauche, excepté qu'il tient encore à son attache, laquelle est aussi seulement demeurée en la cuisse
droicte l'endroit ou elle est encore forte & puissante.
Mais l'endroit ou ce muscle s'attachoit doucement
λ & en maniere de membrane, est notté par λ.

μ Le septiesme muscle qui fait mouuoir la iambe, &
qui n'est plus recouuert par le tendon membraneux
du sixiesme.

Φ Le troisiesme muscle qui fait mouuoir la iambe, la te-
ψ ste duquel est merquee par ψ & l'endroit ou il com-
ξ mence à ietter son tendon est merquee par ξ: son attache estoit merquee en la t   siesme table des muscles par le nombre 3.

Ψ Le quatriesme muscle qui fait mouuoir la iambe.

ω,ω Le cinquiesme qui fait mouuoir la iambe.

ρ Vne partie du cinquiesme qui fait mouuoir la cuisse.

σ Le second qui fait mouuoir la iambe.

τ Vne partie du huictiesme muscle qui fait mouuoir la
iábe apparoissante apres auoir leué le premier muscle, lequel autrement se monstreroit en rond : Quát
est des muscles situez en la iambe & au pied ils sont
de mesme que ceux de la table precedente, & ceux
de la douziesme, laquelle sera merquee de characteres.

L'EXPLICATION DES CHARACTERES

merquez en l'onziesme table des muscles.

A,A ε muscle gauche de la premiere paire
qui fait mouuoir la teste.

B   La seconde paire des muscles qui font
mouuoir la teste : elle est seulemét nottee de characteres au costé gauche.

* Il se descouure icy assez obscurement vn muscle, par
le moyen duquel nous retirons vers bas la machoire

inferieure.

C Le troisiesme muscle qui fait mouuoir le palleron.

D La clauette.

E Ce muscle pend au palleron & est celuy qui est attaché à l'oz semblable à la lettre grecque υ.

F Le troisiesme qui fait mouuoir le coffre humain.

G Le cinquiesme qui fait mouuoir le bras.

K

H Le septiesme qui fait mouuoir le bras, le commence-
I ment duquel est limité depuis H iusques a I & son
K attache est merquee par K, tellement qu'il est faict
en vn triangle merqué par H, I, K.
L Le troisiesme muscle qui fait mouuoir le bras, & qui
prend son commencement de la creste inferieure
du palleron.
M Ce muscle qui est second faisant mouuoir le bras, est
couppé de son commencement & est retourné du
tout en deuant. C'est celuy que la table precedente
representoit sous les lettres O, N, & P. ainsi donques
le dedans de ce muscle qui parauāt estoit couché sur
la ioincture de l'espaule, apparoist vers haut en maniere du bout d'vn triangle, à la semblance duquel
les anciens descriuoyent le commencement de ce
N muscle : Car la partie qui est nottee par N est celle
qui estoit prochaine du soubassement du palleron:
O & celle qui est nottee par O est celle de laquelle le
commencement despend de la ioincture que faict la
clauette auec la saillie superieure du palleron. Dauātage si vous vous proposés que D soit la partie procedante de la clauette, à lors vous cognoistrez facilement le commencement de ce muscle, tiré hors de
son origine, estre fort mousse : tout ainsi que la figure
qui est sous tout le corps de ceste onziesme table le
demonstre, par laquelle le dedans du muscle est representé, ainsi qu'il recouure la ioincture. Or le commencement de ce muscle est merqué par A, B, C, la
portion duquel procedante de la saillie superieure,
& de la creste du palleron est depuis A iusques à B,
le reste qui sort de la clauette est depuis B iusques à
C. En outre l'endroit de l'attache de ce muscle est
notté par D. Et quāt est de ce triangle renfoncé par
haut, il n'y a personne qui ne voye aysement que B
est beaucoup plus bas que A & C, par lesquels characteres ce triangle est limité.
P Le muscle dont maintenāt nous auons parlé couppé
à l'endroit de tous ces commencemēts & pendu seulement à son attache au bras droict, il monstre fort
bien que ceste attache est faicte de trauers en l'oz du
bras.
Q Le quatriesme qui fait mouuoir le coffre.
R L'onziesme muscle qui fait mouuoir le doz.
S Le quinsiesme qui fait mouuoir le doz, ou l'vn de la
huictiesme paire qui fait mouuoir le doz.
T, T Nous auōs merqué deux costes par ces deux lettres,
lesquelles sont descouuertes selon l'ordre de la decouppeure. Et l'entredeux d'icelles est merqué par
V V. à celle fin que le muscle exterieur entrecostal fust
obserué.
X Le second qui fait mouuoir le coffre.
Δ Le cinquiesme qui fait mouuoir le coffre humain.
a,b Le commencement fort obscur & membraneux du
muscle qui monte en biez par le ventre procedant
du sommet des espines entre a & b.
c Le quatriesme muscle qui fait mouuoir le bras pend
icy à son attache.
☉ Le muscle qui estend l'auanbras, le commencement
d duquel merqué par d procede du col de l'oz du bras
sous la teste qui est ioincte auec le palleron. La partie
en laquelle ce muscle ne peut plus estre distingué
d'auec l'autre qui fait estendre l'auanbras, & qui sera
e maintenant merqué par f, est nottee par e.
f Le muscle qui estend l'auanbras, & qui procede de la
creste inferieure du palleron & s'assemble auec celuy

qui est merqué par ☉.
g Le muscle de derriere qui flechit l'auanbras.
h,h Le plus long muscle qui retourne en haut le susauanbras.
Λ Le muscle qui fait estendre le poignet auec vn dou-
i ble tendon, le commencemēt duquel est notté par i,
k & l'endroit ou il passe ses tendons est merqué par k,
l & celuy ou ilz sont attachez par l.
m Le plus court muscle qui retourne en haut le susauābras.
n. Le susauanbras.
o Le sousauanbras. Entre ces deux oz il y a vn lien lequel remplist toute ceste partie & attache les deux
oz ensemble, la part ou ilz sont separez.
Ξ Le second commencement des trois qui procedent
par ordre du sousauanbras. la partie de celuy qui en-
p uoye vn tendon au poignet est nottee par p. & le tendon qui est attaché au premier oz du poulce est mer-
q qué par q : puis celuy qui est attaché au second & au
r troisiesme est notté par r.
ſ Le muscle qui fait approcher le poulce pres du second doid.
Π Le troisiesme commencement de ceux qui procedēt
du sousauanbras, est pendant à son attache, la partie
duquel, laquelle est enuoyee au second & au troisies-
t me doid, est merquee par t, & celle qui est particu-
u liere au poulce par u.
Σ Le troisiesme muscle qui fait mouuoir la cuisse, le cō-
z,y,x mencemēt duquel est limité par z, y & x. Et quant est
des costez de ces lettres, lesquelles sont par dessus,
c'est le derriere de l'oz des hanches descouuert du
premier & du second muscle qui fait mouuoir la
cuisse.
α Ceste lettre monstre l'attache du muscle precedent.
Φ Le quatriesme qui fait mouuoir la cuisse, & procede
des trois oz d'embas de l'oz du croupiō, l'endroit ou
β il commence à pousser son tendon est notté par β, &
son attache se fait à l'endroit ou est α.
γ La grande saillie de l'oz de la cuisse.
δ Le second muscle qui fait mouuoir la cuisse.
ε Le septiesme muscle qui fait mouuoir la iambe.
ζ Ie diray cy apres ce qui est signifie par ζ, lors que
i'expliqueray le charactere Ω.
η Le lien qui passe de l'oz du croupion en la saillie aigue de l'oz de la fesse.
θ Le dixiesme muscle qui fait mouuoir la cuisse, & qui
est icy retourné du dedans de l'oz barré se coullant
ι quasi entre le muscle merqué par ι, & l'autre notté
κ par κ.
λ La teste du troisiesme muscle qui fait mouuoir la iābe, & qui est le premier procedant de l'aboutissemēt
de l'oz de la fesse.
μ La teste du quatriesme muscle qui fait mouuoir la iābe, laquelle nous mettōs quatriesme en nombre, entre celles qui descendent de l'aboutissement de l'oz
de la fesse.
Ψ Le muscle que nous mettons au lieu du cinquiesme
qui fait mouuoir la iambe, le commēcement duquel
ν est notté par ν, & est le troisiesme des testes procedā-
tes de l'aboutissement de l'oz de la fesse. Le creux de
ce muscle par dedans lequel passe le troisiesme qui
ξ fait mouuoir la iambe est merqué par ξ. Ce muscle
cinquiesme commence à pousser son tendon à l'en-
ο droit ou est ο, lequel s'attache au deuant de la greue.
Ω l'expliqueray en la table suiuante le muscle que nous
contons

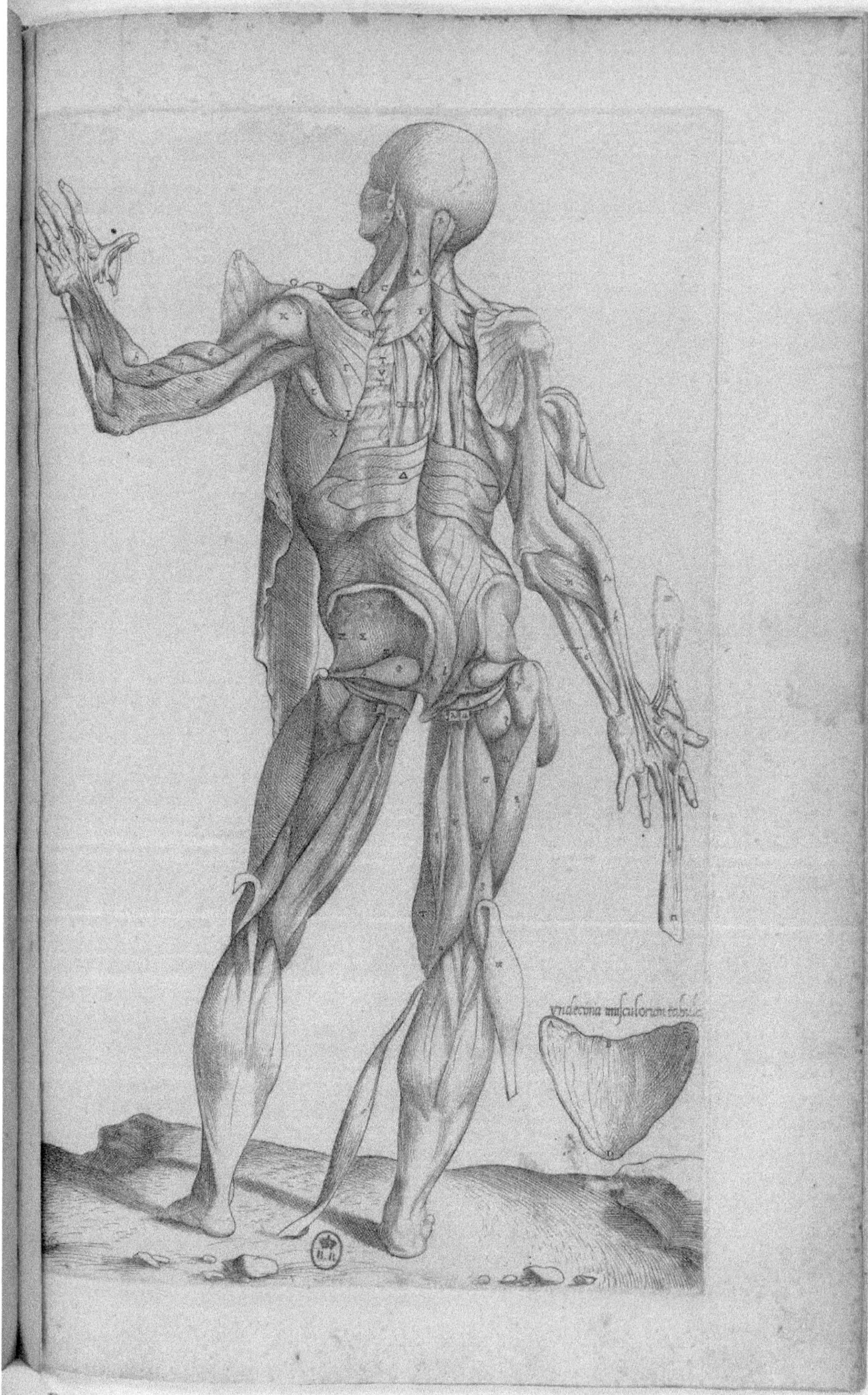

vndecima mistulorum tabula

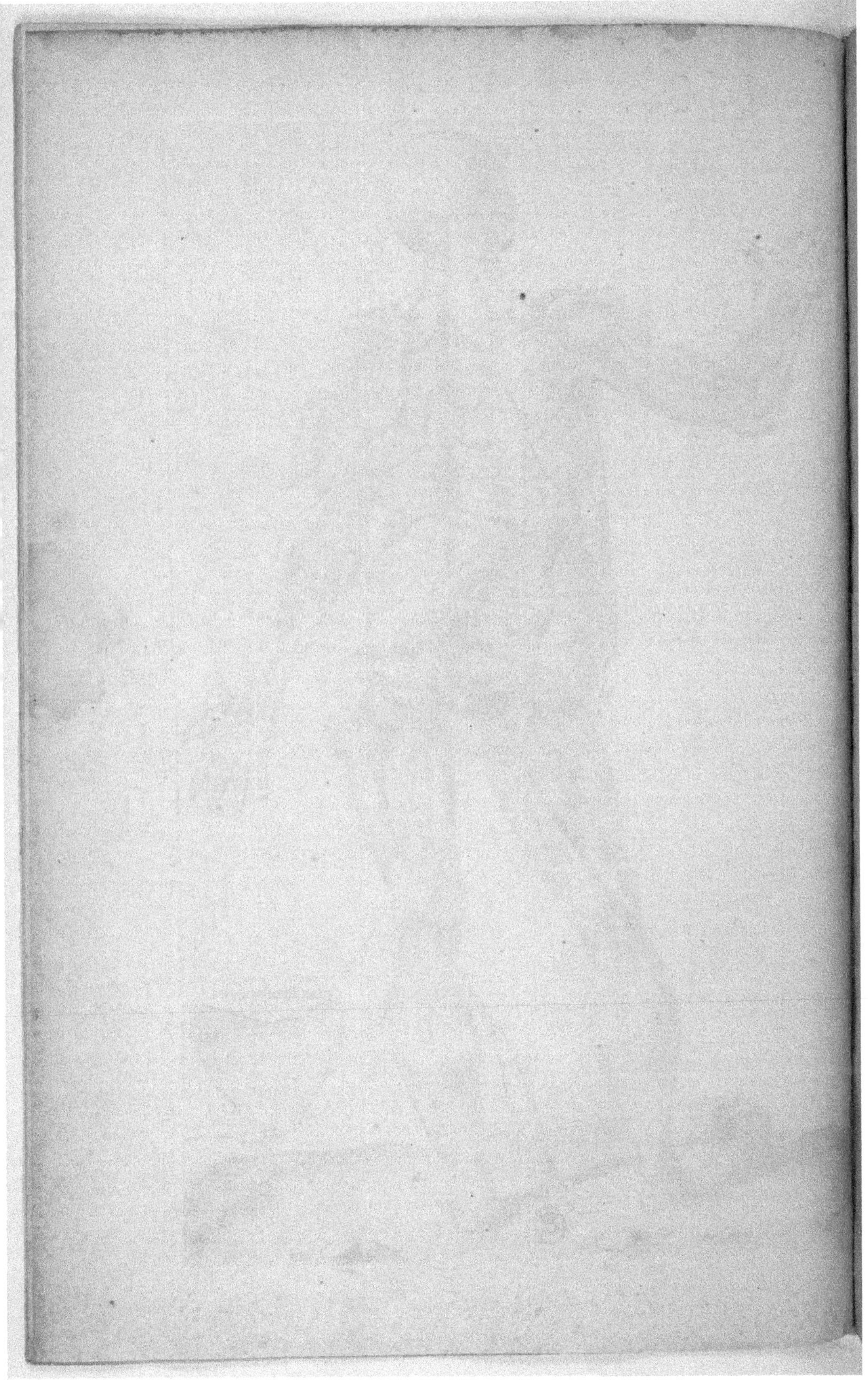

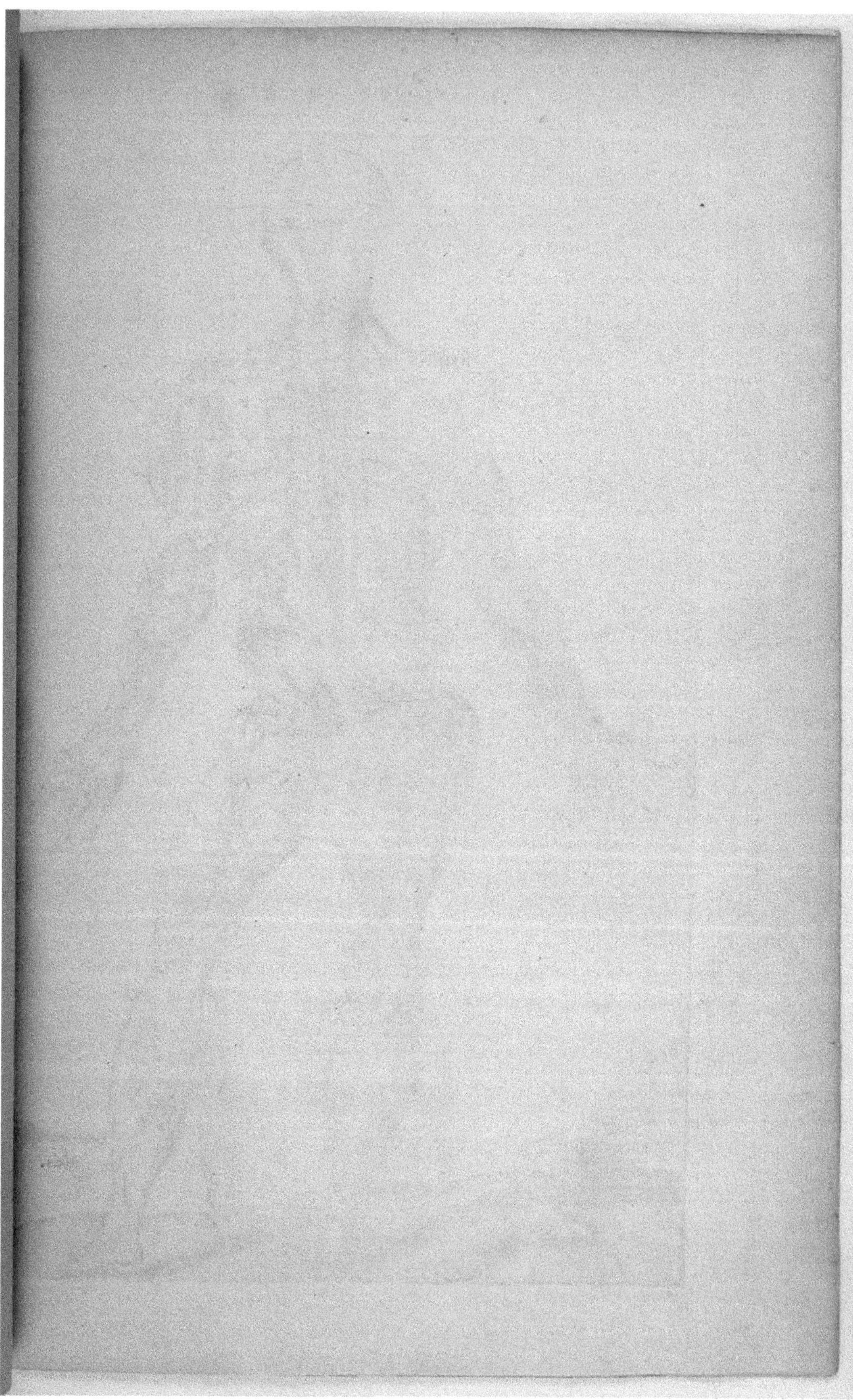

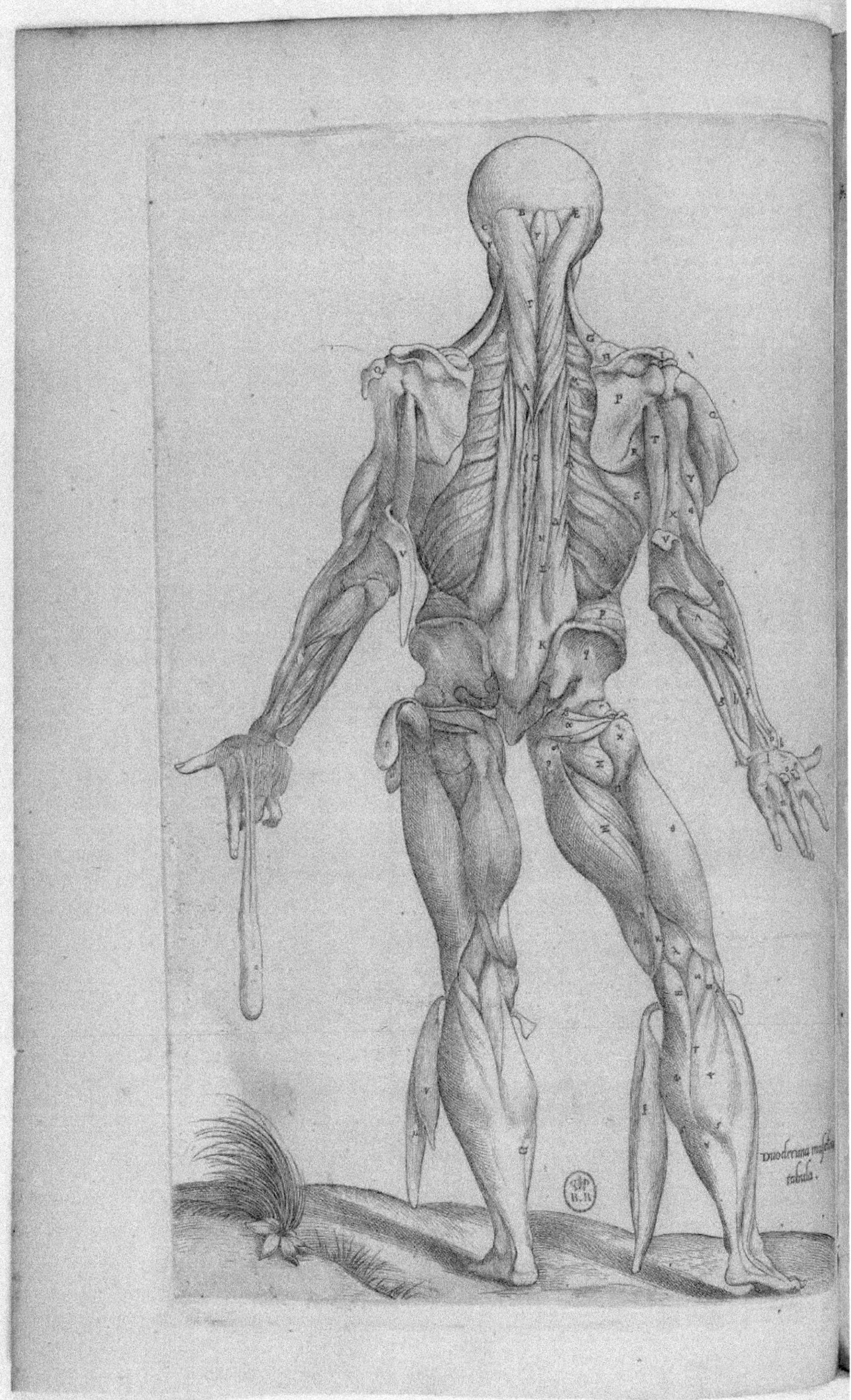

Duodecima musculorum
tabula.

côtons pour cinquiesme, qui fait mouuoir la cuisse, &
ce sous les characteres Ξ,Σ,& Π. Ce mesme muscle
& est notté en ceste figure par les characteres &, &
Ω &,ζ & Ω, par lesquels chasque partie d'iceluy est mer
quee, car & & & monstrent le derriere du muscle, &
ζ & Ω le deuant. Dauantage la portion anterieure
du deuant est merquee particulierement par ζ, &
celle de derriere par Ω.
Le quatriesme muscle qui fait mouuoir la cuisse péd

icy de la partie de l'oz de la cuisse, laquelle est nottee
ρ par ρ.
Le troisiesme muscle qui fait mouuoir la iambe est
aussi pendant à son attache.
Vne partie du huictiesme muscle qui fait mouuoir la
iambe. Au reste ie n'ay adiousté aucun charactere en
la iambe, pourautât qu'en la table suiuâte les mesmes
muscles, lesquels sont icy proposez, doiuét estre mer
quez par characteres selô l'ordre de la decouppeure.

L'EXPLICATION DES CHARACTERES
merquez en la douziesme table des muscles.

T, A, C, D — LE muscle du costé gauche de la
premiere paire entre ceux qui sôt
mouuoir la teste, le commencement duquel est notté par A, &
l'attache qu'il fait en l'oz de derriere la teste est nottee par B & C,
puis la partie en laquelle le mus-
cle du costé droit se commence à retirer du gauche,
D est merquee par D.

E Le costé de dedâs du muscle droict est merqué par E.
Parquoy si l'on veut limiter ce muscle côme vn trian
gle, on le pourra faire prenât les lignes A B, A C, B, C.
Mesmes si l'on veut veoir l'entredeux de ces deux
muscles en façon de triangle, il faudra limiter depuis
B iusques à E, & puis depuis B iusques à D, & encore
depuis E iusques à D.
F Le muscle du costé gauche de la seconde paire qui
fait mouuoir la teste.
G Le troisiesme qui fait mouuoir le palleron.
H Le cinquiesme qui fait mouuoir le bras.
I La saillie superieure du palleron descouuerte de tous
ses muscles. Au reste nous n'auons point merqué les
costes, ny les entredeux, pourautant qu'elles sont de
mesmes auec celles de la table precedente merquez
par T, T, V.
Δ Le quatriesme qui fait mouuoir le coffre humain, le
K commencement duquel est merqué par K, & la par
tie en laquelle il n'est plus obstinement attaché auec
le plus long de ceux qui font mouuoir le doz (qui se
ra maintenant notté par N) comme il estoit plus bas
depuis K iuques à L: ceste partie, dy-ie, est merquee
L par L, quelques tendons de ce muscle sont nottez
M par M & M.
N L'onziesme qui fait mouuoir le dos, ou bien le mus
cle droict de la sixiesme paire.
O Le quinziesme qui fait mouuoir le doz.
P La partie enleuee du pallerô descouuerte du muscle
sixiesme en nombre entre ceux qui font mouuoir le
bras. Ce muscle est pendant à son attache & est mer
Q qué par Q.
R Le troisiesme muscle qui fait mouuoir le bras.
S Le second qui fait mouuoir le coffre.
T Le premier muscle qui estend l'auanbras & procede
de la creste inferieure du palleron.
V Le muscle de dehors qui estend l'auanbras est pen
dant à son attache au bras gauche, l'endroit ou il est
fort entremeslé auec celuy de dedans merqué par T,
Ceste partie pendante est couppee au bras gauche.
X Il sort icy du bras vne partie charnue, laquelle nous
mettrons au lieu du second muscle qui estend l'auan
bras, & la notterons par d en la table suiuante.
Y Le muscle de derriere qui estend l'auanbras.

Θ Le muscle qui retourne vers haut le susauanbras. Il
procede du bras beaucoup plus haut que n'est son
enleueure exterieure, l'endroit auquel nous auons
a merqué a: son attache, qui est en l'aboutissement in-
b ferieur du susauanbras est merquee par b.
Λ L'autre muscle par le moyen duquel le susauanbras
est retourné en haut. son commencement est mer-
c,d qué par c, son attache par d.
e La partie nerueuse, ou bien le bout de l'attache du
muscle d'enhaut, qui retourne vers bas le susauâbras.
f Le susauanbras.
g Le sousauanbras.
h Le lien qui attache & assemble le susauanbras & le
sousauanbras, l'endroit ou ils se separent.
i,k Cy est la situation du creux, par lequel les muscles se
conduisent, & du tendron qui separe le sousauanbras
d'auec le poignet.
l Nous ne sçaurions mieux proposer les liens, par lesquels les oz sont serrez & assemblez en ceste partie
descouuerte des muscles.
m L'oz de l'auanpoignet, lequel soustient le quatriesme
doid. ce que particulierement nous auons notté, à
celle fin que les oz de l'auanpoignet fussent distinguez d'auec leurs entredeux & les muscles qui les
remplissent.
n Cy est le muscle situé, lequel ameine le poulce pres
le second doid.
o Le muscle qui estend le poignet auec vn double tendon : il pend à son attache en la main gauche.
p L'on voit icy vne bonne part du muscle qui trauerse
par le ventre.
q Le derriere de l'oz de la hanche apparoit maintenât
descharné.
r La teste de l'oz de la cuisse qui entre dedans la boite
de l'oz de la fesse, ou bien le lien qui recouure toute
ceste ioincture.
f Le lien qui passe de l'oz du croupion en la saillie aigue de l'oz de la fesse.
t Le troisiesme & quatriesme muscle qui fait mouuoir
la cuisse, pendant à son attache : le premier est mer-
u qué par t, & le second par u.
x La grande ou exterieure saillie de l'oz de la cuisse.
æ Le dixiesme muscle qui fait mouuoir la cuisse, la principalle partie duquel merquée par F se peut veoir en
la seiziesme table sous les characteres F,G,H. Car ceste table monstre seulemêt la partie de ce muscle, laquelle estant retournee en son creux particulier caché dans l'oz de la fesse, se porte iusques à la grande
saillie de l'oz de la cuisse.
β Le muscle gresle qui procede de la saillie aigue de
l'oz de la fesse, & passe le long de la partie plus haute
du muscle merqué par α.

K ij

γ Le muscle semblablemēt gresle sortāt aussi de l'oz de la fesse & passant par le bas du muscle merqué par α.

Ξ Le cinquiesme muscle qui fait mouuoir la cuisse, la partie de derriere duquel est particulierement merquee par Ξ, son commencement en partie nerueux

δ,ε notté par δ, & en partie charnu notté par ε, procede de l'aboutissement de l'oz de la fesse, & est la quatriesme teste en nombre lesquelles descendent de cest endroit. La partie de derriere de ce muscle est

ζ fort charnue en l'endroit ou est le charactere ζ, & represente fort bien la façon d'vne vraye souris.

ϰ La partie de derriere du cinquiesme muscle prend fin icy en vn tendon, lequel s'attache en la teste interieure de l'oz de la cuisse.

Σ,Π La partie de deuant du cinquiesme muscle qui fait mouuoit la cuisse est merqué par ces deux characteres, laquelle derechef est diuisee en celle de deuant merquee par Σ, & en celle de derriere merquee par Π. Or à celle fin que plus facillemēt l'on puisse trouuer ces muscles, lesquels d'eux mesmes ne se rencontrent pas aisement: ie mettray les mesmes lettres capitalles grecques en la table suiuante, lesquelles notteront les parties pendantes de ce muscle.

θ Le septiesme muscle qui fait mouuoir la iambe.

ϰ,λ Le huictiesme qui fait mouuoir la iambe.

λ La plus large & plus renfoncee partie de l'oz de la cuisse, situee au derriere & au dessus de la racine de ses testes inferieures.

μ,ν Le quatriesme muscle qui fait mouuoir la iambe, pēd icy à son attache en la iābe gauche, la partie duquel procedante de l'oz de la fesse est nottee par μ, & l'autre qui descend de l'oz de la cuisse est merquee par ν.

ξ Le cinquiesme muscle qui fait mouuoir la iambe.

Φ Le premier muscle qui fait mouuoir le pied.

Ψ Le second muscle qui fait mouuoir le pied. Dauantage le commencement de ce muscle est en partie charnu (cōme aussi est celuy du premier) & est notté

ϖ,ρ par ϖ, & en partie nerueux & est merqué par ρ. L'endroit auquel ces deux premiers muscles qui font

τ mouuoir le pied s'attachēt ensemble est notté par τ. Ces deux muscles sont fort gros au mollet de la iambe

ς,ϛ iusques au lieu ou est ς & ϛ, ausquels ils commencēt a n'estre plus charnus: toutefois ces deux mollers sont fort bien representez en la neufiesme table.

υ Le commencement du tēdon qui procede des deux muscles susdicts.

ω Le commencement du troisiesme muscle qui fait

& mouuoir le pied, le tendon duquel est notté par &, merqué en la iambe gauche.

L'EXPLICATION DES CHARACTERES
merquez en la treziesme table des muscles.

 A partie dextre de la secōde paire des muscles est nottee par les characteres A,B, C, D, E, F & G, chascun desquels toutefois mōstre particulieremēt quelque chose: Car le muscle de la seconde paire, dont le commencement est aegu, procedant des saillies trauersantes de la quatriesme & cinquiesme

A roüelle du coffre est merqué par A. L'endroit ou ce muscle commence a n'estre plus charnu & abou-

B tist comme à vn tendon, est notté par B. D'auantage la lettre B doit aussi monstrer le muscle qui sort de l'espine de la septiesme roüelle du col, & s'assemble auec celuy qui est notté par A.

C La lettre C est mise en l'endroict de cest assemblement, & ne le monstre seulement, mais aussi elle monstre la part en laquelle l'vn & l'autre muscle est

D fort charnu, l'attache desquels est merquee par D. Le troisiesme muscle de la seconde paire est merqué

E par E en l'autre costé, le commencement duquel est aussi caché fort profondement, & son attache est fort

F apparente a la lettre F. Au reste la piece charnue de

G,G la seconde paire est merquee par G & G.

H Le cinquiesme muscle qui fait mouuoir le doz.

I Vne partie du sixiesme muscle qui fait mouuoir le doz.

K Le quinziesme qui fait mouuoir le doz, ou bien l'vn de la huictiesme paire des muscles du doz.

Γ L'onziesme qui fait mouuoir le doz, le commencement duquel montant de l'oz du croupion est mer-

L,M,M qué par L & ses tendons par M & M. si bien que la lettre M, laquelle est la plus haute monstre la fin superieure de ce muscle.

N Ce charactere est mis au lieu de N: il monstre le neufiesme muscle qui fait mouuoir le doz, ou bien l'vn de la cinquiesme paire.

O,O Ce muscle est pendant à son commencement, & est le quatriesme qui fait mouuoit le coffre.

P,P,P Les parties rudes des costes monstrent les petites enleueures d'icelles, contre lesquelles le quatriesme muscle qui fait mouuoir le coffre estoit attaché. Au reste les costes & leurs entredeux sont semblables a quelques tables precedentes.

Q Le troisiesme qui fait mouuoir le palleron.

R Le palleron descharné du tout par derriere.

S Le troisiesme qui fait mouuoir le bras.

T Le second qui fait mouuoir le coffre.

V Le troisiesme lien particulier à la ioincture de l'espaulle.

X Ce muscle est pendant, & est le cinquiesme qui fait mouuoir le bras.

Y La partie de derriere le doz du bras descharné du tout & descouuert de tous muscles: il est merqué aux deux costez.

a Le muscle de derriere qui flechist l'auanbras.

b,c,d Les muscles qui estendent l'auanbras. Celuy qui cōmence de la creste inferieure du palleron est merqué par b. & celuy qui procede du col de l'oz du bras par c: puis la partie charnue qui prend son origine du millieu de la longueur de l'oz du bras, est merqué par d.

e Le susauanbras.

f,g Le muscle d'enhaut: l'vn de ceux qui retournent vers bas le susauanbras, l'attache duquel est particulierement merquee par g.

h Ce muscle est pendant: il est le plus court de ceux qui retournent vers haut le susauanbras.

i,k Le sousauanbras. I'ay notté par cy deuant le susauanbras par e. Et le k qui est en l'vn & en l'autre auanbras, monstre le lien qui est en tous deux, lequel attache ces deux oz ensemble, à l'endroict ou ils se separent. Quant est des oz du poigner, de l'auanpoignet, & des dois, ils s'accordent en tout & par tout auec les
prece-

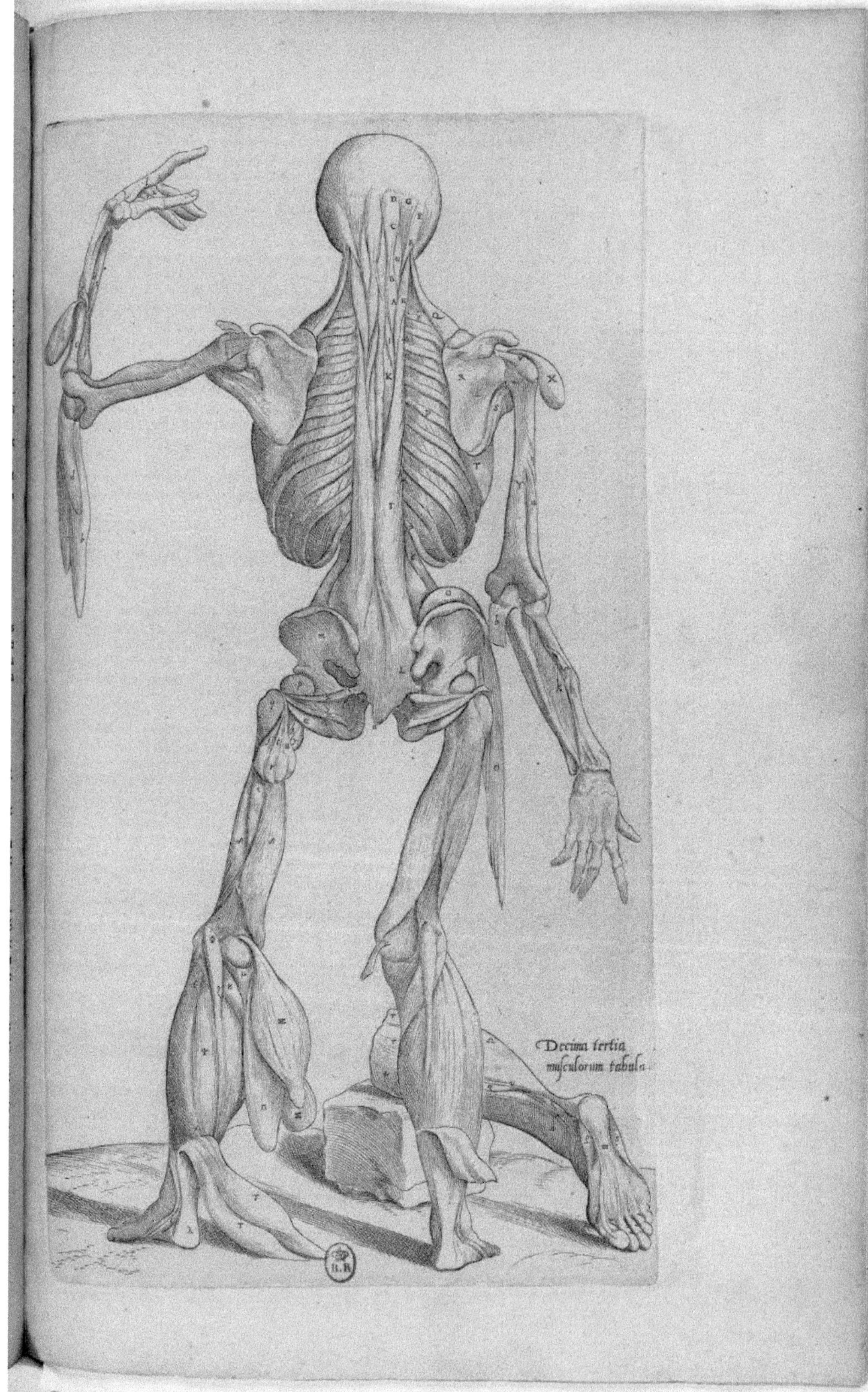
Decima tertia
musculorum tabula.

precedentes tables. Toutesfois nous auons du tout leué icy le muscle qui approchoit le poulce pres le second doid . & reste seulement en la main gauche trois muscles qui flechissent le second entreneud du

1,2,3 poulce, lesquels sont nottez par les characteres 1,2,3. Au reste le muscle qui flechist en dedans le premier oz du second doid, est icy particulierement notté

l par l.

m Le derriere de l'oz des hanches apparoist icy descharné, tout ainsi que le dehors de l'oz de la fesse.

n La queue descharnee, & descouuerte de ses muscles.

o Le lien qui sort de l'oz du croupion & qui est attaché en la saillie aegue de l'oz de la fesse.

p La teste de l'oz de la cuisse.

q La grande ou exterieure saillie de l'oz de la fesse.

r Le dixiesme qui fait mouuoir la cuisse est icy pendu à son attache, monstrant la partie qui est enleuee de tous costez dedans les oz. Les tendons de ce muscle

ſ,t,u sont monstrez par ſ, t, & u, lesquels doiuent estre retirez sur l'oz de la fesse.

x,y,z La partie charnue qui mene le dixiesme muscle qui fait mouuoir la cuisse & est faict en façó de fourreau, la part ou il se retourne vers l'oz de la fesse est merquee par ces characteres. Ainsi donques la partie d'enhaut de ceste partie charnue est nottee par x, celle du millieu par y, & celle d'embas par z.

α Vne portion du neufiesme muscle qui fait mouuoir la cuisse.

β,γ Deux attaches des muscles sont nottees en la cuisse gauche, lesquelles sont en la petite saillie de l'oz de la cuisse: celle du sixiesme muscle qui la fait mouuoir est nottee par ß : & celle du septiesme par γ.

δ,δ Le huictiesme qui fait mouuoir la cuisse, lequel entourne presque tout l'oz d'icelle.

ε,ε La ligne rude de l'oz de la cuisse, contre laquelle est attaché le cinquiesme muscle qui fait mouuoir la cuisse.

Π,Σ Le cinquiesme muscle qui fait mouuoir la cuisse est pendant à la teste de dedans de l'oz de la cuisse. La partie du derriere d'iceluy est nottee par Ξ, & celle de deuát par Π & Σ. puis particulieremét le derriere d'icelle est notté par Π & le deuant par Σ.

φ Le muscle troisiesme en nombre entre ceux qui font mouuoir le pied: son commencement procedant de la teste exterieure de l'oz de la cuisse est notté par φ, & l'endroit ou il commence à pousser son tendon est

ζ merqué par ζ.

× Le muscle que nous disons estre caché dans le iarret.

Ψ Le quatriesme qui fait mouuoir le pied, le commen-

ϐ cemét duquel est notté par ϐ, & la partie en laquelle les tendons des deux premiers muscles commencét

× à estre opiniastremét attachez, est nottee par ×. Lattache du tendon des deux premiers & du troisiesme

λ muscle qui fait mouuoir le pied est merquee par λ.

μ L'oz de la iambe est descharné en cest endroit, comme aussi est la plus grande partie de l'exterieure teste d'embas de l'oz de la cuisse.

ϝ Le tendon du huictiesme muscle qui fait mouuoir le pied.

ξ Le tendon du septiesme qui fait mouuoir le pied.

Ω I'ay voulu merquer par ce charactere la figure qui est au costé droit de l'homme entier en ceste treziesme table, & qui est figuree comme estant appuyee sur vne pierre à celle fin que le dessous du pied apparust plus facilement, & que selon l'ordre de la dissection ou decouppeure les muscles de ceste partie fussent leuez petit à petit es tables suyuantes.

ϖ Le lien, ou la substáce membraneuse qui est par dessus le premier muscle qui fait mouuoir les orteils, & qui est au lieu du large tendon en la plante du pied.

ϱ Le muscle qui retire le gros orteil en dedans d'auecques les autres orteils.

ς Le muscle qui retire le petit orteil d'auec les autres.

τ,τ Le premier & le second muscle qui font mouuoir le pied, lesquels sont pendants en la figure entiere au quatriesme qui fait mouuoir le pied, & en ceste-cy ils sont mis en leur lieu naturel.

υ Le tendon du troisiesme muscle qui fait mouuoit le pied, lequel estoit merqué par ζ en la figure entiere.

φ Vne portion du quatriesme muscle qui fait mouuoir le pied, & est merqué en l'autre figure par Ψ.

χ Le tendon qui est fait pour le premier, le second & le quatriesme muscle qui font mouuoir le pied, & est attaché au talon, toutefois particulierement ce charactere monstre le creux qui est paroissant entre la partie de deuant de ce tendon & le derriere des autres muscles situez en ceste partie de la iambe.

φ,ω La partie descharnee de toute la iambe, laquelle naturellement n'est recouuerte d'aucuns muscles.

* Icy se remonstrent plusieurs parties des muscles situez au derriere de la iambe, outre les trois premiers qui font mouuoir le pied.

L'EXPLICATION DES CHARACTERES
merquez en la quatorziesme table des muscles.

[C]ESTE *table est la derniere qui represente le derriere du corps, elle n'a n'y palleron, ny bras: elle flechist le genouil à celle fin de monstrer la plante de l'vne des iambes. D'auantage nous auons mis vne teste & les deux premieres rouelles du col entre les deux genouils, de peur que nous ne fussions contraincts de faire vne table entiere pour monstrer la quatriesme paire des muscles qui font mouuoir la teste,*

A,B La troisiesme paire des muscles qui font mouuoir la teste, laquelle procede de l'espine de la seconde rouelle du col, & s'attache en l'oz de derriere la teste.

C La saillie mammeliere de l'oz de la temple, laquelle est paroissante, tant en la grande figure qu'en la teste qui est embas.

D Ce charactere auec quelques vns des suiuáts est particulier à la figure qui est entre les genouils : & monstre la saillie trauersante de la premiere rouelle du col.

E L'espine de la seconde rouelle du col, & ainsi ceste lettre monstre la seconde rouelle,

F,G La quatriesme paire des muscles qui font mouuoir la teste, lesquels procedent de la premiere rouelle du col & sont attachez en l'oz du derriere la teste.

H,I Ces characteres sont au chignon du col de la grande figure, & monstrent la cinquiesme paire des muscles faisants mouuoir la teste, lesquels sortant du derriere de la teste s'attachent aux saillies trauersantes de la premiere rouelle du col.

K,L La sixiesme paire des muscles qui font mouuoir la teste, laquelle sort de l'espine de la seconde rouelle,

& s'attache aux saillies trauersantes de la premiere.

M Vne partie du troisiesme muscle qui fait mouuoir le palleron: elle apparoist l'endroit ou elle sort de quelques saillies trauersantes des roüelles du col.

N Le troisiesme muscle en nombre entre ceux qui font mouuoir le doz.

O Le septiesme qui fait mouuoir le doz.

P Ceste lettre est aux reins, & merque le neufiesme muscle qui fait mouuoir le doz.

Q L'onziesme muscle que faict mouuoir le doz pend icy au fin bout de son attache & monstre le creux,

R lequel est merqué par R & par lequel il faict place au treiziesme qui fait mouuoir le doz: son commen-

S cement est notté par S.

T Le treziesme muscle qui fait mouuoir le doz, le com-

V mencement duquel est merqué par V, & son attache

X par X: lequel aussi monstre le commencement du quinziesme muscle qui fait mouuoir le doz.

Y Le quinziesme muscle qui fait mouuoir le doz, l'at-

a tache superieure duquel est merquee par a, & est cachee sous le septiesme qui fait mouuoir le doz.

Il est necessaire de bien regarder ceste quatorziesme table des muscles à cause de la façon du coffre, & de l'entresuitte des costes, attendu qu'elle les represente fort bien, comme aussi font les autres tables des muscles. Ie n'ay peu iusques icy si bien conioindre les costes en l'assemblage des oz, qu'elles fussent selon leur naturelle situation, quāt à leur cōduicte biezāte: Car il y a eu tousiours en ceste assemblage trop grāde espasce entre le haut de l'oz des hanches, & le bout de la douziesme coste du coffre. Mais nous auons tousiours obserué facilement en pourtrayant les figures des muscles, l'entresuite & vraye conduicte des costes, pourautant qu'elles sont tousiours situees en leur lieu naturel, pendāt que se faict la decouppeure. Dauantage ie pense qu'il n'y a celuy qui aysement ne voye ies muscles entrecostaux de dehors encore que ie ne le disse. Mesme les oz des hanches, de la fesse, le barré, & celuy des cuisses sont tellement apparents, que si quelcun y requeroit des characteres, il les pourroit reprendre des trois entieres figures de tous les oz, lesquelles nous auons parauant pourtraictes.

b,b Ces characteres sont en l'oz barré, & monstrent les membranes qui sont en leurs pertuis.

c Le sixiesme muscle qui fait mouuoir la cuisse pend icy à son attache.

d Le septiesme qui fait mouuoir la cuisse est aussi pendant à son attache.

e Ce muscle pend à son attache, & est le neufiesme qui fait mouuoir la cuisse.

f,g Vne partie charnue, ou si voulez les muscles particuliers qui conduisent le dixiesme muscle qui fait mouuoir la cuisse, & sont pendants à leurs attaches.

Γ Le muscle que nous disons estre caché au iarret, & auquel Galen a donné sans cause l'office de flechir tout le iarret: son commencement qui procede de la

h teste exterieure de l'oz de la cuisse est merqué par h,

i & l'attache qu'il fait en l'oz de la iambe par i.

k,k Le septiesme muscle qui fait mouuoir le pied.

l Le tendon du huictiesme qui fait mouuoir le pied, l'attache duquel posee dans l'oz de l'auanpied qui

m soustient le petit orteil, est merquee par m.

Il y a quatre muscles pendans par terre au tallon du pied gauche, lesquels font cause des mouuements du pied. Les deux premiers qui le font mouuoir sont

n,o,q merqués par n & o, le troisiesme par q, & le qua-

p,r triesme par p. Au reste la lettre r qui est situee au costé de dedans du talon gauche, monstre particulierement l'attache du tendon.

Δ Ce charactere monstre la figure posee au costé de dehors du pied droict de la grande figure, laquelle va suiuāt par ordre de decouppeure ainsi qu'il suiuoit celle qui est en la precedente table nottee par Ω.

ſ Le lien, ou la membrane du pied est pendāte au bout des orteils: elle sortoit du muscle, qui flechissoit les secondes ioinctures des quatre orteils & estoit au pied tout ainsi que le large tendon est en la main.

t Le muscle qui retire le gros orteil d'auec les autres est pendant à son attache.

u Ce muscle pēd à son attache, & est celuy qui retire le petit orteil d'auec les autres vers le costé de dehors.

Θ Le muscle qui flechist les seconds oz des quatre orteils: son commencement qui sort du talon est mer-

x qué par x, & l'endroit ou il se partist en quatre ten-

α dons par α. Au reste l'on peult voir aysement en ce pied droict de la grand figure, comment les tendons de ce muscle sont diuisez & comment ils sont voie à ceux de dessous, & à fin que vous les voyez beaucoup mieux, il faut regarder attentiuement le dedans des quatre orteils: encore que la figure nottee par Δ le monstre aussi, en laquelle ce muscle est pendant & est merqué par Θ.

β Ceste partie charnue est celle par le moyen de laquelle le premier entreneud du gros orteil se flechist: & celle mesme est nottee d'vn pareil charactere & est pendante en la figure nottee par Δ.

Λ,Λ,Λ Le muscle qui flechist le second oz du gros orteil, le commencement duquel est notté en la iambe droicte par γ. ce muscle pousse à l'endroit ou il y a δ, vn

γ,δ tendon de son costé de dedans, lequel auoit ia commencé aucunement en la partie charnue d'iceluy

ε pres le charactere ε. Dauantage toutes les deux figures qui representent la plante du pied ont le charactere δ, la part ou ce muscle approche du gros orteil.

Ξ,Ξ,Ξ Le muscle qui flechist les troisiesmes oz des quatre

ζ orteils, son commencement est notté par ζ. toutefois il procede de plus haut sous le muscle caché au

η iatret notté par Γ, son tendon est merqué par η, & sort du costé de dedans de sa partie charnue, & se diuise encor en quatre tendons de la plante du pied,

θ la ou est θ, lesquels sont enuoyez aux quatre orteils.

x,x Il se voit icy vne partie du muscle, lequel nous mettons cinquiesme en nombre entre ceux qui font mouuoir le pied.

λ La chair musculeuse, laquelle estant diuisee en quatre portions, est enuoyee aux tendons qui flechissent les troisiesmes oz des quatre orteils. C'est aussi celle, par le moyen de laquelle les quatre orteils sont menez vers le gros orteil. Mais à fin que l'on cognoisse ces tendons & ces portions de substance musculeuse, l'on voit le tendon qui flechist le troisiesme

ν oz du second orteil estre notté par ν: & le muscle qui approche le second orteil pres le gros orteil est

μ merqué par μ.

L'EXPLIC.

Ensuit la quinziesme table des muscles.

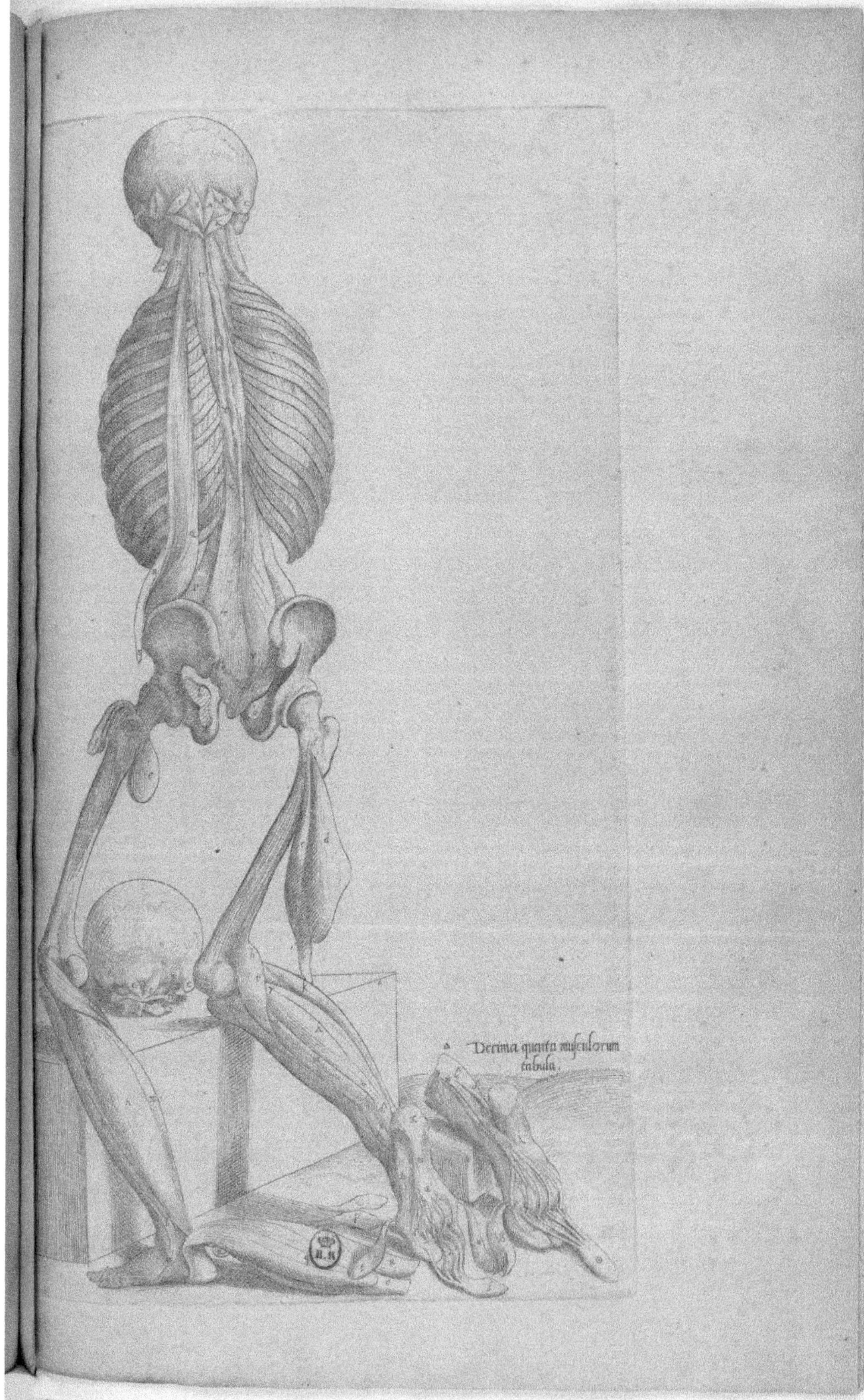

Decima quinta musculorum
tabula.

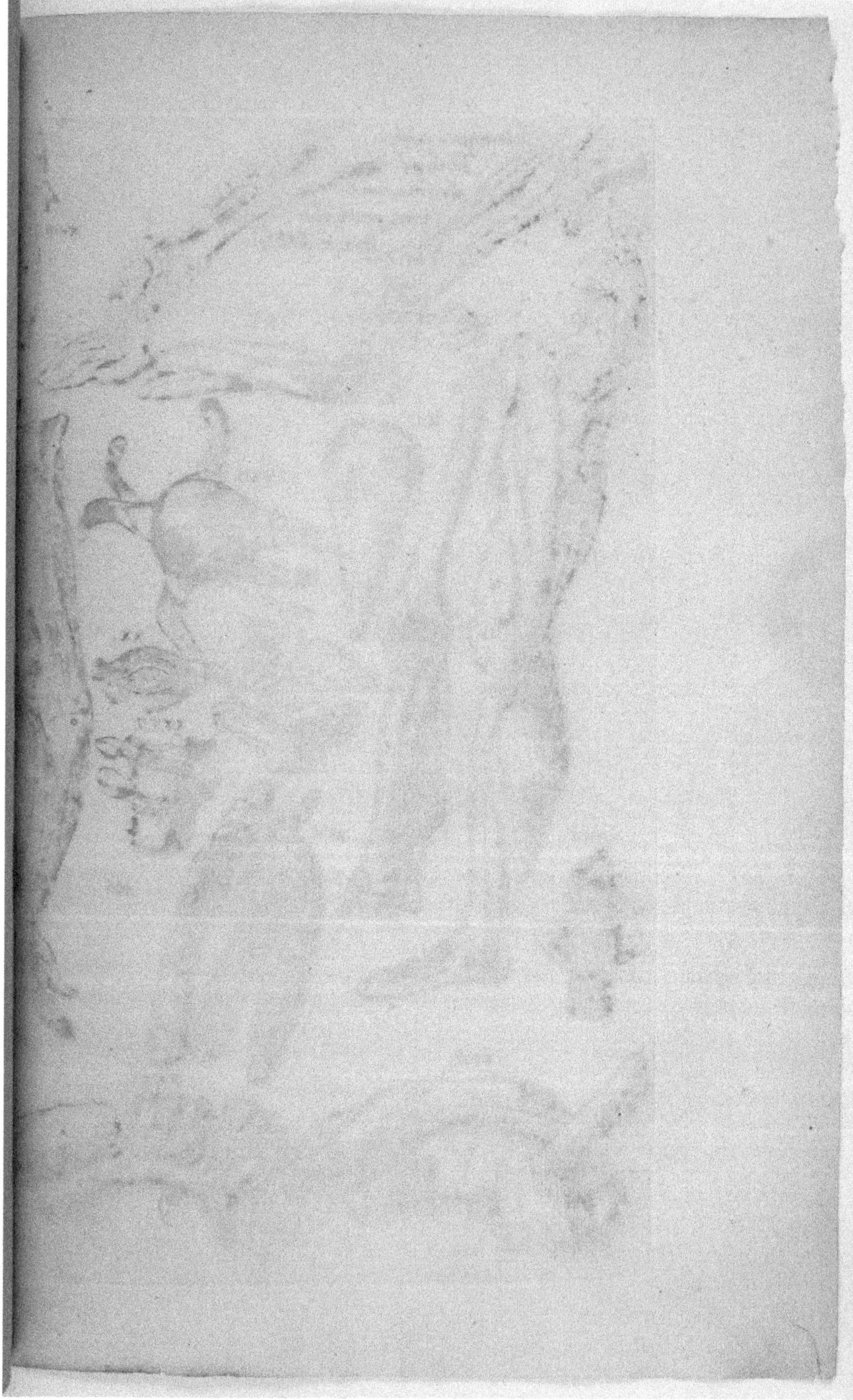

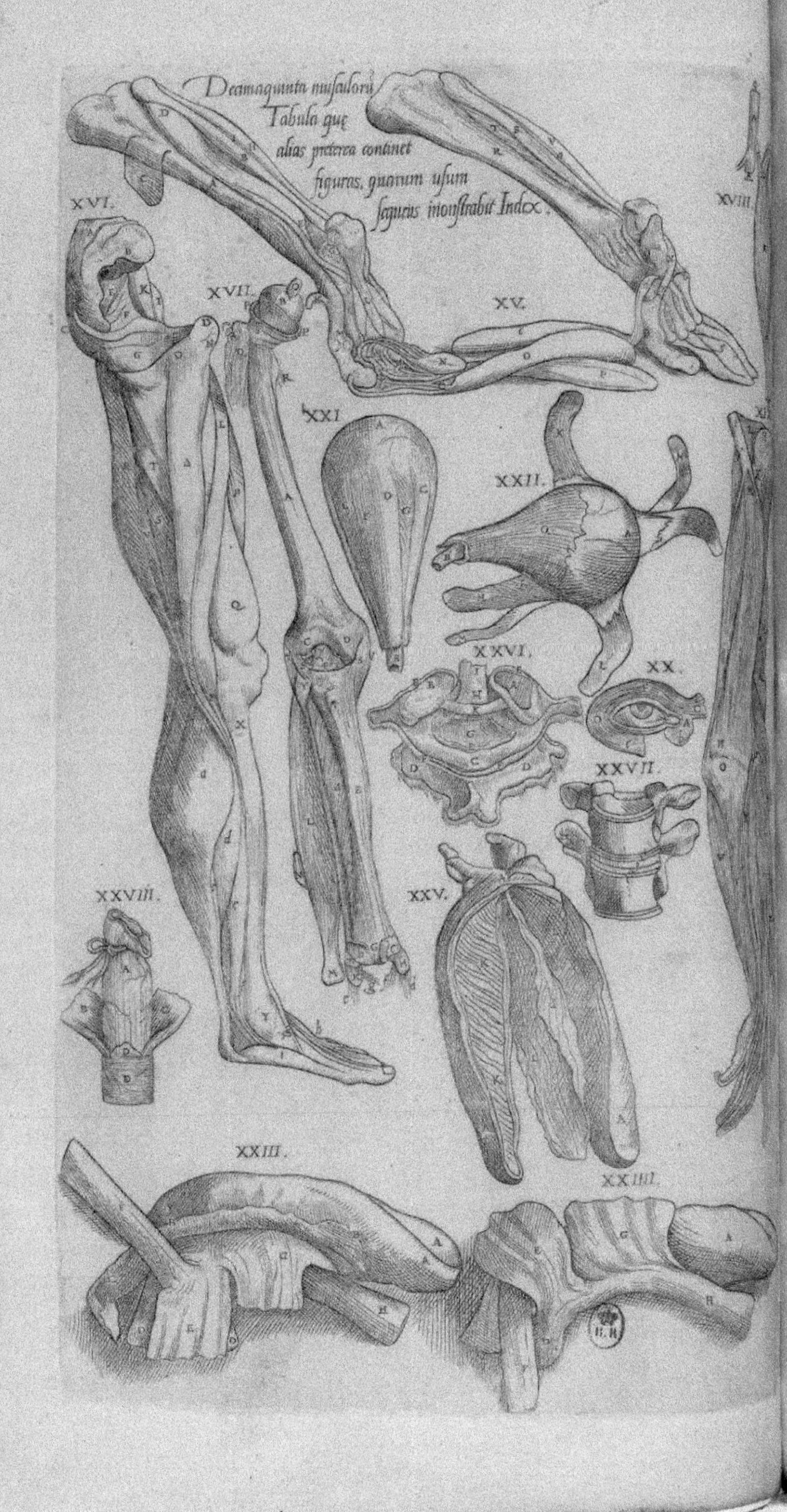

Decimaquinta musculorum
Tabula quę
alias præterea continet
figuras, quarum usum
sequens monstrabit Index.
XVI.
XVII.
XVIII.
XV.
XXI.
XXII.
XXVI.
XX.
XXVII.
XXV.
XXVIII.
XXIII.
XXIIII.

L'EXPLICATION DES CHARACTERES

merquez aux deux premieres figures de la quinziesme table
des muscles: sous le nombre   X V.

ES deux figures de ceste presente table merquees par X V sont gardees en la mesme façon, en laquelle la iambe droicte, & le pied de la figure qui est en la quatorziesme table se sont monstrez. Et suiuant l'ordre de la decouppeure, la premiere figure suit incontinent apres celle qui estoit merquee en la precedente table par △, & la seconde suit apres la premiere. L'explication de leurs characteres est en la maniere qui ensuit.

EN LA PREMIERE DES DEVX

A L'oz de la greue.

B L'oz de la sousgreue.

C Le muscle caché au iarret, est pendant à l'oz de la greue.

D Le cinquiesme muscle qui fait mouuoir le pied, son commencement est notté particulierement par D, & le tendon qui sort du costé de dedans ce muscle

E est notté par E.

F Le creux auquel est situé le tendon cause du flechissement du second entreneud du gros orteil.

G Le creux par lequel est porté le tendon du muscle, qui flechist les troisiesmes oz des quatre orteils.

H Le septiesme muscle qui fait mouuoir le pied.

I Le huictiesme muscle qui fait mouuoir le pied.

K L'attache du sixiesme muscle qui fait mouuoir le pied.

L L'amas musculeux qui flechist les premiers oz des quatre orteils.

M Les petits osselets qui sont posez au premier entreneud du poulce, & lesquels sont nommez à cause de la similitude qu'ils ont auec la semance de iugioline & sont accomparez à la façon d'vn demi pois chiche par les Arabes.

N La substance musculeuse qui enuoye vne portion à chasque costé de dedans des quatre orteils, & qui les fait approcher pres le gros orteil, est icy pendante à son attache.

O Le muscle qui flechist le second oz du gros orteil.

P Le muscle qui flechist les troisiesmes oz des quatre orteils.

Q Vne portion du tendon qui flechist le second entreneud du poulce est meslee auec le tendon qui flechist le troisiesme entreneud du second orteil.

LES CHARACTERES SVIuants sont particuliers à la seconde figuré.

R L'oz de la greue.

S L'oz de la sousgreue.

T Le lien membraneux, lequel attache la greue auec la sousgreue, la part ou ces oz s'eslongnét l'vn de l'autre.

V Le septiesme muscle qui fait mouuoir le pied, le tendon duquel se retire & se cache par dessous l'oz qui

X est semblable au dé, l'endroict ou est notté X. & l'attache qui fait en l'oz de l'auanpied qui soustient le gros orteil, est merqué par Y.

Y

a Le huictiesme muscle qui fait mouuoir le pied, & est caché sous le septiesme: son attache est merquee par

b b, & se fait en l'oz de l'auanpied lequel soustient le petit orteil.

I, 2, 3 Il y a trois creux merqués par ces trois characteres, par lesquels passent les muscles qui descendent du derriere de la iambe, iusques au bas du pied, celuy par lequel passe le cinquiesme qui fait mouuoir le pied, est merqué par 1. celuy par lequel est porté le tendon, qui flechist les quatriesmes oz des quatre orteils est merqué par 2: & celuy qui est faict pour le tendon par le moyen duquel la seconde ioincture du gros orteil est flechie, est merqué par 3.

c Le muscle qui estoit merqué en l'autre figure par D & E, est maintenant couché & pendant à son attache nottee par d, & est le cinquiesme qui fait mouuoir le pied.

d

e La masse musculeuse qui flechist les quatre premiers oz des quatre orteils, est maintenant pendante aux oz de l'auanpied, lesquels sont nuds & descharnés.

L'EXPLICATION DES CHARActeres merquez en la seiziesme figure de la quinziesme table des muscles.

NOVS eussions bien peu mettre la seiziesme figure des muscles incontinent apres la troisiesme: mais pourautant qu'elle ne represéte qu'vne partie du corps, nous auons esté d'aduis de la mettre en cest endroict. Par icelle est representé le dedans de la cuisse gauche, auec la iambe & le pied, n'estát encore descharné ou despouillé de ses muscles: aussi est l'oz du croupion auec celuy qui est attaché au costé gauche d'iceluy, ce que iay faict acelle fin que le dixiesme muscle qui fait mouuoir la cuisse, peut estre veu en quelque autre endroict, qu'en figures entieres, ausquelles il ne peut apparoistre en la partie qui occupe le dedans de l'oz barré & de l'oz de la fesse. Les characteres de ceste figure s'expliquent en la maniere qui ensuit.

A L'oz du croupion.

B Le costé de l'oz du croupion, auquel l'oz de la hanche droicte estoit attaché.

C Le lien qui passe de l'oz du croupion en l'aboutissement de l'oz de la fesse.

D Vne partie de l'oz barré du costé gauche, laquelle estoit attachee auec celle du costé droict.

E Le quatriesme nerf qui entre en la cuisse.

F Le dixiesme muscle qui fait mouuoir la cuisse, les trois parties duquel sont aucunemét distinguees par

G les characteres, E, F, G. Desquelles sort le muscle tout charnu à sçauoir du dedans de l'oz barré, & du dedans aussi de l'oz de la fesse, mais en la partie en

H laquelle est la lettre H ce muscle se retressit, puis se retournant par le creux qui est particulier en l'oz de la fesse, il est porté iusques à la grande saillie de l'oz de la cuisse.

I Icy est fort apparéte vne partie du septiesme muscle qui fait mouuoir la cuisse.

K Vne partie du sixiesme muscle qui fait mouuoir la cuisse.

L Le premier muscle qui fait mouuoir la iábe, la situatió duquel, en laquelle il aboutist en vn tédon pres la

M teste interieure de l'oz de la cuisse, est merqué par M.

△ Le second muscle qui fait mouuoir la iambe: le commencement duquel procedant de l'assemblage de

N,O l'oz barré est merqué par N, & O, & la partie en

laquelle il finiſt en vn tĕdon eſt merquee par M, encore que ceſte lettre, ſoit appoſee au premier muſcle.

P Le neufieſme muſcle qui fait mouuoir la iambe, apparoiſt quelque peu en ceſt endroict.

Q Le huictieſme muſcle qui fait mouuoir la iambe.

R Le troiſieſme muſcle qui fait mouuoir la iambe, le
tendon duquel peult eſtre notté par M ainſi que les
tendons du premier & ſecond. On peult dauantage
voir principallement en quelle partie les tendons
des muſcles ſ'attachent au deuant de l'oz de la greue.

S,T Le cinquieſme muſcle qui fait mouuoir la cuiſſe, ſa
partie de derriere eſt particulierement merquee par
S, & le derriere de la partie de deuant d'iceluy eſt
merqué par T.

V Le cinquieſme muſcle qui fait mouuoir la iambe.

X,Y La partie deſcharnee de l'oz de la greue, toutefois la
cheuille de dedans eſt particulieremĕt nottee par Y.

a,b Le premier muſcle q fait mouuoir le pied. Il deburoit
auoit vn b ſous le iarret pour monſtrer le ſecond qui
fait mouuoir le pied.

c Le tendon fort deſlié & greſle, lequel procede du
troiſieſme muſcle du pied.

d Le plus grand muſcle de ceux qui font le mollet de
la iambe : il eſt quatrieſme entre ceux qui font mouuoir le pied.

e Le muſcle qui flechiſt les troiſieſmes des quatre orteils du pied.

f Vne portion du cinquieſme muſcle qui fait mouuoir
le pied.

g Le tendon du ſixieſme qui fait mouuoir le pied.

h Les tendons qui eſtendent les orteils.

i Le muſcle qui retire en dedans le gros orteil d'auec
les quatre autres.

L'EXPLICATION DES CHARA-
cteres merquez en la diſeptieſme figure de la
quinzieſme table des muſcles.

LA diſeptieſme figure des muſcles eſt des
liens, & monſtre preſque toutes les differĕ-
ces d'iceux, repreſentant tout l'oz de la
cuiſſe, de la greue & de la ſouſgreue, auec
les liens qui y ſont encore attachez.

A,B L'oz de la cuiſſe, la teſte duquel qui entre dans la
boëtte de l'oz de la feſſe, eſt merquee par B, & les
deux teſtes d'embas, leſquelles ſont ioinctes auec la
C,D greue par C, & D.

E L'oz de la greue.

F L'apparente ſaillie de l'aboutiſſement ſuperieur de
l'oz de la greue, laquelle ſe met dans le creux, qui eſt
entre les deux teſtes inferieures de l'oz de la cuiſſe &
produict le lien qui ſera tantoſt merqué par X.

G Le creux de l'aboutiſſement inferieur de l'oz de la
greue, par lequel ſont portez pluſieurs tendons des
muſcles ſituez au deuant de la iambe.

H La cheuille de dedans.

I L'oz de la ſougreue, toutefois la cheuille de dehors
K eſt particulierement merquee par K.

L,M Par ces deux lettres le muſcle eſt notté, lequel eſt le
plus grand du mollet de la iambe, il eſt le quatrieſme
qui fait mouuoir le pied, & entre tous ceux du corps
il eſt le plus plombé en couleur, toutefois ſon attache
qu'il faict en l'oz du talon eſt particulierement mer-
N quee par M. & la lettre N monſtre vne petite portion de tendon du premier & du ſecond muſcle qui

font mouuoir le pied, laquelle ſ'aſſemble auec la quatrieſme qui fait mouuoir le pied, & ſ'attache auſſi
auec iceluy dedans le talon.

O Vn lien tout rŏd, lequel attache l'oz de la cuiſſe auec
celuy de la feſſe.

P,P Le lien qui entourne en rond l'emboyture de l'oz de
la cuiſſe, & de l'oz de la feſſe.

Q Quelques portions de liés, leſquels procedent de la
grande & exterieure ſaillie de l'oz de la cuiſſe, & ſe
perdent dans quelques muſcles, & principallement
dans le ſeptieſme qui fait mouuoir la iambe.

R Quelques petites portions de liens, leſquels procedent de la racine de la petite & interieure ſaillie de
l'oz de la cuiſſe, & ſe perdent principallement dans
le huictieſme muſcle qui fait mouuoir la iambe.

S,S Le lien mĕbraneux commun à toutes autres ioinctures, lequel enueloppe toute la ioincture du genouil,
excepté l'endroict, auquel eſt la rouelle d'iceluy.

T Le lien propre à la ioincture du genoil, lequel eſt
ſitué le long du coſté exterieur d'iceluy.

V Ce lien eſt auſſi propre & particulier à la ioincture
du genoil, & eſt ſitué le long de ſon coſté de dehors.

X Le lien qui procede de la ſaillie de l'oz de la greue, &
ſ'attache en l'oz de la cuiſſe.

Y Le lien qui attache la partie ſuperieure de la ſouſgreue, auec l'oz de la greue.

Z Le lié qui attache la partie inferieure de la ſouſgreue
auec l'oz de la greue.

a Le lien membraneux, lequel attache les deux oz de
la iambe, enſemble tout le long de leur conduicte en
laquelle ils ſe ſeparent.

b,c Icy eſt merqué le lien qui embraſſe les tendons en
maniere d'vn anneau, leſquels paſſent du deuant de
la iambe iuſques au deſſus du pied. Et à celle fin que
mieux l'on peut comprendre ſa nature, nous l'auons
diuiſé en long & repreſenté comme ſi l'vn des bouts
eſtoit retrouſſé.

d Le lien qui ſort de l'oz de la greue, & ſ'attache au talon : il maintient les tendons qui paſſent par ceſt endroict pour atteindre iuſques au plus bas du pied.

e Le lien deſcendant de la ſouſgreue dans le talon : il
eſt recouuert par les tendós paſſant par ceſt endroict
pour atteindre au bas du pied.

f Le lien tendroneux, lequel ſort de la cheuille de dedans, & ſ'attache au coſté interieur de l'oſſeller.

g Le lien auſſi tendroneux, lequel attache la ſouſgreue
auec l'oſſeller.

L'EXPLICATION DES CHARA-
cteres merquez en la dixhuictieſme figure de
la quinzieſme table des muſcles.

LA façon & compoſition du muſcle telle que
les Anatomiſtes l'ont donné eſt icy aucunement repreſentee : Car ce qui eſt entre Φ &
Ω Ω, eſt vne portion du nerf couppé par haut & par
bas, toutefois nous le monſtrerons mieux par l'explication des characteres.

A La portion du nerf lequel doit eſtre diuiſé en pluſieurs parties.

B Vn iecton du nerf merqué par A, lequel entre en la
corpulance & ſubſtance du muſcle.

C Le lien qui ſort de l'oz pour entrer en la cŏpoſition
du muſcle.

D La rencontre du nerf & du lien, laquelle ſe fait pout
la comp-

la composition du muscle:ils se diuisent icy en fibres,
& sont la teste du muscle.

E La partie en laquelle est la plus grande diuision des
fibres,& fait le ventre d'iceluy.

F Le rassemblement de la diuision des fibres & le commencement du tendon du muscle.

G Vne partie du tendon, laquelle s'attache en l'oz,le-
quel il doit faire mouuoir.

L'EXPLICATION DES CHARA-
cteres merquez en la dixneufiesme figure de
la quinziesme table des muscles.

LA dixneufiesme figure monstre les fibres des muscles,
qui recourent l'oz du bras, & les deux de l'auanbras, lesquelles sont descharnees: elle monstre aussi
le quatriesme nerf qui entre dans le bras, ce qui a esté fait à
celle fin que la nature & ordre de la composition du muscle
fust exprimee le plus pres du naturel qu'il est possible.

H La teste de l'oz du bras, laquelle est iointe auec le
palleron.

I Le quatriesme nerf qui entre dans le bras.

K Le commencemét du muscle qui estend l'auanbras,
lequel procede de la racine de la teste de l'oz du bras.

L Le cômencemét de l'autre muscle qui estend l'auanbras, lequel procede de la creste inferieure du palleron.

M L'endroict auquel le quatriesme nerf entrant dans le
bras enuoye des rameaux aux deux muscles qui esté-
dent l'auanbras.

N La fin des muscles qui estendent l'auanbras,ou l'attache qu'ils sôt en la saillie posterieure du sousauâbras.

O Vne partie de la saillie posterieure du sousauanbras,
laquelle est tousiours descouuerte de chair,& faict ce
que nous nommons le coude.

P Le quatriesme nerf entrát dans le bras se descouure
en cest endroict, ou il s'appuye au derriere de l'enleueure exterieure de l'oz du bras, & enuoye des rameaux aux muscles qui commencent en ceste partie
de l'oz du bras.

Q Cy est le commencement du muscle de derriere qui
flechist l'auanbras.

R La teste du muscle lôguet,lequel s'attache en l'aboutissement du susauanbras pres le poignet & retorne
en bas ledict susauanbras.

S Le muscle qui estend le poignet auec vn double tendon.

T L'autre muscle qui estend le poignet, & qui s'attache
en l'auanpoignet assez pres du petit doid.

V Le muscle situé le long du sousauanbras , c'est celuy
lequel flechist le poignet.

X Le muscle qui estend le second, troisiesme & quatriesme doid.

Y Le muscle par lequel principalement le petit doid
s'enstend.

Z La partie charnue du muscle, lequel diuisé en trois
tendons, en attache vn en l'oz du poignet, qui soustient le poulce, le second au premier oz du poulce,
& le troisiesme au second & troisiesme oz d'iceluy.

a Le muscle par le moyen duquel le poulce est amené
pres du second doid.

L'EXPLICATION DES CHARA-
cteres merquez en la vingtiesme figure de
la quinziesme table des muscles.

ENCORE que ces muscles ayent esté aucunement representez en la troisiesme table
sous les characteres C , D , & E : toutefois
nous en auons faict vne particuliere figure,
en laquelle le premier muscle de la paupiere est mer-
A,b,C qué par A, & son commencement par b & C.le se-
D cond muscle est merqué par D, & son commence-
e ment par e, puis le long assemblement des deux est
F notté par F.

L'EXPLICATION DES CHARA-
cteres merquez en la vingtvniesme & vingt-
deuxiesme figure de la quinziesme table
des muscles : esquelles les muscles des
yeux sont representez.

POVR autant qu'il ne nous a pas esté possible de
representer les muscles des yeux es figures entieres,
à cause que pour les voir,il est necessaire de les tirer
hors de la teste , nous les auons representez à part
en ceste table. Parquoy la premiere figure monstre encore l'vn
des costez de l'œil auec ces muscles situez en leur lieu naturel.
La seconde monstre les six premiers muscles de l'œil pendans
à leur attache & couchez par terre:le septiesme estant encore
à l'entour du nerf de la veüe. Les nombres adioustez monstrent seullement,laquelle des deux figures est merquee.

A,1,2 Le deuant de l'œil auquel l'arc de la veüe est situé.

B,1,2 Le nerf de la veüe est couppé l'endroict auquel il cô-
mence à sortir de la teste,& à entrer dans l'œil.

C,D,E,1 Il se descouure trois muscles en ce coste,n'estât toutefois aucun muscle encor tiré hors de sa place.

F,G,1 Il se descouure en ce costé deux des entredeux des
six premiers muscles,lesquels sont pleins de gresse.

H,I,K,L Les six premiers muscles de l'œil : toutefois celuy le-
M,N,2 quel particulierement fait mouuoir l'œil vers haut
est merqué par H, celuy qui le fait mouuoir vers bas
par I : ceux par lesquels il se tourne par M & N, celuy par lequel il est tiré vers le grand anglet par K,&
l'autre,qui le tire au petit coing, par L.

O,2 Le septiesme muscle de l'œil n'est aucunement separé d'auec le nerf de la veüe, toutefois il est du tout
descouuert de la gresse qui l'enuironne.

L'EXPLICATION DES CHARA-
cteres merquez en la vingtrois,vingtquatre,
& vingtcinquiesme figure de la quin-
ziesme table des muscles.

LA vingttroisiesme figure represente le costé droict
de toute la langue & de ses muscles, separez du
reste du corps : elle monstre aussi au plus pres la
nature & la situation des muscles du costé droict,
autant qu'il est possible de le representer. La vingt & quatriesme represente le mesme que la vingttroisiesme , toutefois
à fin que la nature du premier & du neufiesme muscle de la
langue apparust dauantage en ceste cy qu'en l'autre,nous auôs
retroussé vers haut le troisiesme & septiesme muscle de la
langue,& le cinquiesme est encore pendant à son attache.
La vingtcinquiesme represente les neuf muscles de la langue descouppez estant icelle diuisee en long, & son lien re-
couppé de l'vn & de l'autre corps d'icelle, desquels la face
apparoist continuee par le mesme lien. Bref la langue de
l'homme, & sa construction est ainsi representee, d'autant
qu'il nous a esté possible par la peincture. Les nombres adioustez aux characteres nous aduertissent de la premiere, ou de

M

la seconde, ou de la troisiesme figure, ou de toutes trois ensemble.

A,A,A, 1,2,3 La partie de la langue apparoissante dans la bouche ouuerte deuant la decouppeure, laquelle est encore recouuerte, de la membrane qui luy est commune auec toute la bouche, la gueule & le sifflet.

B,B,1 Ceste ligne monstre vne partie de la membrane susdicte, laquelle est couppee d'auec la bouche vers les costez de la machoire d'embas. Le reste de la langue qui est par dessus la ligne, est encore recouuerte de ceste membrane, mais celle qui est au dessous ne l'est pas comme aussi iamais elle ne l'est.

C,1 Vne portion de la membrane susdicte, laquelle nous auons couppee au fond du palais auec la langue.

D,D,1,2 Le premier muscle de la langue.

E,E,1,2 Le troisiesme muscle de la langue.

F,F,1,2 Le cinquiesme muscle de la langue.

G,G,1,2 Le septiesme muscle de la langue.

H,H,1,2 Le neufiesme muscle de la langue.

I,3 Le lien de la langue, auec lequel les fibres des corps de la langue se continuent.

K,K,3 La resemblance des fibres du corps droict de la langue.

L,L,3 La resemblace des fibres du corps gauche de la lague.

L'EXPLICATION DES CHARA-
cteres merquez en la vingtsixiesme figure de
la quinziesme table des muscles.

ESTE presente figure monstre le derriere de la premiere, & de la seconde roüelle du col, auec les liens d'icelles, dont l'explication des characteres ensuit.

A,B,C La premiere roüelle du col ioincte auec la seconde: toutefois le creux du costé droict de ceste roüelle, lequel reçoit l'enleueure droite de l'oz de derriere la teste est particulierement merqué par A, & le gauche, dans lequel entre l'enleueure gauche par B. Et l'endroit de ceste roüelle auquel toutes les autres ont vne espine par C.

D,D,G, H La seconde roüelle du col.

E,E,E Le lien membraneux, lequel attache la premiere roüelle, auec l'oz de derriere la teste.

F,F Le lien membraneux, lequel attache la premiere roüelle auec la seconde.

G Le corps de la seconde roüelle, dont il sort vn piuot.

H Le piuot, ou la saillie aigue de la seconde roüelle.

I Vn lien tout rond lequel sort du piuot, & s'attache contre l'oz du derriere de la teste.

K Le lien trauersant qui maintient le piuot, & qui à raison d'iceluy, est couché dans la premiere roüelle.

L'EXPLICATION DES CHARA-
cteres merquez en la vingtseptiesme figure de
la quinziesme table des muscles.

A vingtseptiesme figure represente le deuant de deux roüelles tirées hors le coffre du corps d'vn ieune enfant.

1 Le tendron de la roüelle superieure, lequel est entre icelle roüelle & son aboutissement d'embas.

2 L'aboutissement de ceste roüelle.

3 Le lien tendroneux qui est entre les aboutissements de la roüelle d'enhaut & de celle d'embas.

4 L'aboutissement superieur de la roüelle d'embas.

5 Le tendron qui attache le susdict aboutissement auec sa roüelle.

L'EXPLICATION DES CHARA-
cteres merquez en la vingthuictiesme figure de
la quinziesme table des muscles.

Des muscles du boyau droict.

A partie du boyau droict auec ses muscles est couppee d'auec le reste du corps, & est celle que l'on a accoustumé de laisser dans le corps, lors mesmes que l'on tire le reste des boyaux: elle est merqué par A.

B,C Les deux muscles qui retirét le siege vers haut, apres qu'il a poussé les ordures dehors.

D Vne substance musculeuse attachee en la racine de la verge, & és femmes en la partie plus basse de leur nature. Dauantage l'endroit dont il sort deux muscles pour la verge, est aussi merqué par D.

E Ce muscle est tout rond, & empesche que les ordures ne sortent, outre le gré de l'homme.

L'EXPLICATION DES CHARACTERES
merquez aux quatorzes figures du neud de la gorge.

E deuãt de l'oz semblable à la lettre grecque υ est représenté en la premiere figure & est du tout descouuert de ses muscles: aussi est la partie interieure du neud de la gorge & du tronq du sifflet, qui est le long du goster: toutefois il n'y a aucun muscle encore leué au neud de la gorge, & ceux qui apparoissent merquez de characteres seront expliqués cy apres.

La seconde figure nous represente au costé droit presque le mesme que la premiere: toutefois nous n'auons pas retenu si grande portion du tronq du sifflet, & si nous auons couppé les costez d'enhaut de l'oz semblable à la lettre grecque υ.

La troisiesme est du tout semblable à la seconde, sinon entant qu'elle monstre par derriere ce que l'autre representoit à costé. toutefois nous auons laissé tout expres les costez d'enhaut de l'oz semblable à υ tout ainsi comme en la premiere.

La quatriesme represente le deuant du neud de la gorge, auec vne portion du tronq du sifflet, estant l'oz semblable à υ re-couppé du tout, auec les muscles qui procedét de l'oz de la poictrine, & s'attachant en iceluy, & au neud de la gorge. Nous y auons donques reserué le cinquiesme & sixiesme muscle en nombre, & les communs du neud de la gorge, auec ceux qui sont particuliers au couuercle d'iceluy:

La cinquiesme n'est aucunement differente de la quatriesme, quant à l'ordre de la descoupeure, & represente fort bien à costé gauche ce que la quatriesme monstre en deuant.

La sixiesme represente le derriere du neud de la gorge, tellement separé du tronq du sifflet qu'il n'y reste aucune portion de la gueule, n'y d'aucun muscle commun, cependãt toutefois, il n'y a aucun tendron de ce neud de gorge qui ait encore changé de lieu.

La septiesme represente tellement le costé dextre du neud de la gorge que desia son couuercle est couppé auec les muscles qui attachent le second tendron auec le premier. Dauantage la saillie inferieure du premier tendron est separee d'auec le second en ce costé: & le premier se descouure en deuant comme

il estoit

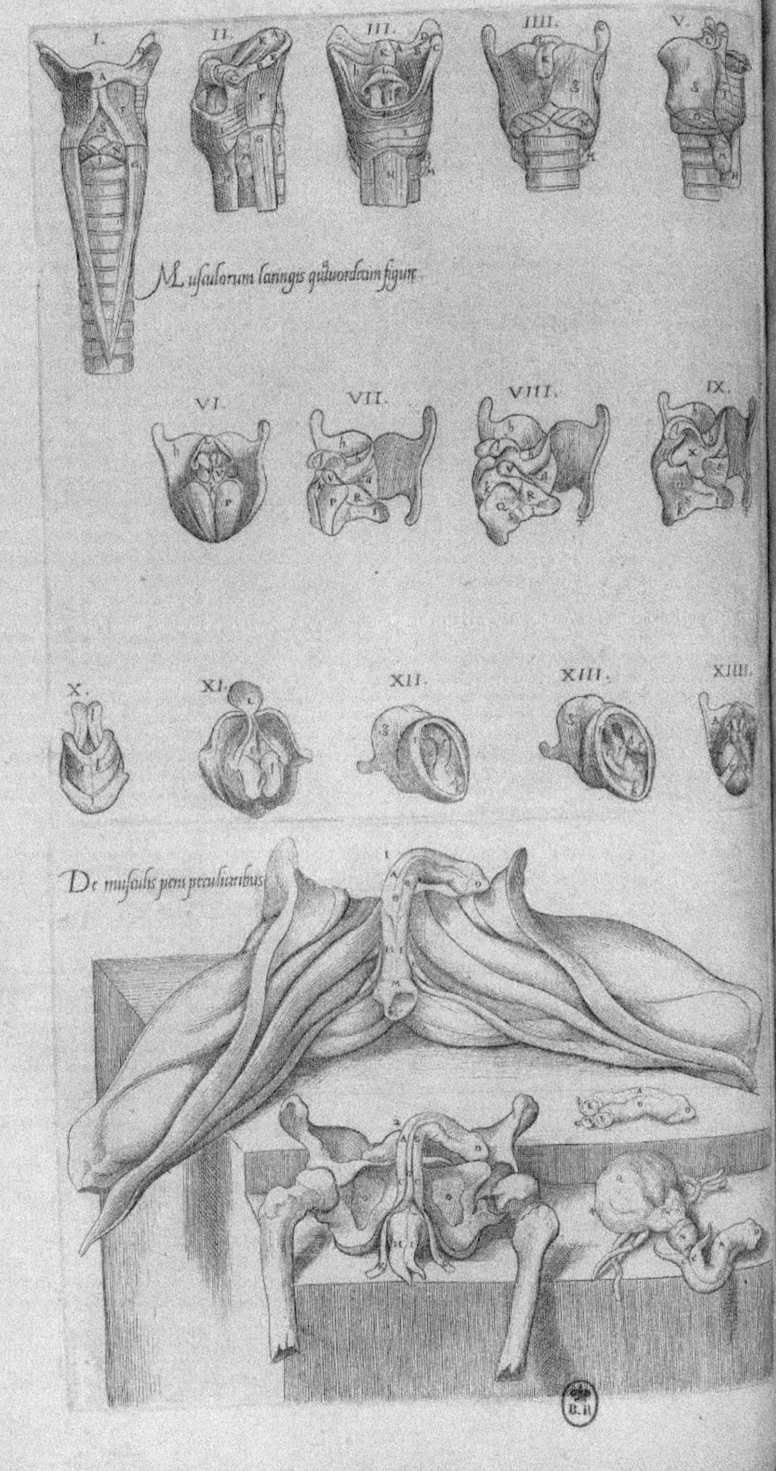

I.
II.
III.
IIII.
V.
Musculorum laringis quatuordecim figurae.
VI.
VII.
VIII.
IX.
X.
XI.
XII.
XIII.
XIIII.
De musculis penis peculiaribus
B.ii

fil estoit reflechi du second, tellement que le millieu du premier tendron est du tout descouuert par le derriere.

La huictiesme est differente de la septiesme en ce que nous auons leué les muscles droicts des quatre, qui attachent le troisiesme tendron auec le second, lequel aussi apparoist beaucoup plus descouuert.

La neufiesme derechef est differente de la huictiesme, en ce que outre les muscles susdicts, nous auons leué les quatre obliques, qui attachent le troisiesme tendron auec le second, & deux autres encores qui estoyent attachez au soubassement du troisiesme tendron, & auons seulement reserué auec les trois tendrons les muscles qui attachent le troisiesme tendron auec le premier.

La dixiesme se descouure par le deuant du neud de la gorge, ayant seulement osté le premier tendron & laissé le second & le troisiesme auec les muscles qui attachent le troisiesme contre le premier.

L'onziesme ne sert point à monstrer les muscles du neud de la gorge, mais nous l'auons icy apposee pour representer auec les deux suiuantes la languette du neud de la gorge. En icelle donques est monstré le neud de la gorge separé d'auec le tronq du sifflet & de ses muscles communs, lequel est couché sur la partie de derriere, & ayant reserué encore son couuercle il represente toute sa face de dessus.

La douziesme est differente de l'onziesme en ce qu'elle monstre la partie inferieure du neud de la gorge.

La treziesme a cecy de particulier outre la douziesme: c'est qu'elle represente la petite anche, ou languette du neud de la gorge vn peu plus reserree & fermee. Au reste l'explication des characteres est telle qu'il ensuit.

,1,2 L'oz semblable à la lettre grecque υ, lequel n'est encore du tout desnué de ses petites membranes.

,2,3 Le costé d'embas de l'os susdict, lequel est attaché à la saillie superieure du tendron semblable à l'escusson

,3,4 lequel est notté par C en la seconde, troisiesme & quatriesme.

,1,3 Le costé superieur de l'oz semblable à la lettre grecque υ, lequel a esté couppé d'auec la seconde figure

E,2 l'endroit ou on voit E.

,1,2 Le muscle procedant de la partie inferieure de l'oz semblable à la lettre grecque υ, lequel s'attache en la partie inferieure du premier tendron. Celuy du costé droit & du costé gauche est apparent en la premiere figure, & celuy du costé droit l'est seulement en la seconde.

,1,2 Le muscle procedant du haut de l'oz de derriere, lequel est porté iusques au bas du premier tendron. Celuy du costé droit & celuy du costé gauche apparoist en la premiere figure, mais le dextre apparoist seulement en la seconde.

,3,5 La gueule.

,3,5 Le muscle procedant du derriere de la gueule, lequel s'attache au costé du premier tendron.

La troisiesme figure monstre celuy du costé droit, & presque tout celuy du costé gauche, toutefois elle monstre principallement le commencement des deux. La seconde monstre celuy du costé droit, & une petite portion du gauche, l'attache duquel est representee en la cinquiesme tout ainsi comme l'attache des deux l'est en la premiere & en la quatriesme.

,3,4 Deux muscles procedants de l'oz semblable à la lettre grecque υ & attachez en la racine du couuercle du neud de la gorge.

,2,3,4,5,6,& 11 La luette, ou le couuercle du neud de la gorge.

,3,4,5 Les glandes attachees en la racine du neud de

la gorge, & aux costez du sifflet.

N,1,4 Le muscle qui passe du premier tendron au second, ou le muscle exterieur qui attache le premier tendron auec le second. Vne partie du droit & du gauche se descouure en la premiere figure: & l'vn & l'autre tout entier en la quatriesme.

O,S Le muscle gauche passant du second tendron au premier, ou le muscle exterieur, qui attache le premier tendron auec le second.

P,6,7 Le muscle qui commence en la partie de derriere du bas du second tendron, & s'attache au troisiesme tendron. Celuy du costé gauche, & celuy du costé droit apparoist en la sixiesme figure: mais la septiesme ne monstre que le dextre & aucunement le senestre.

Q,8,9 L'assiette du muscle susdict.

R,7,8 Le muscle du costé droit passant du costé du second tendron au troisiesme.

S,8,9 Le creux du second tendron contre lequel est attaché la saillie inferieure du premier tendron merquee

T,8,9 par T.

V,6,7,8 Le muscle situé au soubassement du troisiesme tendron. Les deux sont representez en la sixiesme: celuy du costé droit est vne portion du gauche en la septiesme, & celuy du costé droit seulement en la huictiesme.

X,9 Le creux dans lequel est situé le muscle, qui occupe en l'autre costé le soubassement du troisiesme tendró & a esté merqué par V.

a,7,8,9,10 Le muscle qui procede de toute la longueur du premier tendró, & s'attache au troisiesme: ou le muscle qui assemble le premier tendró auec le troisieme. Celuy du costé droit est merqué par a en la dixiesme figure, & celuy du costé gauche par b

b,7,8,9,10 la ou desia le premier tendron est leué. Mais en la septiesme, huictiesme, & neufiesme le muscle du costé droit est entierement notté par a, & la partie superieure de celuy du costé gauche par b.

c,11 La partie superieure de la languette ou de l'anche située au millieu du neud de la gorge.

d,13 La partie inferieure de la languette.

e,12,13 Deux creux, ascauoir vn de chasque costé, lesquels se retirent au dessous, & au costé de l'anche, ou languette lors quelle se ferme.

f,13 Vn cal apparoissant au milieu de l'âche, l'endroit ou principallement elle se rapproche.

g,1,2,4,5,12,13 A celle fin que les tendrons n'estants merquez de characteres n'apportent quelque obscurité nous les merquerons. g donques monstre le premier tendron, lequel se monstre en deuát en la 1,2,4,5,12, & 13.

h,3,6,7,8,9 Le derriere du premier tendron.

i,1,2,4,5,7,8,9,10,12,13 La partie anterieure du secód tédron.

k,6,7,8,9,11,12,13 Le derriere du second tendron.

l,2,3,6,7,8,9,10,11 Le troisiesme tendron.

EN LA QVATORZIESME FIGVRE.

La quatorziesme figure est differente de la sixiesme en ce qu'elle monstre particulierement les muscles, lesquels i'ay veu quelque fois passer de l'espine du second tendron aux saillies inferieures du premier. Parquoy le premier tendron du neud de la gorge est

A,A,B merqué par A, & A: & l'espine du second tendron par B. puis les muscles procedants de l'espine du second tendron, & attachez au premier par C & D.

C,D

L'EXPLICATION DES CHARACTERES
merquez en la table des muscles de la verge.

A premiere figure qui est estendue sur la table & qui descouure tout l'entrefesson represente les cuisses fort estẽdues à costé, auec tout le corps de la verge, duquel à esté separée la bource, les couillos, la peau, la gresse, les veines, les nerfs, & les arteres: elle est merquée par 1.

2 La seconde figure monstre aucunement les os descharnez, lesquels sont ioincts aux costez de l'os du croupion, & sont nommez les os des hanches, de la fesse, & les os barrez, ausquels aussi il pend vne partie des os des cuisses auec les muscles du siege, ou fondement, & de la verge, lesquels nous auons representez comme pendants à leur origine, à celle fin que le commencement du corps de la verge, & le conduit commun à la semence & à l'urine fust apparoissant, l'endroit ou il se resleschit & retourne vers hault par dessous l'os barré.

3 La troisiesme represente la verge couppée de trauers, ce qui a esté fait, à celle fin que la substance des corps de la verge, l'assemblement & conionction du conduit de l'urine fust manifestement exprimé.

4 La quatriesme figure represente la verge toute entiere estendue auec la vessie: ce que nous auons faict, à celle fin que le muscle particulier à la vessie fust representé.

A,B,1,2, 3,4   Les deux corps de la verge, lesquels la composent aucunement.

C,C,1,4 Le commencement des deux corps de la verge.

D,1,2,3, 4   La teste de la verge, laquelle est nõmée par quelques vns, le prepuce, ne voulants donner ce nom a la peau qui la recouure.

E,E,3 La substãce spõgieuse & rouge des corps de la verge.

F,3 L'assemblemét des deux corps de la verge, auec leur substãce nerueuse, laquelle recouure en rond la substance spongieuse d'iceux.

G,1,2,3 Le conduit de la vessie commun a l'vrine & a la semence.

H,I,1,2 Les deux premiers muscles de la verge situez en leur place naturelle en la premiere figure, & pendants a leur commençement en la seconde.

K,L,1,2 Les deux autres muscles de la verge, ou le troisieme & quatriesme d'icelle, situez & posez en leur entier en la prieme figure, mais pendants a leur origine en la seconde.

M,1,2 Le muscle qui embrasse en rõd la fin du boyan droit, & qui est destiné pour l'euacuation des ordures.

N,4 Le muscle du col de la vessie, lequel empesche que l'vrine ne sorte outre nostre volonté.

O,O,2 La membrane qui remplist les pertuys de l'os barré.

P,2 Le lien rond & longuet, passant de l'os de la fesse, en en la teste ronde de l'os de la cuisse.

Q,4 Le corps de la vessie.

R,4 Le corps glanduleux, lequel reçoit l'attache des conduits qui portent la semence.

S,S,4 Ce sont petites portions des conduits, par lesquels l'vrine est portée depuis les roignons iusques en la vessie.

T,T,4 Ce sont petites portions des conduits, par lesquels la semence est iectée au col de la vessie.

Nous n'auons point mis de characteres es muscles de la premiere figure, lesquels embrassent la cuisse, pour autant qu'ils sont merquez diligemment dedans les tables des muscles.

L'EXPLICATION DES CHARACTERES
merquez en la figure de la vene portiere desnuee de toutes les parties qui luy sont attachees.

A,A,A
A,A
1,2,3,4,5

ES racines de la veine portiere esparses par la substance du foye, sont merquees par ces cinq lettres, elles representent presque tout le creux du foye. Les cinq rameaux de la veine portiere (si ce n'est qu'il y en ait moins) par lesquels le trõc d'icelle est fait: ou biẽ ausquels ledict tronc se diuise premieremét en la substance du foye.

B L'endroit plus ample de la veine portiere, desia sortie dehors la substance du foye.

C,C Deux petis rameaux qui sont enuoyez en la vessie du fiel, située au creux du foye.

D La veine qui s'estend au derriere de l'emboucheure inferieure de l'estomach.

E La veine portiere est diuisée en cest endroit en deux gros rameaux.

F Le rameau du costé gauche, lequel est plus esleué.

G Le rameau du costé droit, lequel est plus bas.

H La veine qui est portée au costé droit de l'estomach, & qui enuoye de neud en neud des petis iectons en cesté partie, & en la mébrane superieure de la coiffe.

I La veine qui est enuoyée au boyau douzedoittier & au commencement du boyau vuide.

K Le rameau qui se pert en quelques petis iectons en la partie dextre du costé plus esleué de l'estomach.

L La veine qui se pert en la partie dextre de l'inferieure membrane de la coiffe, & en l'endroit du boyau cuillier qui passe en ceste part.

M Quelque petit reiecton de veine procedát du tronc gauche, lequel se pert dans le corps glanduleux, qui est attaché dans la membrane inferieure de la coiffe.

N Vne veine fort apparoissante, laquelle mõte en bies par dessous l'estomach, l'endroit ou il s'appuye contre le dos iusques a son embouchure d'enhault, a laquelle auãt que paruenir, elle iecte de chasque costé,

O,O vn iecton merqué par O, & distribué a l'estomach, la part ou il est appuye contre le doz. Le retour que fait ceste veine par le costé droit de l'embouschure, ius-

P ques au deuant de l'estomach, est merqué par P. Et le reste de ceste veine qui embrasse l'embouschure

Q en façon de couronne, est notté par Q.

L'ombre par laquelle nous auons aucunement accompagné ceste veine, distingue la partie d'icelle conduicte par derriere & plus profondement d'auec l'autre, qui est portée en deuant & plus apparoissante a l'oeil, ce qui sera aussi fait es portraicts des nerfs & des arteres.

R Le rameau de la veine qui embrasse l'embouschure superieure de l'estomach, lequel se cõduisant par les parties superieures d'iceluy, enuoye quelques iectõs en l'embouschure d'embas, & plusieurs autres petis rameaux dispersez en chemin aux parties de deuant & de derriere de l'estomach.

La veine

Prima huius tractatus fig.
Vna parte ortum progressi
que pseferens

S La veine aucunement grande, laquelle se separe en
vne infinité de rameaux dás la membrane inferieure de la coiffe, & au boyau cuillier la part ou il passe
contre l'estomach.

T La diuision du tronc senestre, faicte la part ou il doit
entrer dans la ratte.

V La petite veine qui se distribue en la partie senestre
de l'inferieure membrane de la coiffe, & la racine de
laquelle est seulement pourtraicte en la figure entiere, pourautant qu'il n'y a point de place au dessous:
toutessoys nous auons representé son estédue en vne
figure à part mise à costé, en laquelle la veine qui entre dans la ratte, & qui est couppée aux deux costez,
est merquée par T & ceste cy par V.

X Ceste veine sort de celles qui se perdent en la partie
superieure de la ratte, & est distribuée au costé gauche de l'estomach.

Y Vne veine est icy representée pareille à celle qui a
esté notée par XX.

Z Ceste veine est dispersée en la partie senestre du fõd
de l'estomach, auquel elle enuoye plusieurs iectons:
comme aussi elle fait en la membrane superieure de
la coiffe.

a,a La distribution des veines, laquelle se fait en la corpulence de la ratte, est merquee par ces lettres, & est
en telle abondance que facilemét elle la represente.

b,b La premiere diuisió du tronc dextre de la veine portiere, laquelle s'espand dedans l'entreboyau en vne
infinité de rameaux couchez çà & là diuersement,
auant qu'ils aboutissent aux boyaux. Ces veines ainsi
disposées par l'entreboyau sont nommees par quelques vns metoyennes, laictieres & meseraïques, c'est
à dire situees entre les boyaux.

c La veine qui costoye le boyau cuillier la part ou il est
continué au boyau droit.

d,d La veine qui passe sous le boyau droit est merquee
par ces lettres ensemble les rameaux, qu'elle luy enuoye en passant.

e,e Les reiectons qui entournent la fin du boyau droit.

L'EXPLICATION DES CHARA-
cteres merquez en la figure de toute
la veine creuse.

A,A Es trois lettres monstrent la branche qui sort
de la veine creuse, la part ou elle est attachee
auec le foye, ensemble l'infinité de rameaux ti-
rans au costé gauche, & distribuez çà & là en la partie bossue d'iceluy. Nous n'auons point appolé de
characteres à l'autre rameau, qui est disposé semblablement au costé droit: comme aussi nous n'auons
fait aux rameaux qui sortent du costé droit de la veine creuse, & qui sont esgaux en chasque costé, n'ayãts
rien de particulier en l'vn plus qu'en l'autre. Ce que
nous auõs fait de crainte que la multitude des lettres
n'obscurcist le pourtrait: tellemét que le costé droit à
beaucoup moins de characteres, q̃ n'a pas le gauche.

a Vne pareille branche gresle, sortant de la veine creuse est distribuee par le foye au dessous de celles qui
sont merquees par A.

B La partie de la veine creuse qui est entre le foye, &
l'entredeux trauersant.

C Le branchage senestre des deux que la veine creuse
enuoye à l'entredeux trauersant, desquels aussi il sort
quelques iectós aboutissans à l'enueloppoir du cœur.

D L'embouchure de la veine creuse en la dextre capacité du cœur.

*Ie voudrois volontiers que l'on examinast diligemment cest
endroit, & que l'on contemplast soigneusement tout le portrait de la veine creuse, à celle fin de bien aduiser si l'on doit
plus tost estimer que le commencement d'icelle soit à ceste embouschure: ou bien en la partie du tronc merqué par A & a,
laquelle descend en bas par le derriere du foye, & se recourbe
pour l'amour de luy vers le costé droit, à sçauoir d'autant que
l'assiette du foye (auec lequel le tronc de la veine cãue est attaché) se retire du millieu des roüelles, vers le costé droit.*

E La veine qui entourne, en maniere de corõne, tout
le soubassement du cœur & enuoye vers bas par le
dehors de la corpulence d'iceluy plusieurs iectõs qui
aboutissent iusques à sa poincte: elle est appellee par
les grecs, Stephaniee ou couronnale: & encore qu'il
semble en ceste figure, qu'elle sort de deuant de l'embouschure de la veine creuse, si est ce que tousiours
elle sort du derriere: car elle est seule en cest endroit.
Cecy se pourra voir en la VII figure du cœur sous
la lettre G.

F,F La veine sans compagne, laquelle sortant du costé
droit de la creuse descend vers bas le long du costé
dextre des roüelles, presques iusques à la seconde
roüelle des reins.

G,G Ces deux lettres mises aux deux costez de la veine
sans compagne, mõstrent les rameaux d'icelle, à sçauoir ceux qui s'estendent par l'entredeux des costez
& enuoyent des iectons en la moëlle de l'espine, aux
muscles couchez le long des roüelles & des costez,
& aussi iusques aux membranes qui enuironnent la
capacité du coffre.

H La mipartition de la veine creuse, laquelle se fait
sous la partie superieure de l'os de la poictrine pres la
gorge.

I La veine appuyee sur la premiere coste du coffre, laquelle est portee en trauers iusques à l'aisselle, & fait
l'aiscelliere du bras, apres auoir produit quelques
iectons.

K La petite veine qui enuoye quelques rameaux en la
membrane qui enuironne aucunes costes superieures de son costé.

L La veine qui descend par dessous le costé gauche de
l'os de la poictrine iusques en la partie superieure du
ventre, & laquelle enuoye des rameaux aux entredeux des tendons des vrayes costes, puis en la membrane de son costé, laquelle enuironne le coffre: aux
muscles couchez le long de la poictrine & en la parfin iusques à la peau du ventre. Elle espand son principal rameau par dessous le muscle droit du ventre,
lequel finissant en petis iectós au dessus du nombril,
regarde les bouts d'vne autre veine qui se conduit
de bas en haut, & qui sera merquee par T, à sçauoir

M en l'endroit auquel nous auons mis M.

N,N La veine qui monte dedans le taiz, & passe par les
pertuys des saillies trauersantes des roüelles du col:
elle enuoye des iectons à chasque neud dedans la
moëlle de l'espine: comme elle fait aussi aux muscles
attachez contre les roüelles du col, mais encore que
nous ayons pris peine de representer en cest endroit
comme elle se perd en la dure mere du cerueau, toutefois on le pourra aussi bien voir & entendre en la
sixiesme figure particuliere au cerueau, comme aussi
toutes les entresuittes des veines qui entrent dans le
taiz.

N

O La veine aucunement dispersee en plusieurs iectons
dedans les muscles situez pres les roüelles du bas du
col, & du haut du coffre.

P La veine esparse par les muscles situez le long de la
poictrine par le cuir de ceste partie, & en la parfin
par la mammelle.

Q La veine qui se porte par le derriere du coffre, par le
creux du palleron & par les muscles circonuoisins.
Les petites veines dispersees le long des glandes des
aisselles sont prochaines de ceste cy: desquelles nous
en auons exprimee vne entre P & R.

R Le rameau qui descend embas le long du costé du
coffre, & qui est principallemēt distribué au muscle,
par lequel la cauité posterieure de l'aiscelle est fermee, & par lequel aussi le bras est retiré vers bas en
arriere.

S La goseliere de dedans, laquelle espart des gresles reiectons aux costez du sifflet, & aux nerfs qui passent
par ces endroits. Ce qui reste d'icelle outre quelques
iectons, monte dedans le taiz, & se separe diuersement, ainsi cōme nous poursuiurōs en la description
des conduits du cerueau.

T La goseliere exterieure & superficiere.

*Quelques vns nomment les veines goselieres (nommees par
les Grecs sphagitides) celles qui sortent incontinent de la mipartition de la creuse, laquelle est faicte en la capacité du coffre, sous la partie superieure de l'oz de la poictrine. Quelques
autres ne veullent pas notter toutes ces veines ou trongs entiers de ceste diuision du nom de goseliere: mais seullement ce
qui sort d'icelles au dessus des clauettes, & entre dedans le col.
Nous lisons es interpretes Arabes ces veines goselieres estre
presque tousiours nommees Guides, Guades, & du non grec
corrompu Sphragitides, iuueuilles, pensiles, organiques, subeti-
ques, vertigineuses, apoplectiques, et veines du somme. Et ainsi
nomment ils aussi bien les interieures que les exterieures, desquelles ils nomment celles cy apparoissantes, & les autres en-
fondrees, & cachees. Au reste i'ay faict icy portraire la suitte
de la goseliere exterieure, telle qu'elle m'a apparue le plus souuent, a sçauoir montant simplement par le costé du col, & enuoyant seullement quelques iectons es parties circonuoisines.*

V La distribution de la veine goseliere exterieure faicte
pres le gauion.

X Le rameau de la veine goseliere exterieure, laquelle
entre au dedans de la bouche & se separe diuersemēt
au neud de la gorge, aux muscles de l'oz semblable
a v, en la langue, au palais, en la capacité des narines:
& en la parfin il fait entrer trois iectons dedās le taiz,
& en enuoye quelques autres aux yeux.

Y Le rameau de dehors sortant de la diuision de l'exterieure goseliere faite pres le gauion, & esparse en
vne innombrable entresuitte de petites veines par
les muscles de la face & le cuir, & puis par les tēples,
& toute la peau de la teste au derriere des oreilles.

Z,9 La portion de ce precedant rameau notté par Y, laquelle s'estēd par la face est merquee par Z. La veine
du front l'est par 9: & la portion qui mōte vers haut

x le long des temples est merquee par x: celle de derriere l'oreille laquelle est portee iusques à la peau de

* derriere de la teste est merquee par *.

*L'autre entresuitte des veines apparoissantes icy en la teste,
appartient aux conduits du cerueau, nous ne l'auons point
nottee par characteres pour autant qu'elle sera expliquee plus
particulierement en la sixiesme figure. Si quelcun ce temps
pendant veut remerquer ce portraict de la veine creuse auec
des characteres, il le pourra en la maniere que nous ferons en*

*la neusiesme figure, laquelle monstrera les veines & les arteres
entrelassees ensemblement, & apposera son premier charactere au costé droit, à celle fin qu'il monstre le reply dextre de la
dure membrane du cerueau, lequel ie nomme le premier, & lequel est icy estendu comme vn demy cercle. Le second charactere sera mis au senestre, ou second reply de ceste membrane,
lequel aussi se represente au costé gauche en la façon d'vn demy cercle. Le troisiesme charactere se pourra mettre au troisiesme reply de la dure membrane, lequel commence la ou le
premier & le second reply se rencontrent, ou bien ou les deux
demy cercles s'assemblent, & vn autre tiers s'esleue aucunemēt
vers haut, la partie de derriere duquel plus prochaine du derriere de la teste, est ombragee, & celle de deuant, qui est vers le
front, ne l'est point. Le quatriesme reply de la dure membrane, lequel nous entendrons cy apres sortir de la concurrence de
trois premiers, & s'aduancer droict en deuant, n'est point icy
pourtraict: toutefois il sera merqué par y en la neusiesme figure. Danātage on pourroit mettre vn quatriesme charac"ere
auec les trois premiers, lequel estant situé en la racine du premier reply de la dure membrane, demonstroit l'entree de la
veine nottee par N & celle du rameau de la goseliere interieure, lequel entre dedās le taiz par le pertuis de la sixiesme
paire des nerfs du cerueau. Le rameau de la goseliere de dedans lequel passe par vn propre & particulier pertuis au costé
de la dure mēbrane du cerueau, seroit merqué par le cinquiesme characiere. Le sixiesme monstreroit ie rameau de la goseliere de dehors, lequel entre dedans le taiz par vn particulier pertuis engraué en la racine & partie de derriere de la
saillie mammeliere de l'oz de la temple. Outre ces characteres
precedents on en pourroit adiouster encor vn à ces petites veines, lesquelles apparoissent fort ombragees par dessous la veine
du front nottee par 9, à celle fin de monstrer les veines, lesquelles entrent dedans le taiz par l'endroict d'iceluy, sur lequel les instrumētz du fler sont appuyez & par le pertuis, qui
a esté faict pour la seconde paire des nerfs du cerueau. I'eusse
notté toutes ces choses, si ce n'eust esté que ie les mettray en la
grande figure, qui sera sixiesme en nombre. Aussi ne faut il
entamer la poursuitte des conduicts du cerueau sans les arteres: car non seulement les veines s'assembleat en ces replys de
la dure membrane, mais aussi les arteres, & mesmes les replis,
ne sont pas moins office d'arteres que de veines. Toutefois (cōme i'ay desia aduerty) ie n'empesche pas que les estudiants ne
merquent ce portraict de la veine creuse, auec quelques characteres, lesquels ils pourront emprunter de la sixiesme figure,
qui monstre les cōduicts du cerueau, ou de celle qui est neusiesme en ordre, & qui monstre les choses susdictes sous les characteres t, τ. υ, υ. χ, x. ſ. ϛ, λ, μ.*

a,a La veine du bras est merquee par les deux a. toutefois sa sortie d'auec la goseliere de dehors nottee par
T est merquee par l'a d'enhaut: & la partie en laquelle desia elle commence à sortir du profond du
bras pour apparoistre au dehors & en la peau, est nottee par l'a d'embas.

*Lors que ie feis premierement ce pourtraict, ne croyant à ce
que ie voyois, & adioustant par trop de foy à Galen, i'attribué
le cōmencement de ceste veine du bras à la goseliere de dehors,
encore que ie la deusse faire sortir de la veine merquee par l'au
costé de dehors de la lettre N: tout ainsi comme l'on pourra
voir au costé gauche de la figure qui represente le portraict entier & parfaict de toutes les veines & arteres. Apres que
i'auray parfaict l'explication des characteres de la main, ie
donneray les noms de ceste veine, à raison des diuerses appellations des interpreteurs Arabes.*

b Vn iecton de la veine du bras, lequel sort du haut
d'icelle assez pres de son commencemēt, & s'espand
par

par les muscles de derriere situez au col, & par la peau de ceste partie.

c Vn iecton de la veine du bras espandu & dispersé en plusieurs petits rameaux par la partie esleuee du paleron.

d,d Les veines qui sortent de celle du bras, deuāt qu'elle se retourne par dessous l'espaule, lesquelles sont esparses par la peau de l'espaule, & au dessus du muscle qui esleue le bras, & quelque fois aussi iusques à la mammelle.

e,e Les petites veines deliees qui sortēt de celles du bras, & s'espandent en la peau de la partie exterieure du bras, & anterieure du premier muscle qui flechist le sousauanbras.

f La diuisiō que fait la veine du bras en trois rameaux, pres l'enleueure exterieure du bras. Ces rameaux apparoissent maintenant esgaux en grandeur, & maintenant inegaux.

g Le premier rameau de la diuision en trois, faicte par la veine du bras : il entre au profond & s'estend iusques en quelques parties par dessous les testes des muscles naissants de l'enleueure exterieure du bras.

h Le second rameau de la susdicte diuision en trois, lequel estant conduict en biez vers bas par dessous la peau iusques en la partie du milieu, ou le sousauanbras se flechist, s'assemble auec le rameau de la veine aiscelliere notté par t, & fait auec luy vne veine cōme merquee par a.

i Le troisiesme rameau de la diuision en trois, lequel passe en biez du susauanbras iusques au dehors du sousauanbras & enuoye çà & là des petites veines par toute la peau prochaine, la principalle desquelles

k est merquee par k, laquelle il espād quasi en derriere par la peau de dehors de la ioincture du coude.

Lors que ce rameau passant en biez en ceste maniere est paruenu, iusques à la racine du poignet a costé de l'allonge du sousauanbras, à sçauoir ou nous auons

l mis la lettre l, il s'assemble auec vn iecton de la veine aiscelliere, lequel sera notté par x : tellement qu'il se faict vne veine de ce rameau & du iecton de l'aiscelliere, laquelle enuoye plusieurs petits iectons par le poignet, & l'auanpoignet iusques au dessous du petit doid : voyre iusques au petit doid mesme, & aucunement iusques au quatriesme doid.

m La veine aiscelliere, de laquelle nous escrirons cy apres les noms.

n Le rameau de la veine aiscelliere porté iusques au testes des muscles qui estendent l'auanbras.

o Le rameau enuoyé aux muscles susdicts, & a la peau de derriere le bras.

p Le remerquable rameau, lequel se conduict en biez vers bas par dessous l'auanbras, vers l'enleueure exterieure d'iceluy, & lequel enuoyant des iectons aux muscles qui cōmencent en ceste partie est conduict assez auant auec le quatriesme nerf entrant dans le bras iusques en la partie de dehors de l'auanbras.

q,q,t La mipartition de la veine aiscelliere faite en deux rameaux, l'vn desquels merqué par deux q est tousiours caché au profond & est diuisé tout ainsi comme l'artere de la main, laquelle on verra en la figure de toute la grande artere. L'autre rameau de l'aiscelliere (qui est merqué par t, & qui desormais sera tousiours nommé du nom de veine aiscelliere) passe çà & là par dessous la peau & est diuisé en plusieurs iectons. Au reste vous obseruerez que la diuision de

la veine aiscelliere est quelque fois faicte vn peu plus haut que nous ne l'auons pas icy merquee, & ainsi vous cognoistrez que d'autant moins elle conuient à la description qu'en a fait Galen.

f La veine procedante de l'aiscelliere & esparse en la peau de la partie de deuant du bras, & aucunement aussi en celle de derriere.

t Le rameau de deuant de la veine aiscelliere, lequel sort de la diuision apparoissante pres la peau de l'interieure enleueure de l'oz du bras. Ce rameau est porté en biez par dessous la peau en la partie du milieu de la ioincture du bras : & s'assemblant auec le rameau de la veine du bras notté par h, il fait vne commune, laquelle est merquee par a.

u Le rameau de derriere de la diuision que faict la veine aiscelliere pres l'interieure enleueure de l'oz du bras, ce rameau produict plusieurs iectons.

x,x Le rameau de la veine susdicte, lequel passe dessous le sousauanbras & descēd vers bas iusques au poignet s'espandant çà & là dedans la peau prochaine & enuoyant vn iecton au rameau de la veine du bras, lequel mōte dessus le poignet, assez pres du petit doid.

y La veine qui s'espand en la peau de la partie de derriere de la ioincture du coude.

z,z Plusieurs entresuittes de veines esparses en la peau de la partie de dedans de l'auanbras & de la main, sont nottees par ces deux lettres. Toutefois celle d'enhaut monstre la veine procedante du rameau de l'aiscelliere notté par t, & celle d'embas merque les iectons que le rameau de la veine aiscelliere merqué par xx enuoye au dedans de l'auanbras.

q: L'assemblage des petittes veines esparses sur le gras du poulce, auec le rameau notté par ♪, lequel procede des veines qui sont portees en la partie de dehors du dessus de la main, entre le poulce & le secōd doid.

a La veine cōmune faicte par le rameau de l'aiscelliere notté par t, & par celuy de la veine du bras notté par h. Elle s'estend par le dedans de l'auanbras, & d'escedant vers bas en biez elle monte par dessus le susauābras, & de là elle passe en la partie de dedans l'auanbras pres la partie inferieure d'iceluy & enuoye quelques rameaux en la peau qui luy est voysine.

ß La diuision de la veine commune, laquelle est faicte pres la partie inferieure du susauanbras, la part ou il regarde le poignet. Ceste diuision est semblable à la lettre grecque γ, ou Y, ou Λ. l'vn des cheurons notté par γ aboutist iusques au dehors du dessus de la main, qui est sous le poulce & le second doid : mesme il passe iusques au poulce & au second doid, enuoyāt

♪ le rameau merqué par ♪ au dedans de la main. L'autre cheuron notté par ε se perd vers le troisiesme & quatriesme doid.

LES DIVERS NOMS
des veines du bras.

NOZ Medecins ont imposé plusieurs noms aux rameaux qui descendent es parties exterieures du bras, desquels i'ay pensé estre necessaire de parler, attendu que plusieurs d'iceux contrarient aux autres, & que communement on les rencontre en lisant les autheurs. Les Grecs dōques & les meilleurs medecins Latins ont nommé bien peu de veines du bras par noms propres. Car celle qui passe le long de l'aiscelle par le deuant de l'vn & de l'autre bras, a esté nommee aiscelliere, pourautant qu'elle approche de

N ij

l'aiscelle : ils l'ont aussi nommee interieure de l'auanbras, à cause qu'elle s'estend principallement par le dedans de l'auanbras. Toutefois ils ont particulierement nommé l'aiscelliere du bras droit la veine du foye, à cause qu'ils ont accoustumé d'enseigner es maladies du foye: ils nomment aussi celle du bras gauche, la veine de la ratte, pourautant que le plus souuēt ils l'ouurent es maladies de ratte. Ainsi derechef la veine du bras merquee par a, a simplement retenu son nom, pourautant qu'elle est portee par le bras iusques dedans la main: elle est aussi nommee l'exterieure de l'auābras, à cause qu'elle passe au costé de dehors de l'auanbras. Il semble qu'Hippocrate l'aist nommee la grosse veine, au liure des ioinctures. Et pourautāt aussi qu'il semble qu'elle guerisse les maux de teste, elle a esté nommee la veine du chef. Ils ont nommés les rameaux merquez par h & t (lesquels font la veine commune merquee par a.) veines moystiennes, pourautant qu'elles passent au millieu de la ioincture du bras: ou bien à cause qu'elles sont au millieu de la veine interieure, & de l'exterieure de l'auanbras. Ils les ont aussi nommees biezantes, à raison de leur conduicte. Celle qui est merquee par a, est nommee la commune: elle procede des rameaux merquez par h & t & est commune à l'interieure & exterieure veine de l'auanbras. A peine se trouuera il d'autre nom en ces autheurs. Mais si l'on veut fueilleter les liures des Arabes, on trouuera çà & là vn grād amas de noms, lesquels sont peu souuent accommodez à vne mesme veine. Or à celle fin que i'en puisse retirer quelque chose de certain, ie ne differeray de transcrire icy les noms de l'interprete d'Auicenne, lesquels se lisent au quatriesme chapitre de la cinquiesme doctrine du premier liure, Fen premire. ce que ie feray pour l'amour des escholliers, lesquels me retardent souuētefois auec ces noms en la dissection des corps. Auicenne de propos deliberé descrit les veines du bras en ce chapitre, & en retire la conduicte, du troisiesme liure des administrations anatomiques de Galen, ou bien plus tost d'Oribase: luy donques, ou plus tost son interpretateur, nomme ceste partie de la veine du bras qui est entre la goseliere de dehors & celle qui commence à entrer sous la peau du bras, il l'a nommee, Dis-ie, Spatulaire, c'est à dire espaulliere: nous auōs merqué cest endroict de veine auec deux a. L'endroit qui entre dedans le bras est nommé par luy Cephalique, comme s'il disoit veine du chef: elle est entre l'a d'embas & f. Le troisiesme rameau de la veine du bras, que nous auons merqué par i, est nommé la corde du bras. Il nomme l'aiscelliere Aiscelliere: & la commune nottee par a, la noire: puis l'endroict auquel elle passe en biez vers le susauanbras, est nommé la Basilique. Le rameau de l'vn des cheurons de la veine commune, à sçauoir de la diuision nottee par B, accomparee à la lettre grecque γ ou T, lequel passe au dessous du second & quatriesme doid, est nommee par Auicenne Syelen. Toutefois on pourra obseruer lisant les Arabes & Barbares, que quelquefois ils nomment Syelen la veine qui est faicte de l'vn des rameaux de la veine du bras merqué par i, & d'vn iecton de la veine aiscelliere merqué par x: ceste veine passe par le poignet & est nottee par l. Le commun des medecins luy donne les mesmes noms qu'a l'aiscelliere, & la nomme en outre la saluatelle & la salubre: encore que derechef quelques vns donnent le mesme nom au rameau de la veine commune estendu vers le poulce & le second doid, & merqué par γ: luy attribuant aussi les mesmes noms qu'a la veine du bras. Dauantage l'aiscelliere & principallemēt la Basilique est nommee par les medecins, La Noire, & quelquefois la corde du bras. La veine du bras aussi est quelque fois nommee la veine de l'œil ou de l'oreille, à cause qu'elle guerist les enflammements de ces parties: & non pas que son commencement soit sous l'oreille comme temerairement Aristote escrit. Au reste la veine commune

est nommee vulgairement la veine du millieu, la mediane, & la Corporalle.

SVITTE DE L'INTERPRETA-
tion des charactères de la veine creuse.

ζ   LA partie de la veine creuse par laquelle la nourriture est administree à toutes les parties du corps situees au dessous du foye.

η   La veine dispersee en l'espaisse & membraneuse taye du roignon gauche & parties circonuoysines.

θ   La grande veine qui entre dans le roignon droict.

ι   La grande veine qui entre dedās le roignon gauche. Ceste veine (comme aussi celle du costé droict) est nommee la veine trayante, pourautant qu'elle porte aux roignons le cler du sang, & qu'ainsi cest humeur cler est quasi comme traict par icelle.

κ   Le iecton de la veine qui entre au roignon droict, lequel est espandu par la taye espaisse dudict roignon.

λ,λ   La veine semanciere du costé gauche.

μ,μ   La veine semanciere du costé droict. Ces veines enuoyent des iectons en passant en la membrane qui enueloppe toutes les parties du ventre, par laquelle elles sont affermies & attachees côtre les reins: elles espandent aussi des rameaux par les membranes qui enueloppent le couillon & les conduits semanciers.

ν   L'assiette des veines semancieres la part ou elles cōmencent à s'entrelasser & à tournoyer en maniere de varices.

ξ   Les veines que la creuse distribue de neud en neud, & enuoye en la moëlle de l'espine, laquelle est enfermee dedans les roüelles des reins: & puis aux mesmes roüelles des reins aux muscles situez encontre icelles, & en la membrane qui enueloppe les parties du ventre.

ο   La mipartition que la veine creuse faict au dessus du commencement de l'oz du croupion. Ceste mipartition est semblable à la lettre grecque Λ ou à la lettre ⊢ renuersee ou à vn V.

π   Ce rameau assez ample de soy est distribué en trauers par la membrane qui enueloppe les parties du ventre, les parties charnues des reins, & par les muscles du ventre.

φ   Quelques rameaux enuoyez aux pertuis superieurs de l'oz du croupion.

ρ   La diuision du tronc senestre sortant de la grande mipartition faite au dessus de l'oz du croupió. Ceste diuision se fait en deux rameaux, desquels celuy de dedans est merqué par ρ & celuy de dehors par σ.

σ

τ,τ   Le iecton exterieur du rameau de dedans que nous auons merqué par ρ: il produict plusieurs rameaux, lesquels il enuoye en trauers les muscles situez par le dehors de l'oz de la hanche, dans la peau des fesses & aux parties circonuoysines.

υ   Le iecton interieur du rameau de dedans merqué par ρ: & les petits rameaux du mesme iecton distribuez aux pertuis d'embas de l'oz du croupion. Le reste des reiectons de ce premier iecton est merqué

χ, ψ   par χ & par ψ, au moins mal qu'il nous a esté possible de les representer en ceste petite table. Ce reste est enuoyé iusques aux muscles du siege, au fond de la vessie, & au col d'icelle: & aux femmes il est porté iusques en la partie plus basse du fond de leur amary, voire iusques au col d'icelle.

ω   La veine procedante du rameau exterieur, lequel,
comme

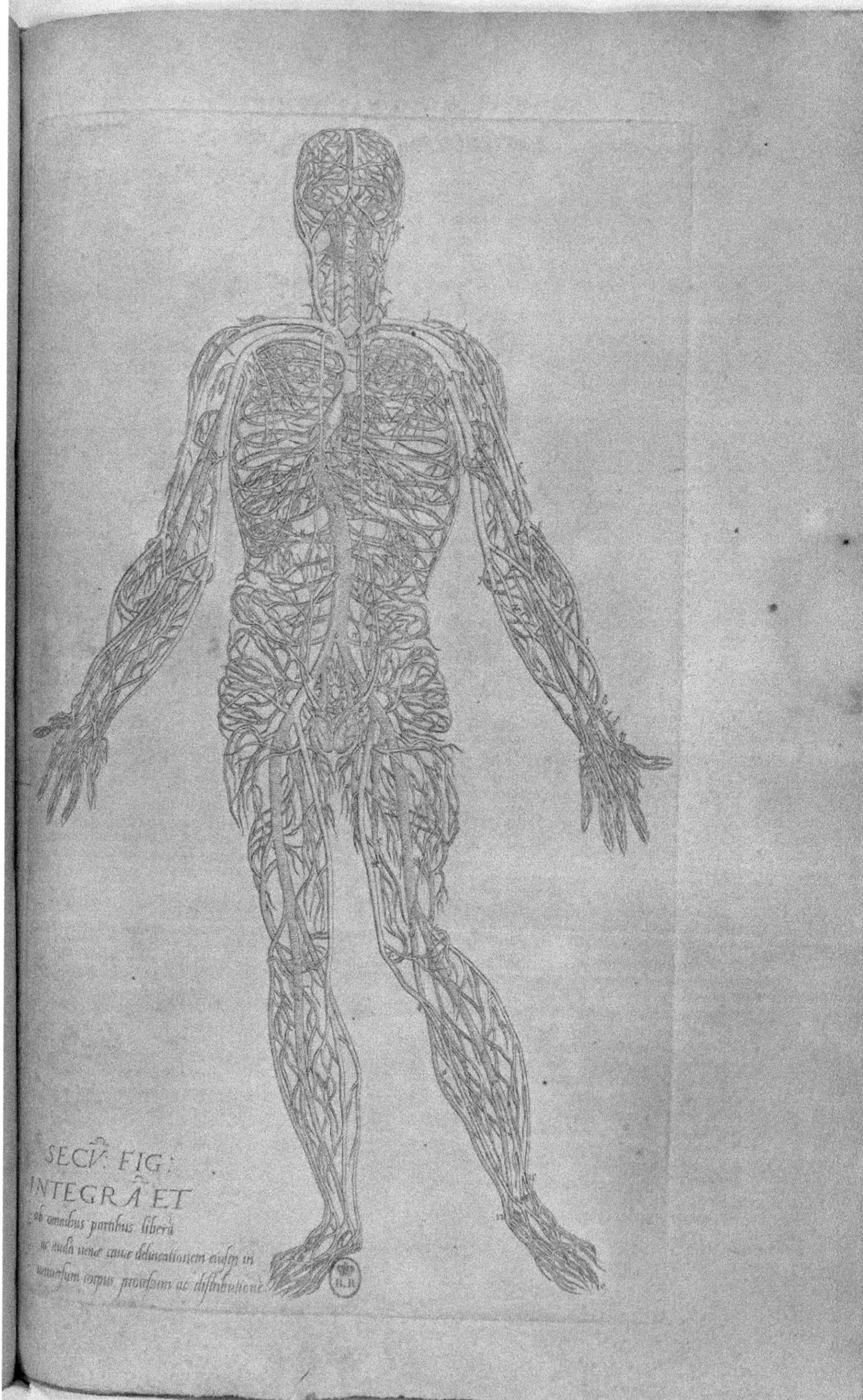

SECV̄: FIG:
INTEGRÃ ET
ab omnibus partibus libera
ac nuda uenæ cauæ delineationem eiusq; in
uniuersum corpus prouisum ac distributione.

comme vous voyez, est merqué par σ, & assemblé
auec le reste du rameau notté par ρ, l'endroit auquel
il passe par le pertuis de l'oz barré.

ε La veine qui passe par le pertuis de l'oz barré, outre
ses autres iectons, enuoye vne petitte veine dedans
la boëtte de la fesse, & s'espand en cest endroict par
les muscles qui y sont situez.

π L'vn des rameaux de la veine qui passe par le pertuis
de l'oz barré, est merqué par ce charactere : il entre
dedans la peau, qui est au dedans de la cuisse.

χ L'assemblage de la veine susdicte auec le rameau de
la grand veine : laquelle est distribuee à la cuisse &
sera nottee par z.

Γ La veine qui commence de la partie plus haute du
rameau exterieur de ce grãd tronc, la part ou il passe
au trauers de la membrane qui enueloppe toutes les
parties du ventre. Ceste veine enuoye des rameaux à
la membrane susdicte, aux muscles du ventre, & à la
peau. Le principal de tous monte vers haut par dessous le muscle droict du ventre, & estant diuisé en
quelques iectons au dessus du nombril, il est vis à vis
des rameaux, lesquels sont enuoyez en ceste partie
par la veine qui passe dessous l'oz de la poictrine, à
sçauoir en l'endroict ou vous voyez la lettre M.

Δ Vn iecton de la veine qui descend en la cuisse, lequel
se diuise, & se perd dans les parties qui seruent à la
generation & à leurs circonuoysines.

Θ Le premier rameau de la grand veine qui descend
en la cuisse, lequel passe sous la peau & descend par
le dedans de la cuisse & de la iambe iusques au bout
du pied.

Λ Le iecton du rameau notté par Θ, lequel passe par le
dedans de la cuisse & entre en l'ayne.

Ξ Le iecton du rameau susdict distribué en la peau de
la partie de deuant de la cuisse tirant vers le dehors.

Π Le iecton du susdict rameau notté par Θ, lequel est
enuoyé au premier muscle qui fait mouuoir la greue.

Σ Les iectons du susdict rameau lesquels il distribue au
deuant & au derriere du genouil.

Φ Le rameau merqué par Θ est icy dans iambe diuisé
en plusieurs & dissemblables iectons dessous la peau.
Nous le pouuons icy commodemét ouurir lors que
nous voulons tirer du sang.

Ψ Ledict rameau est porté par cest endroit en la partie
de deuant de la cheuille de dedans & se consume,
comme vous voyez, au dessus du pied.

Ω Le rameau sortant de la grand veine qui entre dans
la cuisse, & s'espand au deuant de la ioincture de l'oz
de la fesse, par les muscles situez en ceste partie : il
enuoye assez de reiectons en la peau.

1 Le rameau qui enuoye des iectons au septiesme &
neufiesme muscle qui fait mouuoir la iambe : & à la
peau de la cuisse pres la partie exterieure d'icelle.

2 La grand veine esparse dedans le cinquiesme muscle
qui fait mouuoir la cuisse.

3.4 Vne veine est faite par ces deux rameaux conioincts
ensemble, laquelle descendant entre les muscles situez au derriere de la cuisse, enuoye quelques rameaux vers haut en la peau de la cuisse, ces rameaux
5 sont merqués par 5.

6 Toutefois la plus grande partie d'icelle nottee par 6
descend par dessous la peau le long du iarret ou du
ply du genouil, & se diuise en vne innombrable entresuitte de petites veines par la peau du gras de la
7 iambe, la part ou uous voyez le charactere 7. Dauan-
8 tage le petit rameau vmbré qui regarde la merque 8
deuroit descendre vn peu plus bas qu'il ne fait. Et ne
sçay certes si ceste faute a esté faicte par ma negligé-
ce, ou par celle du portrayeur, toutefois il est facille
de l'allongir vers bas auec la plume, ainsi que vous
voyez que ie ne l'ay pas oublié en la cuisse droicte.

9 La diuision de la grand veine qui entre dedans la
cuisse, laquelle se fait en deux rameaux en l'endroit
ou elle est situee entre les deux testes inferieures de
l'oz de la cuisse.

10 Le rameau interieur de la susdicte diuision, faussement notté par 19. Il s'espand aux muscles de derriere situez en la sousgreue, lesquels façonnent le gras
de la iambe, & dedans la peau de la partie interieure
tant de la greue que de la sousgreue, la ou il est mer-
11 qué par 11.

12 Vne portion du rameau susdict notté par 10, lequel
descéd le long des costez interieurs de la cheuille au
derriere d'icelle, & s'espãd au costé de dedãs le pied.

13 Le rameau exterieur & plus grand de la diuision nottee par 9, lequel incontinent se diuise en deux iectons inegaux.

14 Le iecton exterieur de la susdicte diuision.

15 Vne partie du iecton exterieur susdict, laquelle passe
par la cheuille de dehors.

16 Le iecton interieur de la diuision merquee par 13,
lequel descend en bas entre l'oz de la greue, & celuy
de la sousgreue. La part ou ces deux oz se separent
d'ensemble, c'est à sçauoir entre les muscles situez au
derriere de l'oz de la greue & de celuy de la sousgreue, & entre le lien qui attache ces deux oz ensemble selon l'estendue de la iambe.

17 La diuisió du iecton interieur merqué par 16, laquelle est faite au millieu de l'estendue de la iambe. L'vn
des rameaux de ceste diuision descendente le talon
& l'oz de la greue iusques au dessous du pied, l'autre
descend entre la sousgreue & le talon.

18 Vne partie de ce dernier rameau susdict, laquelle
passe entre l'oz de la greue, & celuy de la sousgreue
par le lien membraneux de ces deux oz, & s'espand
au dessus du pied, se meslant auec les autres veines
qui passent par cest endroit. Et ainsi il y a quatre
troncs de veines lesquelles enuoyent leurs rameaux
dessus le pied, à sçauoir celles qui sont merquees par
12, 8, 18, & 15.

19 L'entresuitte des veines par les orteils, laquelle est
faucement nottee par 19.

L'EXPLICATION DES CHARACTERES
merquez en la figure de toute la grande artere.

A LE commencement de la grande artere
laquelle sort de la capacité senestre du
cœur.
*Aristote nomme ceste artere Aorte, pourau-
tant qu'il disoit que la partie nerueuse d'icelle*
pouuoit apparoistre mesmes aux mors en façon d'vne gaine,
que parauanture les Macedoniens nommoyent Aorte. Tou-
tefois Aristote l'a nommee petite veine, lors qu'il en faict
comparaison auec la veine creuse. Quelques vns des Grecs la
nomment Megiste : les autres simplement Pachie: les autres

Orthie: & nous luy donnerons le nom de grande Artere. Il y en y a encore quelques vns qui l'ont nommee Vene: pourautant que par icelle le sang est porté impetueusement par tout le corps. Quelques interpretateurs Arabes la nommēt veine audacieuse, & les autres Nerf poulsant. Toutefois leurs appellations ont esté toutes corrompues auec le temps, comme nous lisons en l'interpretateur de Haly, que Aristote la nommoit Aurithie. Dauantage presque tous les noms des parties du corps conteues es liures des interpretateurs Hebraiques qui ont expliqué les Arabes, sont tous corrompus des grecs en la maniere que les medecins de nostre temps les prononcent.

B,B Deux arteres qui entournent le soubassement du cœur, en façon de couronne.

C La diuision du tronc de la grande artere, laquelle se fait en deux branches.

D L'artere qui tire en biez vers la premiere coste du costé gauche.

E Le rameau qui enuoye des iectős aux entredeux des quatre costes superieures du costé gauche.

F Le rameau qui mőte iusques au taiz, le long des saillies trauersantes des rouelles du col, & enuoye de neud en neud des iectons à la moëlle de l'espine, & aux muscles circonuoisins. Nous auons couppé ce rameau l'endroict ou il commence à entrer dans le reply senestre de la dure membrane du cerueau. Car en ceste table nous n'auons representé aucun reply d'icelle membrane, mais seulement l'entresuitte des arteres par lesquelles Galen estant trompé en la dissection des cerueaux de bœufs, a pensé que le lassis semblable au rets fust conformé: nous expliquerons maintenant ceste entresuitte, toutefois si vous desirez voir l'explication de ces replys, vous serez beaucoup aydez par la neufiesme & derniere figure de ce traicté, outre la sixiesme & plusieurs autres du dernier traicté.

G Le rameau qui descend par dessous le costé gauche de l'oz de la poictrine iusques la ou est situé le nombril, & duquel il sort des iectős espars aux entredeux des tendrons des vrayes costes, & de la aux muscles situez en la poictrine, & dauantage encor en la membrane gauche, par laquelle la capacité du coffre est trauersee, & aux muscles du ventre.

H Le rameau qui aboutist aux muscles de derriere situez au col.

I L'artere qui entre en la partie creuse du palleron, & aux muscles situez en cest endroict.

K Le petit rameau qui sespand en la ioincture du bras auec le pallerő & en la partie inferieure de l'espaulle, sans toutefois approcher aucunement de la peau.

L Le rameau qui sestend par les muscles qui recouurēt la partie de deuant du coffre.

M Le rameau qui descend en bas le long des costez du coffre, & sentrelasse dans le muscle qui tire le bras en bas. Il y a l'vn des petits rameaux apparoissans entre L & M, lesquels sespandent par les glandes qui remplissent la capacité de l'aiscelle.

N L'artere qui entre par tout le bras auec la branche interieure de la veine aiscelliere. Les premiers iectős apparoissants dessous N, sespandent par les muscles qui entournent le bras.

O L'artere laquelle est aucunemēt reuersee en l'assiette exterieure de l'auanbras, aprés estre descëdue le long de la partie de derriere du bras auec le quatriesme nerf qui entre en iceluy. Ceste artere est tousiours cachee au profond.

P,P Ces deux rameaux sont ordonnez pour la ioincture du bras.

Q Le rameau de l'artere aiscelliere lequel sestend le long du susauanbras, & enuoye à la parfin des iectons au poulce, au second, & au troisiesme doid.

R Le iecton procedant du rameau merqué par Q, lequel sestend par le dehors de la main entre le premier oz du poulce, & celuy de l'auanpoignet, sur lequel le second doid se soustient.

S Le rameau qui sestend le long du sousauanbras, & sespand en la partie interieure de la main.

* Le petit rameau lequel est departy aux muscles qui sont situez au costé exterieur de l'oz de l'auāpoignet par lequel le petit doid est soustenu.

T L'entresuitte des arteres en la main.

V La plus grande partie de la branche de l'artere montante, laquelle tirāt droit à la gorge se diuise en deux rameaux inegaux.

X Le rameau senestre de la diuision faicte en la gorge, lequel est le plus gresle des deux, & faict l'artere apoplectique du costé gauche.

Y,Z Le rameau du costé droict beaucoup plus ample que celuy du costé gauche, est merqué par ces deux lettres, toutefois la lettre Y monstre particulierement le rameau lequel se diuise au costé droict en mesmes iectős, que vous voiez que faict l'artere du costé gauche merquee par D. L'artere apoplectique du costé droict est merquee par Z, laquelle est nommee, ainsi que l'autre, par les interpretes Arabes Apoplectique, artere du somne, letargique, subetene, & veine de la decapitation, tous lesquels noms sont accommodez par plusieurs aux veines gorgelieres, ainsi que nous auons dit cy deuant.

a La diuision que l'artere Apoplectique du costé gauche faict en deux rameaux, à l'endroit du gauion. Le

b rameau de dehors est merqué par b, & est celuy qui sespand par le dehors de la teste, celuy de dedās par

c & d, encores que ces deux dernieres lettres demonstrent quelque chose particuliere.

c L'entresuitte des arteres du neud de la gorge, du gauion, & de la langue.

d Vne partie de l'artere Apoplectique, laquelle monte dedans ce taiz, & est diuisee en deux rameaux pres le soubassement du taiz, l'vn desquels (à sçauoir celuy qui entre dedans le reply senestre de la dure membrane) est couppé à l'endroit ou il se perd dedans le taiz: ce que i'ay faict, pourautant que i'ay esté d'aduis de ne representer en cest endroict les replis de ceste membrane, lesquels ie figureray cy apres en l'entiere representation des conduicts du cerueau, qui sera en la particuliere figure sixiesme en nombre: de laquelle vous pourrez retirer l'entresuitte de l'autre rameau de l'artere apoplectique, lequel entre dedans le taiz. Et si bon vous semble, vous pourrez adiouster en ceste figure les characteres de l'autre, lesquels sont L, q, r, s, u, u, x, α, β, γ, δ, & lesquels i'expliquerois en cest endroict, si ce n'estoit, qu'il me semble beaucoup meilleur d'attendre l'explication des conduicts du cerueau, iusques à ce que ie les propose.

b Vn rameau de l'artere Apoplectique, lequel sentrelasse par le dehors de la teste.

e Vn iecton du rameau maintenant expliqué & merqué d'vn b, lequel se pert entre les muscles de la face.

f La distribution du rameau merqué par b, faicte sous la racine de l'oreille, le iecton duquel, qui est en deuant

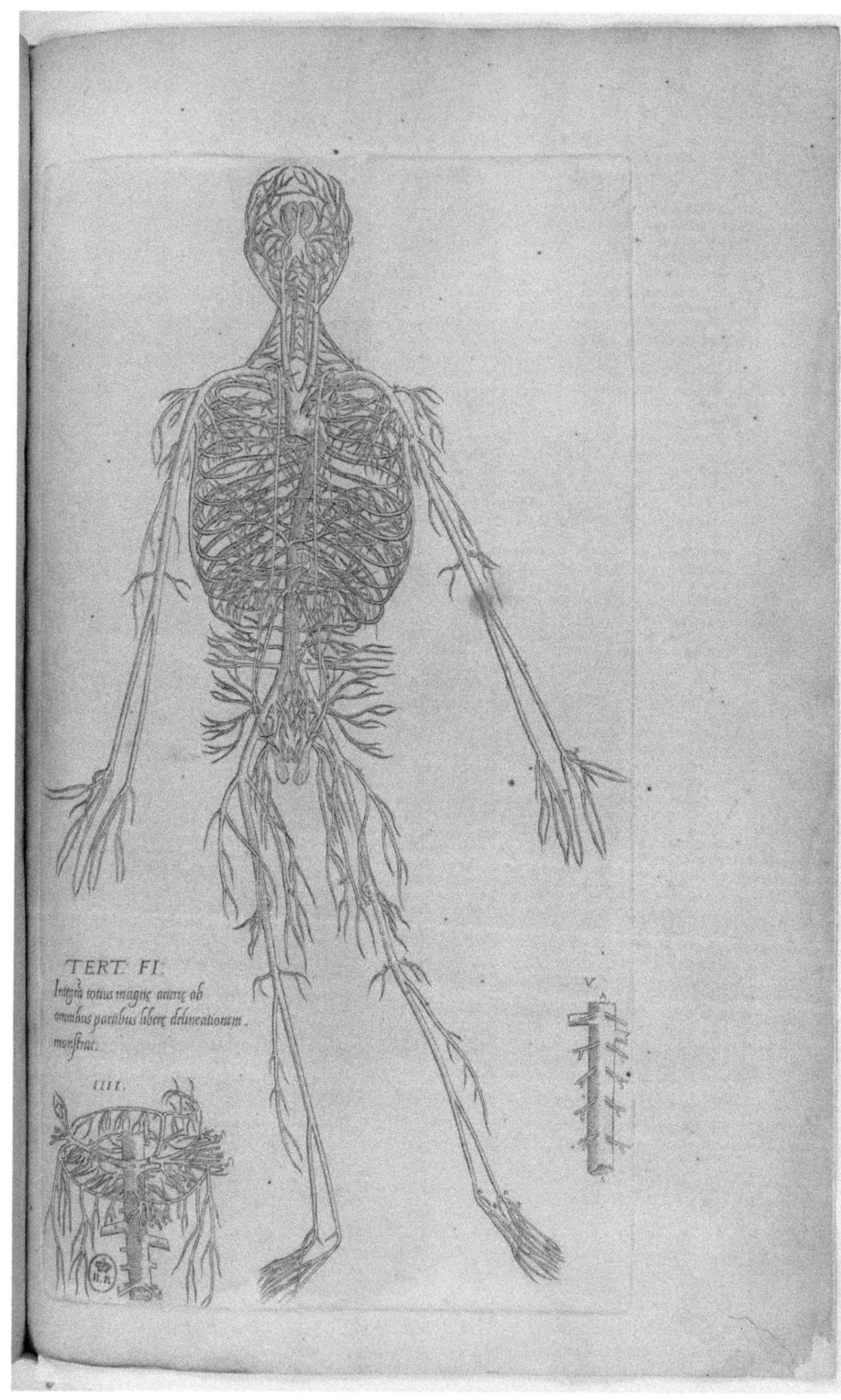

TERT. FI.
Integrâ totius magnę arterię ab
omnibus partibus liberę delineationem
monſtrat.

IIII.

g uant, & est merqué par g, est enuoié le long des tem-
h ples. L'autre de derriere merqué par h s'espand aussi
au dessous de la peau, le long du derriere de l'oreille.
i Le tronc de la grande artere, lequel descend vers bas
le long des rouëlles du doz.
k,k Les rameaux enuoiez de chasque costé aux entredeux des huict costes d'embas, les iectons desquels
s'estendent iusques à la moëlle de l'spine, aux muscles du doz, & à ceux du coffre.
l Les arteres de l'entredeux trauersant.

L'EXPLICATION DES CHARA-
cteres merquez en la quatriesme figure, qui est
en la table de la grande artere.

CRAIGNANT que la multitude des characteres n'empeschast la figure de la grande artere, laquelle de soimesme est assez obscure en
cest endroict: i'ay pensé qu'il seroit meilleur
d'vser d'vne particuliere figure, qui est icy au
costé droict de la grande artere, comme retranchee par haut
du tronc d'icelle, la part ou les arteres merquees par l sont
enuoiees à l'entredeux trauersant, & couppee par bas à l'origine des arteres semancieres, lesquelles nous merquerons par
i, & k. I'ay donques adiousté en ceste presente figure deux
racines aux rameaux que ie veux expliquer: encores que l'entiere figure de la grande artere n'en ait qu'vne, ainsi qu'il
aduient le plus souuent.

m,n La lettre m monstre l'origine de l'vne, ou des deux
o racines ensemble: n monstre le rameau dextre: o le
reiecton lequel s'espand dans la basse membrane de
p la coiffe. Le p monstre celuy qui s'espand en l'assiette droicte de l'estomach, la part ou il regarde le doz,
q & pousse son emboscheure d'embas. Le q merque le
rameau qui est enuoyé au boyau douze droictier &
au commencement du vuide. Les iectons qui sont
enuoyez au costé droit du fond de l'estomach, en la
mébrane d'enhaut de la coiffe & en l'estomach sont
r merquez par r: les petites arteres de la vessie du fiel
s,t par s: & l'artere distribuee dedans le foye par t.
u Le rameau senestre lequel tire principallement à la
ratte est merqué par u: & iceluy qui passe par l'assiette de derriere de l'estomach iusques à son embou-
x cheure d'enhaut est merqué par x. ses petits iectons
qui s'espandent en l'estomach la part ou il s'appuye
y sur le doz, sont merquez par y. Le rameau qui embrasse, comme vne couronne, l'emboucheure d'en-
z haut de l'estomach est merqué par z.
α Le rameau qui du haut de l'estomach se porte iusques en son emboucheure d'embas.
β Vne grande entresuitte d'arteres, qui s'espand par la
membrane inferieure de la coiffe: & s'enlasse auec
plusieurs iectons dedans le boyau cuillier.
γ Le reiecton au costé senestre lequel se perd en la
membrane d'embas de la coiffe.
δ,ε Les arteres qui entrent en la partie creuse de la ratte.
ε L'artere qui entre en la partie senestre du fond de
l'estomach, & donne des iectons à l'estomach & à la
membrane superieure de la coiffe.
ζ Des petits rameaux qui procedent des autres arteres qui entrent en la ratte, & vont au costé gauche de
l'estomach.

SVITTE DE L'EXPLICATION
des characteres merquez en la figure de
toute la grande artere.

ζ IL y a encor vn ζ en l'vne & en l'autre figure, par lequel nous auons merqué l'artere, laquelle est esparse en la partie d'enhaut,
voyre presque en tout le corps de l'entreboyau, & laquelle distribue des rameaux au boyau
vuide, au delié, & en la partie du boyau cuillier, laquel
le apparoist depuis le foye iusques au roignô gauche.
η L'artere qui entre au roignon droict.
θ L'artere qui entre au roignon gauche.
ι L'artere semanciere du costé droict.
κ,κ L'artere semanciere du couillon gauche.
λ L'artere qui entre en la partie du bas de l'estreboyau,
& principallemét au boyau cuillier, la part ou il passe
de la ratte iusques au boyau droict dedans lequel elle
se partist.
μ,μ Les rameaux qui de neud en neud s'espandent par
les roüelles des reins, & sont distribuez à la membrane qui enueloppe toutes les parties du ventre, & aux
muscles attachez côtre les roüelles. Le rameau merqué par μ qui est dessous, est beaucoup plus grand
que les autres. Il s'espand en plusieurs iectons iusques
aux costes des flancs.
ν,ν,ν La diuision qui se fait en la grande artere en deux
branches à l'endroict de l'oz du croupion. Ces characteres monstrent aussi les reiectons qui sortent du
dessous de la grande artere, & entrent es pertuis de
l'oz du croupion.
ξ Le rameau de dedans sorti de la branche senestre de
la susdicte diuision.
ο Le iecton de dehors du rameau interieur. Il s'espand
par les muscles qui recouurent la partie exterieure
de l'oz de la hanche, & la ioincture de la fesse.
π Les iectons de dedans du rameau interieur notté par
ξ. Il s'estend en la partie inferieure de l'oz du croupion, à la vessie, au col de la vessie, & iusques à la verge. Mais aux femmes il entre en la partie plus basse
du fond de la Mere, & pareillement aussi iusques au
col d'icelle.
ρ Nous auons representé des arteres en cest endroict:
l'vne desquelles, à sçauoir la senestre, desced de l'endroit du nombril entre ξ & ο iusques au rameau interieur, duquel nous auons maintenant parlé, non
plus ne moins que s'il procedoit d'iceluy, & qu'il
montast vers le nombril.
σ Le demourant du rameau interieur merqué par ξ. Il
descend par le pertuis de l'oz barré, iusques dedans
la cuisse, ayant pris vne portion de la branche de dehors de l'vn des troncs de la diuision qui a esté faicte
au dessus de l'oz du croupion. Il s'espand par les muscles situez en l'oz barré, puis il s'assemble par le bout
auec vne autre artere, laquelle se respand principallement dedãs le cinquiesme muscle qui fait mouuoir
la cuisse. Ceste artere est merquee par ↓ & la rencô-
tre se fait à l'endroict ou vous voyez vn ω escrit.
τ Vn iecton du rameau de dehors, lequel monte au
muscle droict du ventre, celuy, di ie, qui est de son
costé. Il enuoye ses principaux reiectons à l'entour
du nombril: & espand ses autres en trauers en la partie plus basse du ventre.
υ Vn petit iecton qui passe en trauers par l'oz barré &
s'espand iusques à la verge.
φ L'endroit ou le rameau exterieur, auquel il entre dãs
la cuisse, & commence à s'espandre par icelle.
χ Le rameau de la plus grande artere, qui entre dans
la cuisse. Il s'espand par les muscles qui occupent la

partie de deuant de la cuisse.

↓ Le rameau espandu par le cinquiesme muscle qui fait mouuoir la cuisse, & par ceux aussi qui occupent la partie interieure d'icelle. Ce rameau s'assemble par le moyen d'vn sien petit iecton, auec l'extremité de l'artere, que nous auons dict passer par le pertuis de

ω l'oz barré, & que nous auons merqué par ω.

Γ Vn rameau qui s'espand par les muscles qui sont au derriere de la cuisse.

Δ, Δ Ces rameaux sont particuliers à la ioincture du genouil, & aux testes des muscles, lesquels prennét leur commencement en ceste partie, & font mouuoir le pied. Il y a en cest endroict vne grande artere qui se cache au iarret.

Θ La grande artere de la cuisse, laquelle passe au derriere de la iambe.

Ξ Le rameau espandu par les muscles qui courent la sousgreue: & principallemét au septiesme, & huictiesme qui font mouuoir le pied.

Σ L'artere qui passe entre le talon & la cheuille de dedans, & entre au dessous du pied.

Π L'artere qui entre au dessous du pied, & se reflechist quelque fois entre le talon & la cheuille de dehors.

Φ Les petits rameaux particuliers à la greue, & à la ioincture du talon.

Ψ Vn iecton qui passe au dessus du pied.

Ω La distribution des arteres, laquelle se fait dessous le pied.

L'EXPLICATION DE LA CIN-
quiesme figure pourtraicte en la table
de la grande artere.

A, A PAR ceste figure merquee A, & A nous representons à costé vne partie de l'artere, à celle fin de monstrer par quelque moyen l'entresuitte des rameaux qu'elle enuoye par derriere aux entredeux des costes.

L'EXPLICATION DE LA SIXIES-
me figure en laquelle nous representons l'entresuitte des veines & des arteres qui
entrent dans le cerueau.

LE simple portraict des conduits du cerueau est representé en ceste figure. Ils commencét aux veines & arteres, auant qu'elles entrent dedans le taiz. Au reste si d'aduenture vn chacun des conduits du cerueau n'est exactement monstré en ceste table, ie suis d'opinion que l'on la pourra facillemét accommoder, & auec moins de peine rapporter à la veüe, & l'obseruer es dissectiós. Et à fin que la pluralité des conduits ne rendist nostre figure plus obscure, nous auons seulement fait portraire les conduits de l'vn des costez, si ce n'a esté que la necessité nous ait contrainct faire autrement.

A La gousiere de dedans, la part ou elle est desia prochaine du taiz.

B L'artere apoplectique.

C La secóde veine n'est point merquee de lettres, toutefois ses rameaux apparoissent deuant la rencontre du premier & second reply: & peuuent estre facillemét merquez auec la plume.

D La premiere veine qui entre au cerueau.

E La quatriesme n'est point merquee par lettre. Elle touche au premier reply de la dure membrane lequel est merqué par M.

F La troisiesme veine.

G La cinquiesme veine.

H La sixiesme veine.

I La seconde artere.

K La premiere artere qui entre au taiz.

L La troisiesme artere.

M Le dextre ou premier reply de la dure membrane du cerueau.

N Le reply senestre de la dure membrane du cerueau, lequel nous nommons le second. Il apparoist obscur au costé gauche de M, & n'a esté merqué par la faute du graueur.

O La rencontre du premier & second reply, elle n'est point merquee de lettre, toutefois vous la iugerez facillement entre M & P.

P,P Le troisiesme reply de la dure membrane.

Q La fin du troisiesme reply attaché contre vne borne osseuse, par laquelle les assiettes des instruments du fler sont distinguees.

R Le quatriesme reply de la dure membrane.

S,S Les conduits qui sortent du reply droict, & s'espandent par les assiettes de la dure & de la tenure membrane qui leur sont voisines.

T,T,T, T Les conduits qui sortent des costez du reply dextre & s'espandent par la membrane tenure. Nous les auons fait peindre couppez à moytié.

V,V,V, V Les petits rameaux qui procedent du recoing d'embas du troisiesme reply, & s'espandent en la partie de la dure membrane, laquelle separe la partie dextre du cerueau d'auec la senestre.

X,X,X, X Les petits rameaux du troisiesme reply, lesquels s'attachent auec les conduits qui entrent par le sommet de la teste en la capacité du taiz.

Y,Y Les petits reiectons qui sortent du recoing d'enhaut du quatriesme reply, & s'espandent aucunement en l'assiette de la dure membrane, laquelle vn peu au dessous du petit cerueau separe la partie dextre du cerueau d'auec la senestre.

a,a Les conduicts qui sortent du recoing dextre du quatriesme reply, & s'espandent en la dure membrane du cerueau, la part ou elle est appuiee sur le petit cerueau: puis de là elle entre en la membrane tenure, tant du grand que du petit cerueau.

b Le conduict qui procede du quatriesme reply, & s'espand par toute la longueur & partie plus basse de ceste dure membrane, laquelle separe la partie dextre du cerueau d'auec la senestre.

c,c,c Les reiectons qui sortent du precedent conduict, & s'espandent par la mesme partie de ceste dure membrane.

d,e Les conduicts qui sortét du quatriesme reply, & sont portez comme veines par la membrane tenure, selon la lógueur du cerueau, par dessus le durillon du cerueau. Celuy qui est merqué par d, s'espand par la partie dextre du cerueau, & l'autre qui est notté par e, s'espand par la partie senestre.

f Vn conduict qui sort de la partie plus basse du quatriesme reply, & s'espand en la tenure membrane du cerueau.

g Vne partie du conduict notté par f, laquelle passe par les tournoiements & destours du cerueau, & attainct iusques en la partie plus basse du ventre dextre du cerueau, puis s'assemble auec ceste artere qui monte, laquelle nous auons merqué par Y.

Vne

Ensuit la table de la 6. 7. & 8. figures des veines & arteres.

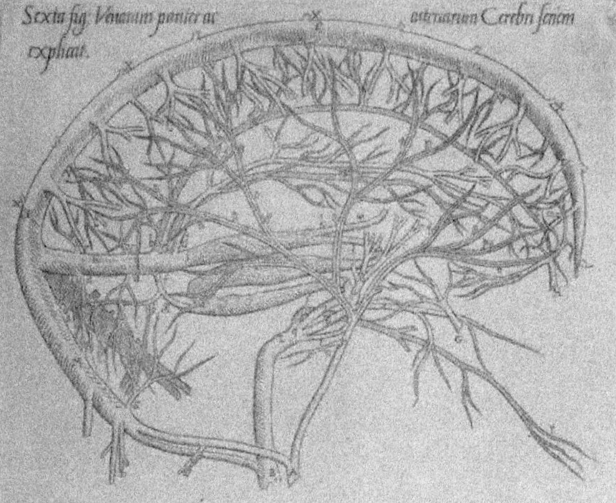

VII.

Vena Arterialis delineatio.

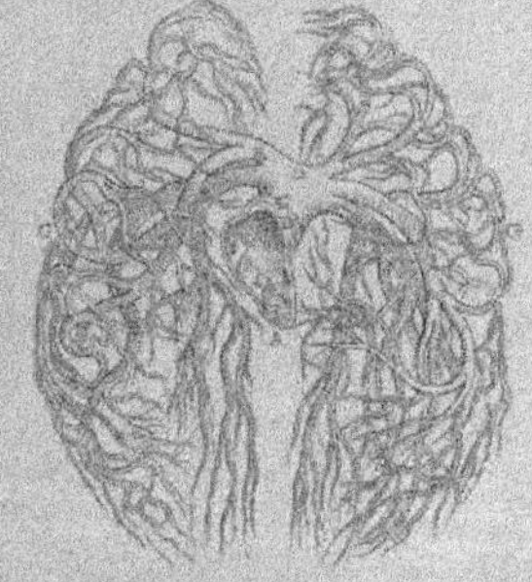

VIII.

& Arteriae Venalis processus.

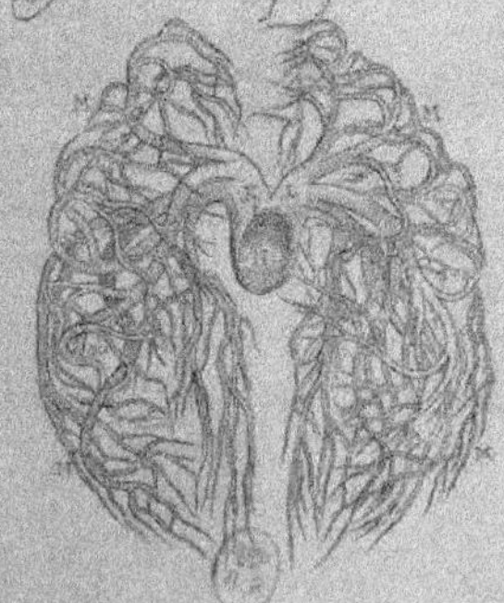

h Vne partie du conduict notté par f, laquelle retourne par derriere, & se separe en plusieurs parties en la
tenure membrane du petit cerueau.

i Le principal rameau du quatriesme reply, lequel s'espand par dessous la portion du cerueau, faicte en maniere de voute, & se porte iusques en la partie de
dedans du troisieme ventre du cerueau.

k,l La diuision du rameau merqué par i, faicte en deux
parts. Celle qui est merquee par l, môstre celle partie qui va au ventre droict du cerueau, & celle qui va
m au senestre est merquee par m, & est icy recouppee.

n Le reiecton de la troisieme veine qui entre dedans le
taiz, il s'estend iusques à l'instrument de l'ouye.

o,o,o L'entresuytte du reply de la dure membrane en laquelle la troisiesme veine se perd accompagnee tousiours du reply dedans lequel se porte aussi la troisiesme artere que nous notterons par r.

p,p Les iectons des replis dont nous auôs parlé. Ils s'espâ-
dent en la tenure membrane du cerueau.

q La diuision de la tierce & plus grande artere qui entre point dedans la capacité du taiz, la part ou elle
commence a se perdre en iceluy.

r Le petit rameau de la tierce artere, lequel se perd dedans le reply de la dure membrane, & passe le long
des costez du cerueau, ou il est merqué par o, o, o.

s Le petit rameau lequel passe par vn pertuys particulier, & entre dedãs la capacité des narines, & attaint
iusques au bout du nez par le moyen d'vn petit iectô
s merqué par t.

u,u Les deux grands rameaux de la diuision que nous a-
uons merqué par q.

x Vn iecton qui sort de l'assemblement des deux grãds
rameaux que nous auons merqué par u, u, lequel
passe par le pertuys de la seconde paire des nerfs du
cerueau, & tombe principalement aux yeulx.

◄ Le plus gros iecton du susdit assemblement. Il perce
la dure membrane du cerueau, & puis il se diuise en
deux petis rameaux nottez par ß & γ.

β L'vn des petis rameaux du iecton notté par α, lequel
se respand en plusieurs parties par la tenure membrane du cerueau.

γ L'vn des rameaux du iecton notté par α, lequel entre
au ventre dextre du cerueau & fait l'entrelassement
semblable à l'enueloppoir exterieur par lequel le pe-

tit enfant est recouuert au vêtre de la mere. Cest en-
ʃ trelassement est merqué par δ.

LE portrait de la veine arterieuse simple & destituee
de toutes autres parties est representé par ceste septiesme figure. I'ay môstré son embouchure ouuerte, à celle fin, que l'on peut voir les trois tayes qui empeschent que le
sang ne regorge des poulmons dedans le ventre droit du cœur
alors qu'il s'estend.

1,2,3 Ces tayes sont merquees par 1, 2, & 3.

A La partie par laquelle la veine arterieuse commence
à sortir du ventre droit du cœur.

B L'enueloppoir de dedans de la veine arterieuse. Cest
enueloppoir est cinq fois aussi espois que le propre
enueloppoir de la veine.

C L'enueloppoir de dehors de la veine arterieuse. Il est
semblable au propre enueloppoir de la veine.

D La diuision du tronc de la veine arterieuse faicte en
deux rameaux. Celuy du costé droit est merqué par

E E, & se diuise en plusieurs iectôs par les parties droictes des poulmons. Celuy du costé gauche doit estre

F merqué par F à l'autre costé du D. L'entresuytte de
la veine arterieuse par tout le corps des poulmôs est

G,G merquée par G & G.

LA huitiesme figure monstre l'artere veneuse simple
& deliure de toutes autres parties.

H Le commencement de l'artere veneuse, lequel est au cœur. Nous n'auons pas sceu representer en ceste figure les membranes ou tayes de
l'embouchure de ceste artere: ainsi côme nous auons
fait en l'autre de la veine arterieuse, pour autât qu'elles sont au cœur.

K,L La premiere diuision de l'artere veneuse faicte auec
son commencement.

M,M, M,M L'entresuytte de l'artere veneuse diuisée en
vne infinité de rameaux, lesquels sont espars par le
corps des poulmons.

L'ENTIERE ET PARFAICTE REPRESENTATION DE TOVTES LES
veines & arteres, laquelle nous auons faicte à celle fin que l'on peult voir à l'œil, quelles veines
sont accompagnees d'arteres, & qu'elles non: & aussi quelles arteres
n'ont esté accompagnees de veines.

L'EXPLICATION DES CHARACTERES
merquez en la neufiesme & derniere figure: ensemble de ceux qui
sont aux figures particulieres d'icelle.

LES grandes lettres Latines apparoissent les
premieres en ceste presente figure, par lesquelles
nous auons merqué les organes qui se rencontrent outre les veines & arteres.

A L'entredeux trauersant.

B Vne portion du suscœur reserue en l'endroit auquel
il touche à l'entredeux trauersant.

C Le cœur posé en sa place.

D,D Les quatre lopins du poulmon.

E Le sifflet.

F,F Vne grãde partie de la partie bossue du foye, laquel-

le apparoist beaucoup mieux en la quatriesme particuliere figure, la ou elle est merquee par F, F.

G,G La partie creuse du foye.

H La petite vessie destinee à receuoir la cholere.

Encores que vous ne trouuerez pas icy l'ordre de toutes les
lettres, vous ne deuez pourtant penser que nous ayons obmis
quelque chose à explicquer. Car nous auons seulement pris des
autres tables ce qui nous a semblé suffire à monstrer l'entresuitte des veines & arteres.

O La partie creuse de la ratte en la troisiesme figure
particuliere.

P La partie de deuant du roignon droit.

Q Le roignon gauche.

S Ne cerchez pas ceste lettre en la grande figure, mais seulement en la septiesme & huictiesme particuliere. Elle merque la vessie de l'homme en la septiesme, ensemble le nombril, & les conduits du nombril, & des autres parties, lesquelles nous monstrerons çà & là en l'explication des characteres. Ceste mesme lettre S monstre en la huictiesme figure la vessie de la femme auec les conduits du nombril & de l'vrine. Voyez en dauantage en l'explication des particulieres figures.

T L'assiette du trõc de la veine creuse situee entre l'entredeux trauersant & le cœur.

V,X L'assiette du soubassement du cœur & des conduits lesquels l'enbrassent en façon de couronnes.

Y La partie poinctue du cœur.

Z Les rameaux qui procedẽt des veines & arteres couronnalles, & descendent par le dehors du cœur. Ils ne sont point nottez par lettres, toutefois on pourra adiouster vn Z au dessous.

a Le tronc de la veine creuse est ouuert en ceste partie dedans la cauité dextre du cœur.

b L'oreillon dextre du cœur.

c La partie égue de l'oreillõ senestre du cœur, elle apparoist au dessus la lettre V, autrement on ne la peut remerquer qu'à peine.

d Le tronc de la veine arterieuse. Le commençement de l'artere veneuse n'a peu estre veu en ceste figure, pour autãt qu'elle est situee au costé senestre du cœur tout ainsi comme l'emboucheure de la veine creuse est icy assez au costé droit.

e,e La suitte de l'artere veneuse, & de la veine arterieuse en la partie droicte des poulmons, la ou elles ne sont encor recouuertes de la substance d'iceux.

f Le tronc de la grande artere.

g Le grand rameau de la grande artere qui monte en haut & est enuoyé principalement au bras senestre.

i La plus apparoissante portion du trõc susdit, ensemble la diuision qu'il fait en deux rameaux inegaux de l'vn desquels il fait l'apoplectique senestre notée par

k k. Le plus grand fait l'apoplectique dextre notee

l par l, Il fait aussi l'artere qui entre dedãs le bras droit

m & est merqué par m.

n,n Les nerfs de l'entredeux trauersant, couppez de leurs commencement passent par cest endroit. Et est leur commencement assez apparent l'endroit ou nous auons merqué P.

o Le commencement de la veine sans cõpagne. L'entresuitte de laquelle est mõstree en la premiere particuliere figure, qui est comme couppee de cest endroict. On la peut feindre attachee la ou vous voyez l'o merqué. Nous ne l'auons peu representer en la grande figure pouautant que les poulmons occupẽt toute la partie de deuant de la poictrine, & le reste de ceste veine sans compagne commence en cest endroict à passer par derriere le long des roüelles du doz. Nous en auons fait plus grãde mention en l'explication de la secõde figure des veines sous les characteres F F & G G.

p La mipartition que fait la veine creuse. Le commencemẽt des veines particulieres à l'oz de la poictrine, apparoist aux deux costez de la lettre p, lesquelles descendent iusques aux confins du nombril. Le reste de ceste veine est representé en la seconde particuliere figure : la ou la partie merquee par q se doit ioindre à celle de la grande figure nottee par la mesme lettre q, & celle qui est merquee par * se doit aussi ioindre à la grande figure la part ou vous voyez la lettre z. Nous auons parlé cy dessus plus amplement au repertoire de la seconde figure des veines sous les lettres L & M.

r Le commencement de la veine qui s'espand par les entredeux de quelques costes d'en haut.

s La veine qui mõte au taiz le long des saillies trauersantes des roüelles du col & se perd dedans le secõd reply de la dure membrane auec l'artere qui l'acompagne.

t,t Le premier reply.

u,u Le second reply.

x,x Le troisiesme reply.

y Le commencement du quatriesme reply.

z La veine qui tire vers l'aisselle. Elle fait la veine du bras au costé gauche, laquelle est merquee par ʒ, mais au costé droit le commencement de ceste mesme veine depend de la goseliere de dehors.

β,γ Les lectons qui pendent de l'aiscelliere, & s'espandent au deuant, au costé & au derriere du coffre, sont couppez en ceste figure.

δ La goseliere de dedans.

ε La diuision que la goseliere de dedans fait en deux veines, l'vne desquelles tire droit au second reply de la dure membrane, & l'autre s'espand au costé gauche de la mesme membrane.

ζ La goseliere de dehors.

η La diuision de la goseliere de dehors, laquelle se fait enuiron le gauion : la partie, qui passe par derriere les oreilles & va au derriere de la teste, est merquee par

θ,ι θ. Celle qui va à la temple & au sommet par ι. Celle

κ qui va à la face & au front par κ. Celle qui va au se-

λ cond reply de la dure membrane par λ. Mais il y a

μ deux rameaux merquez par μ, l'vn desquels entre en la teste par le huictiesme oz du taiz : & l'autre par le pertuis de la seconde paire des nerfs du cerueau.

ν Aucuns des characteres suyuãs sont merquez au costé droit de la figure, & mõtrent l'entresuitte de l'artere apoplectique. La portiõ de ceste artere, laquelle monte en la teste, apres auoir espandu vn rameau auec la goseliere de dehors par la face, la temple, & au derriere de l'oreille, est merquee par ν.

ξ Le rameau de l'apoplectique, lequel entre au premier reply de la dure membrane.

ο La principalle portiõ de l'apoplectique, laquelle entre dedans le taiz par vn pertuys particulier.

π Le rameau qui s'espand vers l'estendue des narines.

ρ Vn rameau qui s'espand au costé droit de la dure membrane.

σ,τ Les principaux rameaux de l'apoplectique, lesquels on pense faussement composer l'entrelassement ou lassis semblable à vn rets.

υ Le rameau qui tire vers les yeux.

φ Le rameau qui tire vers la membrane, qui recouure le soubassement du cerueau.

χ L'entrelassement ou lassis que nous comparõs à l'enueloppoir de dehors, qui enueloppe l'enfant pẽdant qu'il est au ventre de la mere.

ψ Le nerf droit de la sixiesme paire des nerfs du cerueau. Il est couppé à l'endroit ou il descend le long du costé du sifflet.

ω,ω Le nerf du costé droit qui est l'vn de ceux que l'on

nomme

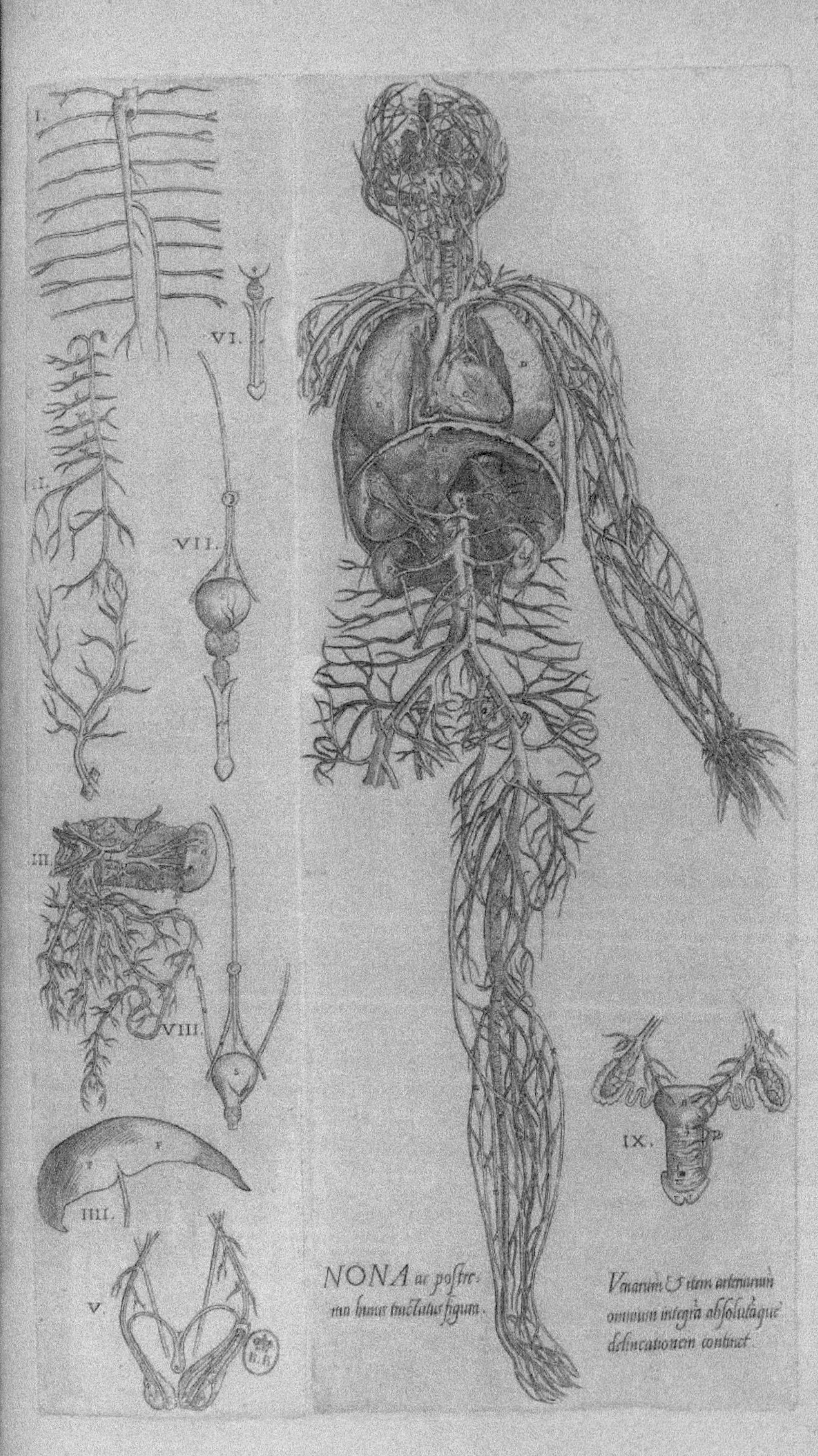

NONA ac postre-
ma huius tractatus figura.

Venarum & item arteriarum
omnium integra absolutaque
delineationem continet.

nomme retournants.

1 Le nerf ſeneſtre de la ſixieſme paire des nerfs du cerueau.

2 Le ſeneſtre nerf retournant.

3 Le petit nerf qui tire au ſoubaſſement du cœur.

4 La veine qui tire au derriere du chignon du col & de la teſte. Elle eſt entre ſ & a.

5 La veine qui tire au derriere du palleron.

Encore que cy apres nous ne merquerons aucune artere, ſi eſt ce qu'il ſera facile de voir par ce portrait, quelles ſont les veines qui ſont accompagnees de l'artere.

6 La veine qui va à la peau, de laquelle l'eſpaule eſt recouuerte.

7 La veine du bras l'endroit ou elle approche la peau, & entre en l'auantbras.

8 Le petit rameau de la veine du bras, lequel tire quelque fois par le deſſus de la ioincture du coulde.

9 Le rameau qui ſort de la veine du bras pour faire la veine commune.

Il vault beaucoup mieux nous ſeruir maintenant de petites lettres Latines depeur qu'en doublât les characteres d'arithmetique, nous ne brouillons le portrait.

a,a Vn rameau de la veine du bras, lequel paſſe par le dehors du ſuſauātbras & du ſoubſauantbras, & tire vers l'aboutiſſement du ſoubſauātbras & au poignet, puis eſtant augmenté par le rameau de l'aiſcelliere merqué par p, il tire au petit doid, & principalement au quatrieſme.

b Le rameau de l'aiſcelliere, leql eſt eſpādu par la peau, qui reueſt la partie de deuant & interieure du bras.

c Le rameau qui tire aux muſcles qui eſtendent l'auantbras.

d Le rameau qui accompagne le quatrieſme nerf du bras tout iuſques au dehors de l'auantbras.

e La diuiſion que fait l'aiſcelliere en deux rameaux.

f,f Le tronc qui eſt caché au profond, eſt accompagné touſiours d'vne artere & paſſe par la ioincture du bras pour entrer en l'auantbras.

g Le rameau du tronc ſuſdit, lequel ſ'eſtend par le ſuſauantbras, & enuoye des ietons au poulce, au ſecód, & au troiſieſme doid.

h Les ietons de l'artere qui accompagne le rameau ſuſdit, & tire par le dehors de la main entre le poulce & le ſecond doid.

i Le rameau du tronc que nous auós dict eſtre caché, lequel ſ'eſtend le long du ſouſauantbras, & enuoye des ietons au petit doid, au quatrieſme & à celuy du millieu.

k La diuiſion du tronc de l'aiſcelliere, lequel paſſe ſous la peau, & mipartiſt aſſez pres du ply du bras.

l Le rameau de l'aiſcelliere qui compoſe la veine cómune.

m La veine commune.

n La diuiſion de la veine cómune faicte en façon d'vn Y. Item le reſte de ſon entreſuytte le long de la partie exterieure de la main.

o Vn petit rameau qui paſſe en la partie de dehors de la main, & eſt ioinct en ceſt endroit auec les autres petis rameaux.

p Le rameau de l'aiſcelliere enuoyé au ſouſauantbras diuerſement diuiſé dedans la peau, & aboutiſſant par ſon extremité en vn rameau de la veine du bras, l'endroit ou nous auons merqué ω.

q,q L'entreſuitte des veines entrelaſſees dedans la peau de dedās du ſouſauātbras & en la paulme de la main.

t Ne cerchez pas ceſte lettre en la grande figure, car elle eſt en la ſeptieſme & huictieſme la ou elle merque vne partie du nombril.

ſ,ſ,ſ,ſ La veine qui paſſe du nombril dedās le ſoye eſt merquee par ces lettres cy es meſmes figures 7 & 8. Elle ſe doit ioindre auec celle qui eſt peincte au ſoye, en la quatrieſme figure particuliere: la ou le reſte de ceſte veine eſt merqué par ſ.

t Ceſte lettre merquee en la ſeptieſme & huictieſme figure denote le códuit qui porte l'vrine de l'enfant entre le ſecond enueloppoir, & celuy de dedans.

u,u,u Ces lettres merquent en la ſeptieſme & huictieſme figure les arteres particulieres de l'enfant pendant qu'il eſt au ventre.

ε Ce charactere eſt en la grande figure, & merque vne partie du nerf qui eſt au creux du ſoye & procede des nerfs de l'eſtomach.

Il me faut icy admonneſter le lecteur que la troyſieſme particuliere figure compréd & fait monſtre de la portion de l'inferieure membrane de la coiffe: laquelle eſt ſous la partie de derriere de l'eſtomach, & ſouſtient la diuiſion de la veine portiere enſemble les arteres & nerfs qui paſſent par ceſte partie. Dauantage outre ces conduits l'on voit en ceſte meſme figure la ratte auec les veines & arteres eſparſes par l'entreboyau: & peut toute ceſte figure eſtre rapportee à la grande figure au creux du foye, tellement que υ, φ, τ, & ς ſe rencõtrent en l'vne & autre figure la ou : & ς repreſentent le conduit de la veſſie du fiel, lequel aboutiſt au douzedoitier.

τ Le trõc de la veine portiere en l'vne & l'autre figure.

υ L'artere qui entre au foye, enſemble le nerf qui ſ'eſtend le long de celle meſme artere.

φ L'artere & le nerf qui tire à la veſſie du fiel.

χ Les veines qui tirent à la veſſie du fiel.

ψ En la troyſieſme figure, la veine & l'artere, leſquelles tirét au derriere de l'eſtomach aſſez pres de ſon emboucheure d'embas.

ω En l'vne & l'autre figure, la veine qui va à l'eſtomach, la part ou la partie boſſue d'iceluy regarde la dextre aſſiette du doz.

a En la troyſieſme figure, la veine, l'artere & les nerfs entrelaſſez en la partie dextre du fõd de l'eſtomach.

b Le plus petit rameau de la grande diſtribution de la veine portiere, en la troiſieſme figure.

c Le plus grand rameau de la grande diſtribution de la veine portiere en la troiſieſme.

d La veine & l'artere qui aboutiſſent principalement au boyau douzedoitier, & ſont fortifiees & ſupportees par vn corps glanduleux qui eſt eſtendu en ces parties, en la troiſieſme.

e La veine & l'artere ſa compagne, laquelle va en la dextre partie de la membrane inferieure de la coiffe en la troiſieſme.

f,f La racine de l'artere qui eſt eſparſe par le foye, l'eſtomach, la ratte, la coiffe & la veſſie du fiel en la troiſieſme.

g La veine auec l'artere ſa compagne, laquelle en la fin enuironne en maniere d'vne courõne l'emboucheure ſuperieure de l'eſtomach: elle apparoiſt en la figure de l'eſtomach entre α & α, troiſieſme figure.

h La veine & l'artere, laquelle tire vers la principale partie de la membrane inferieure de la coiffe: & ſ'entrelaſſe dedans le boyau cuillier, la part ou il paſſe le long de l'eſtomach, troiſieſme figure.

i,i Le corps glanduleux mis en ceſte partie à raiſon de la diſtribution des conduits, troiſieſme figure.

k La veine qui tire à la feneftre partie de la membrane inferieure de la coiffe.

l,l L'entrefuitte des conduits en la ratte.

m,m Les conduits lefquels procedent de ceux qui font enlaffez en la ratte, & tirent en la partie feneftre du fond de l'eftomach, toutefois les principaux font

n marquez par n, lefquels f'entrelaffent en la partie feneftre du fond de l'eftomach, troifiefme figure.

o,o,o L'entrefuitte des veines & des arteres, lefquelles font propres aux boyaux, troifiefme figure.

p,p La racine de la principale artere qui va aux boyaux, troifiefme figure.

q,q La moindre artere qui eft propre aux boyaux, troifiefme figure.

r,r Les glandes difperfees par l'entreboyau, lefquelles fortifiét les fufdictes feparations des conduits, troifiefme figure.

f En la grande figure, le pertuis de l'entredeux trauerfant par lequel la gueulle paffe. Itê le creux du foye qui fait place à la dicte gueulle.

t Le lien du foye, par leql la partie feneftre d'iceluy eft attachee à l'entredeux trauerfant en la grâde figure.

u,u La grande artere qui paffe au trauers de l'entredeux trauerfant. Item le rameau d'icelle lequel fe perd en la partie dextre de l'entredeux trauerfant.

x La racine de la veine creufe, en l'vne & l'autre figure.

y La veine qui entre dedans la taye ou membrane efpoiffe du roignon gauche en la grande figure.

α La veine compagne de l'artere qui eft enuoyee au roignon droit.

β La veine qui entre en la taye efpoiffe du roignó droit.

γ La veine & l'artere qui entre dedás le roignó gauche.

δ La veine femanciere feneftre.

ε La veine femanciere droite.

ζ La faillie des arteres femancieres.

η,η L'affemblage de la veine & artere femanciere du cofté gauche.

ι Nous auons reprefenté le couillon gauche auec la taye qui luy eft propre, procedante du grand enueloppoir du ventre, & merquee par ι & ι. Toutefois cefte taye du couilló eft tellement decouppee & ouuerte en la cinquiefme figure particuliere, que rien ne peut empefcher que l'on ne la puiffe voir aifemét. Mefmes le mufcle qui y eft attaché y eft merqué

κ par κ.

λ La veine & l'artere fortent de la capacité du grand enueloppoir en la cinquiefme figure particuliere l'endroit ou le charactere eft merqué.

μ Le corps variqueux: mefmes l'admirable & diuers laffis ou entrelaffement de la veine artere.

ν Le couillon gauche recouuert de fa taye prochaine.

ξ,ξ Le retournoyement du conduit qui porte la femence au couillon.

ο,ο L'efleuement du conduit porte-femence iufques à l'oz barré.

π Le reflechiffement que le feneftre conduit, porte-femence fait par le derriere de l'oz barré.

ρ Le reflechiffemét au dextre conduit porte-feméce.

σ L'affemblee du dextre & feneftre conduit porte-femence.

φ L'attache & infertion des conduits porte-femence.

χ,χ En la feptiefme figure, le corps gláduleux qui reçoit l'attache des conduits porte-femence.

ψ,ψ En la mefme feptiefme & fixiefme figure, le conduit commun à l'vrine & à la femence.

ω,ω En la fix & feptiefme figure, le mufcle qui entourne en rond le conduit fufdit.

ϰ,ϰ En la fix & feptiefme figure, la verge, & les corps d'icelle.

a,a Ces deux lettres en la grande figure merquent les veines & arteres enuoyees aux rouelles des reins, aux mufcles qui y font attachez, & aux coftez du ventre.

b En la mefme grande figure, la diuifion de la veine creufe & de l'artere, laquelle eft faicte deffus l'oz du croupion.

c,c Les petites arteres qui entrent aux trous de l'oz du croupion.

d La diuifion du tronc feneftre en la fufdicte diuifion.

e Le iecton du rameau interieur de la fufdicte diuifió, lequel tire vers la feffe & les parties circonuoifines de la boette.

f Le iectó du rameau fufdit, lequel fe fepare en la veffie & en l'amáry.

g Cecy eft vne partie de l'artere particuliere à l'enfant, pendát qu'il eft dedans le ventre de la mere, laquelle par cy deuát nous auons merquee à cofté de la veffie par u, comme encor icy en la portion de la grande figure.

h Vne petite portion du rameau exterieur de la fufdicte diuifion, laquelle approche du refte du rameau interieur.

i Le refte du rameau interieur, lequel paffe par le pertuis de l'oz barré, & fe diftribue dedans les mufcles qui occupent la partie interieure de la cuiffe.

k L'endroit la ou les iectons du refte fufdit fe meflent auec l'autre veine.

l Le iecton du rameau exterieur, lequel f'efpand par le bas du ventre, iufques au nombril.

m,m La veine laquelle eft diftribuee fous la peau par la partie interieure tant de la cuiffe que de la iambe, iufques aux orteils des pieds, & laquelle iecte plufieurs petis rameaux en defcendant.

n La veine laquelle eft fous la peau & paffe par la partie de deuant de la feffe.

o La veine qui f'entrelaffe dedás les mufcles & la peau qui emplift l'exterieure partie de la cuiffe.

p La veine efparfe par les mufcles qui occupent la partie anterieure de la cuiffe.

q L'affemblee que fait la veine maintenant expliquee, auec celle, laquelle paffant par le pertuys de l'oz barré defcend dedans la cuiffe.

r Cefte veine principale entre celles qui entrent en la cuiffe, fe retourne le long de l'oz de la cuiffe.

s,s Les iectons lefquels entrent es mufcles qui occupét la partie de derriere de la cuiffe, & lefquels entrent en la peau de cefte partie iufques à la foufgreue.

u La diuifion faicte au iarret enfemble les rameaux diftribuez aux mufcles lefquels defcendent en cefte part des reftes de l'oz de la cuiffe.

x La veine du plus gros tronc de la fufdicte diuifion, laquelle veine f'enlaffe en la peau exterieure de la iábe iufques au bout du pied.

y La veine & l'artere eftendue le long de la foufgreue, laquelle eft cachee entre les mufcles.

ϰ Le rameau du plus gros tronc de la fufdicte diuifion. Il defcéd par la peau qui recouure la partie interieure de la iambe, & fe coule diuerfement iufques aux orteils.

β Le rameau du tronc fufdit. Il entre en la foufgreue, & attaint iufques au talon.

Vn

Enfuit la table de la 1.2.3. & 4. figures des nerfs.

γ Vn rameau du plus grand tronc, lequel s'espand entre les muscles situez en la partie anterieure de la iãbe & se conduit iusques sur le pied & aux orteils.

ς Le reste de ce grand tronc lequel descend vers bas entre les muscles qui occupent la partie de derriere de la iambe, & lequel passant outre l'oz de la iambe & le talon entre dedans le pied & communique ses rameaux à la partie inferieure des orteils.

Pour autant que ceste grande figure ensemble les precedentes particulieres propose toutes les veines & les arteres de l'homme, i'ay pensé que cecy incommoderoit aucunement le lecteur, si ie proposois le portrait des conduits particuliers aux femmes, entant qu'ils sont differents de ceux de l'homme. Ce qui est seulement es conduits semanciers, lesquels descendent aux couillons, & es veines & arteres qui enlassent l'amary, toutes lesquelles sont representees en la huictiesme & neufuiesme figure dont l'explication est telle.

ϛ Les petits rameaux qui descendent de la veine & de l'artere, & s'espandent en la membrane la part ou ils entrent en la membrane qui enueloppe toutes les parties du ventre.

ι Vne partie de la veine & de l'artere laquelle entre au couillon, & laquelle tire droit en la partie superieure du fond de l'amary.

κ L'assemblee de la veine & de l'artere semâciere, elle est sêblable à vne pyramide & represente des varices.

λ Le couillon gauche.

μ,υ Le côduit qui porte la semêce du couillô en l'amary.

ν L'anglet mousse du fond de l'amary. Le conduit qui porte la semence, entre en cest endroit.

ξ Le fond de l'amary aboutist en cest endroit au col d'iceluy, & en ceste partie est situee son emboucheure.

ο,π Le col de l'amary.

ρ Le col de la vessie s'estend en cest endroit iusques au col de l'amary, & prend fin en iceluy.

ς Les conduis qui s'entrelassent en la partie inferieure du fond de l'amary & au col d'iceluy.

τ,τ Les petites montagnettes de l'emboucheure du col de l'amary.

υ,υ Ces deux characteres sont en la huictiesme particuliere figure, & merquent les conduits, lesquels portêt l'vrine des reins en la vessie.

LE soubassement de tout le grand & petit cerueau destituez de la taye, qui les recouure est representé en la premiere figure, à celle fin que la premiere saillie des nerfs du cerueau fust plus apertement representee. Car en cest endroit toute la partie de la moëlle du doz est portraicte ensemble, auec les commencements des nerfs, laquelle est estendue depuis le commencement de ceste moëlle iusques en la partie par laquelle elle descend en la premiere rouelle du col, & en laquelle la moëlle du doz premierement & à bon droit prend son non.

La seconde figure represente le costé droit des nerfs de tout le cerueau & le petit cerueau: ensemble de ceste partie que nous auôs dicte en la premiere figure, toutefois ny la dure ny la tenure taye qui les enueloppe n'apparoist icy aucunement. Au reste ceste susdicte seconde figure des nerfs montre seulement le costé droit de la simple entresuitte des sept paires des nerfs du cerueau, encores que quelque fois, lors qu'il a esté necessaire, nous ayôs portrait le costé gauche de l'entresuitte de quelques nerfs. La proportiô de ceste figure est portraicte de telle grandeur que vous pourriez faire monstre de tout le corps, la vessie duquel seroit posee au plus bas de ceste presente figure, & duquel le coffre & le ventre apparoistroit en la partie de deuant, la face estant retournee sur l'espaule gauche, tellement que l'on ne la verroit que du costé droit.

Les characteres que nous voulons mettre en ceste explication sont en partie communs à l'une & à l'autre figure & en partie particuliers, maintenant à l'vne & maintenant à l'autre: Ce que nous remerquerons par ces nottes 1, 2. lesquelles nous adiousterons à chasque charactere.

A,1 Le cerueau.

B,1 Le petit cerueau.

C Les saillies ou comme enleueures de la substance du cerueau que vulgairement l'on nomme les saillies mammellieres. I'ay seulement adiousté le charactere en l'vn des costez de la premiere figure, pourautant qu'il n'y a personne qui doubte que l'vn & l'autre costé ne soyent semblables.

D,1 Le commencement de la moëlle du doz, laquelle despend du soubassement du cerueau.

E,1,2 Partie de la moëlle du doz, laquelle doit sortir incontinêt de la capacité du tais, & laquelle nous auons couppee en l'vne & en l'autre figure, la part ou elle entre en la rouelle plus ample.

F,1,2 Les saillies semblables à des nerfs, lesquelles seruent à l'instrument du flair, & lesquelles en aucune partie digne d'estre remerquee, ne sortent point de la capacité du tais qui enuironne le cerueau: elles sont mal merquees par E en la premiere figure.

G,1,2 Les nerfs de la veüe, ou la premiere paire des nerfs du cerueau. Au reste le commencement du nerf senestre est merquee en la premiere figure par G, & en l'autre seulement le conduit du nerf dextre porté dedans les yeux.

H,1 L'assemblee des nerfs de la veüe.

I,1,2 La taye de l'œil en laquelle le nerf de la veine s'espãd & aboutist.

K,1,2 La seconde paire des nerfs du cerueau.

L,1,2 La plus petite, plus gresle & plus dure racine de la troisiesme paire des nerfs.

M,1,2 La plus grande & plus grosse racine de la troisiesme paire.

N,2 Les iectons de la plus petite racine de la troisiesme paire, lesquels entrêt en la peau musculeuse du frôt.

O,2 Les iectons de la plus petite racine de la troisiesme paire lesquels s'espandent iusques à la machoire d'enhaut.

P,P,2 Les iectons de la petite racine de la troisiesme paire, lesques se perdent en la taye du nez, laquelle particulierement est merquee par le P d'embas.

Q,2 Les iectons de la petite racine, lesquels sont espandus dedans le muscle templier.

R,2 Le rameau de la plus grande racine de la troisiesme paire, entortillé en la maniere des venilles de vigne, lequel rameau entre dedans le muscle templier & lequel s'accouplant auec deux rameaux descendans de la cinquiesme paire des nerfs nottez par b & c, s'espand apres dedans le muscle machelier dans les muscles de la bouffe & en la peau.

S,2 Le rameau de la plus grande racine de la troisiefme paire,lequel diftribue par entrefuitte des iectons aux genciues des dẽts machellieres,& aux dẽts mefmes.

T,2 Les iectons de la plus grande racine de la troisiefme paire, lequel aboutift iufques à l'oz de la machoire d'embas.

V,2 Vn petit rameau du iecton merqué par T, lequel eft enuoyé & diftribué en plufieurs parties iufques à la leure d'embas.

Y,Y,2 La plus grande partie de la plus grande racine de la troisiefme paire, laqlle partie eft efparfe en la lãgue.

Z,1,2 La quatriefme paire des nerfs du cerueau.Toutefois le z d'embas merque la peau du palais en la feconde figure.

a,1,2 La cinquiefme paire des nerfs dediee à l'ouye. Le Φ Φ en l'vne & en l'autre figure merque particulieremẽt la portion de cefte paire, laquelle eft portee en la cauité de l'oz de la temple.

b,1,2 Vn petit rameau de la cinquiefme paire, lequel iffit de la partie anterieure d'icelle.

c,1,2 Vn petit rameau de la cinquiefme paire, lequel paffe dans le pertuys aueugle & en la fin faffemble auec le iecton de la troisiefme paire retortillé en maniere de venille de vigne, tout ainfi comme fait le rameau merqué par b,& auec le rameau auffi,lequel eft merqué R en la feconde figure.

d,1,2 Le nerf lequel prend fon origine,affez pres du commencement de la cinquiefme paire, & lequel à efté laiffé par les autres Anatomiftes. Il f'efpand dedans les mufcles qui font mouuoir la machoire d'embas, & eft aucunement nommee par nous la petite racine de la cinquiefme paire.

e,1,2 La fixiefme paire des nerfs du cerueau,fon entrefuitte eft mouftré en la feconde figure. Celuy qui eft portraict vn peu chargé d'ombres, & eft conduit aucunement par deffous la cinquiefme paire,eft le nerf feneftre. Le nerf du cofté droit eft vn peu plus defchargé d'ombres, & ainfi vous voyez les characteres fuyuants merquez particulierement, attendu qu'en monftrant l'vn on monftre l'autre.

f,2 Le rameau de la fixiefme paire, lequel entre aux mufcles fituez au derriere du col.

g,2 Les petis rameaux de la fixiefme paire, lefquels en defcendant, font efpars en trauers dedãs aucuns des mufcles du fifflet.

h,2 Le rameau de la fixiefme paire, lequel eft enuoyé aux racines des coftes du cofté droit.

i,1,2 Aucunes petites parties des nerfs entre coftaux, lefquels augmẽtent le rameau de la fixiefme paire, lors quils defcendent par cefte part.

k,k,2 Les rameaux des nerfs de la fixiefme paire eftenduz dedans les teftes des mufcles,lefquelles prennẽt leur commencemẽt au haut de l'oz de la poictrine, & des clauettes,& font portees vers haut.

l,2 Les rameaux du cofté dextre de la fixiefme paire des nerfs. Ces rameaux font le nerf recourant du cofté droit.

m,2 Le nerf dextre recourant ou retournant.

n,2 Les iectons du dextre recourant,lefquels font efpars dedans les mufcles du fifflet.

o,2 Les iectons du feneftre nerf de la fixiefme paire,lefquels font le nerf recourant du cofté feneftre.

p,2 Le nerf feneftre recourant, lequel tout ainfi comme le dextre eft vulgairemẽt nommé le nerf de la voix.

q,2 Les petis rameaux de la fixiefme paire, lefquels f'efpandent par la taye qui recouure les poulmons.

r,2 Les petis rameaux de la fixiefme paire, lefquels font entrelaffez dedans l'enueloppoir membraneux du cœur. Le petit nerf du cœur prend fon commencement des iectons du nerf feneftre, lefquels correfpondent à ceux que nous auons notté par r.

f,2 Portion de la fixiefme paire des nerfs, laquelle eft enuoyee a l'eftomach, enfemble l'entrefuitte par laquelle on voit l'vn & l'autre nerf party en deux. Celuy du cofté droit va en la partie feneftre de la fuperieure emboucheure de l'eftomach,& celuy du cofté feneftre f'enlaffe en la partie dextre de la mefme emboucheure.

t,2 L'entrefuitte de la fixiefme paire des nerfs, laquelle eft efpandue, tant en l'emboucheure fuperieure de l'eftomach,qu'aux prochaines affiettes d'iceluy.

u,2 Le rameau de la fixiefme paire des nerfs, laquelle entre en la partie dextre de l'ẽboucheure fuperieure de l'eftomach.Ce rameau fe cõduit felon la plus haute partie de l'eftomach, & fe pert au creux du foye,la part ou vous voyez la lettre x.

y,2 Le premier iecton du rameau de la fixiefme paire,lequel eft enuoyé aux racines des coftes du cofté droit.

z,2 Vn petit rameau du premier iecton merqué par y, lequel eft efpandu en la partie dextre de l'inferieure taye de la coiffe,& dans le boyau cuiller.

α,2 Vn petit rameau du premier iecton, lequel f'efpand par le boyau nommé douzedoytier, & au commencement du boyau vuide.

β,2 Le rameau lequel tire en la partie dextre du fond de l'eftomach, & lequel efpand plufieurs iectons en l'eftomach, & en la membrane fuperieure de la coiffe, * la partie qui eft merquee de ce charactere * monftre le iecton de ce prefent rameau,lequel eft enuoyé au foye & en la veffie du fiel.

γ,2 Le iecton qui va au roignon droit.

δ,2 Le iectõ lequel eft efpars en plufieurs petis rameaux, en la partie dextre de l'entreboyau, & aux boyaux fituez en cefte partie.

ε,2 L'entrefuitte des nerfs, lefquels f'enlaffent en la partie dextre de la veffie.

ζ,2 Le premier iecton du nerf de la fixiefme paire,efpãdu par les racines des coftes du cofté feneftre.

θ,1,2 Ce charactere merque deux rameaux procedans du iecton merqué par ζ, lefquels font enuoyez en la membrane inferieure de la coiffe, & au boyau cuillier la part ou il paffe par deffous l'eftomach.

η,2 L'ẽtrefuitte des nerfs,lefquels entrẽt dedãs la ratte.

†,2 I'ay merqué auec cefte croix vn rameau du iecton merqué ζ. Ce rameau paffe en la partie feneftre du fond de l'eftomach, & enuoye des iectons en l'eftomach,& en la membrane fuperieure de la coiffe.

κ,2 Le rameau lequel paffe au cofté feneftre de l'entreboyau,& aux boyaux fituez en cefte partie.

λ,2 Le rameau qui entre au roignon gauche.

μ,2 L'entrefuitte des rameaux, lefquels affez obfcurement font entrelaffez au cofté gauche de la veffie.

ν,1,2 La feptiefme paire des nerfs du cerueau.L'vn & l'autre nerf eft merqué en la feconde figure tãt d'vn cofté que d'autre,& eft notté par ν.

ξ,2 Le rameau de la feptiefme paire, lequel eft enuoyé aux mufcles, qui defcendent de la faillie de l'oz de la temple,laquelle refemble la touche de tablettes.

o,2 L'affemblage de la feptiefme paire auec la fixiefme.

π,2 L'entrefuitte de la feptiefme paire, laquelle f'enlaffe
dedans

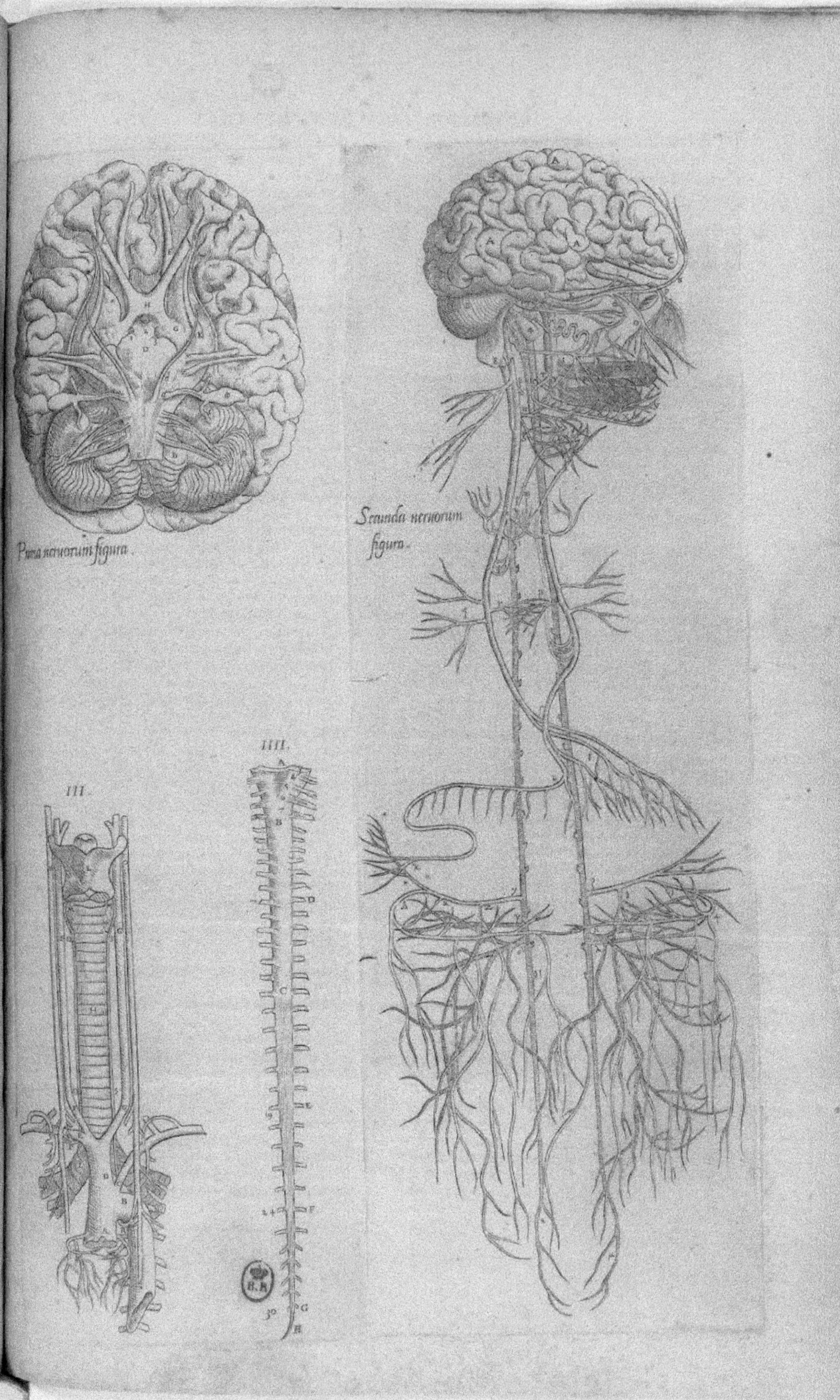

Prima neruorum figura.
Secunda neruorum
figura.
III.
IIII.

dedans plusieurs muscles de la langue, de l'oz qui represente la lettre grecque ʋ, & dedans aucuns du
neud de la gorge.

1,2,3 Ces characteres de nombres, lesquels sont merquez
en la premiere figure & apparoissent à l'endroit, ou
commence la moëlle du doz, monstrent trois pertuys, desquels les deux qui sont à costé merquez 1 &
3, sont ceux par lesquels les rameaux des arteres apoplectiques passent pour entrer en la dextre & senestre cauité du cerueau. Le pertuys du milieu merqué
2, est celuy par lequel le phlegme du cerueau descéd
dans le bassin, lequel derechef comme vn entonnoir
le fait couler dessus la glande, laquelle est sous la partie de cerueau de cest endroit.

L'EXPLICATION DES CHARA-
cteres merquez en la troisiesme figure des nerfs.

ENCORES que le simple portrait des sept paires des
nerfs du cerueau, monstre l'entiere entresuitte de la
sixiesme paire en la premiere & seconde figure, & par
consequent les nerfs retournans, si est ce qu'il m'a semblé
que ie ne ferois chose hors de propos, si i'entremeslois en ce trai-
té vne particuliere table, qui est la troisiesme en reng, auec
quelques parties de la grande artere & du sifflet, entant que
touche la demonstrance & representation de leur entresuitte.
Ce que i'ay fait tant à cause que les medecins font souuent
mention de ces nerfs, que pour autant qu'il n'y a celuy qui ne
soit bien aise de les voir, à raison du miracle de nature, lequel
se manifeste en iceux.

A La sortie de la grande artere hors la senestre cauité
du cœur, qui est l'endroit ou elle iecte les deux arteres couronnales.

B Le tronc de la grande artere, lequel se reflechist vers
bas le long de l'espine du doz.

C Le rameau de la grande artere, lequel monte en biez
vers la premiere coste du costé senestre, & puis s'espand dedans le bras gauche.

D Vne portion de la grande artere, laquelle monte à la
gorge.

E L'artere, laquelle passe en trauers, & entre au bras
droit.

Si vous voulez sçauoir quels rameaux descendent de ceste
presente artere, & de celle que nous auôs merquee par D vous
aurez recours à la simple figure de la grande artere, laquelle
est la troisiesme en ordre entre les figures des arteres.

F,F L'artere apoplectique du costé dextre.

G,G L'artere apoplectique senestre.

H Le tronc du sifflet.

I,K Les deux branches du sifflet, qui sont celles esquels
le sifflet se mipartit entrant dedans les poulmons.

L Le neud de la gorge, les muscles duquel ceux de la
langue, & ceux aussi de l'oz qui represente la lettre
grecque ʋ, sont representez es tables des muscles, la
ou vous les auez peu apprendre.

M,M La grande attache aux deux costez de la racine du
neud de la gorge.

N Le rameau dextre de la sixiesme paire des nerfs du
cerueau.

O Le rameau senestre de la sixiesme paire.

P Les petis iectons du nerf dextre, lesquels se retour-
nét par dessous l'artere qui passe à l'aisselle dextre, &
lesquels se ramassent en vn seul nerf qui n'a quelque

fois qu'vn rameau.

Q,Q Le nerf retournant du costé dextre.

R Les petis iectons du rameau senestre de la sixiesme
paire, lesquels se retournent vers l'espine du doz par
dessous le tronc de la grande artere.

S,S Le nerf senestre retournant, lequel aussi quelque fois
commence à vn seul iecton. Les autres rameaux des
nerfs de la sixiesme paire, sont representez en la simple figure des nerfs du cerueau.

EXPLICATION DES CHA
racteres merquez en la quatriesme figure
des nerfs.

CESTE presente quatriesme figure sert principalemét
aux deux tables suyuantes, lesquelles representent la
simple entresuitte des nerfs procedans de la moëlle
de l'espine du doz. Car en ceste figure la seule moëlle du doz
que vulgairemét lon nomme la nucque, est represéntee depuis
l'endroit ou elle sort du soubassement du cerueau, iusques à
l'endroit ou elle prend fin, qui est en la partie plus basse de l'oz
du croupion en laquelle elle tombe.

A Le commencement de la moëlle du doz, lequel sort
du soubassement du cerueau.

B La moëlle du doz, sortant de la capacité du taiz, cô-
mence à entrer icy en la premiere roüelle du col,
tellement que ceste partie, laquelle est encores contenue en la capacité du taiz, & de laquelle ancune-
ment sortent les cinq dernieres paires des nerfs du
cerueau, peut estre mesuree depuis A iusques à B.

C La moëlle du doz commence à n'apparoistre plus
simple en la descente, ains resemble à plusieurs cor-
delettes, lesquelles estants ioinctes ensemble descédent droit en bas.

3,4,5,6,7 Les racines des nerfs sont nottees par ces characteres, lesquelles racines sortent de la moëlle du doz,
deuant qu'elle tombe hors la capacité du taiz. Or ces
racines sont celles, lesquelles produisent les cinq dernieres paires des nerfs du cerueau.

D,7 La partie de la moëlle du doz contenue dedans les
roüelles du col est merquee depuis B iusques à D au
costé gauche, & depuis le mesme B iusques à 7 au costé droit, vous y voyez aussi les racines des sept paires
de nerfs, lesquels procedent de ceste partie.

E,19 La partie de la moëlle du doz contenue dedans les
roüelles d'iceluy est merquee depuis D iusques à E
au costé gauche, & depuis 7 iusques à 19 au costé
droit, vous y voyez aussi les racines des douze paires
de nerfs, lesquels procedent de cest endroit.

F,24 La partie de la moëlle du doz, laquelle remplist les
roüelles des reins & de laquelle sortent les racines
des quatre paires des nerfs, est merquee depuis E
iusques à F, au costé gauche, & depuis 19 iusques à
24 au costé droit.

G,30 La partie de la moëlle du doz contenue dedans les
six oz du croupion, est merquee depuis F iusques à
G au costé gauche, & depuis 24 iusques à 30 au costé droit, vous y voyez aussi les racines des six paires
de nerfs qui en descendent, tellement que ces characteres 7, 24, & 30 nottent par leur suitte les trente
paires de nerfs qui procedent de la moëlle du doz.

H L'extremité de la moëlle du doz, laquelle sort de la
fin de l'oz du croupion, & n'a point de pair.

L'EXPLICATION DES CHA-
ractères merquez en la cinquiesme & sixies-
me figure des nerfs, esquels l'entresuit-
te des nerfs de la moüelle du
doz est representee.

A sixiesme figure des nerfs represente l'assemblage de derriere des oz du doz, tout ainsi comme la cinquies-me qui la precede, monstre à l'œil le mesme assembla-ge, tel qu'il est en la partie de deuant. Danātage la totalle en-tresuitte des nerfs de la moüelle du doz est representee en ce-ste figure, la ou en la precedente elle ne se pouuoit pas si bien voir, & mesmes les charactères ne s'y pouuoyent pas si com-modement adiouster. Au reste en l'vne & en l'autre figure nous feignons la moüelle du doz encore situee dedans l'espi-ne, à celle fin que plus facilement & à l'aise on voye le nom-bre & la sortie des paires des nerfs: ioint ainsi que nous auons desia proposé la representation de la moüelle du doz, ainsi qu'elle apparoist despouillee de ses roüelles. Mais pour autāt que la presente explication est commune aux deux figures, & mesmes qu'il y a aussi quelques charactères commūs, & quel-ques autres particulieres, i'ay pensé que ce ne seroit point mal-fait si i'adioustois ces merques 1, 2 selon la diuersité des cha-ractères. Et encore que les charactères des nōbres soyent mer-quez es figures, si est ce que i'ay pensé qu'il n'y auroit pas gran-de obscurité d'adiouster ces deux nottes.

A,1,2 L'assiette de la moüelle du doz, la part ou premiere-ment elle entre dedans les roüelles.

1,2,3,4,5,6,7,1 Les sept roüelles du col. Nous representons aussi par ces charactères les paires de nerfs de la moüelle du doz, lesquelles ont leur issue en la plus haute partie de la roüelle, en laquelle le nombre est merqué.

8,9,10,11,12,13,14,15,16,17,18,19,1 Les douze roüelles du coffre.

20,21,22,23,24,1 Les cinq roüelles des reins.

25,26,27,28,29,30,1 Les six oz de l'oz du croupion. Nous n'auons point icy representé l'oz que lon nomme la queüe, pourautant qu'en iceluy il n'y a aucune partie de la moüelle de l'espine, & pourautant aussi qu'il n'y a aucun nerf qui descende d'iceluy.

B,2 La premiere roüelle du col.

C,2 La premiere roüelle du coffre. Ainsi depuis B ius-ques à C les sept roüelles du col sont representees.

D,2 La premiere roüelle des reins, les douze roüelles du coffre sont representees depuis C iusques à D.

E,2 Le commencement de l'oz du croupion: vous voyez aussi les cinq roüelles des reins depuis D iusques a E.

F,2 Le iecton de derriere qui fait la premiere paire des nerfs qui procedēt de la roüelle du doz, apres qu'elle est desia entree dedans les roüelles.

G,1,2 L'entresuitte du iecton de derriere de la premiere paire. Par ceste lettre toutefois nous auons merqué principalement le rameau d'iceluy, lequel tire vers la saillie trauersante de la premiere roüelle, la ou il se doit espandre par quelques muscles, lesquels nous a-uons notré en l'explicatiō de ceux de la teste, & n'est mestier de les repeter icy, d'autant que la deduction des charactères des nerfs de la moüelle du doz se-roit infinie.

H,1 Le iecton de deuant de la premiere paire.

I,2 Le iecton de derriere de la secōde paire. Le plus pe-tit rameau de ce mesme iecton est aussi merqué par ce mesme charactère.

K,2 Le plus gros rameau du iecton de derriere de la se-conde paire.

L,2 La meslange ou assemblage du rameau de la troisies-me paire merqué en la premiere figure par S, auec le rameau de la seconde paire que nous auons merqué par K.

M,M,1,2 L'entresuitte du plus gros rameau de la seconde paire, ainsi comme elle l'espand dedans la peau du sommet & du derriere de la teste.

N,1 Le iecton de deuant de la seconde paire.

3,1 La troisiesme paire.

O,1,2 Le rameau de derriere de la troisiesme paire, lequel se retourne en derriere vers l'espine de la seconde roüelle du col, & lequel se cache entre les muscles attachez aux roüelles de ceste partie. Lors que ce ra-meau touche à l'espine, il est porté en dehors le long de l'assemblage que font les muscles du costé droit, lesquels occupent le derriere du col, auec ceux du costé gauche, puis derechef il est cōduit en biez vers les costez. Tous les rameaux de derriere de toutes les paires de nerfs, depuis ceste troisieme iusques à la vingtquatriesme, ensuyuent la conduicte que fait ce rameau.

P,1 Le rameau de deuāt de la troisiesme paire, lequel est distingué en quatre iectons. La lettre Q merquee en la premiere figure, monstre le premier qui entre dedans les muscles qui flechissent le col. La lettre R merquee en l'vne & l'autre figure, monstre le second iecton, lequel s'assemble auec le iectō de la quatries-me paire qui sera tantost merqué par Y.

S La lettre S merquee en la premiere figure monstre le troisiesme iecton, lequel s'assemble auec le plus grand rameau du iecton de derriere de la seconde paire. Ce rameau a esté merqué K, & cest assembla-ge se fait à l'endroit ou nous auōs mis L. La lettre T merquee en l'vne & en l'autre figure monstre le qua-triesme iecton du rameau de deuant de la troisiesme paire, lequel entre dedans les muscles attachez aux saillies trauersantes des roüelles.

4,1 La quatriesme paire.

Craignant que la trop grande abondance des charactères ne brouillast par trop ces figures des nerfs, i'ay transposé les cha-ractères de la quatriesme paire au costé gauche de ceste figure, à celle fin que le costé droit, desia assez rechargé de characte-res, fut pour le moins plus libre en ceste portie, & à celle fin aussi que les explications de la cinquiesme & autres suyuan-tes paires, fussent plus commodement adioustees.

V,1,2 Le rameau de derriere de la quatriesme paire.

X,1,2 Le rameau de deuant de la quatriesme paire, lequel est diuisé en trois iectons. Le premier est merque en la premiere figure par Y, il reçoit le iectō de la troi-siesme paire merqué par R. Le second est merqué en

a,1 la mesme figure par a, il s'espand par les muscles les-quels sont situez aux saillies trauersantes des roüel-les. Le troisiesme en la premiere figure est notté par

b,1 b, il approche la portion de la cinquiesme paire, la-quelle sera merquee par e. Ce qu'il fait à fin de cō-poser le nerf de l'entredeux trauersant.

5,1 La cinquiesme paire.

c,1,2 Le rameau de derriere de la cinquiesme paire.

d,1,2 Le rameau de deuant de la cinquiesme paire, lequel enuoye vn petit iecton de son costé interieur, aux muscles qui flechissent le col. Ce iecton se voit entre d & le charactère b.

e,1 Le iecton du rameau de deuāt de la cinquiesme pai-re. Ce iecton fait vne grande partie du nerf, qui en-tre

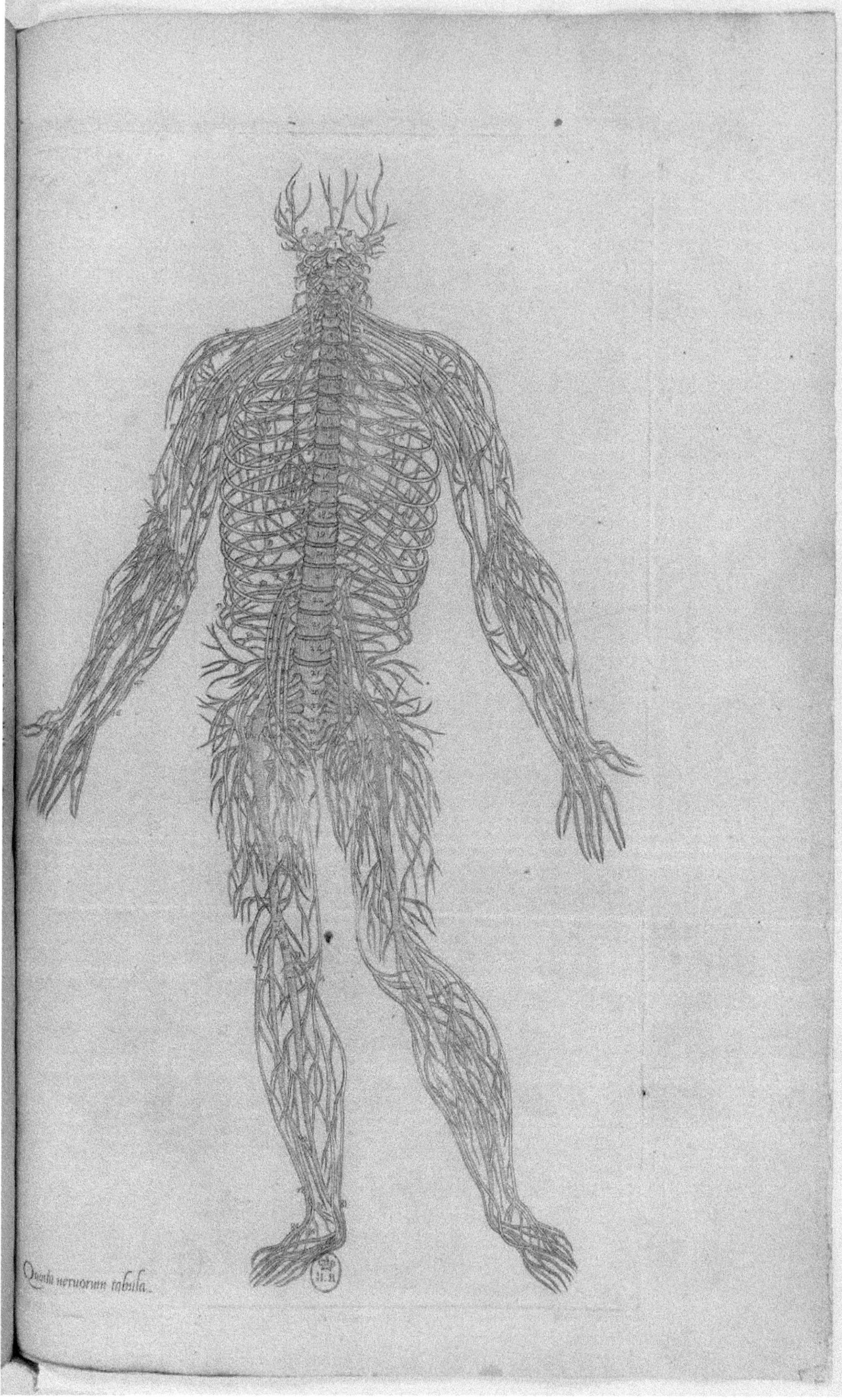

Quinta neruorum tabula.

tre en l'entredeux trauersant.

Le iecton du rameau de deuāt de la cinquiesme paire, lequel se cachant entre les muscles passe iusques à l'espaulle.

Ces characteres merquez en la seconde figure monstrent les petis rameaux du iectō susdit, lesquels sont enuoyez aux muscles qui esleuent le palleron.

Le rameau du iecton merqué par f. ce rameau s'espand en la peau qui recouure l'espaulle & le muscle qui fait leuer le bras.

Le rameau du iecton merqué par f. il entre en la partie du muscle qui fait leuer le bras, laquelle procede de la clauette, & de la saillie superieure du palleron la ou elle se ioint à la clauette,

Le rameau du iecton merqué f. il entre en la partie du muscle qui fait leuer le bras, laquelle procede de la creste du palleron. Le reiecton de ce rameau merqué i, lequel entre en la peau, est notté en l'vne & en l'autre figure auec ces characteres des nerfs du bras π, π.

La sixiesme paire.

Le rameau de derriere de la sixiesme paire.

m Le rameau de deuant de la sixiesme paire. Le iecton qui se conduit de ceste sixiesme paire vers n, c'est à dire vers le nerf de l'entredeux trauersant est notté par m. Le charactere l a esté oublié par mesgarde, & doit estre adiousté au rameau, lequel sortant du costé dextre du charactere s, enuoye vn iecton vers m, & vn autre vers q.

Le nerf de l'entredeux trauersant composé de trois iectons merquez b, e & m. Quant à ce que vous voyez que le nerf de l'vn & l'autre costé apparoist aux deux figures, descendre en biez : cela aduient à raison que les membranes, qui mipartissent le coffre, apparoissent grosses à cause du suscœur qu'elles embrassent en c'est endroit.

L'entresuitte du nerf de l'entredeux trauersant.

Le rameau de la sixiesme paire, leql tire vers la partie creuse du palleron, & entre en plusieurs muscles.

L'entrelassement que fait le rameau de deuant de la sixiesme paire auec les rameaux des paires circōuoisines: ensemble la partie qui va au bras.

La septiesme paire.

Le rameau de derriere de la septiesme paire, lequel est espars tout ainsi que sont les rameaux de ceste partie.

L'assemblee de la septiesme paire auec les paires circonuoisines qui enuoyent les nerfs au bras.

Les iectons de la septiesme paire, ou plus tost du nerf troisiesme, qui entre au bras, lequel sera merqué T. Ces iectons entrent es muscles qui font mouuoir le palleron & le bras.

La huictiesme paire, ou bien la premiere de l'espine du doz.

Le rameau de derriere de la huictiesme paire.

L'assemblage de la huictiesme paire auec la septiesme, duquel assemblage quelques nerfs sont enuoyez dedans le bras.

Le iecton de la huictiesme paire, lequel passe le long de la partie superieure de la premiere coste du coffre, & va iusques au haut de la poictrine.

Les iectōs de la huictiesme paire: ou plus tost du quatriesme nerf lequel entre au bras. Ils s'espandent es muscles situez en ceste partie.

La neufiesme paire.

β,2 Le rameau de derriere de la neufiesme paire.

δ,1 De peur que le charactere γ n'offençast le prochain y, i'ay merqué le muscle de deuant de la neufiesme paire par δ, par lequel ie notte aussi le iecton qui va en la premiere coste.

ζ,1 Les iectons du rameau notté par δ, lesquels s'espandēt dedans les muscles situez en ceste partie du coffre. Toutefois ces iectons serōt cy apres representez plus manifestement.

10,11,12,13,14,15,16,17,18,19,1 Les paires des nerfs depuis la neufiesme iusques à la vingtiesme sont merquees par ces characteres, desquelles l'entresuitte est semblable, principalement aux entredeux des costes.

ν,ν,1 Les reiectōs des nerfs entrecostaux, lesquels augmētēt le rameau de la sixiesme paire du cerueau, laquelle entre es racines des costes, par dessous la membrane qui recouure les costes au dedans.

θ,θ,θ,1 Les rameaux qui sortent des nerfs entrecostaux & qui entrent diuersement par les muscles situez sur le coffre, sont merquez par ces characteres, au costé droit de la premiere figure. Toutefois i'ay remerqué ces rameaux vn peu plus manifestement au costé gauche.

ι,1 Les nerfs ennoyez en la partie plus haute du muscle qui ameine le bras sur la poictrine, ses fibres descendent en biez vers bas.

κ,κ,1 Les rameaux qui entrēt en la partie basse du muscle susdit, & retournent en biez vers haut.

λ,λ,1 Les rameaux ennoyez au muscle du ventre, lequel descend en biez.

μ,μ,1 Les rameaux qui sont ennoyez au muscle par le moyen duquel le bras est retiré vers la partie basse du doz.

Ces diuerses entresuittes, & plaisants tournoyements de rameaux, doyuent estre plus tost obseruez & remerquez en la dissection des corps, que non pas icy la ou nous n'auons peu les representer en tout & par tout.

ν,1 Ce charactere est au costé dextre, & remerque les iectons du nerf qui entre au bout de la mammelle.

ο,ο,1 Les petis rameaux qui descendēt de la dixhuictiesme & dixneufiesme paire & entrent au cōmencemēt du sixiesme muscle qui fait mouuoir la cuisse. Il n'y a point de charactere en la figure: toutefois on les pourra bien adiouster auec la plume au costé de 18 & 19.

π,π,1 Le premier nerf qui entre au bras, & s'espand en la peau de la partie de dehors bras ρ en l'vne & l'autre figure signifie le second nerf qui entre au bras : τ signifie le troisiesme, φ le quatriesme : * le cinquiesme, & ʊ le sixiesme.

ρ,1,2 Le second nerf qui entre au bras, lequel i'ay icy representé beaucoup plus gresle qu'en la septiesme figure des nerfs, en laqlle ie l'ay fait cōme il appartiēt.

ς,ς,1 Les reiectons de la seconde paire, lesquels s'espandēt aux testes du muscle de deuant qui fait flechir l'auanbras.

τ,1,2 Le troisiesme nerf qui entre au bras.

Quant à ce que vous voyez que le second & troisiesme nerf sont representez vn peu plus au dehors du bras qu'ils ne sont naturellement : pensez que nous l'auons fait, à celle fin que tout apparust mieux à l'œil, estant merqué plus au large que la nature ne les a posez.

υ,1 Le iecton du troisiesme nerf qui s'espand en la peau entre le muscle qui approche le bras de la poictrine & celuy qui le fait leuer en haut.

φ,1 Le petit rameau de la troisiesme paire, lequel entre

en la teste du muscle posterieur qui fait flechir l'a-
uantbras.

χ,1 Le iecton du troisiesme nerf, lequel est espandu en la
peau de la partie anterieure du bras.

ψ,1 Ce charactere monstre l'assemblage d'vne portiõ du
troisiesme nerf auec le second. Au reste nous auons
souuentefois obserué q̃ le troisiesme nerf est augmẽ-
té par le second ainsi comme ie l'ay representé en la
figure suyuante qui est la septiesme des nerfs.

ϖ,1 Le second nerf, lequel apres l'assemblage d'vne portion du troisiesme descend auec l'vn vers bas.

Γ,1 Le iectõ du secõd nerf, leq̃l entre en la teste du muscle longuet qui fait tourner vers bas le susauantbras.

Δ,1 Le rameau du second nerf, lequel passe le long du
susauantbras iusques au poignet & lequel estant sous
la peau monte par dessus l'exterieure partie du premier entreneud du poulce, la part ou Δ est marqué.

Θ,1 Le rameau du second nerf, lequel est plus gros que le
susdit merqué par Δ. Ce rameau se diuise incontinẽt
en deux parts merquees par Λ, & Ξ.

Λ,1 La partie plus haute du rameau notté Θ. Il passe par
dessous la peau au long du costé interieur du muscle
longuet, lequel retourne vers bas le susauanbras.

Ξ,1 La partie inferieure du rameau merqué Θ.

Π,Σ,1 Les deux principaux rameaux du iecton merqué Ξ.
Ils s'espandent çà & là, & se diuisent souuentefois le
long de la partie interieure de l'auantbras iusques en
la palme de la main comme vous le voyez estre representé en la main dextre.

Φ,1,2 Le quatriesme nerf qui entre au bras. Encore que les
iectons de ces nerfs soyent exactement representez
en l'vne & en l'autre figure: toutefois ie merqueray
les characteres seulement en la seconde, de crainte
que la premiere ne soit trop offusquee.

Ψ,2 Les iectons du quatriesme nerf, lequel s'espand en la
peau de la partie de dehors de la ioincture du bras,&
de l'auantbras.

32,2 Le iectõ du quatriesme nerf, lequel entre en la peau
qui recouure la partie inferieure du costé de dehors bras.

33,2 Le iecton du quatriesme nerf, lequel s'espand en la
peau de la partie exterieure de l'auantbras, iusques
au poignet.

34,2 La diuision du quatriesme nerf faicte en la partie ou
il se repose sur l'exterieure enleueure de l'oz du bras.

35,2 Le rameau d'enhaut de la diuision susdicte.

36,2 L'entresuitte des iectons du rameau merqué 35 sont
en la partie exterieure du poulce, du second, & du
troisiesme doid.

37,2 Le rameau d'embas de la diuision susdicte, lequel entre au sousauantbras.

38,2 Les iectons du rameau merqué 37, lesquels entrent
es muscles qui prennẽt leur commencemẽt de l'exterieure enleueure de l'oz du bras.

39, 40, 41,2 Les iectons du rameau inferieur espãdu le long
du sousauantbras, lesquels il enuoye aux commencements des trois muscles, qui descendent de la partie
exterieure du sousauãtbras selon la lõgueur d'iceluy.

42,2 La fin du rameau merqué 37, ensemble les iectons
qu'il enuoye à la ioincture de l'auãtbras& du poignet.

* ,1,2 Le cinquiesme nerf qui entre au bras.

43,1 L'entresuitte du troisiesme & cinquiesme nerf espã-
dus dedãs les muscles situez au dedans de l'auãtbras.

44,1 Le rameau du troisiesme nerf, lequel est enuoyé au
susauantbras & en la fin en la partie interieure du

poulce, du second, & du troisiesme doid.

45,1 Le rameau du cinquiesme nerf, lequel entre au sousauãtbras, & enuoye des iectõs en la partie interieure
du petit doid, du quatriesme, & du troisiesme doid.

46,1 Le iecton du rameau merqué 45, lequel entre en la
partie exterieure du petit doid, du quatriesme, & du
troisiesme doid.

8,1,2 Le sixiesme nerf qui entre au bras.

47,1 La fin du sixiesme nerf: ceste fin est assez pres de la
ioincture de l'auantbras,& du poignet.

48,48,1 Les iectons du sixiesme nerf, lesquels s'espandent çà
& là en la peau ou il passe.

20,21, 22,23,24,1 Les cinq paires des nerfs qui sortent des
roüelles des reins.

49,49,1 Le rameau qui commence à la vingtiesme paire, &
marche auec l'artere semanciere pour entrer au
couillon.

50,50,1 L'etresuitte des nerfs espãduz aux muscles du vetre.

51,1 Les rameaux lesquels descendẽt des nerfs des muscles du ventre, & lesquels s'espãdent dedans le muscle, q̃ tire le bras vers les parties inferieures du doz.

52,52,1 Les rameaux de derriere des nerfs qui sortent hors
les roüelles des reins. Au reste les rameaux lesquels
en la premiere figure sont pres les characteres 20,21,
22, sont ceux qui augmentent le rameau de la sixiesme paire des nerfs du cerueau lequel est enuoyé aux
racines des costes. Ces rameaux sont aussi espandus
en la teste du sixiesme muscle qui fait mouuoir la
cuisse. Les rameaux qui sont pres les characteres 23
& 24 sont ceux qui sont enuoyez aux muscles qui
font flechir ceste partie du doz.

25, 26, 27,28,29,30,1 Les six paires des nerfs qui sortent de
l'oz du croupion. Les rameaux qui sont prochains
des nombres sont ceux qui s'espãdent dedans le col
de la vessie, & l'amary, & dedans les muscles du fondement.

53,1 Le iecton de la premiere paire qui sort de l'oz du
croupion. Ce iecton s'espand en la partie interieure
de la hanche, & entre es muscles du ventre, lesquels
procedent de l'oz de la hanche.

54,2 Le iecton de la susdicte premiere paire, lequel passe
en la partie bossue de l'oz de la hanche & donne des
rameaux aux muscles situez en ceste part, & à la peau
des fesses.

55,2 Cecy est vn rameau du iecton merqué 54, lequel en
cest endroit entre dedans les muscles.

56,1,2 Le fin bout de la moüelle du doz, lequel n'est aucunement diuisé.

57,1 Le premier nerf qui entre en la cuisse.

58,1 Le rameau du premier nerf de la cuisse espandu en
la peau.

59,1 Vne partie du premier nerf de la cuisse, entrelassee
dans les muscles.

60,1 Le second nerf qui entre en la cuisse.

61,1 Le rameau du second nerf de la cuisse, lequel passe
sous la peau, le long de la partie interieure de la cuisse,& de la iambe iusques au bout du pied.

62,1 La diuision que fait le rameau merqué 61, au bout
du pied.

63,1 Les iectons fort notables du rameau merqué 61, lesquels s'espandent en la peau, qui recouure le deuant
du genouil.

64,1 La portion du second nerf de la cuisse, laquelle entre
au plus profond d'icelle.

65,1 Le principal rameau de la portion merquee 64, lequel

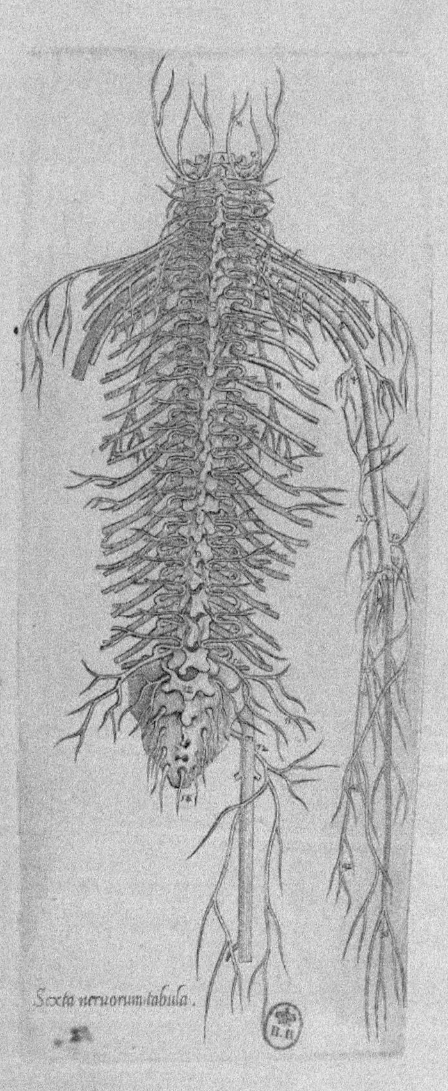
Sexta neruorum tabula.

quel entre dedãs le cinquiesme muscle qui fait mouuoir la cuisse.

66.1 Le troisiesme nerf qui entre en la cuisse.

67.1 Le iecton du troisiesme nerf qui entre en la cuisse lequel entre es muscles qui remplissent les pertuys de l'oz barré.

68.1 Le rameau du troisiesme nerf de la cuisse, lequel s'espand en la peau.

69.1 Vne portion du troisiesme nerf de la cuisse, laquelle demeure au dessus & s'enlasse par les muscles.

70.1 Le principal iecton de la susdicte portion, lequel entre au second muscle qui fait mouuoir la iambe.

71.2 Le quatriesme & le plus gros nerf de la cuisse.

72.2 Le rameau du quatriesme nerf, la plus grande partie duquel entre en la peau qui recoure le derriere de la cuisse.

73.1 Les rameaux du quatriesme nerf, lesquels sont distribuez es commencements des muscles qui ont leur origine à l'aboutissemẽt & allonge du deuant de l'oz de la hanche.

74.1 Le rameau du quatriesme nerf, lequel entre premierement en la portion du quatriesme muscle qui fait mouuoir la iambe, laquelle prend son attache à l'oz de la cuisse: puis apres il s'espand en la peau qui recoure l'inferieure partie du derriere de la cuisse, & de la ioincture du genouil.

75.1 Les rameaux du quatriesme nerf, lesquels sont enuoyez aux commencement des muscles qui descendent des inferieures testes de l'oz de la cuisse.

76.1 La diuision que fait le quatriesme nerf en deux rameaux inegaux en grosseur. Ceste diuision est faicte entre les deux testes inferieures de l'oz de la cuisse.

77.1 L'exterieur & plus gresle rameau de la diuision susdicte.

78.1 Le iecton du rameau exterieur, lequel entre en la peau qui recoure la partie de dehors de la iambe.

79.1 Le iecton du rameau exterieur, lequel est estẽdu sous la peau, qui recoure le deuant de la iambe.

80.1 L'interieur & plus gros rameau de la grande diuision du quatriesme nerf.

81.1 Le iecton du rameau interieur, lequel passe sous la peau qui recoure le derriere de la iambe.

82.1 Le iecton du rameau exterieur, lequel se mesle auec le rameau interieur.

83.1 La distributiõ que fait le rameau interieur au dessous du pied.

84.1 Vne portion du rameau merqué 78, laquelle passe au dessous du pied.

85.1 Vne portion du rameau interieur, laquelle entre en la peau, qui recoure la partie de deuant de la ioincture, laquelle attache la iambe auec l'osselet.

86.1 Le iecton du rameau interieur, lequel passe au dessus du pied: toutefois il est caché assez profondement.

L'EXPLICATION DES CHARA-

cteres merquez en la septiesme figure des nerfs, laquelle represente fort bien les sept paires des nerfs qui descendent du cerueau & du commencement de la moëlle de l'espine auec l'origine, distribution & entresuitte de tous ceux qui commencẽt à la moëlle de l'espine, comme l'explication des characteres le monstrera.

N ceste presente figure nous auons tellement represen-té le grand & petit cerueau, ensemble les saillies d'i-celuy, comme s'il estoit descẽdu de son taiz, & que l'on veit son soubassement, en la mesme maniere qu'il apparoistroit en celuy qui estãt tout droit flecheroit sa teste, tant qu'il pourroit en derriere pour regarder en haut & en derriere. Et à ceste fin que l'on peust aisement merquer & voir les characteres, nous auons fait ceste figure, comme si elle n'auoit qu'vn bras & vne iambe, d'autant que c'est vne mesme raison en l'vn des costez comme en l'autre.

A,B,C L'vn des costez du soubassement du cerueau. La partie qui s'auance vers le nez est merquee A, quelques vns la nomment la saillie mammeliere. La partie de la ceruelle qui entre dedans l'ample cauité du taiz, qui est au costé du lieu ou la glande qui reçoit le phlegme du cerueau est posee: ceste partie, dis-ie, est merquee B, & la partie posterieure de tout le cerueau est merquee C.

D,D Le petit cerueau.

E La saillie dextre du cerueau, laquelle entre en l'organe du ster.

F Le commencement du dextre nerf de la veüe.

G L'assemblage des nerfs de la veüe.

H La taye en laquelle le nerf de la veüe aboutist.

I La seconde paire des nerfs du cerueau.

K,K La plus petite racine de la troisiesme paire.

L La plus grosse racine de la troisiesme paire.

M La quatriesme paire.

N La plus gresle racine de la cinquiesme paire.

O La plus remerquable racine de la cinquiesme paire.

P La mẽbrane en laquelle aboutist la cinquiesme paire qui va à l'organe de l'ouye.

Q,R Les rameaux de la plus grande racine de la cinquiesme paire, l'vn desquels descend par le pertuys qu'on nomme aueugle, & l'autre par vn pertuys qui luy est particulier.

S La sixiesme paire des nerfs.

T La septiesme paire des nerfs: l'entresuytte de ces nerfs n'a peu estre icy si bien representee comme elle est en la seconde figure.

V Le commencement de la moëlle du doz, laquelle procede du milieu du soubassement du cerueau.

o La partie de la moëlle du doz, laquelle commence à sortir de la capacité du taiz.

Tous les characteres precedents, sont en la teste, ceux qui suyuent sont au dessous.

1,2.&c. Ces nombres iusques à 30 representẽt les sept rotielles du col, les douze du coffre, les cinq des reins, & les six de l'oz du croupion: ensemble les trente paires des nerfs qui sortent de la moëlle de l'espine, l'entresuitte desquelles i'ay representé le plus simplemẽt & exactement, qu'il m'a esté possible, selon que ie l'ay entendu. Or pour autant que l'on ne peut pas mettre beaucoup de characteres en cest endroit, ie ne merqueray pas tous les iectons des nerfs par lettres.

P Le nerf dextre de l'entredeux trauersant, lequel cõme vous pourrez voir sans autre merque, est fait des iectons de la quatriesme, cinquiesme & sixiesme paire: car il est facile de l'entẽdre, si vous voulez accommoder la figure precedente auec ceste cy.

Q Le nerf, lequel descend de la cinquiesme paire, & lequel est distribué premierement à la peau qui recoure l'espaule, & puis principalement aux muscle qui fait mouuoir le bras.

R Le premier nerf du bras, ensemble ses iectõs qui s'espandent en la peau de ceste part.

S Le second nerf du bras, ensemble ses iectons qui s'espandent au muscle de deuant qui flechist l'auãtbras.

Ce nerf apparoift icy beaucoup plus gros, qu'en la cinquiefme & fixiefme figure.

T Le troifiefme nerf du bras : enfemble fes iectons qui entrent en la peau, qui recouure la partie de deuant du bras.

V Le iecton du troifiefme nerf, lequel va au mufcle de derriere qui flechift l'auanbras.

X La portion du fecond nerf, laquelle va au troifiefme.

Y Le rameau qui entre en la tefte du fecõd & plus long mufcle, qui retourne vers bas le fufauanbras.

Z La diftribution que faict le fecond en deux rameaux inegaux.

a Le plus petit rameau, lequel defcend le long du fuf-auanbras par la peau iufques au poulce.

b Le plus gros rameau, lequel incontinent fe diuife en deux iectons, l'entrefuitte defquels eft apparente.

c Les iectons du troifiefme nerf, lefquels font efpandus par les mufcles fituez au dedans de l'auanbras.

d Le rameau du troifiefme nerf, lequel entre au fufauãbras, & puis enuoye des iectons au poulce, au fecond, & troifiefme doid.

e,e Le quatriefme nerf du bras, l'e d'en bas merque les rameaux efpandus és mufcles qui font eftendre l'auanbras.

f Le rameau du quatriefme nerf, lequel f'efpand en la peau interieure du bras.

g Le rameau du quatriefme nerf, lequel entre en la peau exterieure du derriere du bras.

h,h Le rameau du quatriefme nerf, lequel entre en la peau exterieure de l'auanbras.

i La principale diuifion que faict le quatriefme nerf à l'endroict ou il entre en l'auanbras.

k,k Le rameau du quatriefme nerf, lequel paffe le long du fufauanbras, & enuoye des iectons en la partie exterieure du poulce, du fecond, & du troifiefme doid.

l,l Le rameau du quatriefme, lequel defcend le long du foufauanbras, & enuoye des iectons aux mufcles qui ont leur commencement en la partie exterieure d'iceluy : puis il prend fin, auant qu'il foit au poignet.

m Le cinquiefme nerf du bras.

n L'entrefuitte que faict le cinquiefme nerf dedans les mufcles qui ont leur commencement à l'enteneure interieure de l'oz du bras.

o,o Le rameau du cinquiefme nerf, lequel f'eftéd le long du foufauanbras, & enuoye des petis iectons en la partie interieure du petit doid, du quatriefme, & quelques fois du troifiefme doid.

p Les iectons du rameau fufdict, lefques fe reflechiffent en l'exterieure partie de la main, & enuoyent des petis rameaux en la partie exterieure du troifiefme, quatriefme, & du petit doid.

q,q Le fixiefme nerf du bras, enfemble l'entrefuitte qu'il faict fous la peau.

On peut voir icy fans aucun characteres quel eft le commencement & l'entrelaffure des nerfs du bras.

r,r,r Les nerfs entrecoftaux couppez à l'endroict ou ils fe reflechiffent en deuant auec les coftes.

f,f Les rameaux conduicts par derriere.

t,t Les rameaux vont de cefte façon aux mufcles fituez fur les oz du coffre.

u,u Les iectons, lefquels augmentent le rameau de la fixiefme paire des nerfs du cerueau, qui entre en la racine des coftes.

x,x Les iectons des nerfs fortans des rouëlles des reins, lefquels f'efpãdét aux mufcles & en la peau du veftre.

y Le petit nerf, qui va fouuentefois au couillon. Il eft icy couppé.

z Les iectons qui entrent au fixiefme mufcle qui faict mouuoir la cuiffe.

& Le premier nerf qui entre en la cuiffe.

α Le iecton du premier nerf, lequel entre en la peau.

β Le iecton du premier nerf, lequel entre plus profondement entre les mufcles.

γ Le fecond nerf, qui entre en la cuiffe.

δ,δ Le iecton du fecond nerf, lequel paffe fous la peau le long de la partie interieure de la cuiffe & de la iambe, & va iufques au deffus du pied.

ε Le iecton du fecond nerf, qui entre és mufcles fituez en la partie de deuant de la cuiffe.

ζ Le troifiefme nerf de la cuiffe.

η Le iecton du troifiefme nerf, lequel eft enlaffé en la peau de dedans la cuiffe.

θ Le iecton du troifiefme nerf, lequel entre és mufcles.

ι,ι Le quatriefme nerf de la cuiffe, le commencement duquel comme celuy des trois precedents eft facile à voir.

κ,κ L'entrefuitte des iectons de deuant, lefquels defcendent des paires inferieures de l'oz du croupion.

λ Le bout de la moëlle du doz.

μ Les iectons du quatriefme nerf de la cuiffe, lefquels entrent és teftes des mufcles qui font attachez à l'aboutiffement de l'oz de la feffe.

ν Le iectõ du quatriefme nerf, lequel paffe par la peau de derriere de la cuiffe & continue iufques au milieu de fa longueur.

ξ Le iecton efpandu principalement dedans le quatriefme mufcle qui faict mouuoir la iambe, & puis en toute la peau de derriere de la cuiffe pres le genoil.

ο Les iectons qui entrent és mufcles qui font attachez aux inferieures teftes de l'oz de la cuiffe.

ϖ,ρ La diuifion que faict le quatriefme nerf en deux rameaux : le plus petit eft notté par ϖ, & le plus gros par ρ.

σ Le iecton du plus petit rameau, lequel f'efpand en la peau de dehors iambe, & f'eftend iufques au bout du petit orteil.

τ Le iecton qui f'efpand entre les mufcles du mollet de la iambe.

υ Le rameau qui f'entrelaffe dedãs la peau de la greue.

φ,φ Le iecton du plus grand rameau, lequel f'efpand en la peau de dehors iambe iufques au gros orteil.

χ Le iecton du plus grand rameau, lequel f'efpand en la peau du mollet de la iambe.

ψ Le iecton du plus grand rameau, lequel paffe par deffous le lien qui attache la greue auec la foufgreue, la part ou ces deux oz font vn peu eflongnez, ce iecton paffant de la fe côtinue iufques au deffus des orteils.

ω La principale portion du grand rameau, laquelle defcend en bas entre l'oz de la greue & le talon : & enuoye des iectons à chafque orteil.

L'EXPLICATION DES CHA-
cteres merquez en la huictiefme figure des nerfs.

VESAL efcrit ce qui enfuit : I'ay, dit-il, en cefte prefente figure tellement tafché de reprefenter l'entrelaffiz qui fe faict fur la premiere cofte du coffre, en la partie de deuant, cõme il m'eft apparu à Padoüe en la derniere anatomie que i'ay faicte. Et à celle fin que ce pourtraict fuft plus manifefte & apparent, i'ay couppé

tous

Enfuit la table de la 7. & 8. figures des nerfs.

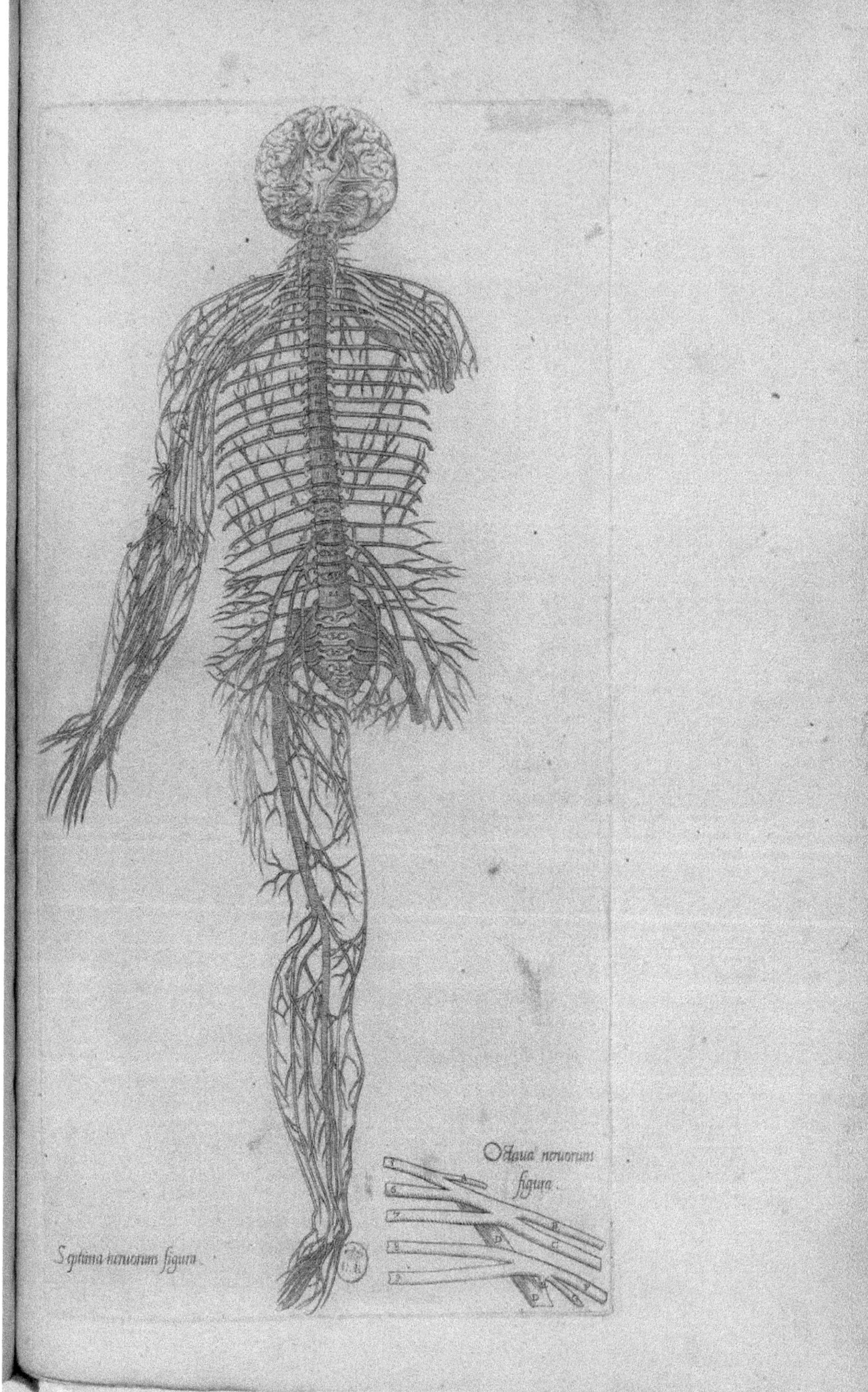

Octaua neruorum
figura.
Septima neruorum figura.

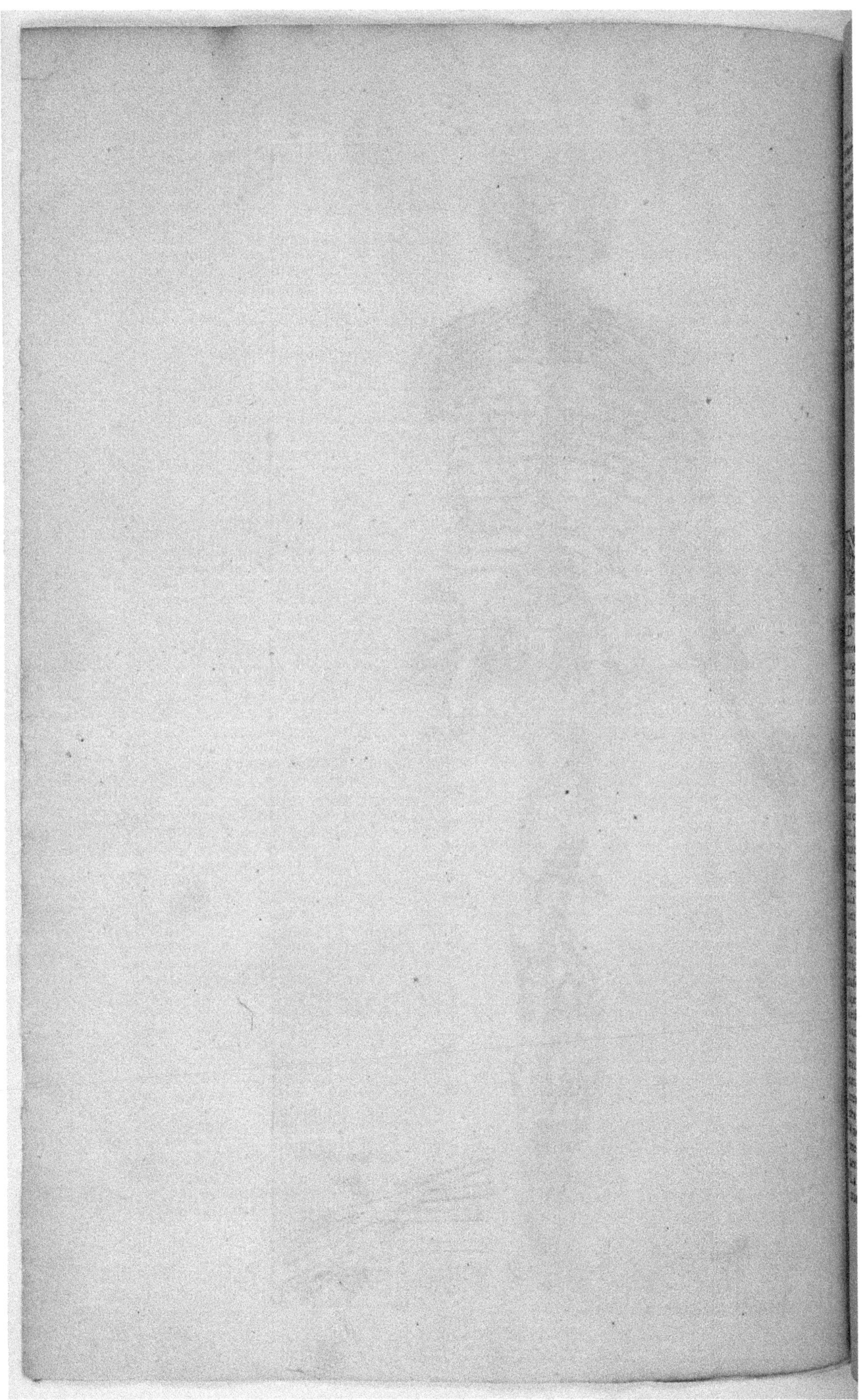

tous ces rameaux qui descendent de la cinq, six, sept, huict, & neufiesme paire, & vont ailleurs qu'au bras: tout ainsi comme ie les auons couppez au corps sur lequel i'ay faict ce portraict. Il ne faut pas toutefois penser que c'est entrelassis vous apparoisse en tous corps: car ie l'ay tousiours trouué fort dissemblable en anatomisant.

5,6,7,8,9 Ce sont les racines des paires que font les nerfs, qui entrent dedans le bras, lesquelles sont couppees à l'endroict auquel elles commencét desia à sortir des roüelles. Aussi auons nous couppé les nerfs du bras, la part ou ils commencent à entrer dedans le bras.

A Vne portió de la cinquiesme paire, de laquelle sort le nerf, qui est premier entre ceux qui entrent au bras.

B Le second nerf.

C Le troisiesme nerf.

D,D Le quatriesme nerf, lequel sort en cest endroict du derriere de l'assemblage de la cinquiesme & sixiesme paire, & prent vne portion de la partie posterieure de l'assemblage que fait la septiesme paire, puis passant par dessouz les assemblages de la huictiesme & neufiesme paire, il prent vn rameau du susdict assem-

E blage en la façon que vous le voyez icy merqué E.

On peut bien voir sans aucun charactere de quelles meslanges & assemblages les autres nerfs descendét pourueu qu'on y adiouste vn charactere a chasque endroict ou ils entrét au bras.

F Le cinquiesme nerf qui entre au bras.

G Le sixiesme nerf qui entre au bras.

Or à celle fin que vous cognoissiez encore mieux cest entrelassiz, ie vous conseille de considerer de rechef la septiesme figure.

DES ORGANES ET INSTRVMENTS DESTINEZ A
la nourriture faicte par le boyre & le manger. Item des organes qui seruent
à la generation & repeuplement, lesquels sont pro-
chains de ceux de la nourriture.

L'EXPLICATION DES CHARACTERES
merquez en la premiere figure.

*N*OVS *auons representé en la premiere figure autant du corps humain qu'il en estoit necessaire pour monstrer l'assiette du grand enneloppoir. Vous voyez donques la partie de deuant d'iceluy entier, & seulement descouuert des huict muscles du ventre.*

A,B,C,D Le grand enneloppoir, nommé par les Grecz Peritoine.

E,E La ligne qui descend du tendron de la fourcelle & se continue iusques à la ioincture de l'oz barré. Les tenuretez nerueuses des muscles qui descédent, & ceux qui montent en biez, & de ceux encores qui passent de trauers sont bien fort attachez contre ceste ligne.

F Le nombril, lequel nous auons accoustumé de conseruer entier en la dissection des corps, à celle fin de monstrer plus manifestement les conduicts d'iceluy.

G Les conduicts ou tuyaux semanciers du costé senestre, lesquels sont encor recouuerts de la membrane laquelle ils empruntent du grand enneloppoir.

H Les conduicts semanciers du costé dextre.

I La veine & l'artere, lesquelles principalement entrét en la partie inferieure des muscles droicts du ventre, portion desquels apparoist encore icy pendant.

X La veine & l'artere, lesquelles estant estendues souz l'oz de la poictrine descendent en la partie anterieure du ventre, & entrent principalement dedans les muscles droicts, & s'estant enlassees en toute la partie superieure du ventre elles descendét aussi en la partie d'embas plus prochaine de l'oz barré, ainsi que sont celles que i'ay merquees I.

L Les rameaux qui s'espandent aux costez du grand enneloppoir, lesquels procedent des veines qui descendent de la veine sans pair: ou bien de la veine creuse, la part ou son tronq est attaché aux roüelles des reins.

M Vne partie des muscles trauersants, laquelle est retiree de dessus le grand enneloppoir, & retournee en arriere.

N La partie de l'oz de la hanche apparoist icy toute nue contre laquelle les muscles biezants & trauer-sants sont attachez.

Or pour autant que nous ne voulons expliquer en ceste figure (non plus qu'en toutes les suyuantes) que les parties dont il est maintenant question, il n'est point necessaire que ie declare les autres parties circonuoisines, lesquelles nous auons representees icy seulement, afin que les autres apparoissent mieux. Comme vous voyez en ceste figure la partie inferieure du coffre descouuerte des muscles: & le commencement des cuisses descouuertes de leur peau, toutes lesquelles parties ont esté desia expliquees, ou bien elles le seront cy apres.

L'EXPLICATION DES CHA-
racteres merquez en la seconde figure.

*C*ESTE *figure suyt incontinent apres la premiere selon l'ordre de la dissection: car le grand enneloppoir est tellement icy diuisé depuis le tendron de la fourcelle iusques à l'oz barré: qu'en laissant la ligne, ie n'ay aucunement endommagé les códuicts du nombril. Dauantage vous voyez les quatre anglets du grand enneloppoir, par vn coup de rasoir donné depuis le senestre oz de la hanche iusques au dextre, lesquels sont retroussez derriere. Vous voyez encores vne partie du nombril auecque ses conduicts, lesquels an parauant estoyent attachez au grand enneloppoir. Dauantage ceste figure descoure vne partie du foye, l'assiette de l'estamach, & de la coiffe couchee sur les boyaux, telle qu'elle apparoist lors que lon la tire vers l'oz barré. Si ce n'est que lon la trouue quelque fois retiree vers haut à costé senestre: ce qui aduient souuent, comme il apparoistra en la figure suyuante.*

A,B,C,D Les quatre parties du grand enneloppoir couppé, lesquelles sont renuersees en derriere tellement que la partie interieure de l'assiette de deuant du grand enneloppoir apparoist icy selon l'ordre de la dissection.

E Le nombril separé du grand enneloppoir.

F La veine qui passe du nombril dedans le foye.

G L'entree que fait la veine du nombril en la fente du foye.

H,H Vne partie du foye, qui est celle que lon nomme bossue.

I Le principal lien entre ceux qui attachent le foye

auec l'entredeux trauerſant, lequel eſt ſitué vers le coſté dextre, du tendron de la fourcelle. Car ceſte partie que vous voyez au coſté gauche du charactere I eſt le tendron que lon nomme le tendron de l'oz de la poictrine faict en façon de la poincte d'vne eſpee rabattue.

K L'artere dextre, laquelle deſcend du nombril le long du coſté droict du fond de la veſſie, & entre en la grande artere.

L L'artere du coſté gauche, laquelle deſcend du nombril le long du coſté gauche du fond de la veſſie, & entre en la grande artere.

M Le conduict, par lequel l'vrine du petit enfant, pendant qu'il eſt au ventre de la mere, ſort du fond de la veſſie, & entre au ſecond arrierefais qui l'enueloppe.

N Le fond de la veſſie.

O L'attache du grand enueloppoir contre le fond de la veſſie.

P La partie de deuant de l'eſtomach, laquelle n'eſt cachee ny par le foye, ny par la coiffe.

Ceſte partie apparoiſt vn peu plus ample, d'autant que l'eſtomach de celuy ſur lequel ce portrait a eſté tiré eſtoit plein de vens: comme auſſi ſa veſſie apparoiſſoit vn peu plus eſleuee que de couſtume ſur l'oz barré.

Q, Q, Q, Q La coiffe.

R La veine & l'artere enſemble le nerf, leſquels ſont enuoyez au coſté droict de la partie inferieure de l'eſtomach.

T Les conduicts du coſté dextre ſont attachez icy auec ceux du coſté ſeneſtre, & pour ceſte cauſe R, T, & S demonſtrent la raye de laquelle Ariſtote ſ'eſt ſoutenu au troiſieſme liure de l'hiſtoire des Animaux, comme auſſi au quatrieſme des parties d'icelles, la ou il aſſeure que la coiffe prend ſon origine & deſcend du milieu du ventre.

X,X Les iectons des veines & arteres, leſquels ſont recouuerts de greſſe, & ſ'eſpandent en la membrane ſuperieure de la coiffe.

L'EXPLICATION DES CHARActeres merquez en la troiſieſme figure.

A troiſieſme figure ſuyt apret la ſeconde en ordre de diſſection. Elle faict monſtre de la membrane inferieure de la coiffe, ſeparee & deſchiree d'auec celle de deſſus, laquelle eſt eſtendue ſur le deuant du coffre & de l'eſtomach. On y voit auſſi l'eſtomach eſtre retiré de ſa place, & pouſſé vers haut: ce qui a eſté faict, à celle fin que lon viſt plus aiſément la racine de ceſte membrane inferieure de la coiffe: laquelle eſt encores tellement eſtendue par deſſus les boyaux, qu'elle apparoiſt à ceux qui anatomiſent, amaſſee vers haut, & retiree au coſté gauche. Au reſte la naturelle aſſiette des boyaux apparoiſt icy, en la meſme façon qu'ils ſont naturellement, comme auſſi faict la ratte, de laquelle on peut voir vne partie.

K,L,M, N, & O Ces characteres merquent icy vne meſme choſe qu'ils faiſoyent en la ſeconde figure: car K mōſtre l'artere dextre du nombril, & L monſtre la ſeneſtre. M monſtre le conduict, par lequel l'vrine du petit enfant eſt enuoyé dedans le ſecond enueloppoir, & lequel eſt icy couppé: comme auſſi ſont les arteres. Dauantage N monſtre la veſſie. O monſtre l'attache du grand enueloppoir du ventre auec la partie de deuant de la veſſie. Nous auons icy couppé les anglets du grand enueloppoir, leſquels eſtoyent mer-

quez en la ſeconde figure par A, B, C, D.

a,a La partie de derriere de la membrane ſuperieure de la coiffe, laquelle eſt nómee par quelques vns l'aiſle. Ceſte partie touche à la membrane d'embas, lors que la coiffe eſt en ſon entier.

b,b Ceſte partie qui apparoiſt enleuee par deſſus les autres, eſt l'eſtomach recouuert de la membrane ſuperieure de la coiffe.

c,c La membrane inferieure de la coiffe, laquelle eſt nómee par quelques vns l'aiſle de deſſouz. Au reſte ceſte partie qui apparoiſt vn peu plus enleuee & en laquelle vous voyez c & c eſt le boyau cuillier ſitué en la maniere qu'il paſſe le long du fond de l'eſtomach, & ſ'ayde de la membrane inferieure de la coiffe au lieu d'entreboyau.

d La ratte ſe monſtre icy vn peu enleuee encore qu'elle ſoit recouuerte par la coiffe, ce qui eſt facile à voir es corps que lon decouppe, d'autant que la membrane de la coiffe eſt fort deliee.

Il eſtoit neceſſaire de merquer ceſte membrane inferieure de la coiffe, de pluſieurs characteres en l'endroict on elle eſt ſouz l'eſtomach, mais craignant qu'elle ne fuſt trop obſcurcie, i'ay penſé qu'il ſeroit meilleur de les mettre en la figure ſuyuante, attendu que le lecteur pourra facilement & ſans grande peine accommoder les meſmes characteres à l'vne & à l'autre, puis qu'elles repreſentent vne meſme choſe.

L'EXPLICATION DES CHARacteres merquez en la quatrieſme figure.

A coiffe eſt icy repreſentee hors du ventre toute entiere & deliuree des membranes, eſquelles elle prend ſa origine: & principalement ſa figure parfaicte enſemble l'entreſuitte des veines, arteres, & nerfs auec les corps glanduleux y ſont repreſentez. Vous pouuez voir auſſi en ceſte figure comment la coiffe eſt bien faicte en maniere d'vn ſac, ou d'vne petite rets de peſcheur.

e,e Le tour de la coiffe, ou bien ſon entree en laquelle elle commence.

f,f,f La face de deuant de la membrane ſuperieure de la coiffe.

g,g La face de deuant de l'inferieure membrane de la coiffe. vous ne la voyez pas toute entiere en ceſte figure, comme vous faictes celle de la ſuperieure, d'autant que l'aſſiette de la membrane d'embas ſe voit ſeulement, laquelle eſt au deſſouz de l'eſtomach, & touche au boyau cuillier, la part ou il paſſe au deſſouz d'iceluy. Car le reſte de la membrane d'embas eſt caché par celle de deſſus.

h,i,k La conſtruction de la coiffe eſt mōſtree par ces trois characteres appoſez au coſté ſeneſtre de la membrane inferieure de la coiffe. Car h monſtre la partie membraneuſe d'icelle, laquelle eſt ſans veines, ſans arteres, & ſans greſſe. i monſtre les conduicts. Et la greſſe qui eſt le long des tuyaux & conduicts eſt merqué par k. Or tout ainſi comme i'ay mis ces characteres en ceſte partie de la coiffe, auſſi n'y a il perſonne qui ne pēſe que ie les euſſe peu mettre es autres parties d'icelle.

l Le tronc de la veine portiere, la part ou elle commēce à ſortir du foye, & ou elle ſ'appuye & ſe fortifie en la membrane inferieure de la coiffe.

m L'artere qui entre au creux du foye, & en la veſſie du fiel, laquelle eſt accompagnee du nerf, qui ſort du coſté dextre du rameau de la ſixieſme paire des nerfs

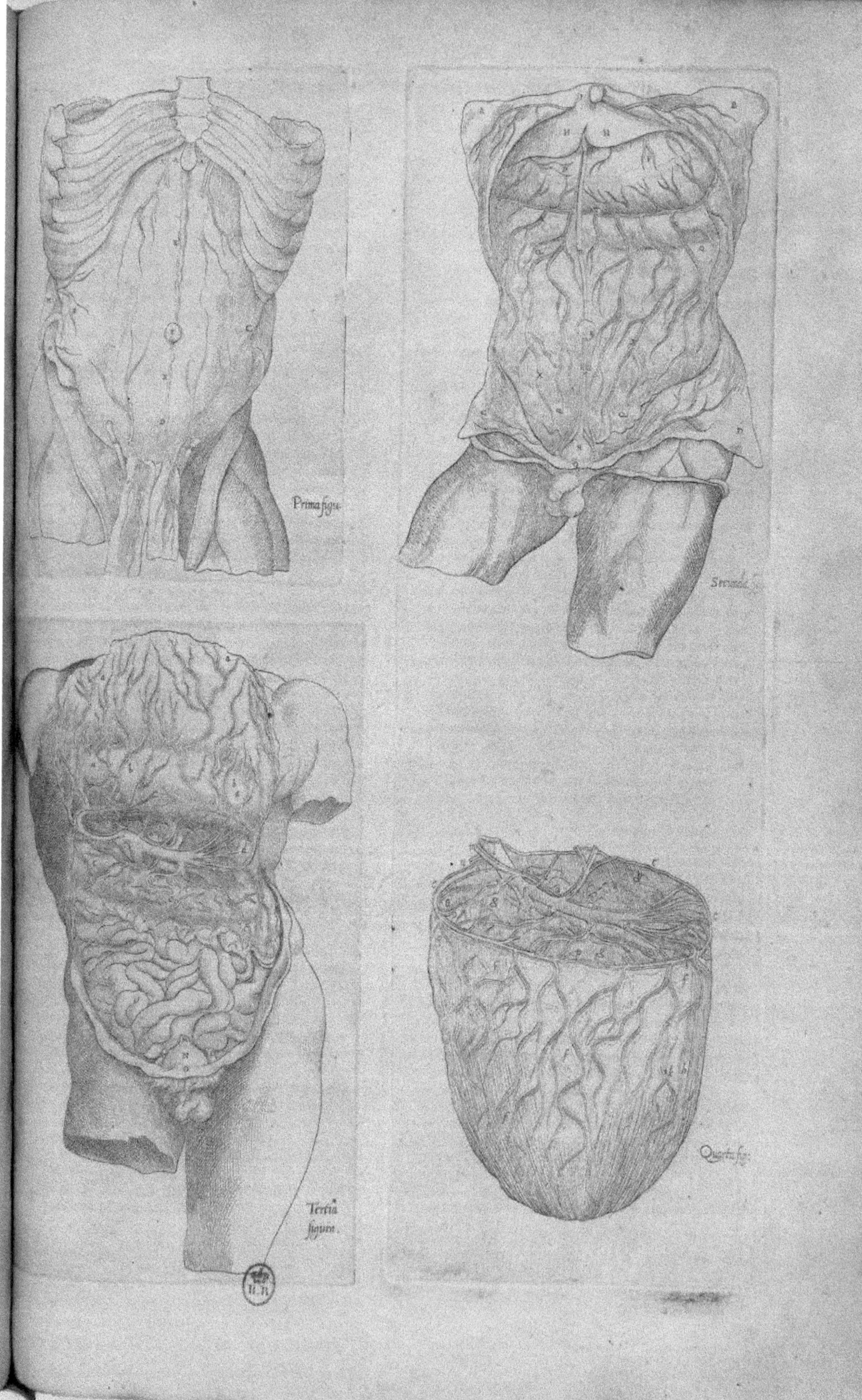

Prima figu.
Secunda fi.
Tertia
figura.
Quarta fig.

du cerueau, enuoyé aux racines des costes du costé droict.

n Le commencement de la veine, laquelle entre principalement en la partie de derriere de l'emboucheure inferieure de l'estomach, & laquelle a vne artere pour compagne.

o,o L'artere, la veine, & le nerf, lesquels sont enuoyez en la partie dextre du fond de l'estomach, suyuant le commencement de la membrane superieure de la coiffe.

p,p Les iectons des conduicts susdicts, lesquels s'enlassent dedans le corps de l'estomach.

q,q Les iectons des conduicts susdicts, lesquels s'espandent en la membrane superieure de la coiffe.

r La veine & l'artere qui est enuoyee au boyau douze doitier, & au commencement du boyau vuide. Ces deux conduicts ont souuentefois vn petit nerf qui les accompagne.

ſ La diuision que la veine portiere faict en deux trôcs. _Or quant à ce que vous voyez que les veines merquees r & o apparoissent icy plus haut qu'en la figure qui represente la veine portiere seule & simple, pensez que nous l'auons faict d'autant, que l'origine de ces veines diuersifie souuentefois en ceste maniere._

t Le plus grand ou dextre tronc de la veine portiere, lequel s'espand par la coiffe & le long des boyaux.

u La veine qui passe en la partie de derriere de l'estomach, & n'est accompagnee d'artere.

x La veine qui s'espand auec vne artere & vn nerf en la partie dextre de la membrane inferieure de la coiffe, & passe aussi iusques au boyau cuillier.

y La veine accompagnee d'vne artere, laquelle s'estéd au derriere de l'estomach, & laquelle en la fin embrasse & enuironne en maniere de couronne l'emboucheure superieure d'iceluy. Nous n'auons en cest endroict non plus representé de ceste veine, & artere, qu'il en est soustenu en la membrane inferieure de la coiffe.

a La plus grande artere de l'entreboyau se monstre aucunement icy, encores qu'elle ne soit que bien peu soustenue par la membrane inferieure de la coiffe.

δ Cy est le tronc de l'artere, lequel estant espars en la membrane inferieure de la coiffe, enuoye des rameaux à l'estomach, au foye, à la vessie du fiel, au boyau cuillier la part ou il passe pres l'estomach : & en la fin à la ratte, & lequel est accompagné des nerfs qui passent en ceste part.

γ La veine, l'artere, & le nerf qui entrent principalemét en la partie du milieu de la membrane inferieure de la coiffe, & enuoyent aussi des rameaux au boyau cuillier, la part ou il passe pres de l'estomach.

ε La veine qui n'a aucune artere pour compagne, laquelle enuoye peu de iectons en la partie gauche de la membrane inferieure de la coiffe : d'autant que d'elle mesme elle est fort gresle & deliee.

e L'entresuitte des veines, arteres & nerfs espandus dedans la ratte.

ζ La veine, l'artere & le nerf lesquels s'espandent en la partie senestre du fond de l'estomach.

θ Le corps glanduleux attaché à la membrane inferieure de la coiffe.

δ La partie du corps glanduleux laquelle est attachee au boyau douzedoitier.

L'EXPLICATION DES CHARActeres merquez en la cinquiesme, sixiesme & septiesme figure.

LA cinquiesme figure selon l'ordre de dissection, suit incontinét apres la troiziesme: l'estomach & les boyaux sont icy posez en leur naturelle assiette, & en auons seulement retiré la coiffe, de peur qu'elle n'empeschast la veue de quelque autre partie organique. Dauantage nous auons rompu les bouts de quelques costes, à celle fin que chasque chose apparust plus manifestement, & les auons reuersees en arriere auec le grand enueloppoir du ventre & l'entredeux trauersant. La vessie est en mesme situation qu'elle estoit és precedentes figures. Au reste d'autant que les characteres de ceste presente cinquiesme figure sont communs auec ceux de la sixiesme & septiesme: ce ne sera point hors de propos si nous donnons à entendre ce qui est signifié par icelles auant que d'entrer à l'explication des autres.

Nous auons seulement representé en la sixiesme figure l'entresuitte des petis boyaux auec vne portion tant de l'estomach que du boyau cuillier auec le sac: tellement que ceste figure se peut facilement adapter à la septiesme suyuante. Et quant à ce que vous voyez qu'il y a vn peu beaucoup du boyau cuillier representé, pensez, que nous l'auons faict à celle fin que les seuls petis boyaux fussent veuz plus exactement, attédu que la cinquiesme figure represente fort bien l'assiette & l'entree que le boyau cuillier faict à l'entour des petis boyaux. Nous representons en la septiesme figure le portraict du boyau nommé le sac, du boyau cuillier, & du boyau droict, ensemble vne portion du boyau delié & entortillé, auec les muscles propres du boyau droict.

Or l'explication des characteres suyuants, est cômune à la cinquiesme, sixiesme, & septiesme figure: mais s'il aduient qu'vn charactere n'appartienne qu'à l'vne d'icelles, ie l'acôpagneray des nombres 5 ou 6 ou 7. toutefois pensez que ceux ausquels il n'y aura aucun nôbre adiousté serôt cômuns aux trois figures.

A,5 Le tendron faict en maniere du bout d'vne espee rabbatue.

B,B,5 Le grand enueloppoir, ensemble les costes rompues, & l'entredeux trauersant retourné en derriere.

C,5 Le principal lien par lequel le foye est attaché à l'entredeux trauersant.

D,D,5 La grande assiette de la partie bossue du foye.

E,5 Vne petite partie de la veine du nombril, laquelle entre dedans le foye.

F,F,5 La partie de deuant de l'estomach.

G,5 Le costé gauche de la ratte, ou bien la partie d'icelle, qui est sur le deuant du corps.

H,6 La partie de l'estomach laquelle faict son emboucheure d'embas, ou bien le commencement des boyaux fermé auec vne petite ficelle.

I,K,6 Ceste partie des boyaux depuis I iusques à K est ordinairement nommee par moy le boyau douzedoittier, ou bien le boyau qui a douze doids en longueur.

L,6 Le commencement du boyau vuide, & l'assiette des petis boyaux, la part ou premierement ils commencent à se retourner par circonuolutions, & à se monstrer sur le deuant.

M,6,7 La fin du boyau entortillé & delié, qui est la fin des petis boyaux: toutefois ie ne puis pas bien diuiner en quelle partie est la fin du boyau vuide, ou le commécement du retortillé, d'autant qu'il n'y a aucune difference en tout le conduict qui est depuis L en la sixiesme figure iusques à M en la septiesme, par laquelle nous puissions distinguer le boyau vuide d'auec le tortillé.

N Le commencement des gros boyaux.

O Ie nomme ce boyau le sac. Ie ne veux pas toutefois disputer si quelcun donne ce nom a autres parties des boyaux, pourueu que la diuersité des noms ne l'empesche de considerer és boyaux ce que nous recerchons soigneusement en la construction des autres parties.

N,P,Q, R,S,T,5,7 Le boyau cuillier est notté par ces characteres : toutefois chacun d'eux notte quelque chose particulierement : car la partie qui est depuis N iusques a P est celle qui passe depuis le roignon dextre iusques au creux du foye. Celle qui est depuis P iusques a Q est celle qui passe le long du fond de l'estomach depuis le creux du foye iusques à la ratte. Celle qui est depuis Q iusques a R est celle qui passe le long du costé senestre depuis l'assiette de la ratte iusques à l'oz barré. Au reste depuis R iusques a S (qui est seulement merqué en la septiesme figure) vous voyez le retours que le boyau cuillier fait en montant iusques à l'endroict du nombril. La suitte de ces retours montants iusques au cõmencemẽt du boyau droict, est merquee depuis S iusques a T.

V,V,5,7 L'assiette basse du boyau cuillier.

X,X,5,7 Les demy cercles ou my ronds qui apparoissent aux deux costez du boyau cuillier que vulgairement on nomme petits reseruatoirs.

Y,5,7 Le commencement du boyau droict. Tout ce qui est au dessous d'Y est le boyau droict.

Z,7 Vne partie du conduict qui porte la cholere dedans les boyaux.

a,7 Le muscle lequel enuirõne en rond le bout du boyau droict, & lequel est là posé pour retenir ou lascher les ordures.

b,c,7 Les deux muscles lesquels apres que les ordures ont esté iettees hors, retirent vers haut, & reserrent le boyau droict.

d,7 En ceste partie le boyau droict est attaché à la verge des hommes, & au col de l'ainary des femmes par le moyen d'vne substance musculeuse.

e,f,5 Deux arteres particulieres aux petis enfans pendant qu'ils sont au ventre de la mere.

g,5 Le fond de la vessie est monstré par ce charactere, tout ainsi comme le conduict, par lequel l'vrine du petit enfant est iettee hors, & lequel nous auons couppé en cest endroict, ainsi comme nous auons faict les arteres susdictes.

L'EXPLICATION DES CHARA-
cteres merquez en la huictiesme figure.

NOVS auons representé en ceste huictiesme figure, vne partie du boyau droict, & du boyau cuillier la part ou il touche le droict, ce que nous auons faict à fin de monstrer les membranes des boyaux.

h La premiere membrane des boyaux, laquelle est celle de dedans, & laquelle a seulement des fibres trauersantes & faictes en façon des cercles.

i,i La seconde membrane des boyaux, laquelle est aussi faicte de fibres trauersantes : toutefois elle en a des droictes, d'autant plus qu'elle approche du boyau droict.

k,k Cecy est vne portion de l'entreboyau, laquelle attache le boyau droict contre l'oz du croupion, & laquelle luy baille vne tierce membrane.

L,L La troisiesme membrane des boyaux, laquelle procede des membranes de l'entreboyau.

L'EXPLICATION DES CHARA-
cteres merquez en la neufiesme figure.

CESTE *figure represente les petis boyaux ça & là destournez a costé, ce que nous auons faict à celle fin de mieux proposer l'assiette de l'entreboyau, le centre & milieu duquel se voit aisement : ensemble le moyen par lequel l'entreboyau meine des conduicts aux boyaux, & par lequel il les attache contre le doz. Dauantage elle monstre la partie de l'entreboyau qui attache la fin du boyau cuillier, & du boyau droict contre le doz. Or ceste figure par ordre de dissection suit incontinent apres celle que nous auons nommee la cinquiesme.*

A,B,C, D Les parties du grand enueloppoir, lesquelles sont renuersees en derriere.

E,E,E Les petis boyaux.

F Le sac.

G,G,G Le boyau cuillier.

H Le commencement du boyau droict.

I La vessie contre laquelle le grand enueloppoir est attaché, principalement en ceste partie en laquelle il luy baille vne membrane.

K Le centre & milieu de l'entreboyau ensemble ceste partie du doz en laquelle l'entreboyau prend son commencemẽt aux membranes du grand enueloppoir, lesquelles en ceste partie attachent la grande artere & la veine creuse contre le tronc des rouëlles.

L,L Le corps glanduleux situé en ceste distribution des veines, lesquelles sont entrelassees au centre de l'entreboyau.

M,M Les glandes situees es distributions des conduicts lesquelles se font dedans l'entreboyau deuant qu'ils soyent paruenus aux boyaux.

L'EXPLICATION DES CHARA-
cteres merquez en la dixiesme figure.

NOVS auons seulement representé l'entreboyau en la dixiesme figure tel qu'il apparoist tiré hors du corps, libre de toutes les autres parties circonuoisines, excepté d'vne portion de la membrane inferieure de la coiffe, qui est en ceste part, en laquelle le boyau cuillier est attaché en l'endroict ou il passe sous l'estomach.

K Ce charactere mõstre le centre de l'entreboyau tout ainsi comme il faisoit en la neufiesme figure.

L,L Ces characteres monstrent aussi le plus grand corps glanduleux de tout l'entreboyau.

M,M Les glandes apposees aux diuisions des conduicts, lesquelles diuisions approchent des boyaux.

N,O La partie de l'entreboyau laquelle attache les petis boyaux contre le doz.

P Ce charactere iusques à Q monstre la partie de l'entreboyau qui attache le boyau cuillier contre le doz, en l'endroict ou il passe depuis le roignon dextre iusques au creux du foye.

Q La partie de la membrane inferieure de la coiffe, laquelle attache le boyau cuillier contre le doz la part ou il passe le long du fond de l'estomach. Ceste partie est depuis Q iusques à R.

R Depuis R iusques a S la partie de l'entreboyau est merquee, laquelle est propre & particuliere au boyau cuillier la part ou il passe depuis l'assiette de
la

Ensuit la table de la 5. 6. 7. 8. 9. & 10. figures des instruments nutritifs.

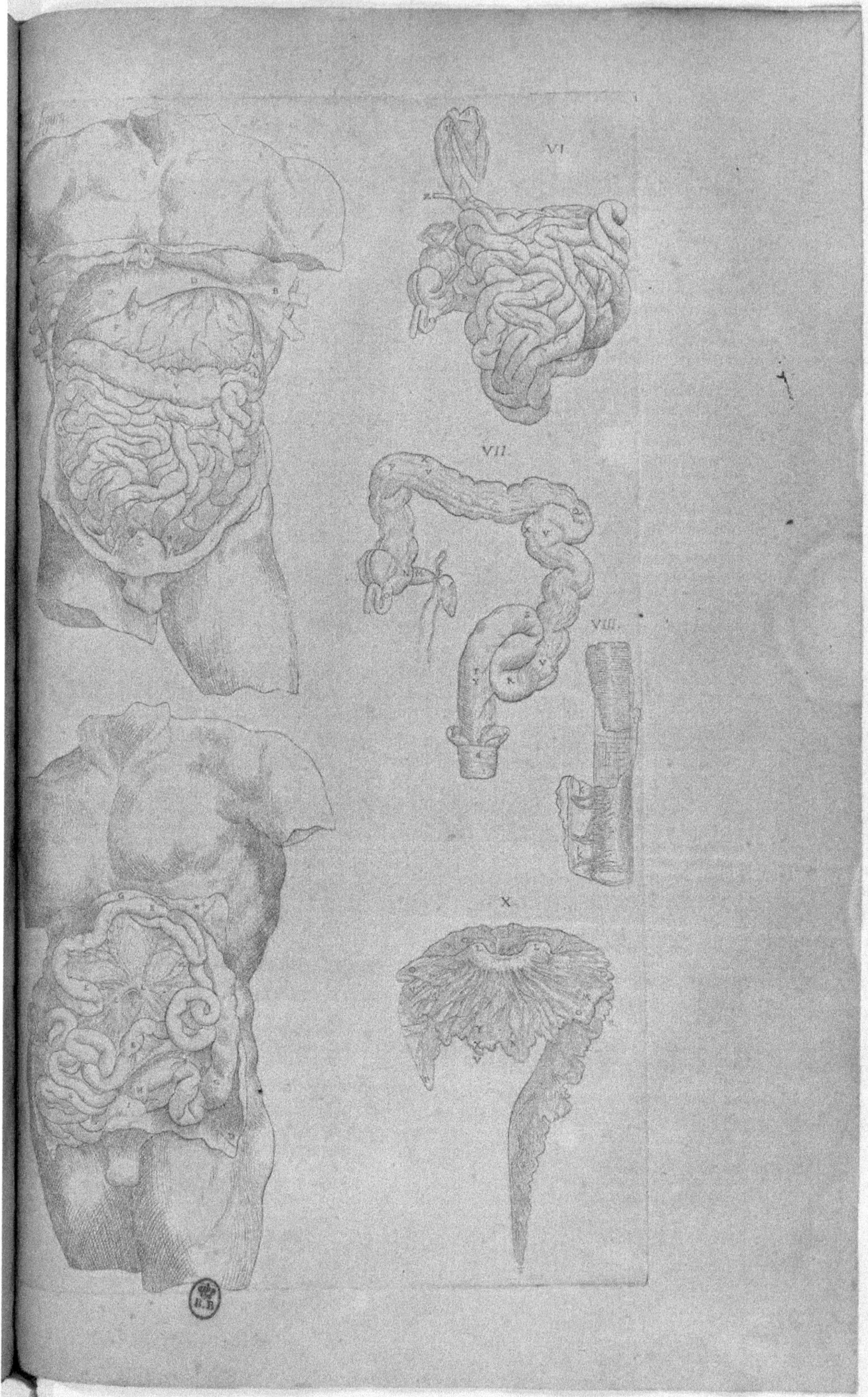

la ratte iufques au boyau droict.

S,T Ce qui eft entre S & T eft la partie de l'entreboyau, laquelle attache le boyau droict contre le doz.

v Nous auons effayé de reprefenter la nature de l'entreboyau en ceft endroict en ce que nous auons faict peindre vne des membranes d'iceluy diuifee d'auec les autres auec les ongles, tellement que l'vne eft

X,Y merquee par X, & l'autre par Y. Les conduicts de l'entreboyau paffent au milieu de ces deux membranes, & fa greffe, & fes glandes y font auffi contenues: ce qui apparoiftra auffi à la premiere figure de celles qui appattiennent à la femme.

EXPLICATION DES CHARActeres merquez en l'onziefme & douziefme figure.

L'ONZIESME figure fuit les precedentes felon l'ordre de la diffection, le grand enueloppoir & la coiffe en font hors, & y auons rompu quelques coftes afin de mieux reprefenter le creux du foye. Car vous pouuez voir toute la partie creufe du foye, enfemble toute la forme d'iceluy. Vous y voyez encore les emboucheures de l'eftomach. Nous auons toutefois retiré au cofté gauche les boyaux & l'eftomach, à celle fin que lon peuft voir vne partie de l'entreboyau, auec l'entrefuitte que faict la veine portiere en iceluy: enfemble l'attache du conduict du fiel. La douziefme reprefente la feule veffie du fiel auec fes conduicts.

L'explication de ces characteres eft commune à l'onziefme & douziefme figure, d'autant qu'il euft fallu (fi nous n'euffions diftingué la douziefme d'auec l'onziefme) merquer le creux du foye de plufieurs characteres lefquels euffent obfcurcy la portraiture. Mais quand il y aura quelque charactere particulier à l'onziefme figure, nous adioufterons quant & quant le nombre 1, & à ceux de la douziefme 2. Et à ceux qui font communs nous y mettrons 1 & 2.

H,1 Vne partie du grand enueloppoir du ventre, enfemble quelques coftes renuerfees.

K,1 Le creux du foye.

L,1 Vne portion de la partie boffue du foye.

M,1 La fente du foye en laquelle aboutit la veine qui nourrit le petit enfant.

N,1 Plufieurs fentes, creux, & enfeueures apparoiffantes au creux du foye pres le commencement de la veine portiere. N qui eft en haut pres le T monftre la partie en laquelle fa veine qui procede du nombril entre au creux du foye, pres la fortie du trôc de la portiere. Le pertuis qui enuoye la veine du nombril eft merquee depuis M iufques à N.

O,1 Le lien qui attache la feneftre partie du foye contre l'entredeux trauerfant: cefte partie finit aucunement en vn anglet.

P,1 La finuofité empraincte dedans le foye, laquelle fait place à la gueule la part ou elle eft continuee à l'emboucheure fuperieure de l'eftomach.

Q,1 L'eftomach.

R,1 L'emboucheure fuperieure de l'eftomach, ou bien le bout de la gueule, enfemble les veines, arteres & nerfs lefquels enlaffent cefte emboucheure.

S,1,2 L'emboucheure inferieure de l'eftomach, enfemble le commencement du boyau douzedoittier, lequel nous auons reflechy en arriere en la douziefme figure autrement qu'il n'apparoift naturellement: ce que nous auonsfaict à celle fin de mieux reprefenter l'attache & entree que le côduict du fiel faict en iceluy, laquelle entree fera cy apres expliquee fouz le cha-

ractere c.

T Le nerf qui entre au creux du foye, & procede des nerfs qui enlaffent l'emboucheure fuperieure de l'eftomach.

V,2 La veffie du fiel: vous la voyez en l'vne & en l'autre figure: toutefois ie l'ay feulement merquee en la douziefme. Parquoy apres que vous l'aurez confideree en l'onziefme, regardez à la douziefme felon l'explication fuyuante.

X,X,2 Les conduicts & tuyaux de la veffie du fiel, lefquels font efpandus dedans le foye entre les rameaux de la veine portiere, & de la veine creufe.

Y,2 Vn rameau de la veine portiere efpandue par la fubftance du foye.

Z,1 Vn rameau de la veine creufe efpandue par la fubftance du foye.

I'ay voulu cy reprefenter l'affiette des conduicts en la fubftance du foye, pour monftrer comment les rameaux de la veine portiere paffent fouz les rameaux de la creufe, & commêt les conduicts du fiel paffent au milieu.

a,2 La rencontre des conduicts du fiel efpandue dedans le foye.

b,2 Le col de la veffie du fiel, dedans lequel entre vn côduict qui vient du foye merqué par a, lequel eft commun aux deux.

c,1,2 Le conduict du fiel, la part ou il fait fon entree dedans le douzedoittier.

d,2 Depuis S iufques à d nous reprefentons le boyau douzedoittier, lequel nous auons peinct ouuert par bas, à fin que l'on peut voir l'entree du conduict du fiel.

e,2 L'artere qui s'efpand au creux du foye, & en la veffie du fiel.

f,2 Le nerf commun au foye & à la veffie du fiel. Il defcend d'vn iecton de la fixiefme paire des nerfs du cerueau, laquelle eft enuoyee aux racines des coftes du cofté droict.

g,2 Les petis iectons de la veine portiere efpandus en la veffie du fiel.

h,1 Le tronc de la veine portiere.

i,i,1 Le corps glanduleux, lequel eft attaché au douzedoittier & fouftient les conduicts qui luy font enuoyez.

k,l,m,1 L'entreboyau: toutefois chafque charactere monftre quelque chofe particulierement. Car k monftre la diftribution du rameau dextre, ou du plus grand tronc de la veine portiere, laquelle eft faicte dedans l'entreboyau: l monftre le corps glanduleux qui fortifie les premieres diftributions des conduicts: m monftre toute cefte partie de l'entreboyau, contre laquelle le boyau cuillier eft attaché depuis le roignô dextre iufques au creux du foye: car icy le boyau cuillier eft diuifé d'auec l'entreboyau: ce qui a efté faict à fin que le centre d'iceluy fe veit plus aifement.

n,1 La veine laquelle defcend par deffous la partie de derriere du boyau droict auquel elle enuoye des iectons.

o,1 Le fond de la veffie apparoift en ceft endroict.

p,1 Ce que vous voyez icy qui apparoift, eft le roignon dextre recouuert encores de fa membrane efpaiffe.

q,1 Le côduict de l'vrine, lequel porte l'vrine du roignon droict iufques en la veffie.

r,1 La veine & artere femenciere du cofté dextre.

s,1 Le conduict qui porte la femence du couillon dextre iufques au commencement du col de la veffie.

T

L'EXPLICATION DES CHARA-
cteres merquez en la treziesme &
quatorziesme figure.

LA treziesme figure represente la partie de deuant de l'estomach & la gueulle, ensemble toutes les veines, arteres & nerfs espandus par
l'estomach. La quatorziesme represente la partie de derriere tant de l'vn que de l'autre. Les
characteres que i'entens maintenant expliquer sont en partie
communs aux deux figures, & en partie particuliers maintenant à l'vne & maintenant à l'autre. Pour ceste cause nous
merquerons les communs par 1 & 2, & les particuliers de
la treziesme par 1, & les autres par 2.

A,1,2 La partie de la gueulle, laquelle touche au gauion &
à la capacité de la bouche, est icy apparoissante, couppee d'auec le gauion.

B,1,2 Depuis A iusques a B nous representons le tuyau
de la gueulle, lequel descend droict par le milieu des
rouëlles du col, & des quatre superieures rouëlles du
coffre.

C,D,1,2 Depuis C iusques a D nous representons le tuyau
de la gueulle, lequel passe du costé dextre en la partie senestre par dessus la grande artere & puis passe
au trauers de l'entredeux trauersant pour aboutir en
l'emboucheure superieure de l'estomach, que nous
merquerons par G.

E,E,1 Les deux glandes saliuieres, lesquelles ne sont gueres eslongnees de la partie de la gueulle qui est contre la capacité de la bouche.

F,F,1,2 Le corps glanduleux, lequel est ordinairement attaché contre la gueulle la part ou elle touche contre le
tronc de la cinquiesme rouelle du coffre.

G,1,2 L'emboucheure superieure de l'estomach.

H,1,2 L'emboucheure inferieure de l'estomach.

I,1,2 La partie superieure de l'estomach.

K,K,1,2 La partie inferieure de l'estomach, ou le fond d'iceluy.

L,L,1,2 La partie de deuant de l'estomach.

M,N,O,2, La partie de derriere de l'estomach : toutesfois
chasque charactere monstre quelque chose particulierement : car O merque la cauité, laquelle est en
l'estomach, la part ou il s'appuye contre les rotelles.
M monstre la partie plus esleuee du costé senestre, &
N celle qui est au costé dextre.

P,1,2 Le boyau douzedoittier, lequel apparoist couppé à
l'endroict ou commence le boyau vuide.

Q,2 Le conduict de la vessie du fiel, lequel commence à
entrer dedans le douzedoittier.

R,2 Ce charactere se voit en la partie interieure du douzedoittier, & merque l'entree du conduict merqué
par Q.

S,2 Le corps glanduleux attaché contre le douzedoittier, lequel maintient les conduicts qui s'espandent
en ce boyau.

T,1,2 Le iecton du nerf dextre de la sixiesme paire du cerueau. Ce iecton tire vers la gueulle, & se distribue en
plusieurs rameaux dedans l'emboucheure superieure de l'estomach.

V,1,2 Le nerf senestre.

X,2 Les iectons du nerf senestre lesquels passent le long
de la partie superieure de l'estomach, se conduisant
Y vers le foye ou vous voyez le charactere Y.

a,2 La premiere veine & artere de l'estomach : i'ay accoustumé de les nommer ainsi pour plus grande intelligence.

b,2 La seconde veine de l'estomach, laquelle est sans artere.

c,1,2 La troisiesme veine de l'estomach, laquelle estant accompagnee d'vne artere & d'vn nerf, s'espand le long
de la partie dextre du fond d'iceluy.

d,1,2 La quatriesme veine de l'estomach, laquelle est accompagnee d'vne artere, & laquelle enlasse l'emboucheure superieure de l'estomach en maniere de couronne.

e,1 Les rameaux de la veine & artere susdicte, lesquels
descendent du haut de l'estomach vers bas iusques à
son emboucheure inferieure.

f,1,2 La cinquiesme veine accompagnee de l'artere & du
nerf, laquelle s'espand en la partie senestre du fond
de l'estomach.

g,g,1,2 Autres veines & arteres, lesquelles procedent des
conduicts qui entrent dedans la ratte.

L'EXPLICATION DES CHARA-
cteres merquez en la quinziesme figure.

NOVS representons en la quinziesme figure l'estomach
libre de la gueulle & des boyaux, lequel nous auons
retourné, à celle fin que vous puissiez voir la partie
de dedans, laquelle touche au boire & au manger.

h Le gros anneau qui entoure la partie de l'estomach,
en laquelle il est continué à la gueulle, qui est l'emboucheure superieure d'iceluy.

i Le gros anneau qui est en l'emboucheure inferieure
de l'estomach.

L'EXPLICATION DES CHA-
racteres merquez en la seziesme figure.

LA seziesme figure monstre autant qu'il a esté
possible de representer par la peincture, la constitution, le nombre & la nature des membranes de
l'estomach.

k,k,k La troisiesme mébrane de l'estomach, laqu"e procede du grand enueloppoir, & laquelle est icy en la
plus part separee de l'estomach.

l,l La seconde membrane de l'estomach, laquelle est
moins separee de l'estomach que n'est la premiere.

m La premiere membrane de l'estomach, qui est celle
de dedans, laquelle en cest endroit est decouuerte
des deux premieres.

L'EXPLICATION DES CHARA-
cteres merquez en la dixseptiesme figure.

LA dixseptiesme figure represente la partie bossue &
posterieure du foye, ensemble vne portion du tronc de
la grande veine creuse.

A,A Le haut de la partie bossue du foye.

B,B Le bas de la partie bossue du foye.

C L'endroict auquel la veine creuse passe au trauers de
l'entredeux trauersant, & luy enuoye des iectons.

D,E Ceste partie est celle du tronc de la grande veine, qui
est attaché contre la partie de derriere du foye.

F Vne portion du principal lien qui attache le foye à
l'entredeux trauersant.

G Le lien qui attache principalement la partie senestre
du foye contre l'entredeux trauersant.

H Vne partie de la veine portiere.

Le

Ensuit la table de la 11. 12. 13. 14. 15. 16. 17. & 18. figure des instruments nutritifs.

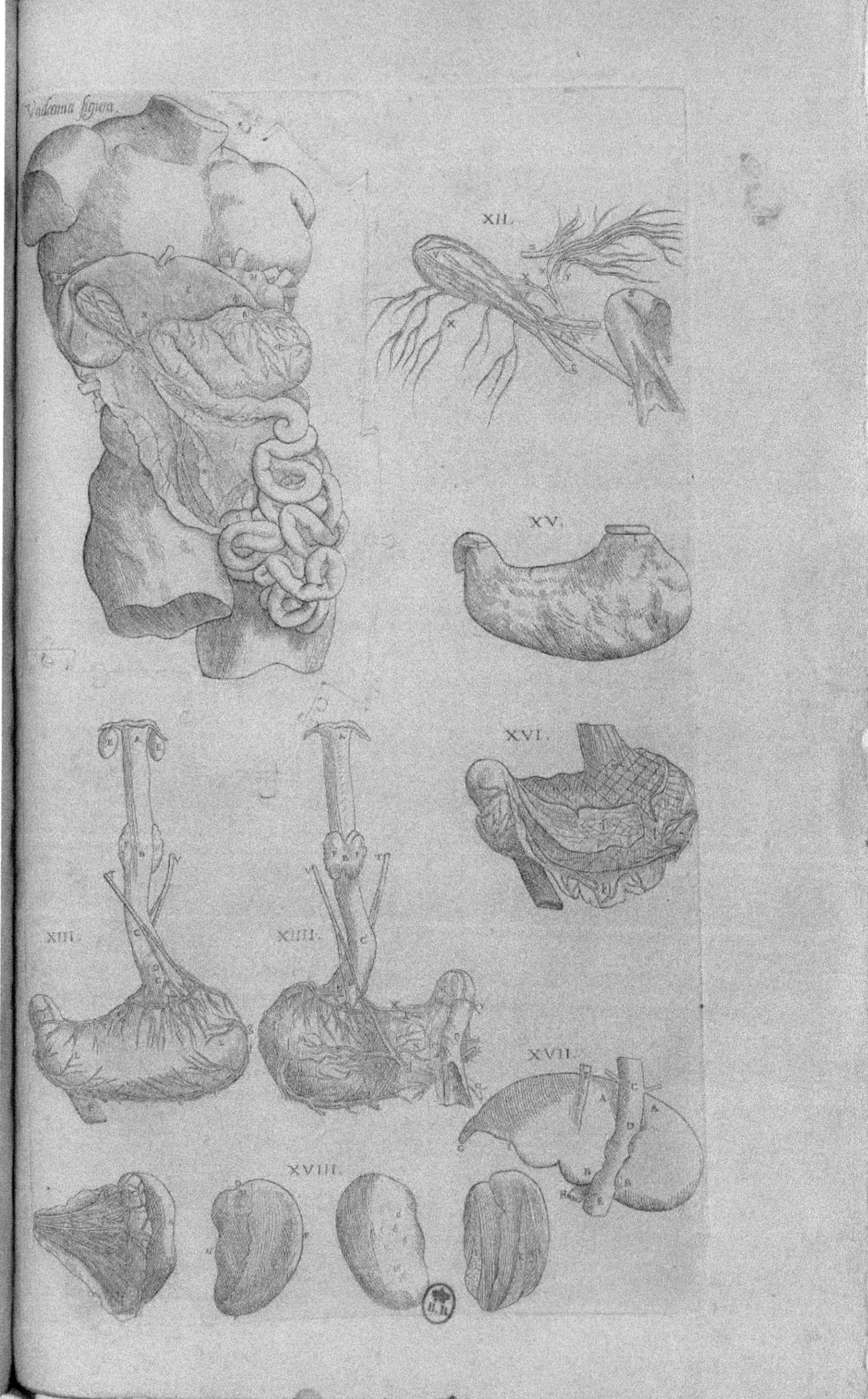
Vndecima figura.
XII.
XV.
XVI.
XVII.
XIII.
XIIII.
XVIII.

I Le creux qui reçoit l'eſtomach en ceſte part ou le foye touche contre ſon emboucheure.

L'EXPLICATION DES CHARA-
cteres merquez en la dixhuictieſme figure.

LES quatre figures compriſes ſouz le nombre xviij. monſtrent toutes les faces de la ratte, l'aſſiette de laquelle & la grandeur, ſelon la proportion de la figure, ſera monſtree en la figure ſuyuante, qui ſera la dixneuſieſme ſouz les letres O, O.

La premiere des quatres repreſente la partie anterieure de la ratte, auec vne portion de la coiſſe, ou auec l'inferieure & ſuperieure membrane d'icelle.

A Le coſté ſeneſtre de la ratte: le coſté dextre, & la partie du milieu ſont cachez ſouz les membranes de la coiſſe.

B,B Vne portion de l'inferieure membrane de la coiſſe, laquelle conduict les tuyaux & conduicts de la ratte.

C,C Vne portion de la ſuperieure membrane de la coiſſe, ſur laquelle quelques conduicts ſont enuoyez à l'eſtomach, leſquels procedẽt de ceux qui ſont preſts d'entrer en la ratte.

La ſeconde des quatre repreſente la partie creuſe de la ratte deſtachee d'auec toutes les parties circonuoiſines.

D La partie ſuperieure de la ratte.

E La partie inferieure de la ratte.

F La partie ſeneſtre.

G La partie dextre.

H,H La ligne qui ſe monſtre au creux de la ratte, contre laquelle les conduicts d'icelle ſ'attachent.

La troiſieſme figure des quatre mõſtre la partie boſſue de la ratte.

La quatrieſme monſtre encores la partie creuſe de la ratte, en laquelle i'ay donné deux coups de raſoüer à celle fin que vous peuſſiez mieux voir la figure & ſubſtance d'icelle. Les deux coups de raſoüer ſont
I,K merquez par I & K.

L'EXPLICATION DES CHARA-
cteres merquez en la dixneuſieſme figure.

CESTE preſente figure, ſelon l'ordre de la diſſection, ſuyt incontinent apres l'onzieſme : car nous auons oſté tous les boyaux d'icelle, & auons ſeulement laiſſé la portion de l'eſtomach, laquelle monſtre l'aſſiette de ſon embouchetre d'enhaut. Et ainſi ceſte figure repreſente pluſieurs choſes, leſquelles nous expliqueronſ plus commodement l'vn apres l'autre.

A,A Vne partie de l'entredeux trauerſant retrouſſé ſouz le grand eneueloppoir & renuerſé ſur la poictrine auec quelques coſtes.

B,B La partie creuſe du foye.

C Le lien du foye par lequel la partie ſeneſtre d'iceluy eſt attachee contre l'entredeux trauerſant.

D Vne portion de la veine, qui eſt enuoyee du nombril au foye, la ou auſſi vous voyez l'ouuerture en laquelle ceſte veine fait ſon entree : laquelle veine paſſe par vn particulier pertuis ouuert au foye iuſques à ceſte partie ou vous voyez G aſſez pres de K, qui eſt l'endroit ou premierement ceſte veine commence à ſ'eſpandre de faict en la ſubſtance du foye.

E Le foye a vne cauité en ceſte partie, laquelle fait place à la gueulle qui deſcend en l'embouchetre ſuperieure de l'eſtomach.

F L'embouchetre ſuperieure de l'eſtomach, enſemble vne partie d'iceluy.

G,G Les lignes, ſoulceures & enleueures qui apparoiſſent au creux du foye à l'endroict ou il pouſſe hors la veine portiere.

H La veſſie du fiel.

I Le tronc de la veine portiere couppé en ceſte part. Ce charactere auſſi monſtre deux petites veines qui ſont enuoyees à la veſſie du fiel.

K Le petit nerf du foye lequel deſcend de ceux qui ſont enlaſſez en l'embouchetre ſuperieure de l'eſtomach.

L L'artere commune au foye & à la veſſie du fiel.

M Le nerf, qui prend ſon origine de la ſixieſme paire des nerfs du cerueau, laquelle eſt enuoyee aux racines des coſtes du coſté droict. Ce nerf eſt auſſi commun au foye & à la veſſie du fiel.

N Le conduict de la veſſie du fiel couppé en l'endroict qui tire vers les boyaux.

O,O La partie de deuant, ou la partie creuſe de la ratte.

P La ligne de la ratte, en laquelle les conduicts d'icelle ſont attachez.

Q La veine creuſe.

R La grande artere.

S Les racines des arteres qui ſ'eſpandẽt en l'eſtomach, au foye, en la ratte, en la coiſſe, en l'entreboyau, & en la fin aux boyaux meſmes.

T Le roignon dextre recouuert de ſon eſpaiſſe membrane.

V Le roignon gauche recouuert de ſon eſpaiſſe membrane.

X La veine qui ſ'eſpand en la membrane eſpaiſſe du roignon gauche.

Y La veine qui ſ'eſpand en la membrane eſpaiſſe du roignon dextre.

a La veine & artere qui portent le ſang ſereux au roignon dextre.

b La veine & artere qui tirẽt vers le roignon ſeneſtre, leſquelles ſont nommees trayantes, tout auſſi bien comme celles du coſté dextre.

c Le conduict qui porte l'vrine du roignon dextre dedans la veſſie.

d Le conduict qui porte l'vrine du roignon ſeneſtre dedans la veſſie.

e La veine ſemanciere qui entre au couillon ſeneſtre.

f La veine ſemanciere qui entre au couillon dextre.

g,g Les iectons qui tirent vers le grand eneueloppoir, & procedent des veines ſemancieres la part ou elles ſ'attachent iceluy, & tirent vers les couillons.

h L'artere ſemanciere qui va au couillon dextre.

i L'artere ſemanciere qui va au couillon ſeneſtre.

k La racine de l'artere qui paſſe par la plus baſſe partie de l'entreboyau, & tire vers le boyau cuillier & le boyau droict.

l L'endroict ou la grande artere cheuauche ſur la veine creuſe, enſemble la mipartition de la grande artere & veine creuſe, laquelle mipartition ſe fait au commencement de l'oz du croupion.

m,m Les principales veines & arteres entre celles, leſquelles ſortent de neud en neud des grands cõduicts des reins, & ſont enuoyees au grand eneueloppoir.

n Les iectons de la grande artere leſquels entrent és pertuis de l'oz du croupion.

o La partie du boyau droict separee d'auec le boyau cuillier & liee auec vne ficelle, ainsi que lon a accoustumé de faire en anatomisant.

p La vessie qui est le reseruoir de l'vrine.

q Vne portion du conduict qui porte la semence depuis le couillon iusques à la verge : ceste portion est celle qui passe de l'oz barré vers bas iusques au commencement du col de la vessie.

r La peau qui recouuroit la verge.

ſ La bourse.

t Vne partie de la membrane charnüe, laquelle entouroit les deux couillons tout aussi bien que la bourse.

u La membrane qui procede du grand enueloppoir la part ou il fait place aux conduicts semenciers. Ceste membrane est l'exterieure du couillon entre celles qui luy sont propres.

x Vne portion de la verge descouuerte de sa peau.

L'EXPLICATION DES CHARA-
cteres merquez en la vingtiesme figure, laquelle est distinguee en trois portraicts qui s'entresuiuent, selon l'ordre de la dissection, & representent fort bien les destours qui sont dans les roignons & le commencement des conduicts de l'vrine.

LE premier de ces trois portraicts represente le roignon, auquel on a donné vn si grand coup de rasoüer selon la longueur de sa partie bossue, que l'ouuerture a penetré iusques à la seconde cauité, ou second destour d'iceluy, sans que toutefois il y ait aucune partie de la substance du roignon qui soit ostee.

α Nous representons donques la partie de deuant du
ß roignon droict par α, & la partie de derriere par ß. Les emboucheures & ouuertures des rameaux de la premiere cauité des roignons, ou de son corps membraneux, l'endroit ou ces rameaux s'assemblent, sont
γ,γ merquees par γ,γ. Car ces rameaux sont necessairement ouuerts & separez en la partie ou ils s'assemblent par le coup de rasoüer que lon a baillé au roignon.

δ,δ Le corps de la premiere cauité : ou bien le corps mẽbraneux dedãs lequel la veine & l'artere du roignon prennent fin.

ε Ce petit pertuis est le commencement du conduict de l'vrine.

λ Vne partie du conduict de l'vrine. La seconde cauité du roignon est situee sur ce corps membraneux merqué par δ & δ, le costé interieur duquel prochain de ce corps membraneux apparoit seulement en ceste ouuerture : car les parties d'iceluy, lesquelles s'estendét en dehors iusques à l'entredeux, qui est faict de la mesme substance du roignon, & lesquelles mipartissent aucunement ceste cauité, ne peuuent estre veües si ce n'est que lon mette l'esprouuette & tournon sous la partie ou vous voyez ces characteres ζ &
ζ,* *. Vous voyez cest entredeux en ceste presente ouuerture, lequel est diuisé en deux parties, à sçauoir en celle de deuant, & celle de derriere : la partie de deuant est merquee par *, & celle de derriere par ζ. Tout ce qu'auons maintenant dict se peut rapporter au second portraict, excepté que presque toute la substance du roignon, laquelle composoit cest entredeux, a esté couppee en rond & ostee auec vn cousteau : en quoy faisant nous n'auons sceu mieux representer la figure de cest entredeux. Vous voyez

donques icy toute la seconde cauité, non toutefois mipartie par l'entredeux, car nous l'auons osté. Parquoy α, ß, γ, & λ monstrent icy les mesmes choses, qu'ils monstroyent au premier portraict : & le cercle, que vous voyez entre α & ß, monstre ceste seconde cauité. La partie de deuant d'icelle (ou du corps membraneux) la ou elle se diuise en rameaux,
θ est merquee par θ : la partie de derriere de ce corps
ι membraneux est merquee par ι : tellement que θ & ι merquent tout ce corps membraneux, ou bien la premiere cauité du roignon. Le commencement
x du conduict de l'vrine est merqué par x.

Le troisiesme portraict represente tous les rameaux de ce corps membraneux, ou premiere cauité : car la subſtãce du roignõ, attachee au bout des rameaux de ceste cauité, est en tout & partout ostee. Toutes ces choses se peuuét voir & considerer sans characteres.

L'EXPLICATION DES CHARA-
cteres merquez en la vingt & vniesme figure.

LA vingt & vniesme figure suyt la dixneufiesme, selon l'ordre de la dissection. Vous y voyez quelques extremitez des costes rompues & retournees en arriere : ce qui a esté faict à celle fin, que lon vist plus aisement la partie bossue du foye, en la mesme maniere que lon voit le creux d'iceluy en la dixneufiesme figure. Vous voyez aussi les roignons descouuers de leur membrane espaisse, ensemble les commencements & la conduicte des veines semencieres. Nous auons particulierement adiousté vn petit rameau, qui descend du tronc de la veine creuse, & se mesle auec la veine semenciere du costé gauche. Dauantage nous auons osté le grand enueloppoir du ventre en l'endroict ou il donne passage aux conduicts semenciers, ensemble la membrane qui descend de ce grand enueloppoir, laquelle embrasse les couillons & les conduicts semenciers qui sont en leur costé, tellement que les couillons, ensemble leurs muscles auec les conduicts semenciers se monstrét à descouuert. Au reste l'oz barré est tellement separé, que les deux, desquels il est composé, laissent vne grande ouuerture entre eux, tellement que la vessie & le corps glanduleux attaché contre son col, ensemble le muscle d'iceluy, & les corps, desquels la verge est composee, auec la conduicte d'iceux apparoissent à la veüe. On voit aisement que nous auons osté toute la peau de dessus la cuisse dextre, & vne partie d'icelle de dessus la senestre.

a,a Vne partie du grand enueloppoir & de l'entredeux trauersant retournez en arriere & à costé auec les costes rompues.

b,b La partie bossue du foye.

c,c Le creux du foye.

d Le principal lien du foye, qui est situé au costé dextre du tendron de la fourcelle. Ce lien est presque tout separé de la partie de deuant du foye.

e Le lien qui attache la partie du foye estendue au costé senestre contre l'entredeux trauersant.

f Vne partie de la veine portiere, ensemble l'artere & les nerfs qui entrent au foye, & le conduict qui porte le fiel aux boyaux : ceste veine est icy liee auec vne ficelle, & puis couppee.

g Le tronc de la grande veine creuse.

h Le tronc de la grande artere, lequel descend en bas le long de l'espine.

i Le commencement de la veine, laquelle entre dedans la taye grasse du roignon gauche.

k Les racines des arteres, lesquelles s'espandent par
les

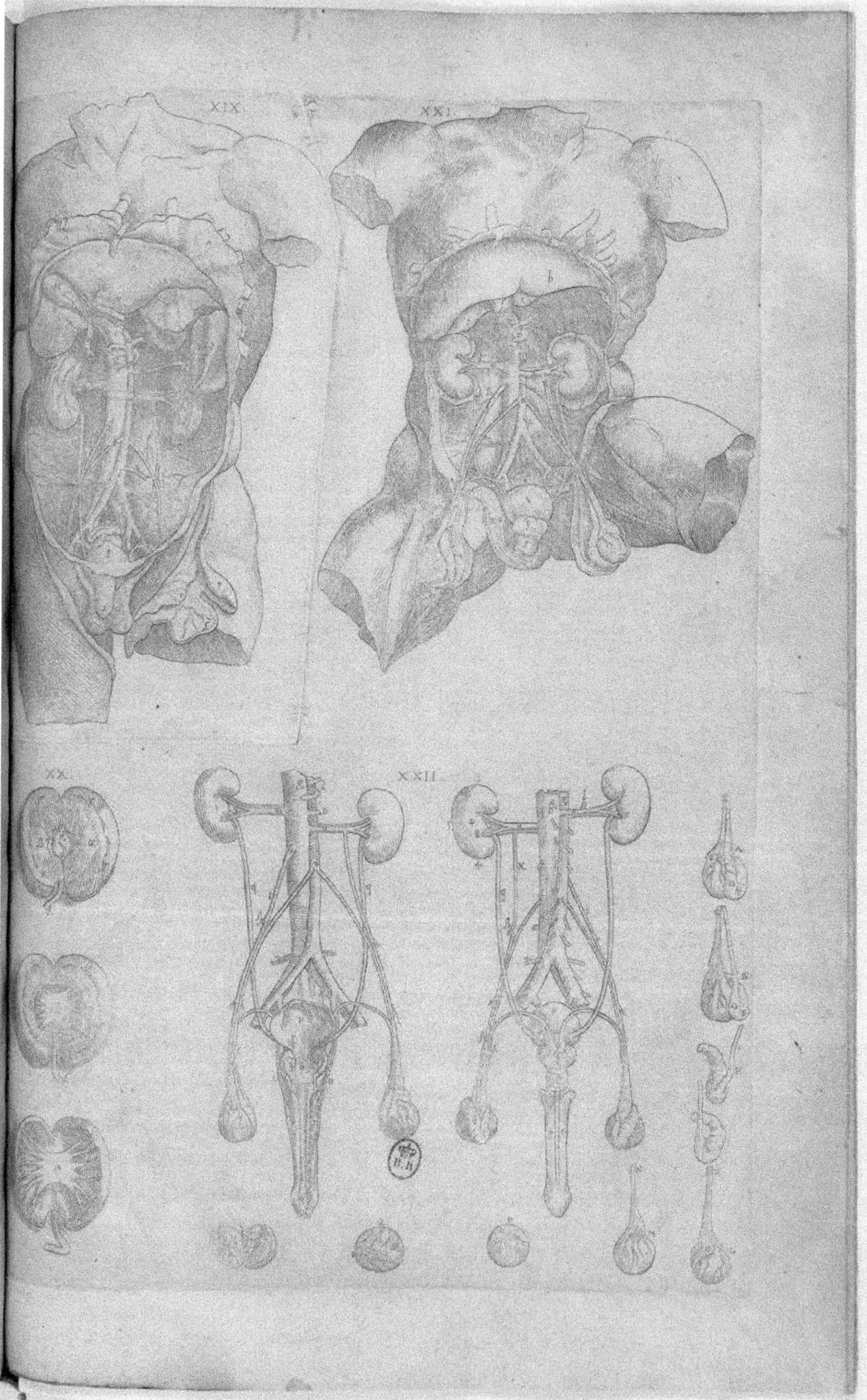

XIX
XXI
XX.
XXII.

les boyaux, & lesquelles enuoyent des rameaux à l'estomach, au foye, à la vessie du fiel, à la tatte, & à la coiffe.

l Le commencement de la veine laquelle entre dedās la taye grasse du roignon droict.

m La veine & l'artete qui entrent dans le roignō droict.

n La veine & l'artere qui portent le sang screux dedās le roignon gauche.

o,o La taye grasse du roignon droict: elle est retiree de la partie de deuant du roignon.

p,p La taye grasse du roignon gauche, laquelle est aussi retiree de la partie de deuant de son roignon, & est encore attachee auec le grand enueloppoir du ventre, duquel elle prend son commencement.

q,q Le conduict dextre & senestre, par lequel l'vrine descend des roignons dedans la vessie.

t La veine semenciere laquelle entre au couillō droict.

u Le commencement de la veine semenciere, laquelle entre au couillon droict. Ce commencement apparoist ainsi qu'vne petite bossette toute ronde.

x La veine semenciere laquelle entre dedans le couillon gauche.

y La petite veine qui procede du trōc de la veine creuse, & est ioincte auec la veine semenciere du costé senestre. Encores que ceste petite veine apparoisse peu souuent, ie n'ay pas laissé de la representer, d'autant qu'elle n'est point portraicte és autres figures, & qu'elle n'empesche rien en ceste cy.

α Le commencement des arteres semencieres.

β Les petits reiectons que les veines semencieres enuoyent au grand enueloppoir la part ou estant attachees auec iceluy elles descendēt vers les oz barrez.

γ La montee & descente de la veine & artere semenciere du costé dextre (laquelle se fait par le grand enueloppoir au dessus de l'oz barré) aussi du conduict, qui porte la semence hors du couillon, & qui sera merqué cy apres par η, ι, & κ.

δ L'assemblee de la veine & artere semenciere, qui est le commencement du corps, lequel i'accompareray aux varices.

ε L'attache que fait le corps variqueux contre le couillon.

ζ Le couillon recouuert de sa taye interieure.

η Le commencement du conduict qui porte la semence hors du couillon.

ι L'endroict par lequel le conduict qui porte la semēce retourne vers haut suiuant la partie plus basse du couillon, & auquel il commence à se retirer d'iceluy.

κ Le conduict qui porte la semence ne monstre aucune maniere d'entortillement en cest endroict, ains il monte en haut, en la façon d'vn petit nerf tout rond.

λ La vessie, qui est le receptacle de l'vrine.

ξ Le corps glanduleux attaché contre le commencement du col de la vessie : c'est celuy qui reçoit l'entree des conduicts qui portent la semence.

μ Le muscle circulaire, lequel entourne le col de la vessie.

ν,τ Les deux corps qui composent la verge, le senestre desquels est retiré de son attache laquelle estoit contre la partie senestre de l'oz barré : l'autre est encore attaché cōtre la partie dextre d'iceluy. Au reste vous voyez icy manifestement la figure de nostre S representee tant par la vessie que par la verge abaissee & languide.

ο L'entresuitte des veines, des arteres, & des nerfs qui entrent en la verge, laquelle est autant bien representee qu'il nous a esté possible de ce faire.

Φ,χ Le premier & exterieur particulier enueloppoir du couillon, lequel depend du grand enueloppoir. l'endroict ou i'ay merqué φ : mais la ou vous voyez χ nous representons la partie laquelle est attachee en la plus basse du couillon.

ψ Le muscle du couillon attaché contre l'enueloppoir susdict.

ω Le septiesme muscle qui fait mouuoir la cuisse : vous le voyez icy la part ou il descend par dessus l'oz de la hanche.

* Vne partie du boyau droict, laquelle a accoustumé de demeurer dedās le corps, encores que lon en ait osté les boyaux. On voit aussi au dessus de la portion de ce boyau droict la distribution de la veine creuse, & de la grande artere qui est enuiron l'oz du croupion.

L'EXPLICATION DES CHA-
racteres merquez en la vingt & deuxiesme figure.

A vingt & deuxiesme figure, laquelle en contient plusieurs particulieres souz soy, monstre principalement, comme aussi faisoit la precedente, les organes & instrumens virils lesquels appartiennnent à la generation. Dauantage vous voyez en ceste figure deux portraicts principaux, l'vn desquels ie nomme dextre, & l'autre senestre: L'vn & l'autre represente les roignons, la vessie, & les instruments semenciers tirez hors du corps, auec vne portion de la veine creuse & de la grande artere. La figure dextre represente la partie de deuant, & l'autre celle de derriere. Nous auons aussi en la premiere representé particulierement la vessie & le col d'icelle, ou le conduict commun à l'vrine & semence, lesquels sont encores entiers en la senestre, comme ie monstreray plus amplement en l'explication des characteres, apres que i'auray expliqué les autres figures particulieres situees au costé & au dessouz des deux grandes.

A,B Ces deux premieres representent vne mesme chose, à sçauoir la partie de deuant du couillon dextre: toutefois celle denhaut merquee par A est differente de l'autre merquee par B, en ce qu'elle represente la situation naturelle du conduict qui porte la semence, & l'autre represente la partie d'iceluy destournee à gauche, laquelle monte vers haut le long de la partie anterieure du couillō. Nous l'auons ainsi destournee à celle fin que lon voit plus aisemēt l'attache que fait la veine & artere semenciere contre le couillon.

Cecy se cognoistra plus facilement en l'explication des characteres communs à ces deux figures merquees A & B.

C Les veine & artere semencieres couppees en l'endroict auquel estant sorties hors la grāde capacité du grand enueloppoir elles s'assemblent pour composer le conduict que i'ay nommé variqueux : c'est aussi la poincte de ce mesme conduict, lequel se peut accomparer à vne pyramide.

D Le soubassement du corps variqueux, ou bien l'endroict ou la veine & l'artere semenciere s'attachēt au couillon, & enuoyent des petits rameaux dedans la taye interieure & substance d'iceluy.

E Le commencement du conduict, qui porte la semence hors du couillon.

F Le retour du conduict qui porte la semence : ce retour se fait au plus bas du couillon.

G La portion du conduict qui porte la semence, laquel-

V

le monte vers haut, & defifte d'eftre attachee auec le couillon.

H Cefte prefente figure monftre la portion du côduict fufdict, laquelle eftoit attachee contre l'enueloppoir interieur : elle monftre auffi les petits pertuis & enleueures, lefquelles apparoiffent, apres la fection faicte, en la partie dudict conduict, qui eftoit attachee contre ledict enueloppoir.

I Cefte figure reprefente le mefme que deffus : toutefois elle monftre particulierement la partie de cefte portion laquelle eft plus enleuee, & n'eft plus attachee contre l'enueloppoir du couillon.

L Le couillon feparé d'auec le conduict qui porte la femence, & encor attaché auec fon enueloppoir interieur, & fon corps variqueux.

M Cefte lettre monftre le mefme que faifoit la lettre L. Il eft bien vray, que tout ainfi que l'autre monftroit la partie de deuant du couillon, auffi cefte cy monftre celle de derriere. Les deux characteres fuiuants font communs à l'vne & l'autre figure.

N Le premier affemblement de la veine & artere femenciere, ou bien la poincte du corps variqueux.

O Le foubaffement du corps variqueux, enfemble l'attache qu'il fait contre la fubftance du couillon, & contre l'interieur enueloppoir d'iceluy.

P Le couillon encore recouuert de fon enueloppoir interieur, toutefois feparé du corps variqueux. Il monftre fa partie fuperieure, contre laquelle le corps variqueux eft attaché. Car on y voit encore les parties des petits rameaux du corps variqueux, lefquels, comme i'ay dict, font attachez contre le couillon.

Q I'ay couppé auec le rafoüer l'enueloppoir interieur du couillon, & en ay feparé vne partie d'auec la fub-

R ftãce d'iceluy, laquelle eft merquee par R, & laquelle i'ay retrouffee en arriere, à celle fin que lon vift le conduict lequel fort des rameaux entrelaffez dedans l'enueloppoir & entre en la fubftance du couillon.

S L'autre partie de ceft enueloppoir merquee par S eft encore attachee contre le couillon.

T Vous voyez icy le couillon couppé par le milieu, lequel monftre l'entrefuitte & nature des conduicts, lefquels font efpars par la fubftance d'iceluy & mer-

V,V quez V, V.

Les characteres qui fuiuent appartiennent aux deux plus grands portraicts de la vingt & deuxiefme figure.

1 La partie anterieure du roignon.

2 La partie pofterieure du roignon.

3 La partie fuperieure du roignon.

4 La partie inferieure du roignon.

5 Le cofté de dehors du roignon.

6 Le cofté de dedans le roignon, dedãs lequel les cha-

7,8 racteres 6, 7, & 8 monftrent fa cauité : toutefois 6 monftre particulierement l'enleueure de cefte cauité.

g Le trõc de la veine creufe, lequel eft couppé en l'endroict la ou il outrepaffe defia le foye pour defcendre vers bas.

h Le tronc de la grande artere, lequel eft couppé en l'endroict, la ou ayant paffé l'entredeux trauerfant il entre en la capacité du grand enueloppoir.

k Les racines des arteres, lefquelles font enuoyees dedans l'entreboyau & dãs la membrane inferieure de la coiffe.

l Le commencement de la veine qui entre dedãs l'efpaiffe taye du roignon droict.

m La veine & l'artere, lefquelles portent le fang fereux dedans le roignon droict.

n La veine & l'artere, lefquelles portent le fang fereux dedans le roignon gauche.

o Le commencement de la veine laquelle entre dedãs la taye efpaiffe du roignon gauche.

q,q Le conduict qui porte l'vrine des roignons dedans la veffie.

r La partie en laquelle f'attachent les conduicts qui portent l'vrine dedans la veffie. La figure dextre môftre les ouuertures dedans lefquelles ces conduicts entrent : elle monftre auffi les faillies ou allonges membraneufes fituees à l'entree de cefdictes ouuertures : mais la figure feneftre monftre l'endroict auquel ces conduicts f'attachent premierement.

t La veine femenciere dextre.

u L'enleueure, ou le commencement enleué de la veine femenciere de la veine du cofté droict.

x La veine femenciere qui entre au couillon gauche.

α Le commencement des arteres femencieres.

β Les racines des iectons que les veines femencieres enuoyent au grand enueloppoir du vêtre l'endroict ou elles f'attachent contre iceluy enuiron les reins.

♪ L'affemblee, ou meflange des veines & arteres femencieres, qui eft le commencement du corps variqueux.

ε L'attache que la veine, & artere femenciere fait côtre le couillon, qui eft le foubaffement du corps variqueux.

ζ Le couillon encore recouuert de fon enueloppoir interieur.

η Le commencement du conduict qui porte la femence hors du couillon.

θ La defcente que fait le conduict qui porte la femence le long de la partie de derriere du couillon.

ι La partie en laquelle derechef le conduict, qui porte la femence, monte en haut fuiuant la partie plus baffe du couillon, contre laquelle il n'eft plus attaché côme il eftoit en l'endroict depuis η par θ iufques à ι.

κ La partie ou le conduict, qui porte la femence, monte en haut en maniere d'vn nerf fans aucune reuolution ou tournoyement.

λ Le conduict qui porte la femence entre icy en la capacité du grand enueloppoir du ventre f'eftant retourné par le derriere de la veine & artere femenciere.

μ L'affemblee que fait le conduict, qui porte la femence du cofté droict auec celuy du cofté gauche, qui eft pres du commencement du col de la veffie.

ν La veffie, laquelle eft ouuerte en la figure dextre & monftre le dedans d'icelle.

ξ Le corps glanduleux, lequel reçoit l'affemblee des conduicts qui portent la femence : il eft couppé en la figure dextre iufques à la capacité du conduict de l'vrine.

ο La capacité ou cauité du col de la veffie : qui eft l'endroict, auquel les conduicts, qui portent la femence, f'attachent.

ρ Le mufcle qui entourne le col de la veffie.

σ,τ Les deux corps qui compofent la verge.

υ Les veines & arteres qui entrent en la verge & au col de la veffie.

φ L'endroict ou eft le conduict commun à l'vrine & à la femence, lequel apparoift plus large en la tefte de la verge.

L'E-

Enfuit la table de huict figures des inftruments de la femme, qui feruent à la generation.

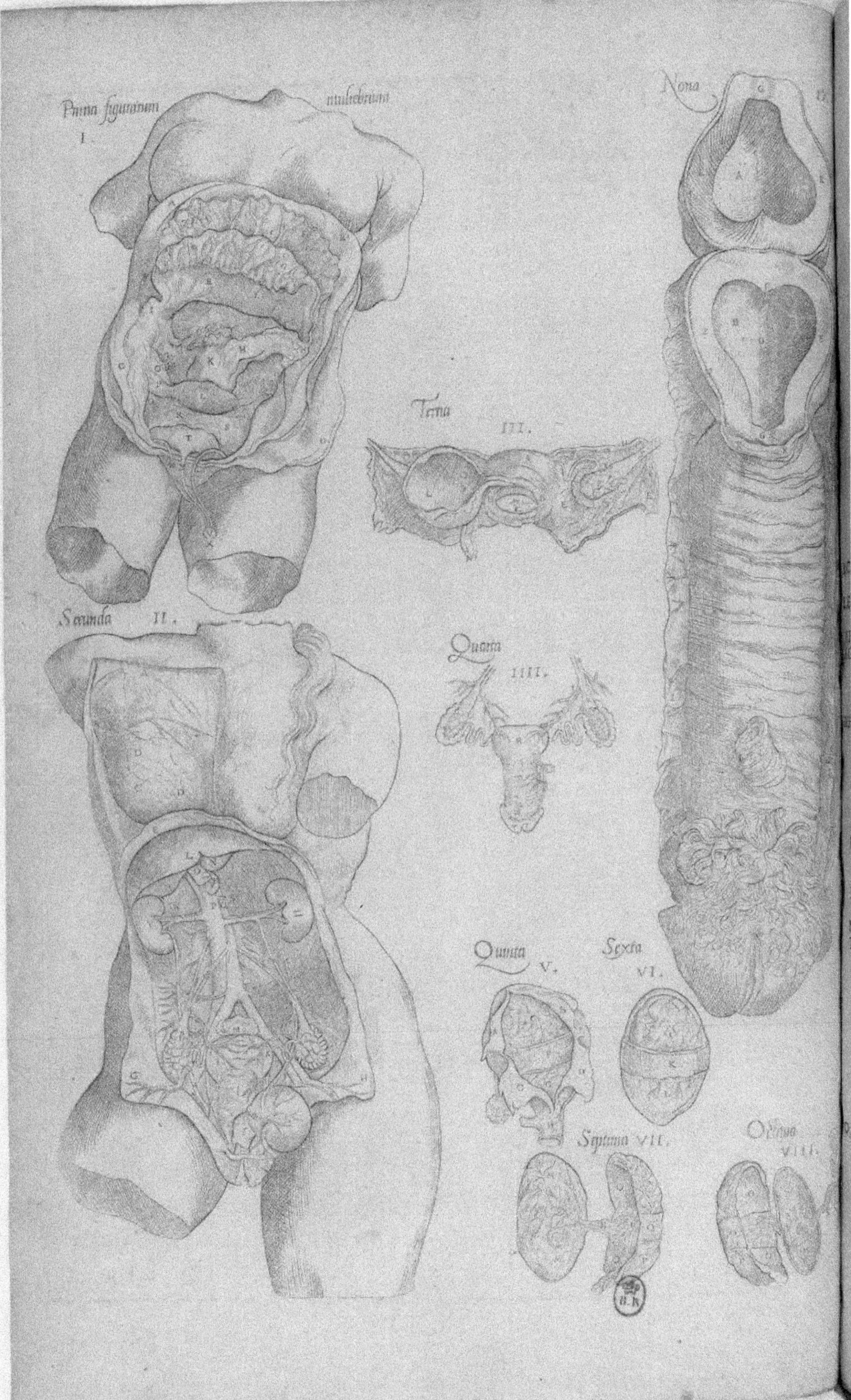

Prima figurarum
muliebrium
I.
Nona
Terna
III.
Secunda II.
Quarta
IIII.
Quinta V.
Sexta
VI.
Septima VII.
Octava
VIII.

L'EXPLICATION DES CHARA-
cteres merquez en la table des figures apparte-
nantes aux instruments de la femme, les-
quels seruent à la generation.

LA PREMIERE FIGVRE.

N ceste premiere figure de la femme vous voyez le tronc du corps couché par terre, les muscles du ventre duquel ensemble le grand enueloppoir du ventre sont mis hors & retroussez, comme on a accoustumé de faire lors que lon fait la dissection. Danantage nous auons separé tous les boyaux d'auec l'entreboyau, & auons seulement laissé le boyau droit dedans le corps auec tous l'entreboyau, les membranes duquel nous auons aussi separees en quelques endroits à fin de mieux representer à l'œil la nature de l'entreboyau. Toutefois ceste figure a esté principalemēt portraicte à fin que la situation de la vessie & l'amary fut veüe en telle maniere qu'elle apparut en ceste femme auāt que nous eussions aucunement touché à l'amary: car il n'y ha encore aucune membrane desioincte d'auec iceluy, ains tout y apparoit en telle façon qu'il a accoustumé d'apparoistre es femmes mediocremens grasses apres que lon a osté les boyaux, d'autant que ordinairement les femmes sont tellement grasses, que encores qu'elles ayent esté attenuees per longue maladie, si n'y voit-on aucune entresuitte des conduicts, si il n'est que lon ait separé les membranes.

A,B,C,D   L'interieure apparoissance de l'assiette de deuāt du grand enueloppoir.

E,E   La partie de l'entreboyau, laquelle attache les boyaux gresles contre le doz.

F,F   Vne des membranes de l'entreboyau separee d'auec

G,G   celle que i'ay nottee G & G. L'vne & l'autre represente l'entresuitte des conduicts disposez par l'entreboyau, ensemble les glandules lesquelles sont apposees à chaique mipartition desdicts conduicts.

H,H   Le boyau cuillier estoit attaché contre ceste partie de l'entreboyau l'endroict ou il estoit prochain au boyau droict.

I   Le commencement du boyau cuillier, ou bien l'endroict ou il est continué auec les boyaux gresles, ensemble le boyau, nommé le sac, estoit attaché en ceste partie de l'entreboyau.

K   Le boyau droict couppé en la partie en laquelle le boyau cuillier prend fin, à sçauoir la part on l'oz du croupiō s'attache auec la derniere roüelle des reins.

L   L'assiette de deuant du fond de l'amary, duquel il n'y a encore rien de separé.

M   Le couillon dextre de la femme.

N   Le couillon senestre de la femme, toute la partie anterieure duquel apparoist icy, ce qui ne se fait pas au dextre, pour autant que nous auons tellement representé le dextre en la maniere que l'vn & l'autre est recouuert par la membrane en laquelle les cōduicts semenciers sont disposez, & laquelle procede du grand enueloppoir: nous l'auons ostee de dessus le couillon gauche, ce qui se fait aisémēt auec les doids sans aucun cousteau ou rasoüer: car ceste membrane n'est aucunemēt attachee sur la partie anterieure du couillon, ains seulement elle est couchee dessus.

O,O   La membrane qui procede de la partie dextre du grand enueloppoir, laquelle attache contre le doz le couillon dextre, ensemble ses conduicts semenciers, & ceux encore qui s'entrelassent en la partie plus haute de l'amary: ceste membrane embrasse l'vn &

l'autre, & estant ioincte auec celle de l'autre costé elle compose la seconde membrane de l'amary.

P   Il y a des fibres charnues, lesquelles passent dans la membrane susdicte, & composent le muscle droict de l'amary.

Q,Q   La membrane du costé gauche semblable à celle que nous auons merquee O & O.

R,S   La partie de deuant du col de l'amary apparoist entre R & S, & est encore recouuerte de la membrane qui luy est enuoyee par les parties du grād enueloppoir lesquelles luy portent les conduicts & l'attachēt audict grand enueloppoir. Au reste l'interualle, qui est entre R & S, monstre aucunement la capacité de l'amary: & les rides que vous y voyez sont celles qui apparoissent au col de l'amary lors que la partie d'en haut touche à celle d'enbas, sans qu'elles soyent estēdues, telles qu'elles apparoissent en decouppant.

T   La vessie, la partie de derriere de laquelle apparoist icy principalement: car nous l'auons tellement portraicte, comme si nous eussions voulu voir ceste partie de derriere, laquelle regarde l'amary.

V   Partie du nombril separee d'auec le grand enueloppoir, comme il se fait ordinairement en la dissectiō: ceste partie est icy renuersee vers le bas auec les conduicts particuliers au petit enfant.

X   Vne portion de la veine laquelle passe du nombril au foye.

Y   Conduict qui passe de la plushaute partie du fond de la vessie iusques au nombril: c'est celuy qui porte l'vrine de l'enfant entre le second enueloppoir & celuy de dedans.

Z,&   Deux arteres qui montent au nombril le lōg des costez de la vessie: elles sont attachees & continues aux rameaux de la grande artere, lesquels principalement passent par les pertuis de l'oz barré.

L'EXPLICATION DES CHA-
racteres merquez en la seconde figure de la femme.

N OVS auons osté la peau de dessus la mammelle dextre de ceste presente figure, à celle fin de monstrer au plus pres la nature des mammelles. Danantage nous auōs osté l'estomach, les boyaux, l'entreboyau & la ratte, & auons seulement laissé le boyau droict ainsi comme en la precedente figure. Au reste nous auons aucunement descouuert l'amary de la membrane que le grand enueloppoir luy enuoye, & auons aussi tellement couppé les membranes çà & là que facilemēt on pourra voir les conduicts qui portent la matiere de la semence aux couillons, & ceux qui de rechef portent la semence dedans l'amary. En outre nous auons destourné la vessie au costé gauche, & auons couppé le conduict qui porte l'vrine du roignon droict à celle fin que l'attache des conduicts, qui portent l'vrine, apparust, & que la vessie n'empeschast la veüe de l'amary. Nous auons encore couppé vne portion de l'oz barré, à celle fin que lon veit aisement le col de l'amary & celuy de la vessie.

A,A   Les veines qui s'espandent sur les mammelles & descendent de celles qui sont enuoyees à la peau qui couure l'espaule.

B   Les veines qui procedent de celles lesquelles sont enuoyees au bras par dessouz l'aisselle.

C   Le principal corps de la mammelle.

D,D   Les glandes & la gresse couchees contre le corps glanduleux merqué par C.

E,F,G,H   L'apparence interieure de la partie de deuant

du grand enueloppoir retrouffée à cofté tãt par haut
que par bas.

I,K Portions des veines & des arteres lefquelles defcendent par deffouz l'oz de la poictrine.

L La partie boffue du foye.

M Vous voyez aucunement en ceft endroict la partie
creufe du foye.

N Vne petite portiõ de la veine q va du nõbril au foye.

O Le tronc de la veine portiere eft icy couppé auec fes
autres conduicts.

P La veine creufe.

Q La grande artere.

R Les racines des arteres qui font enuoyces à l'eftomach, au foye, à la ratte, à la coiffe, & aux boyaux.

S Le commencement de la veine qui enlaffe l'efpaiffe
membrane du roignon gauche.

T La veine & l'artere qui portent le fang fereux au roignon droict.

V La veine & l'artere qui portent le fang fereux au roignon gauche.

X Le commencement de la veine qui entre en l'efpaif-
Y fe membrane du roignon droict.

Z La fituation anterieure du roignon dextre.

a,a La fituation anterieure du roignon feneftre.
Le conduict qui porte l'vrine du roignon dextre en
la veffie: il eft couppé l'endroict ou eft a d'enbas : le
demeurant de ce conduict, lequel touche à la veffie,
b eft merqué par b.

c,c Le conduict qui porte l'vrine du roignõ feneftre dedans la veffie.

d,d La veine femenciere du cofté droict, le commencement de laquelle eft merqué par le d d'en haut.

e La veine femenciere du couillon gauche.

f L'origine des arteres femencieres.

g L'artere femenciere du cofté droict.

h L'artere femenciere du cofté gauche.

i,k,l La partie anterieure du fond de l'amary. i monftre
l'anglet rebouché du cofté dextre : k monftre celuy
du cofté feneftre : l monftre la partie de l'amary, en
laquelle eft l'emboucheure d'iceluy, & en laquelle
commence le col d'iceluy.

m Le boyau droict. Ie n'adioufteray des characteres
qu'à l'vn des coftez, à celle fin que ie ne charge trop
la figure.

n Vne portion de la veine & artere femenciere laquelle tire en la fuperieure partie du fond de l'amary.

o Les parties de la veine & artere femenciere, lefquelles tirent vers le couillon, & faffemblent pour cõpo-
p fer le corps faict en maniere de pyramide : p mõftre
le cõmencement d'iceluy attaché côtre le couillon.

q Les petits conduicts qui fortent du fufdict corps &
entrent dedans les membranes qui attachent le
couillon auec le grand enueloppoir.

r La partie de deuant du couillon.

f Le commencement du conduict qui porte la femence du couillon dedans l'amary.

t,t Les reflechiffements du conduict qui porte la femẽ-
ce, lefquels il faict fe long du cofté du couillon.

u La fuitte du cõduict portefemẽce iufques à l'amary.

x,x Le col de l'amary.

y Les conduicts entrelaffez en l'inferieure partie du
fond de l'amary & au col d'iceluy.

æ La veine q entre en la veffie & procede des cõduicts
lefquels font enlaffez au col de l'amary. Ce charactere monftre auffi l'attache des conduicts de l'vrine.

β La partie de derriere du fond de la veffie.

γ Le mufcle du col de la veffie.

δ Le col de la veffie eft attaché dedans celuy de l'amary en ceft endroict.

ε Les petites portions de chair lefquelles font en la
peau de l'entrée du col de l'amary. On peut voir icy
les montaignettes & l'entrée de l'amary encores que
ie n'y aye adioufté aucun character.

ζ La racine de l'artere qui entre en la partie plus baffe
de l'entreboyau.

η Les cõduicts lefquels fortẽt des veines & arteres qui
entrẽt en la cuiffe, & montẽt aux mufcles du ventre.

LA prefente figure reprefente l'amary tiré hors du
corps auec fes membranes qui le lient contre le grand
enueloppoir. Le col d'iceluy eft tellement renuerfé
& retrouffé en haut que lon peut aifement voir l'emboucheure du fond d'iceluy. Nous auons auffi ouuert le fond & le col
de la veffie à celle fin que lon peut voir la cauité d'icelle &
l'attache des conduicts de l'vrine.

A La partie anterieure du fond de l'amary recouuert
encore de toutes fes membranes.

B,B Le col de l'amary.

C La partie du fond de l'amary, laquelle apparoit &
fefleue en boffe en la fuperieure partie du col de l'a-
mary.

D L'emboucheure du fond de l'amary.

E,E La membrane laquelle attache l'amary auec le grãd
enueloppoir & laquelle reçoit les cõduicts d'iceluy.

F Le couillon gauche de l'amary.

G La veine & artere femenciere.

H Vne portion de la veine & artere femenciere laquelle entre en la fuperieure partie du fond de l'amary.

I Vne portion de l'artere & veine femenciere laquelle va vers le couillon.

K Le conduict qui porte la femence du couillon dans
l'amary.

L La capacité de la veffie.

M L'attache des conduicts de l'vrine.

N Vous voyez icy quelques petits morceaux des conduicts de l'vrine.

LES petits rameaux procedants de la veine &
artere lefquels entrent en la membrane la
part ou elles font attachees contre le grand
enueloppoir.

ι Vne portion de la veine & artere qui va au couillon:
cefte portion entre en la fuperieure partie du fond
de l'amary.

κ L'affemblement de la veine & artere femenciere, lequel reffemble à vne pyramide & eft comparé aux
varices.

λ Le couillon gauche.

μ,μ Le conduict qui porte la femence du couillon dedans l'amary.

ν L'anglet rebouché du fond de l'amary, dedans lequel le conduict, qui porte la femence, eft attaché.

ξ Le fond de l'amary touche en cefte partie au col d'i-
celuy, & eft fon emboucheure.

Le

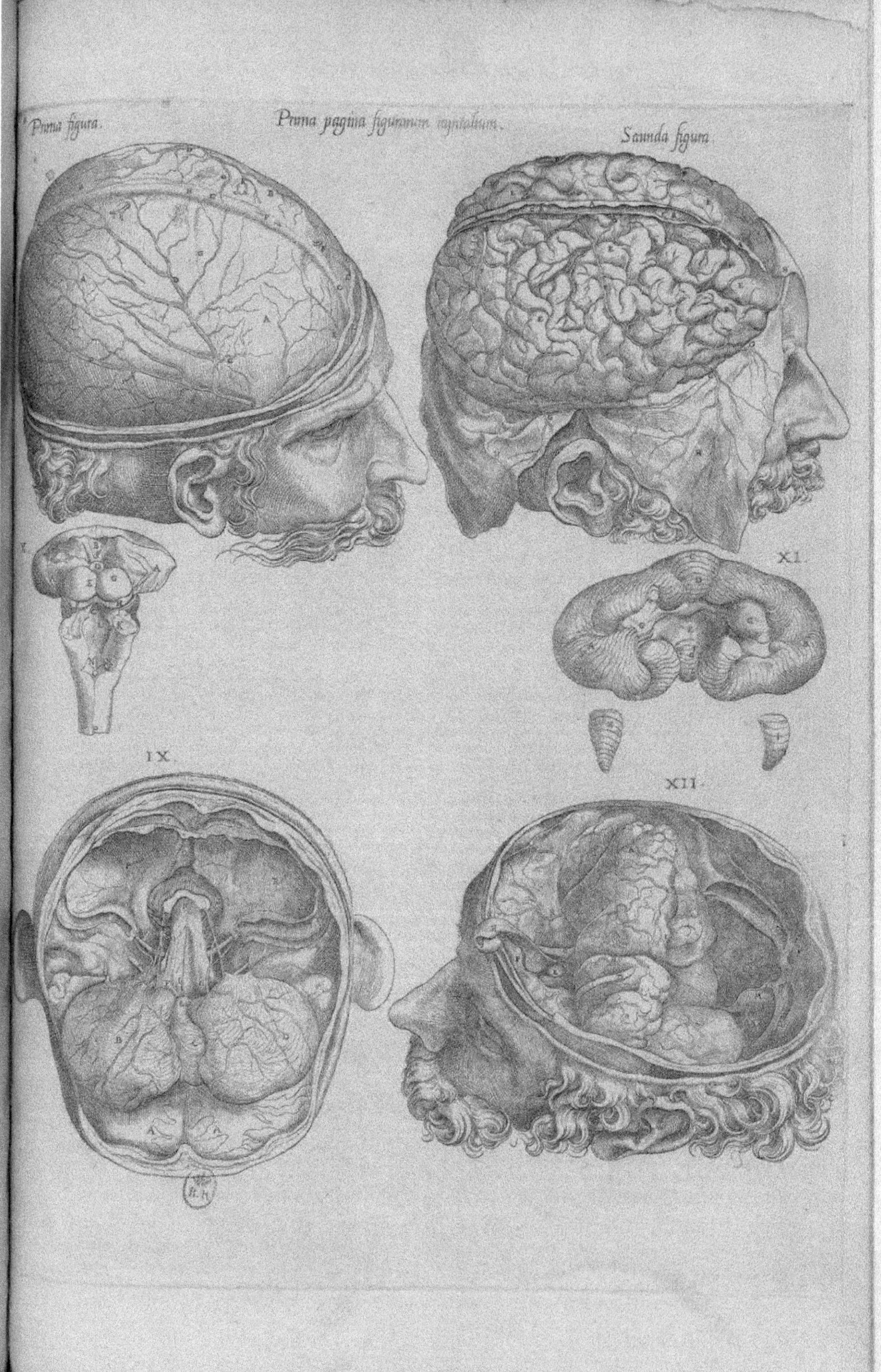

IX.
XI.
XII.

Le col de l'amary.

Le col de la vessie entre icy & prend fin dedans le col de l'amary.

Icy sont les conduicts qui enlassent l'inferieure partie du fond de l'amary, & le col d'iceluy.

Les petites montaignettes de l'entree du col de l'amary.

Le cõduict qui porte l'vrine des roignõs dãs la vessie.

L'EXPLICATION DES CHA-
racteres merquez en la cinquiesme, sixiesme, septiesme, & huictiesme figure.

A premiere figure de ces quatre monstre l'amary plein d'vn petit enfant, lequel nous auons diuisé de deux coups de rasoüer, l'vn en long, & l'autre en trauers, & auons renuersé les membranes de costez & d'autres.

B,C,D L'interieure façade, ou apparoissance de l'amary.

E,E La partie, ou façade exterieure de l'amary deuoit estre merquee de ces characteres, lesquels ont esté obmis par le portrayeur.

F Le premier enueloppoir de l'enfant qui est celuy de dehors.

G,G Le second enueloppoir de l'enfant se voit icy en sa plus grande partie.

H Vne partie du col de l'amary, contre lequel nous auons laissé d'vn costé l'artere & la veine, laquelle est principalement esparse en la plus basse partie du fond de l'amary.

I Nous auons laissé icy le couillon dextre en la mesme façon qu'il est és femmes grosses. Ce charactere est obmis par la faute du portrayeur.

La seconde figure represente les enueloppoirs de l'enfant tirez hors du corps de la mere.

K L'enueloppoir exterieur de l'enfant.

L,L Le second enueloppoir de l'enfant, lequel estant fort transparent en maniere de membrane laisse quasi voir le petit enfant à trauers.

Nous auons couppé en la troisiesme figure l'enueloppoir exterieur & le second, & les auons separez d'auec le troisiesme, tellement que lon les peut voir à part.

M,M Le troisiesme ou interieur enueloppoir de l'enfant, lequel estant fort transparent & delié monstre aisement la situation de l'enfant.

N L'entresuitte des veines & arteres lesquelles sortent du premier enueloppoir pour entrer au nombril.

P,O,P Le second enueloppoir de l'enfant, l'interieure façade ou apparoissance duquel est nottee par O & O, & celle de dehors par P & P.

Q Le premier enueloppoir de l'enfant, la partie exterieure duquel est merquee particulierement par Q,

R & celle de dedans par R. Vous pouuez voir sans aucun charactere l'entresuitte des conduicts du second & troisiesme enueloppoir.

La quatriesme figure represente le petit enfant descouuert de tous ses enueloppoirs situé en vne figure mediocre entre toutes

selon la grande prouidence de nature, & contre l'opinion toutefois des Anatomistes vulgaires: car c'est vne chose plus que fausse de penser, qu'il soit tellement reflechy en rond que sa face touche à ses genoux: mais au contraire si vous obseruez diligemment sa situation naturelle, vous ne trouuerez aucun mouuement de ioincture plus naturel & moins laborieux que celuy que vous voyez en ceste figure presente.

Au reste M, M, N, O, P, O, P, Q, & R monstrent le mesme en ceste cy qu'en la penultime figure, si ce n'est que M & M representent la façade interieure

S du troisiesme enueloppoir. Toutefois S monstre icy particulierement le progres des conduicts du nombril, lequel est entre iceluy nombril & l'attache qui se fait auec le troisiesme enueloppoir, & lequel est assez long & a quelquefois des petis neuds, ou plus tost des petites enfleures variqueuses, suiuant lesquelles les sages femmes prognostiquent follement la multitude des enfans à aduenir, & lors qu'elles voyent ces conduicts entrelassez à l'entour du col du petit enfant (comme quelquefois il aduient) elles predisent qu'il doit estre pendu. Telles & semblables choses sottes sont souuetefois dictes par ces credules & superstitieuses sages femmes, desquelles il se faut plus tost mocquer qu'y adiouster quelque croyance.

L'EXPLICATION DES CHARA-
cteres merquez en la neufiesme figure.

A neufiesme figure represente l'amary tiré du corps de la mesme grandeur qu'il m'a apparu en la derniere dissection d'vne femme que i'ay faicte à Padoüe. Or tout ainsi comme nous auons representé icy la circonscription de l'amary, aussi auons nous couppé le fond d'iceluy par le milieu à celle fin que lon veit la capacité interne d'iceluy auec l'espaisse corpulence des deux membranes telle qu'elle est és femmes qui ne sont point grosses.

A,A,B, B La capacité du fond de l'amary.

C,D Vne ligne faicte en manniere de la cousture qui est es bourses des hommes: ceste ligne apparoit vn peu enleuee au fond de l'amary.

E,E L'espaisseur de l'interieure & propre membrane du fond de l'amary.

F,F La portió du fód interieur de l'amary, laqlle entre & s'esleue aucunemét dedãs la capacité du fód d'iceluy.

G,G L'emboucheure, ou entree du fond de l'amary.

H,H La seconde & exterieure membrane de l'amary laquelle procede du grand enueloppoir.

I,I,&c. Vne partie des membranes procedantes du grand enueloppoir, lesquelles embrassent l'amary.

K Vous voyez icy la substance du col de l'amary lequel commence l'endroit ou nous auons commencé à coupper le fond.

L Vne partie du col de la vessie attachee dedans le col de l'amary, par laquelle l'vrine y descend. Le reste de ceste figure se peut aisement cognoistre, encores que nous n'y adioustions aucuns characteres.

L'EXPLICATION DES CHARACTERES
merquez en la table des figures qui representent le cœur & ses instruments.

LA PREMIERE FIGVRE.

ESTE premiere figure represente autant du costé senestre de l'homme conché sur le dos, qu'il nous a semblé suffire pour monstrer ceste partie du coffre. Nous auons donques descouuert la peau du de-

uant & des costez du coffre, & d'vne partie du col: nous auõs aussi couppé les muscles qui estoyét situez sur les costes, & les tédrons desdictes costes, & l'oz de la poictrine, ensemble rõpu les costes, & les auõs retournees au costé à celle fin que lon veit plus à l'aise la capacité du coffre, les mébranes moytoyennes, le poulmõ, & les autres parties q̃ nous expliquerõs presentemét

A,A Les tendrons des coſtes du coſté ſeneſtre, enſemble
l'oz de la poiƈtrine.

B,B Les muſcles entrecoſtaux leſquels rempliſſent les in-
terualles des tendrons.

C,C Les oz des coſtes ſeparees d'auec les tendrons.

D,D Les muſcles entrecoſtaux leſquels rempliſſent les in-
terualles des oz.

E La clauette deſcouuerte & ſituee en ſon lieu naturel.

F L'entreſuitte des veines, arteres, & nerfs qui paſſent
par l'aiſſelle.

G L'exterieure veine goſeliere laquelle apparoiſt incõ-
tinent que lon a leué la peau.

H,H La membrane ſeneſtre qui diuiſe toute la capacité
du coffre.

I,I L'entredeux trauerſant apparoiſt du coſté qu'il regarde la ſeneſtre partie de la capacité du coffre.

K L'endroiƈt ou la ſeneſtre membrane moytoienne eſt
attachee contre l'entredeux trauerſant.

L Ceſte partie au coſté gauche eſt vn peu plus enleuee
que les autres à raiſon du cœur: car iceluy eſtant recouuert par ſon ſuſcœur & caché au milieu des membranes qui diuiſent le coffre, ſe retire beaucoup plus
vers les parties ſeneſtres qu'és dextres : ce qui a eſté
cauſe que i'ay faiƈt portraire ceſte figure pluſtoſt mõ-
ſtrant le coſté gauche, que le droiƈt.

M La veine qui ſ'eſtend le long du coſté gauche de l'oz
de la poiƈtrine: elle enuoye pluſieurs ieƈtons à la ſeneſtre membrane qui diuiſe le coffre.

N L'artere qui ſ'eſtend le long du coſté gauche de l'oz
de la poiƈtrine, & enuoye ſemblablement pluſieurs
ieƈtons à la ſeneſtre membrane qui diuiſe le coffre
ainſi que fait la veine merquee M.

O,O Les petis rameaux procedans de la veine & artere,
leſquels deſcendent depuis la gorge iuſques au ventre le long du coſté gauche de l'oz de la poiƈtrine.

P,P Le nerf ſeneſtre de l'entredeux trauerſant, lequel en
paſſant eſt attaché par le deſſus de la membrane qui
mipartiſt le coffre.

Q La veine, laquelle, és hommes principalement, deſcend en bas, depuis le goſier auec le nerf de l'entredeux trauerſant, & laquelle enuoye quelques ieƈtons
à la membrane qui mipartiſt le coffre.

R,S,T, V La partie du poulmon, laquelle occupe toute la
capacité ſeneſtre du coffre. La partie boſſue plus
prochaine des coſtes ou de la membrane qui recouure les coſtes, eſt merquee par R & S. L'autre merquee T & V eſt celle, laquelle auant que tomber,
eſtoit attachee cõtre la façade exterieure de la membrane qui mipartiſt le coffre. Dauantage R & T
monſtrẽt le loppin ſuperieur de ceſte partie du poulmon, & S & V monſtrent le loppin inferieur.

LA SECONDE FIGVRE.

LA ſeconde figure, laquelle nous repreſentons leuee
& non couchee, ſuit la precedente ſelon l'ordre de
la diſſection: car apres que nous auons leué la peau
& les muſcles du deuant & des coſtez du coffre
& meſmes couppé les tendrons d'auec les oz des coſtes, leſquelles ſont rompues & retrouſſees en arriere: nous auõs auſſi
couppé l'oz de la poiƈtrine, enſemble les tendrons attachez
contre iceluy, & tiré vers haut apres l'auoir ſeparé d'auec les
membranes qui mipartiſſent le coffre: ce que nous auons faiƈt
à celle fin que lon veit la partie anterieure d'iceluy oz de la
poiƈtrine, & que lon contemplaſt plus aiſement, que lon n'a

pas faiƈt en la precedente figure, la nature des membranes
qui mipartiſſent le coffre.

A,A Le dedans de l'oz de la poiƈtrine, enſemble les tendrons des coſtes leſquels ſont attachez côtre iceluy:
ou bien la partie qui regarde la capacité du coffre.

B,C Deux veines qui deſcendent du goſier dedans l'oz
de la poiƈtrine, & outre les ieƈtons qu'elles enuoyent
çà & là elles deſcendent iuſques au haut du ventre.

D,E Deux arteres qui accompagnent les veines ſuſdiƈtes
iuſques à l'endroiƈt du nombril : toutefois elles n'apparoiſſent en nul endroiƈt de la peau non plus que
les veines.

F Les glandes ſituees ſouz le haut de l'oz de la poiƈtrine, & poſees en ceſt endroiƈt pour aſſermir les mi-
partitions des conduiƈts leſquels ſe ſeparent à l'endroiƈt de la gorge.

G,G L'vne des deux membranes, à ſçauoir la droiƈte, leſquelles mipartiſſent le coffre. Ceſte cy eſtoit attachee contre l'oz de la poiƈtrine auant qu'il fuſt leué.

H La partie dextre de la ſuſdiƈte membrane laquelle
regarde vers le poulmon.

L,L L'interualle, qui eſt entre les deux membranes qui
mipartiſſent le coffre, apparoit à l'endroiƈt ou elles
eſtoyent attachees contre l'oz de la poiƈtrine.

M,M Ceſte partie enleuee monſtre la ſituation du cœur:
car le cœur auec le ſuſcœur immobile eſt ſitué entre
les membranes qui mipartiſſent le coffre.

N,O,P, Q La partie boſſue du poulmon prochaine des coſtes : car nous n'auons encore retourné les parties
du poulmon vers les coſtez. Toutefois N & O monſtrent les deux loppins du coſté droiƈt du poulmon,
à ſçauoir N celuy d'en haut, & O celuy d'en bas:
auſſi P & Q en monſtrent autant au coſté ſeneſtre.

R,R La partie de l'entredeux trauerſant laquelle eſt ſepa-
S ree d'auec la fourcelle merquee par S, & d'auec les
tendrons qui ne ſont attachez contre l'oz de la poiƈtrine.

T,V La peau retournee vers bas, laquelle auant la diſſe-
ƈtion eſtoit ſur le deuant du coffre : ceſte partie que
vous en voyez eſt celle qui recouuroit & eſtoit prochaine des muſcles de ceſt endroiƈt.

LA TROISIESME FIGVRE.

POVR autant que les deux precedentes figures ont
repreſenté manifeſtement la ſituation du cœur &
des poulmons, i'ay faiƈt portraire ceſte preſente
figure (comme auſſi toutes les ſubſequentes) com-
me tirees hors la capacité du coffre, d'autant que c'eut eſté vne
choſe ſuperflue de faire portraire à chaſque fois vn corps entier. Ceſte troiſieſme figure donques repreſente le cœur reueſtu
de ſon ſuſcœur ou enueloppoir, enſemble le poulmon & vne
portion de l'entredeux trauerſant, contre lequel l'enueloppoir
du cœur eſt attaché.

A Nous auons icy couppé la partie de la veine creuſe
& la grande artere qui montoyent vers haut, & auõs
ſeulement autant retenu des conduiƈts qu'il y en a
deſſus le ſuſcœur, ou deſquels pluſtoſt lediƈt ſuſcœur
prend ſon commencement : car l'endroiƈt ou vous

B voyez B, il eſt attaché contre la veine creuſe, la grande artere, & la veine arterieuſe, & ne ſe retire non
plus d'icelles que du cœur en toute l'eſpace que

C vous voyez entre B & C : car C monſtre le ſoubaſſement du cœur.

D,E,F L'anterieure partie du ſuſcœur, lequel repreſente la

Enſuit la table des figures du cœur & poulmons, & leurs inſtrumẽts.

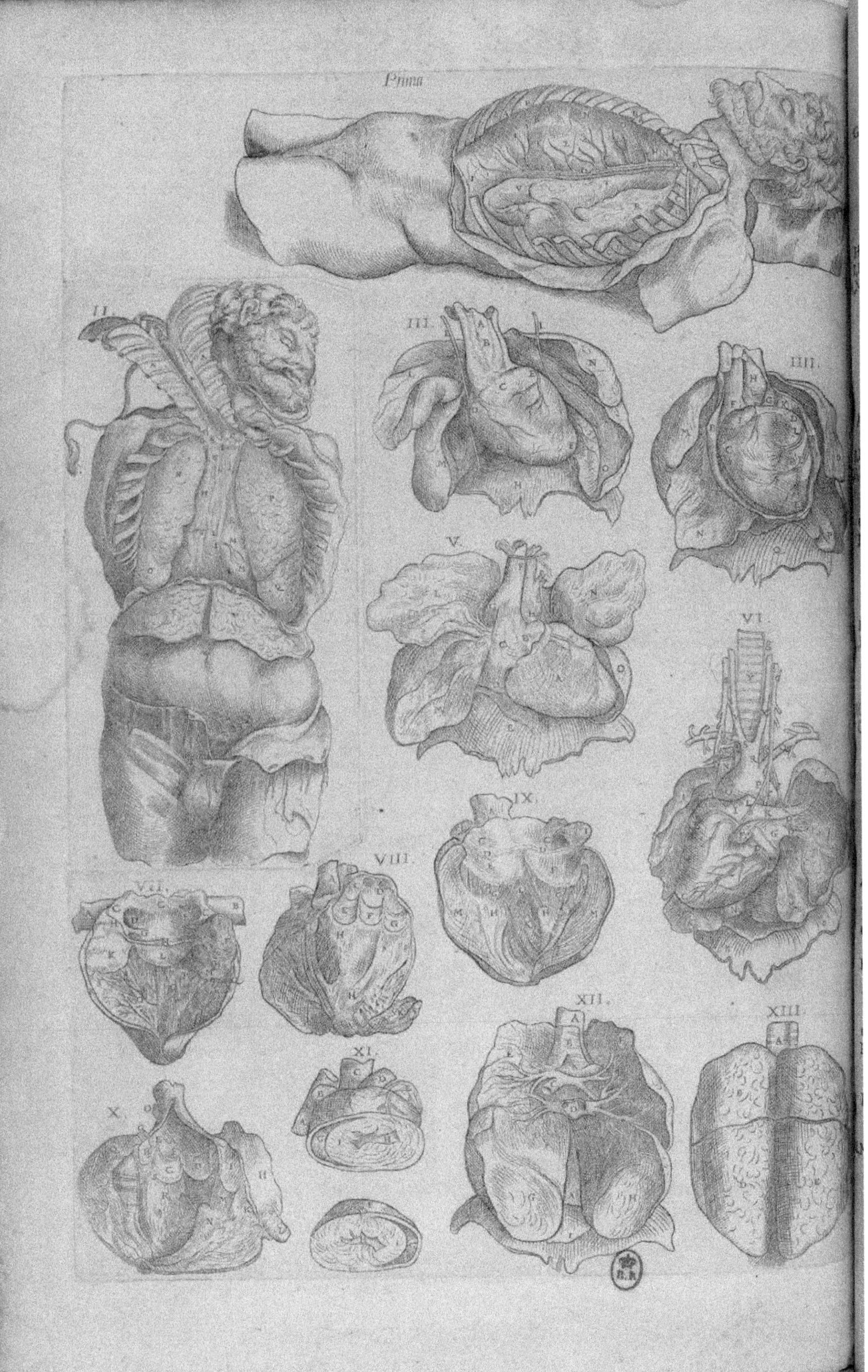

Prima
II.
III.
IIII.
V.
VI.
VII.
VIII.
IX.
X.
XI.
XII.
XIII.

figure d'vne pomme de pin, le soubassement duquel
est à l'endroict de D & E, & la poincte à F.

G Depuis F iusques à G la partie du suscœur est merquee, laquelle est attachee côtre l'entredeux trauersant. Au reste les petites veines, que vous voyez dessus le suscœur sont du suscœur mesme & non du
cœur: car le suscœur est si espais & fort és hommes
qu'à grande peine la couleur du cœur peut apparoistre au trauers.

H Vne partie de l'entredeux trauersant.

I,I Les nerfs de l'entredeux trauersant.

M,N Le poulmon, chasque loppin duquel est merqué par
vne lettre.

LA QVATRIESME FIGVRE.

A quatriesme figure represente le suscœur ouuert &
le cœur, ensemble les conduicts d'iceluy descouuerts
demourant toutefois iceluy en son lieu naturel.

A La partie en laquelle le suscœur est attaché par dessus auec les conduicts du cœur.

B,B Le suscœur destourné en derriere.

C,D,E La partie anterieure du cœur, le soubassement duquel est merqué par C & D, & la poincte par E.

F La veine creuse.

G La veine arterieuse.

H La grande artere.

L'artere veneuse ne peut estre veüe si ce n'est lors que le cœur
est retourné sur le costé droict, comme il est en la sixiesme fi-
gure.

I L'oreillon dextre du cœur.

K La poincte de l'oreillon senestre du cœur.

L,L Les veines & arteres lesquelles procedent des conduicts qui embrassent le soubassement du cœur, &
lesquelles se retournent de derriere du cœur, à sçauoir du costé senestre d'iceluy.

N,O, P Les loppins du poulmon.

Q Vne partie de l'entredeux trauersant.

LA CINQVIESME FIGVRE.

A cinquiesme figure represente les poulmons & le
cœur, lequel est separé en tout & par tout de son sus-
cœur, & lequel est couché sur son costé gauche, à celle
fin que lon puisse voir la suitte que la veine creuse fait au
soubassement d'iceluy.

A Le costé dextre du cœur, & la plus grande partie de
sa partie de derriere.

B L'oreillon droict du cœur.

C La veine creuse, la part ou elle est ouuerte dedans le
cœur, ou bien dont elle sort d'iceluy.

D La portion de la veine creuse qui passe par le milieu
de l'entredeux trauersant.

E Vne partie de l'entredeux trauersant.

F La partie de la veine creuse laquelle môte au gosier.

G Le commencement de la veine sans pair.

H La racine de la grande artere.

I Le tronc de la grand artere lequel descend en bas le
long de l'espine.

K Portion du nerf senestre, qui est l'vn de la sixiesme
paire des nerfs du cerueau, duquel descend le petit
nerf du cœur, comme la suiuâte figure representera.

M,N, O Les loppins du poulmon.

P L'entresuitte d'aucuns conduicts qui entrent dans
les poulmons.

A sixiesme figure represente le cœur tourné sur son costé
dextre, en la mesme maniere que la precedente le repre-
sente sur le costé gauche: & tout ainsi comme l'autre môstroit
l'entree de la veine creuse dedans le soubassement du cœur,
aussi ceste presente monstre l'artere veneuse, l'oreillon senestre
du cœur & son petit nerf que nous auons voulu bien repre-
senter: pour ceste cause nous y auons laissé quelques iectons de
la grand artere, & quelques portions aussi du sifflet & des
nerfs de la sixiesme paire.

A,B,C Le costé senestre du cœur, & la plus grande partie de
derriere d'iceluy.

D Les veines & arteres qui embrassent le soubassement
du cœur.

E,E Les veines & arteres lesquelles procedent des conduicts qui embrassent le soubassement du cœur, &
s'estendent vers bas.

F Le senestre oreillon du cœur.

G L'artere veneuse.

H,H Les iectons de l'artere veneuse lesquels entrent en la
senestre partie des poulmons. Les arteres qui entrẽt
au costé droict ne peuuent apparoistre pour autant
que leur racine passe incontinêt par dessouz le cœur
vers la partie dextre des poulmons.

I Le commencement de la veine arterieuse.

K La partie de la veine arterieuse, laquelle tire vers les
poulmons du costé gauche.

L La partie de la veine arterieuse laquelle est enuoyee
vers les poulmons du costé droict, & laquelle se reflechist par derriere le tronc de la grande artere.

M Le bout de l'oreillon dextre du cœur.

N,N La veine creuse.

O Le tronc de la grande artere.

P La portion de la grande artere reflechie vers bas le
long de l'espine.

Q La partie de la grande artere laquelle tire vers l'aisselle gauche.

R La portion de la grande artere qui monte au gosier.

S La partie dextre de la portion de la grâde artere qui
monte au gosier, laquelle compose l'artere aisseliere

T du bras droict merquee par T.

X Les arteres apoplectiques, ou biê arteres du somne.

Y Le tronc du sifflet.

a Le nerf dextre de la sixiesme paire du cerueau.

b Les petis rameaux que le nerf susdict enuoye pour
composer le nerf retournant du costé dextre.

c Le nerf retournant du costé dextre.

d Le nerf senestre de la sixiesme paire des nerfs du
cerueau.

e Le petit iecton du nerf susdict, lequel est enuoyé en
la senestre partie des poulmons.

f Les rameaux du senestre nerf merqué d, lesquels
composent le nerf retournant du costé gauche.

g,g Le nerf retournant du costé gauche.

h Le petit nerf qui descend le lôg de la veine arterieuse, & entre au centre du soubassement du cœur.

i,k,l,m Les loppins des poulmons.

n,o L'entredeux trauersant.

LA SEPTIESME FIGVRE.

A septiesme figure represente le cœur separé des poulmôs
& de l'entredeux trauersant. Sa canité dextre est ouuer-
te d'vn seul coup de rasoüer depuis la partie anterieure de

l'emboucheure de la veine creuse iusques à la poincte du cœur: ce que i'ay faict à celle fin que lon peust aisement voir tant l'emboucheure susdicte que les membranes d'icelle: & à celle fin ainsi que l'apparoissance interieure de l'oreillon droict du cœur apparust, nous l'auons renuersé en dedans.

A La partie de la veine creuse qui passe par dedãs l'entredeux trauersant.

B La partie de la veine creuse qui monte au gosier.

C,C,C L'emboucheure de la veine creuse, laquelle est dedãs la cauité dextre du cœur.

D,E Les emboucheures, ou ouuertures de la veine creuse montant & descendant.

F L'oreillon dextre du cœur, lequel est renuersé: vous voyez son inegale & filamenteuse apparoissance interieure.

G Le commencement de la veine couronnale.

H,H,H Le cercle enleué apparoissant en l'emboucheure de la veine creuse.

K,L,M Trois membranes situees en l'emboucheure de la veine creuse.

N,N Les fibres ou filaments qui passent depuis l'inferieure partie des membranes susdictes iusques aux costez de la cauité dextre, & iusques à la poincte du cœur.

O,O Icy sont des parties charnues, lesquelles enuironnēt les filaments susdicts & font vne forme toute ronde.

P Ceste capacité de la dextre cauité tire vers l'emboucheure de la veine arterieuse.

Q,R L'espaisseur de la substance qui compose la cauité dextre du cœur.

LA HVICTIESME FIGVRE.

LA huictiesme figure est dissemblable de la precedente en ce que i'ay faict vne ouuerture dedans la capacité dextre depuis l'endroict ou vous voyez P iusques en la capacité de la veine arterieuse: ce que i'ay faict pour ouurir l'emboucheure d'icelle veine & pour voir plus amplement les membranes d'icelle.

A La portion de la veine creuse, laquelle monte vers le gosier.

B Le tronc de la grande artere.

C,D L'emboucheure de la veine arterieuse: chasque charactere toutefois moustre l'vne des ouuertures des rameaux procedants de la mipartition de la veine arterieuse.

E,F,G Trois membranes situees en l'emboucheure de la veine arterieuse.

H,H L'entredeux qui est entre les cauitez du cœur, ou bien, le costé senestre de la cauité dextre du cœur, la capacité de laquelle est icy en tout & par tout apparoissante.

I L'vne des membranes situees en l'emboucheure de la veine creuse.

K Vous voyez encore icy l'oreillon dextre du cœur retourné en dedans auec la substance du cœur plus prochaine.

LA NEVFIESME FIGVRE.

LE cœur est monstré en la neufiesme figure tout ainsi comme és deux precedentes: toutefois nous auons faict icy vne ouuerture depuis l'emboucheure de l'artere veneuse iusques à la poincte du cœur, tellement que l'emboucheure d'icelle & la cauité senestre du cœur sont estendus & ouuerts, &

apparoissent aussi les membranes situees en icelle emboucheure, ensemble l'oreillon senestre renuersé, & la partie interieure d'icelles apparoissante.

A Le tronc de la grande artere.

B Vne portion de la veine arterieuse.

C,C L'emboucheure de l'artere veneuse.

D,D Le cercle enleué en l'orifice de l'artere veneuse.

E,F Les deux membranes situees à l'emboucheure de l'artere veneuse.

G,G Les fibres ou filaments procedants du bas desdictes membranes & descendants par les costez de la senestre cauité du cœur.

H,H La substance charnue du cœur, laquelle enuironne les filaments susdicts.

I Le senestre oreillon du cœur renuersé en dedans.

K L'entredeux qui est au milieu des deux cauitez du cœur.

L La capacité de la senestre cauité du cœur monte icy iusques à l'emboucheure de la grande artere, les membranes de laquelle nous expliquerons maintenant.

M,M L'espaisseur de la substance du cœur, dont il fait sa cauité senestre.

LA DIXIESME FIGVRE.

I'A Y faict icy vne ouuerture depuis la partie dextre & plus haute de la cauité senestre du cœur iusques à la capacité de la grande artere, à celle fin que les trois membranes d'icelle nous apparussent.

A L'emboucheure de la grande artere.

B,C,D Les trois membranes situees à l'emboucheure de la grande artere. Il est vray que l'vne des trois a esté couppee par le milieu, ainsi qu'ordinairement il se fait en decouppant: c'est celle qui est merquee B, de laquelle les deux parties apparoissent.

E,F Les commencemēts des deux arteres couronnales.

G Icy apparoist vne portion de la veine & artere couronnale.

H L'emboucheure de l'artere veneuse.

I,K Deux membranes situees en l'emboucheure de la veine arterieuse.

L Le senestre oreillon du cœur retourné en dedans.

M Les fibres ou filaments lesquels descendent du bas desdictes membranes le long des costez de la senestre cauité.

N La substance charnue du cœur laquelle enuironne les fibres susdictes.

O Vne portion de la veine arterieuse.

P,Q L'espaisseur de la substance du cœur la part ou elle compose sa senestre cauité du cœur.

R L'entredeux des deux cauitez du cœur.

S,S Icy nous voyons à la racine de la grande artere vne substance du cœur laquelle est dure & comme tendronneuse, & laquelle quelques anatomistes ont prise pour vn oz.

L'ONZIESME FIGVRE.

L'ONZIESME figure represente le cœur couppé en trauers, ce que i'ay faict à fin que lon peust voir les substances du cœur suiuant les capacitez d'iceluy.

A Vne partie de la veine creuse.

B L'oreillon dextre du cœur.

C Le tronc de la grande artere.

D La veine arterieuse.

Le

E Le seneftre oreillon du cœur, auquel eft encores attachee vne portion de l'artere veneufe.

Voyla quant au foubaffement du cœur, les charaĉteres fuiuãts font en la poinĉte.

F La poinĉte du cœur.

G,G La cauité dextre du cœur.

H,H La cauité feneftre du cœur.

I,I L'entredeux des cauitez du cœur.

LA DOVZIESME FIGVRE.

L A *douziefme figure reprefente la partie anterieure des poulmons, defquels on a tiré le cœur. Cefte figure eft affez pres approchante au dedans du pied d'vn bœuf.*

A,A Vne portion de la gueulle par laquelle la viande entre en l'eftomach.

B Vne partie du fifflet.

C La veine arterieufe.

D L'artere veneufe.

E,F,G H Les quatre loppins du poulmon. G & H monftrent particulierement les loppins des poulmons fituez côtre la partie boffue de l'entredeux trauerfant.

I L'entredeux trauerfant.

LA TREZIESME FIGVRE.

L A *treziefme figure reprefente la partie de derriere des poulmons tirez hors du coffre.*

A Vne partie du fifflet, à fçauoir celle de derriere.

B,C,D, E Les quatre loppins du poulmon lefquels reprefentent la figure du deffus d'vn pied de bœuf.

L'EXPLICATION DES CHARA-
ĉteres merquez es figures du cerueau.

D E V A N T *que venir à l'explication des charaĉteres, i'ay bien voulu vous admonnefter que le nombre & la difpofition des figures de la tefte n'eft felon l'ordre obferué és autres tables : car vous voyez en la premiere page la premiere & la feconde figure auec la neufiefme, dixtefme, onziefme, & douziefme : ce qui eft aduenu pour auãt que toutes les figures de la tefte ont efté difpofees en quatre pages, lefquelles fe doiuent entrefuiure d'vne mefme face : & ainfi la troifiefme & quatriefme figure font en la feconde page : la cinquiefme & fixiefme, en la troifiefme page : la feptiefme & huiĉtiefme, en la quatriefme page: puis derechef vous trouuez la 9. 10. 11. & 12. en la premiere page : la 13. & 14. en la feconde : la 15.16.17.18.19. & 20. en la troifiefme page: la 21. 22. 23. & 24. en la quatriefme page. Lon a obferué cefte difpofitio en portrayãt, pour autant que le portrayeur deliberoit reprefenter tellemẽt ces figures, que les quatre pages peuffent eftre affigees contre vne muraille ou autre telle chofe, & que lon les peuft voir d'vne mefme veue en deux rangees, ou l'ordre & le nombre feroit fort bien obferué. Ne trouuez donques eftrange fi ceft ordre femble eftre interrompu en ce liure, & penfez que cela aduient à raifon de la relieure, qui fait que lon eft contrainĉt de mettre les quatre pages l'vne apres l'autre.*

L'EXPLICATION DES CHARA-
ĉteres merquez en la premiere figure.

L A *premiere figure reprefente la tefte d'vn hõme en telle maniere que lon a accouftumé de la feparer du col & de la machoire d'en bas pour mieux monftrer le cerueau. Nous auons au refte ofté auec la fye autant du taiz. qu'il eft neceffaire de defcouurir pour voir ce qui eft au dedans. Cefte capacité fe monftrera en la vingt & deuxiefme figure, laquelle reprefente le dedans du taiz duquel le cerueau eft ofté. Or tout ainfi comme cefte premiere figure precede toutes les autres, auffi reprefentons nous en icelle la dure membrane en fon entier, fans qu'elle ait efté encore ny percee ny bleffee aucunemẽt, fi ce n'eft que nous auons rompu les liens d'icelle lefquels entrent par les couftures du taiz, & tirẽt vers celle qui eft nommee le fus taiz, pour autant qu'elle couure tout le taiz par dehors. Nous auons auffi rompu les petits conduiĉts lefquels paffent au trauers des petits pertuis & des couftures du taiz & font communs tant à l'vne qu'à l'autre membrane. Au refte l'vn des cercles que vous voyez à l'entree de cefte figure, à fçauoir celuy d'en bas reprefente la peau & la membrane, & celuy d'en haut reprefente le taiz. Le refte qui eft entourné par ces cercles reprefente la dure membrane, laquelle vniuerfellement eft merquee par tous les charaĉteres, & particulierement ainfi comme il enfuit.*

A,A Le cofté dextre de la dure membrane, ou biẽ la partie d'icelle membrane, laquelle recouure la partie dextre du cerueau.

B,B Le cofté feneftre de la dure membrane.

C,C,C Le troifiefme reply de la dure membrane, lequel feftend le long de la tefte & n'eft encore aucunement ouuert.

D,D,D Deux conduiĉts pofez l'vn contre l'autre, lefquels paffent en manniere de veines le long de tout le cofté de la dure membrane.

E Le conduiĉt de la dure membrane, dedans lequel la fixiefme veine, qui entre au taiz, fe defgorge.

F,F,F Les petites veines lefquelles font enuoyees par les petits pertuis du taiz iufques à la peau de la tefte & aux membranes qui recouurent le taiz.

G,G,G Petites portions des fibres lefquelles paffent par la coufture couronale pour compofer le fus taiz.

H,H Petites portions des fibres lefquelles paffent par la coufture droiĉte pour compofer le fus taiz.

I,I Les petites portions des fibres lefquelles paffent par la coufture lambdoïde pour compofer le fus taiz.

K L'vne des enleueures lefquelles entrent dedans les capacitez inegales du taiz . Cefte cy eft pres de la rencontre de la coufture couronnale auec fa droiĉte. La tefte, fur laquelle ce pourtraiĉt a efté faiĉt, auoit trois telles enleueures, l'vne defquelles nous auons merqué par K.

L La cauité particuliere à l'oz du front. Cefte cauité fe manifefte en ouurant lors que lon ouure le front vn peu au deffus les fourcilz.

L'EXPLICATION DES CHA-
raĉteres merquez en la feconde figure de la tefte.

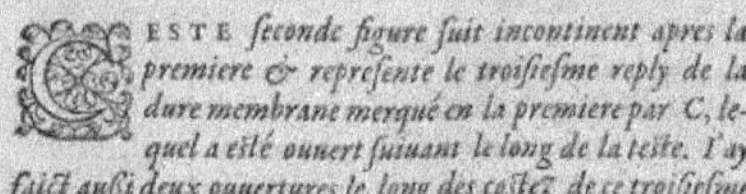

C E S T E *feconde figure fuit incontinent apres la premiere & reprefente le troifiefme reply de la dure membrane merqué en la premiere par C, lequel a efté ouuert fuiuant le long de la tefte. I'ay faiĉt auffi deux ouuertures le long des coftez de ce troifiefme*

Y

reply, lesquelles ont seulement outrepassé la dure membrane, & ont separé la partie dextre d'auec la senestre, & sera merquee en la suiuante figure par trois D. Outre les trois ouuertures susdictes, i'en ay adiousté encore vne de chasque costé, laquelle passant depuis l'oreille iusques au sommet à seulemēt diuisé la dure membrane, à celle fin qu'elle peust estre aisemēt separee d'auec la tenure membrane & replôyee vers bas, comme vous voyez que nous auons faict. Ainsi donques vous pouuez voir la tenure membrane du cerueau, laquelle n'est aucunement blessee, ains couchee dessus le cerueau & monstrant fors bien l'entresuitte de ses conduicts.

A,A,A La plus haute partie de la saillie de la dure membrane, laquelle separe la partie dextre du cerueau d'auec la senestre. Ceste partie merquee A & A est la coste du troisiesme reply de la dure membrane, laquelle touche contre le taiz, & est couppee en deux.

B,B Vous voyez icy la cauité du troisiesme reply de la dure membrane.

C,C Les emboucheures &commencements des côduicts lesquels sortent du troisiesme reply de la dure mēbrane, & entrēt en la tenure mēbrane. Ces emboucheures des côduicts se voyent icy, & sortēt du costé senestre de ce reply pour entrer en la partie de la tenure mēbrane, laquelle recouure le costé senestre du cerueau. Ceux du costé senestre ne se voyent point icy: toutefois les cômencements des conduicts se peuuēt voir, lesquels entrent en la tenure membrane du coD,D,D sté dextre, & lesquels sont merquez par D,D,D.

E,E,&c. La tenure membrane qui recouure le cerueau.

F,F,F Les conduicts qui s'espandent en la tenure mēbrane.

G,G,G Les conduicts produicts des conduicts lesquels s'espandent par les costez de la dure membrane, & lesquels estant merquez par D & D en la premiere figure sont portez iusques à la tenure membrane.

H,H,H Quelques portions de la dure membrane separees d'auec la membrane tenure & renuersees par bas.

L'EXPLICATION DES CHA-
racteres merquez en la troisiesme figure.

Nous auons osté l'vne & l'autre membrane du cerueau en ceste figure, & auons aussi diuisé la portion de la dure membrane qui separe la partie dextre du cerueau d'auec la senestre: & auons separé ladicte portion d'auec l'entredeux osseux qui distingue les organes du fler. Et à celle fin que plus aisement on peust voir le portraict de ceste partie, nous l'auons laissee estendue dessus le costé gauche du cerueau. Dauantage nous auons tellement separé ces deux parties du cerueau auec les mains que le dessus du durillon aisement se peut voir en ceste figure.

A,A,A La partie dextre du cerueau.

B,B,B La partie senestre du cerueau.

C,C Le tournoyement & destours du cerueau.

D,D,D La portion de la dure membrane, laquelle separe la partie dextre du cerueau d'auec la senestre, & laquelle est icy retroussee dessus le cerueau.

E,E,E Lors que lon veut auec les mains separer la partie dextre du cerueau d'auec la senestre, les conduicts se rompent, lesquels sortent du troisiesme reply de la dure membrane & entrent en la tenure, pour ceste cause vous ne voyez icy que les commencements de ces conduicts rompus.

F Le conduict lequel en maniere d'vne veine s'espand en la partie plus basse de la dure membrane, qui est celle qui separe le cerueau en deux. Ce côduict procede du deuāt du quatriesme reply de la dure membrane.

G Les iectons du conduict merqué F, lesquels s'estendent vers haut en la mesme partie de la dure membrane.

H,H Les iectons lesquels procedent de l'anglet plus bas du troisiesme reply de la dure membrane & lesquels s'espandent en la partie de ceste membrane qui separe le cerueau en deux.

I,I Les commencements des conduicts, lesquels en maniere de veines sortent du quatriesme reply de la dure membrane, & lesquels se conduisent par dessus le durillon entrāt en la tenure membrane du cerueau: ces conduicts sont icy tiré hors auec ladicte tenure membrane.

K Le conduict lequel commence du conduict procedant de la fin du quatriesme reply, & passe par dessous la partie du cerueau laquelle est faicte en maniere d'vne voute, puis il entre en la troisiesme capacité du cerueau, & en la fin il fait vne partie du lassis q̄ nous auons accōparé à l'enueloppoir exterieur qui enueloppe le petit enfant dedās le vētre de la mere.

L,L Le durillon du cerueau.

M,M Les replis que lon voit dedans le cerueau aux costez du durillon, lesquels nous n'auons sceu mieux representer, pour autant qu'ils sont fort estroicts.

N La portion de la dure membrane, laquelle separe le cerueau en deux parties, à sçauoir dextre & senestre. Elle estoit continuee auec celle qui est merquee par D, lors qu'elle tenoit encore contre l'entredeux, ou saillie du huictiesme oz de la teste qui separe les organes du fler.

O Vne portion de la tenure membrane separee d'auec le cerueau.

P,P Portion de la dure membrane.

L'EXPLICATION DES CHARA-
cteres merquez en la quatriesme figure.

Nous auons couppé en ceste quatriesme figure toutes les parties de la dure & tenure membrane, lesquelles estoyent encore és precedentes figures. Nous auons aussi tellement leué la partie dextre & senestre du cerueau, que desia on commence à voir les cauitez d'iceluy. Car premierement nous auons faict vne longue ouuerture le long du costé dextre du durillon la ou est le reply merqué en la troisiesme figure auec l'vne du M. Ceste ouuerture passe par la cauité dextre du cerueau, & en a couppé toute la partie qui entrepassoit l'ouuerture du taiz. Ce qui ayant esté faict ainsi en la partie senestre nous auons tellement posé vne des parties du cerueau, que facilement elle represente la superieure partie de la cauité dextre d'icelay: le durillon toutefois estant encore demeuré dedans le cerueau.

A,A,A La partie dextre du cerueau demeuré dedans le taiz.

B,B,B La partie senestre.

C,C,C La partie senestre du cerueau laquelle a esté retiree d'auec le reste du cerueau, & mise hors à costé.

D,D,D Les lignes lesquelles monstrent en partie les circuitions & destours du cerueau, & en partie la diuerse couleur de la substance du cerueau. Car tout ce qui est hors les lignes est beaucoup plus roussatre: mais ce qui est dedans est parfaictement blanc.

E,F Tout ainsi comme E & F monstrent en la dextre &

G,H senestre partie ce qui est roussatre:ainsi G & H monstrent ce qui est tout blanc, semé toutefois de poinctes

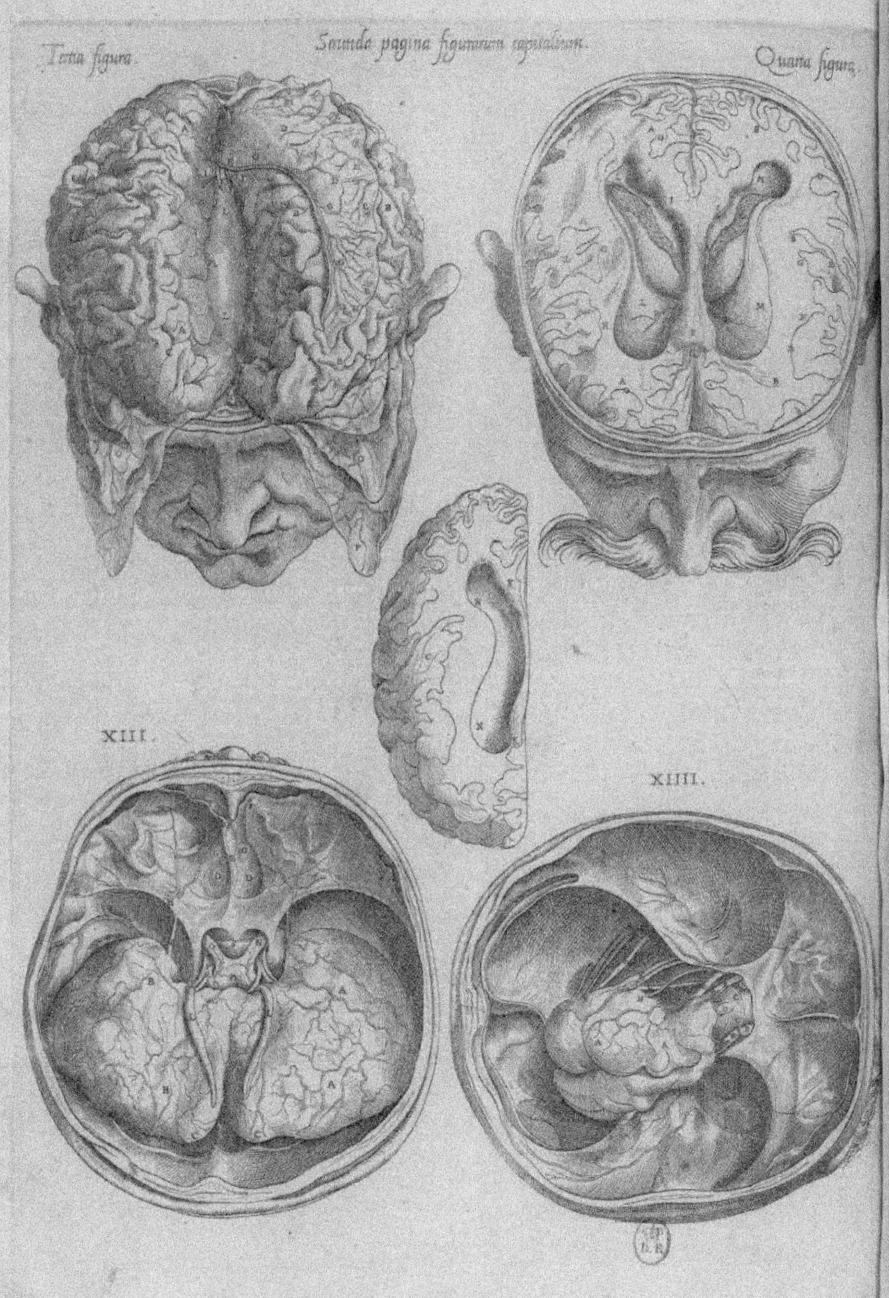

XIII.

XIIII.

ctes rougeastres.

I,I,I Le durillon separé du demourant de la substance du cerueau.

K,K Vne petite portion du durillon attachee à ceste partie du cerueau, laquelle est hors le taiz.

L,L La cauité dextre du cerueau.

M,M La cauité senestre du cerueau.

N,N Portion du haut de la cauité senestre.

O,O Le lassis ou rets du cerueau comparé auec l'exterieur enueloppoir de l'enfant au ventre de la mere.

P,P Petites veines fort deliees attachees contre la substance de la dextre & senestre cauité du cerueau, lesquelles procedēt des conduicts dont le lassis susdict est composé.

Q Petites veines procedantes des conduicts susdicts, lesquels passent sous la partie anterieure du durillon & entrent en la tenure membrane. L'entresuitte d'icelles se monstre diuerse à ceux qui anatomisent le cerueau.

L'EXPLICATION DES CHAracteres de la cinquiesme figure.

CESTE figure n'est aucunement dissemblable de la precedente quant à ce qui cōcerne la partie du cerueau laissee dedans le taiz. Nous auons seulement leué la partie de deuant du durillon, & l'auons retroussé en derriere rompans par ce moyen l'entredeux de la cauité dextre & senestre, tellement que la partie superieure de la voute apparoist à l'oeil.

Tous les characteres depuis A iusques à Q monstrent le mesme qu'ils faisoyent en la figure precedente.

R,R,R L'inferieure partie du durillon. Car il est tiré de son lieu & reflechi en arriere.

S,T,V La partie superieure de la voute, laquelle apparoist en forme triangulaire limitee depuis S iusques à T, & depuis T iusques à V, puis depuis V iusques à S.

X,X Le bas de l'entredeux qui estoit entre la dextre & senestre cauité. Il est continué à la voute.

Y,Y La partie superieure de l'entredeux susdict, laquelle est attachée au durillon.

L'EXPLICATION DES CHARActeres merquez en la sixiesme figure.

CESTE figure est semblable aux deux precedentes quant à ce qui concerne la partie du cerueau laissee dedans le taiz, toutefois elle est differente d'auec la cinquiesme en ce que nous auons separé la voute par le deuant d'auec la substance du cerueau & l'auons reflechie vers haut à celle fin que lon veit sa partie inferieure ensemble le conduict lequel procede du quatriesme reply de la dure membrane & se porte par dessous la voute, & lequel fait vne grande partie du lassis semblable à l'enueloppoir exterieur de l'enfant.

A,A,A La partie de la voute laquelle recouure la troisiesme cauité du cerueau.

B La portion de la voute laquelle procede de la substance du cerueau vers la cauité dextre.

C La portion de la voute laquelle procede de la substance du cerueau vers la cauité senestre.

D,D La cauité dextre.

E,E La cauité senestre.

F L'artere laquelle passe par l'inferieure partie & laquelle procedāt du rameau de l'artere apoplectique

qui perce la dure membrane monte par ceste part en la cauité dextre.

G L'artere qui entre en la cauité senestre.

H Le conduict qui prend son commencement du quatriesme reply de la dure membrane & entre par dessous la voute en la cauité qui est cōmune à la dextre & senestre, laquelle est aussi nommee tierce cauité du cerueau.

I La mipartition du conduict merqué par H.

K Vne partie de la mipartition susdicte, laquelle entre en la dextre cauité du cerueau.

L La partie de la precedente mipartition laquelle entre en la senestre cauité du cerueau.

M Le lassis de la dextre cauité, lequel est composé de l'artere merquee F & de la portion du cōduict merqué H, laquelle portion a esté nottee par K.

N Le lassis lequel est en la senestre cauité du cerueau, & lequel est composé des conduicts merquez G & L.

O,O Les petites veines attachees contre la substance du cerueau, lesquelles procedent des conduicts merquez K & L.

P Les petits rameaux passent par cy & entrēt en la tenure membrane, lesquels procedent des veines qui entrent en la substance du cerueau.

Q L'ouuerture laquelle procede de la troisiesme cauité & descend droict en bas vers l'entonnoir par lequel la pituite du cerueau tombe dessus la glande.

R,S Les canaux ou replis situez en la substance des cauitez, lesquels conduisent la pituite dedans le pertuis merqué Q.

L'EXPLICATION DES CHAracteres merquez en la septiesme figure.

CESTE presente figure est fort dissemblable des trois precedentes : car vous voyez en ceste cy la partie du cerueau leuee, laquelle composoit en icelles la dextre & senestre cauité. Dauantage tout ce qui estoit par dessus le petit cerueau est icy leué, ce que i'ay faict à celle fin que lon peust voir la partie de la dure membrane qui separe le grand cerueau d'auec le petit. Nous auons en outre ouuert les replis qui estoyent en icelle, reflechissant vers haut le conduict lequel procede du quatriesme reply de la dure membrane & entre és cauitez du cerueau, & lequel est icy leué de dessus la troisiesme cauité & separé d'auec les lassis. Nous auons faict ces choses à celle fin que lon veit plus aisement la situation de la troisiesme cauité, ensemble les ouuertures d'icelle.

A,A La partie dextre de la substance du cerueau laissee dedans le taiz.

B,B La partie senestre de la substance du cerueau laissee dedans le taiz.

C,C Ces lignes representent le mesme qu'elles faisoyent és trois precedentes figures : mais pour autāt que ces substances diuerses du cerueau n'apparoissent sinon en la partie plus prochaine de la tenure membrane, les precedentes figures ne les ont monstrees qu'à costé seulement, & ceste cy les monstre au plus creux du cerueau, à sçauoir pres le soubassement d'iceluy prochain de la tenure membrane. Ce que vous voyez donques enclos par ces lignes monstre la substance plus roussatre du cerueau, comme aussi fait la partie merquee par B & D : mais ce qui est hors les lignes est la substance totalement blanche merquee par E, E,E,E, E & E.

F Cy est vne portion de l'artere apoplectique, laquelle

passe le long de la plus basse & estroicte partie de la cauité dextre, & monte vers haut pour composer le lassis. Au reste, si vous considerez diligemment en quelle part ceste F est mise, tant en ceste figure comme en la sixiesme, vous cognoistrez promptement comment la dextre & senestre cauité s'estressit par derriere vers bas en la substance du cerueau. Car celle portion merquee par F apparoist beaucoup plus sus le deuant, que ne fait pas en la sixiesme figure la portion de l'attere qui a desia môté par dessus le derriere de la cauité: d'autant que nous auons icy beaucoup plus descouuert du cerueau qu'en la sixiesme. Cecy sera encore monstré plus apparemment en la huictiesme figure souz F & G, en laquelle nous auons pour l'amour de ce conduict descouuert & osté dauantage de la substance du cerueau.

G Vne portion de l'artere apoplectique, laquelle passe par le derriere de la plus basse partie de la cauité senestre tout ainsi comme l'artere merquee par F.

H La plus basse partie de la troisiesme cauité, laquelle nous auons vn peu ouuerte à celle fin que lon la contemplast plus facilement.

I L'ouuerture laquelle descend droict vers bas de la troisiesme cauité, & laquelle porte la pituite dedans l'entonnoir.

K L'ouuerture laquelle descend de la troisiesme cauité par les couillons & fesses du cerueau, & entre en la cauité qui est cômune au petit cerueau & à la moëlle de l'espine.

L La petite glande semblable à la pomme de pin, laquelle affermist les conduicts qui sortét du quatriesme reply de la dure membrane, & entrent en la substance du cerueau.

M,N Nous auons appellé ceste partie du cerueau couillon & fesses, laquelle partie est encore recouuerte de la tenure membrane.

O,O &c L'allonge ou portion de la dure membrane, laquelle est entre le grand & petit cerueau. Ces petis côduicts que vous y voyez faicts comme veines procedent en partie du premier & second, & en partie du quatriesme reply de la dure membrane.

P,P Le dextre ou premier reply de la dure membrane.

Q,Q Le senestre ou second reply de la dure membrane.

R La rencontre du premier & second reply, que quelques vns ont nommé le pressoir.

S Le commencement du troisiesme reply de la dure membrane.

T Le quatriesme reply de la dure membrane, lequel est icy ouuert ainsi comme sont les autres.

V Le conduict lequel procede du quatriesme reply de la dure membrane : vous le voyez icy tiré hors, & reflechy en arriere.

X,X Vous voyez icy le petit cerueau desnué de la dure membrane.

Y Les conduicts semblables aux veines, lesquels sortét du quatriesme reply & entrent en la tenure membrane qui recouure le petit cerueau, & les couillons du cerueau.

Z,Z La partie de la dure membrane la part ou elle est attachee contre l'oz le plus dur entre tous ceux du corps, lequel contient en soy l'organe de l'oüye.

L'EXPLICATION DES CHARA-
cteres merquez en la huictiesme figure.

I Le pertuis lequel estoit aussi merqué par I en la sixiesme figure, & lequel est celuy qui porte le phlegme dedans l'entonnoir.

K Le pertuis prest à porter le phlegme, lequel procede quelquefois de celuy qui passe entre les couillons hors la troisiesme cauité pour entrer dedans la quatriesme.

L Ceste lettre n'est pas au lieu ou elle doit estre : car si nous l'y eussions merquee, il eust esté trop difficile de representer le pertuis qui passe de la troisiesme en la quatriesme cauité, lequel est en l'ombre. Et ainsi i'ay esté contrainct de retirer L vers la partie de denant du petit cerueau.

M C'est encore icy la mesme glande merquee en la precedente figure par L.

N,O,P, Q Ces quatre lettres monstrent le corps entier merqué en la precedente figure par M & N, lequel a esté couppé icy en deux. N & O monstrent ce qui est vulgairement nommé les couillons. P & Q monstrent les autres parties nommees les fesses.

R,R Le petit cerueau recouuert de sa tenure membrane.

S,S,&c Les conduicts espandus comme veines par la tenure membrane.

T,T Les iectons des conduicts qui s'espandent dedans la tenure membrane, lesquels iectons s'estendent iusques aux arteres lesquelles montent par le derriere de la dextre & senestre cauité pour aller composer le lassis semblable à l'exterieur enueloppoit de l'enfant estant au ventre.

V,V La portion de la dure membrane, laquelle separoit la superieure partie du petit cerueau d'auec le grand.

X,X Les iectons procedants des conduicts qui s'espandét en la susdicte portion de la dure membrane: lesquels iectons entrent en la tenure membrane qui recouure le petit cerueau.

Z,Z Ces deux lettres representent le mesme qu'elles representoyent en la septiesme figure, à sçauoir la partie de la dure membrane attachee contre l'oz qui côtient les organes de l'oüye.

L'EXPLICATION DES CHARA-
cteres merquez en la neufiesme figure.

Ensuit la troisiesme table des figures de la teste.

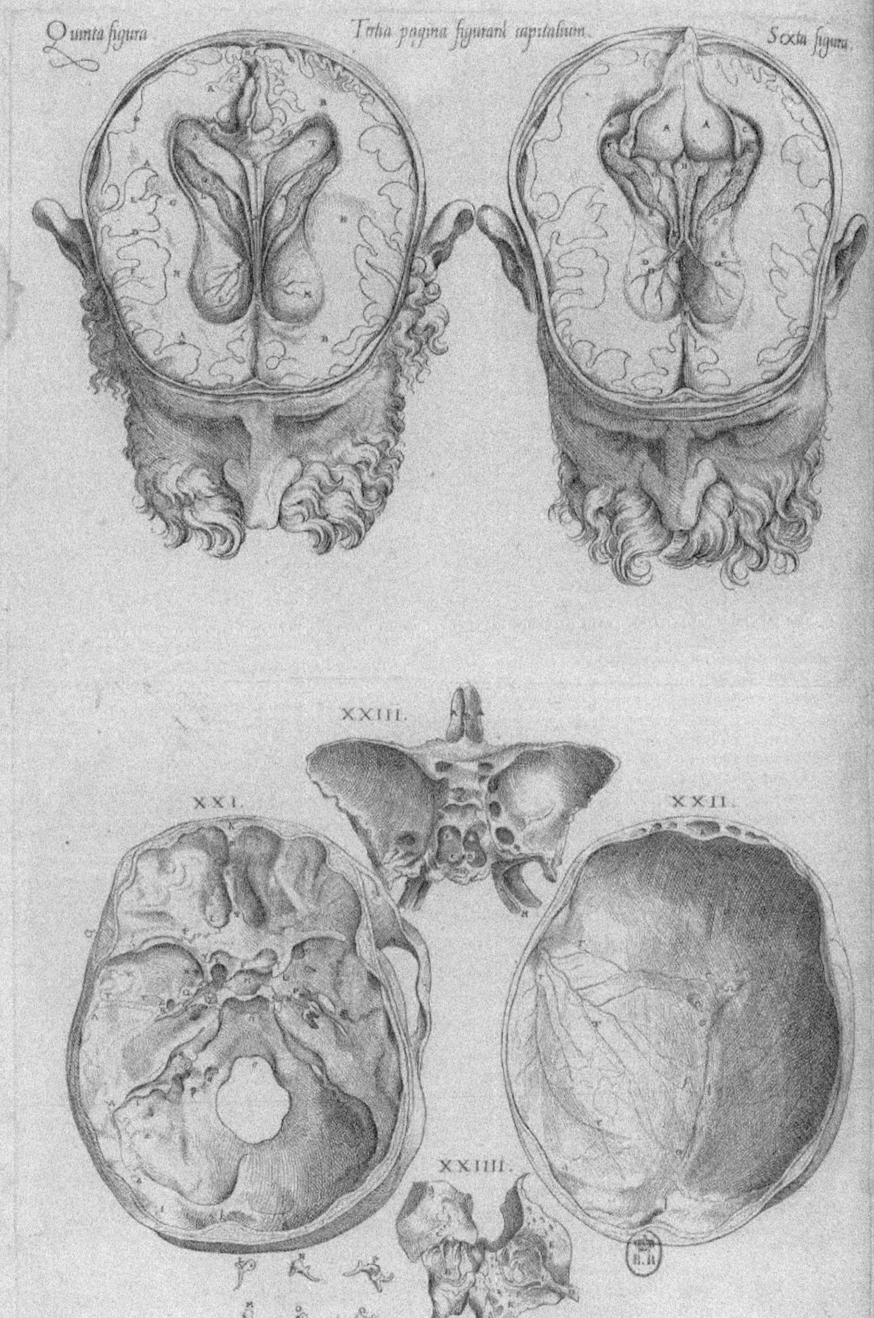

XXIII.
XXI.
XXII.
XXIIII.

aussi que l'on peut contempler la cauité de la moëlle de l'espine laquelle fait l'vne des parties de la quatriesme cauité du
cerueau. Danantage on voit icy fort manifestement le premier & second reply de la dure membrane outre les entresuittes d'aucunes veines & arteres.

A,A Vne portion du cerueau, laquelle est encore demouree dans le taiz, & laquelle est encore situee en son
lieu naturel.

B,C,D Le petit cerueau retourné vers bas hors de sa place:
il est encore recouuert de sa tenure membrane &
tient à la moëlle de l'espine. Toutefois B mostre particulierement la partie dextre du petit cerueau, laquelle estoit dedans la capacité du taiz merquee
par P. La senestre est merquee par D respondant à
la capacité qui sera expliquee sous la lettre R. La
partie du milieu est merquee par C, & est celle qui
n'est gueres dissemblable d'vn ver, & de faict ceste
partie composé en ces deux extremitez deux saillies
que les anciens accomparoyent à des vers.

E L'extremité de derriere de la partie du milieu du
petit cerueau. C'est celle que ie disoye estre la posterieure semblable au ver.

F,G,H Vne partie de la moëlle de l'espine laquelle est encor dedans le taiz. L'endroict merqué F & G est celuy qui est attaché contre le petit cerueau. L'autre
qui est merqué par H est celuy qui pend hors le taiz.

I Le reply de la moëlle de l'espine, lequel est aucunement semblable au bout d'vne plume de laquelle
nous escriuons. Il fait la cauité du milieu commune
à la moëlle de l'espine & au petit cerueau laquelle
les anatomistes ont nommee quatriesme cauité du
cerueau.

K Les conduicts fort semblables aux veines, lesquels
s'espandent au petit cerueau & procedent des conduicts qui se deschargent dans le premier & second
reply de la dure membrane. L'entresuitte de ces côduicts n'est pas tousiours semblable, encor qu'ils sont
en assez grande quantité.

L Le conduict semblable à vne veine, lequel passe par-
cy & s'espand dedans la tenure mêbrane du cerueau
& lequel procede des conduicts qui sont dispersez
dedans la dure membrane de cest endroict.

M La cinquiesme paire des nerfs du cerueau.

N La sixiesme paire des nerfs du cerueau.

O La septiesme paire des nerfs du cerueau. Vous pouuez voir que la sixiesme & septiesme paire sortent
des iectons procedans de la moëlle de l'espine.

Q,R Les cauitez & profondeurs de l'oz de derriere la teste, dedans lesquelles les parties du petit cerueau entrent, lesquelles parties sont merquees B,C,D.

S,S,S Le dextre ou premier reply de la dure membrane,
ouuert icy auec le bout du cousteau.

T,T Le senestre ou second reply de la dure membrane il
n'y a aucune figure de cerueau qui monstre mieux
le conduict de ces replis que fait ceste presente.

L'EXPLICATION DES CHARA-
cteres merquez en la dixiesme figure.

NOVS representons en ceste figure la portion du
cerueau, laquelle donne le commencement à la
moëlle de l'espine. Le petit cerueau est separé de la
partie de la moëlle cy presente auec laquelle vous
voyez les couillons & fesses du cerueau ensemble la glande
semblable à la pomme de pin auec la cauité de la moëlle de

l'espine, laquelle ioincte auec celle du petit cerueau compose la
quatriesme de tous le cerueau.

A,A La partie du cerueau de laquelle procede la moëlle
de l'espine du doz.

B Le conduict qui passe sous les fesses du cerueau &
sortent de la troisiesme cauité d'iceluy entre en la

C quatriesme à l'endroict ou est C.

D La glande du cerueau semblable à la pomme de pin.

E,F,G H Ces characteres monstrent les fesses & couillons
du cerueau, E & G monstrent les couillons lesquels
ont esté ainsi nommez pour autant que la glande susdicte repose dessus iceux, comme la verge de l'homme faict sur les siens. F & H monstrent les fesses
ainsi nommees à raison que l'ouuerture merquee par
G peut estre accomparee à l'ouuerture du fondement qui est entre les deux fesses.

I,K Les deux endroicts contre lesquels le commencement de la moëlle de l'espine est attaché.

L,M,N,O La cauité du commencement de la moëlle du
doz laquelle compose vne des parties de la quatriesme du cerueau & a esté accomparee par Herophile
à la cauité d'vne plume de laquelle on escrit communement. L'endroict merqué par L respond à la
cauité de la plume prochaine du second doid: ceux
qui sont merquez M & N ressemblôt aux anglets qui
sont aux deux costez de l'ouuerture de la plume. La
poincte ou est O ressemble au bec de la plume.

P La moëlle de l'espine est icy couppee l'endroict ou
elle commence à sortir du taiz.

L'EXPLICATION DES CHARA-
cteres merquez en l'onziesme figure.

LE petit cerueau est icy representé hors du taiz & separé de la moëlle du doz monstrant ceste partie laquelle est vers la mesme moëlle. Et ainsi ceste figure
descoure les parties d'iceluy attachees à la moëlle de l'espine
ensemble le conduict que fait l'vne des parties de la quatriesme cauité. Au reste nous auons representé icy en la partie
plus basse de ceste figure les extremitez du milieu du petit
cerueau, ce que i'ay faict à fin de representer les parties semblables au ver.

A La partie dextre du petit cerueau lequel est fort descouuert de sa tenure membrane.

B La partie senestre du petit cerueau.

C,c La partie du milieu du petit cerueau:celle de deuât
est merqué par C, & celle de derriere par c.

D,d Les extremitez de la partie du milieu du petit cer-
ueau:celle de deuant est merquee par D, & celle de
derriere par d.

E Le conduict ou reply du petit cerueau, lequel compose la quatriesme cauité de tout le cerueau.

G,G Cy est l'endroict contre lequel la moëlle de l'espine
est attachee auec le petit cerueau.

H L'extremité anterieure de la partie du milieu du
petit cerueau est icy representee comme si elle estoit
couppee & tiree hors d'vn autre petit cerueau.

I L'extremité posterieure de la partie du milieu du petit cerueau, laquelle est couppee côme la precedête.

L'EXPLICATION DES CHARA-
cteres merquez en la douziesme figure.

LE costé senestre de la teste est icy representé ensemble le
dextre vn peu esleué. Nous auons tiré hors tout le

Z

petit cerueau, & laissé seulement autant du cerueau qu'il y
en auoit en la huictiesme & neusiesme figure. Toutesfois
ceste portion du cerueau n'est pas icy en sa place naturelle,
mais vn peu esleuee & retournee hors le soubassemēt du taiz.
Ce que i'ay faict à celle fin que lon peust voir les deux saillies
à deux nerfs, lesquels sont enuoyez aux organes du fler. Cel-
le du costé senestre est esleuee comme le cerueau hors de son
lieu naturel, & l'autre est encore contre la dure membrane
ioinct au huictiesme oz de la teste.

A,A La partie dextre du cerueau.

B,B La senestre partie du cerueau recouuerte encore de
sa tenure membrane, ainsi que la precedente.

C L'organe dextre du fler reserué en son lieu.

D L'organe senestre du fler leué & retourné en derriere comme aussi est le cerueau.

E La cauité dedans laquelle l'organe senestre du fler
est appuyé. Lon voit icy ceste partie de la dure membrane, laquelle est couuerte de plusieurs petis pertuis
pour seruir au fler.

F La sixiesme veine, qui entre au taiz, espand icy quelques iectons dedans la dure membrane du cerueau.

G L'entredeux qui separe les deux cauitez des organes
du fler.

H Vne portion de la saillie de la dure membrane, laquelle separe la dextre partie du cerueau, d'auec la
senestre.

I,I Les parties du cerueau, lesquelles remplissent les cauitez du taiz, celles cy entrent dedans celles qui sont
en l'oz du front, & sont nommees par quelques vns
les saillies mammelieres du cerueau.

K La cinquiesme veine qui entre dedans le taiz, laquelle passe par le pertuis dedié à la seconde paire des
nerfs. Le charactere L & les autres suiuants sont en

L l'ombre de la cauité de l'oz de derriere la teste. L
monstre la cauité du taiz dedans laquelle entre la

M partie dextre du petit cerueau. M monstre la partie

N du milieu, & N represente celle dedans laquelle en-

O tre la partie senestre. O represente le dextre ou premier reply de la dure membrane.

P,Q P monstre le troisiesme, & Q le second au senestre.

L'EXPLICATION DES CHARA-
cteres merquez en la treziesme figure.

CESTE *figure est du tout appuyee sur le derriere
de la teste. Elle represente le deuant du cerueau retourné en arriere vers bas. Ce que i'ay faict à celle
fin que lon veit manifestement les organes du fler,
l'assemblee des nerfs de la veine, & les grands rameaux de*
l'artere apoplectique.

A,A La partie dextre du cerueau recouuerte encore de sa
tenure membrane.

B,B La partie senestre du cerueau.

C,C Les enleueures du cerueau, lesquelles ont esté nommees saillies mammelieres à cause de la semblance
qu'elles ont auec les bouts des mammelles.

D,D Les cauitez dediees aux organes du fler.

E L'entredeux, qui separe les cauitez susdictes.

F,F Les cauitez du taiz dedans lesquelles les saillies mā-
melieres reposent.

G,G La sixiesme veine qui entre dedans le taiz.

H La cinquiesme veine qui entre dedans le taiz.

I Le conduict semblable à la veine, lequel s'espand en
la tenure membrane, & procede des conduicts lesquels sont en la dure membrane.

K Le commencement des conduicts qui passent par le
costé de la dure membrane en la maniere d'vne veine accompagnee d'vne artere.

L,L Les organes du fler retournees en arriere auec le cerueau hors de la dure membrane.

M L'assemblage des nerfs de la veine.

N Le nerf de la veine lequel tire vers l'œil dextre.

O Le nerf de la veine, lequel tire vers l'œil senestre : &
lequel est accompagné d'vne petite veine ainsi que le
droict, laquelle procede de celles qui sont esparses
dedans la tenure membrane du mesme endroict.

P Le rameau de l'artere apoplectique, lequel perce la
dure membrane au costé de la glande qui reçoit le
phlegme du cerueau.

Q Le iecton de l'artere merquee P, lequel entre dedans la cauité dextre du cerueau.

R Les iectons de l'artere merquee P, lequel enuoye
des rameaux dedans la tenure membrane du cerueau.

S Icy est vne portion de l'entónoir qui reçoit le phlegme du cerueau.

L'EXPLICATION DES CHA-
racteres merquez en la quatorziesme figure.

LA *teste est retournee sur l'oreille senestre en ceste
figure, laquelle represente le soubassement de la teste recouuert encore de sa dure membrane, & en
laquelle nous auons autant reserué de moëlle tant*
*du cerueau que de l'espine, qu'il est necessaire pour voir les
paires des nerfs. Au reste, i'ay osté le commencement & l'assemblage des nerfs de la veine, de crainte que l'entonnoir qui
reçoit le phlegme du cerueau ne fust offusqué.*

A,A Vne petite partie du cerueau : ensemble le commencement de la moëlle de l'espine.

B,B Vous voyez icy seulement la partie des nerfs de la
veine, laquelle passe hors la capacité du taiz.

C,C L'entonnoir qui reçoit le phlegme du cerueau.

D Icy est vn pertuis & conduict, lequel porte le phlegme de la troisiesme cauité du cerueau dedans l'entō-
noir. Ce pertuis est merqué I en la septiesme &
huictiesme figure.

E Le rameau de la dextre artere apoplectique, lequel
perce la dure membrane vers le costé dextre de la
glande, qui reçoit le phlegme du cerueau.

F Le rameau de la senestre artere apoplectique, lequel
perce la dure membrane vers le costé senestre de la
glande, qui reçoit le phlegme du cerueau.

G La seconde paire des nerfs du cerueau.

H La plus delice racine de la troisiesme paire des nerfs
du cerueau.

I La plus grosse racine de la troisiesme paire des nerfs
du cerueau.

K La quatriesme paire des nerfs du cerueau, prochaine
de la plus grosse racine de la troisiesme paire.

L La plus petite racine de la cinquiesme paire des
nerfs du cerueau, laquelle a esté incogneue à tous les
precedens anatomistes.

M La cinquiesme paire des nerfs du cerueau, ou bien
la plus grande racine de la cinquiesme paire.

N Les commencements & petits rameaux de la sixiesme paire des nerfs du cerueau.

O Les commencements & petits rameaux de la septiesme paire des nerfs.

Ce qui reste en ceste figure digne d'estre veu se pour-

12

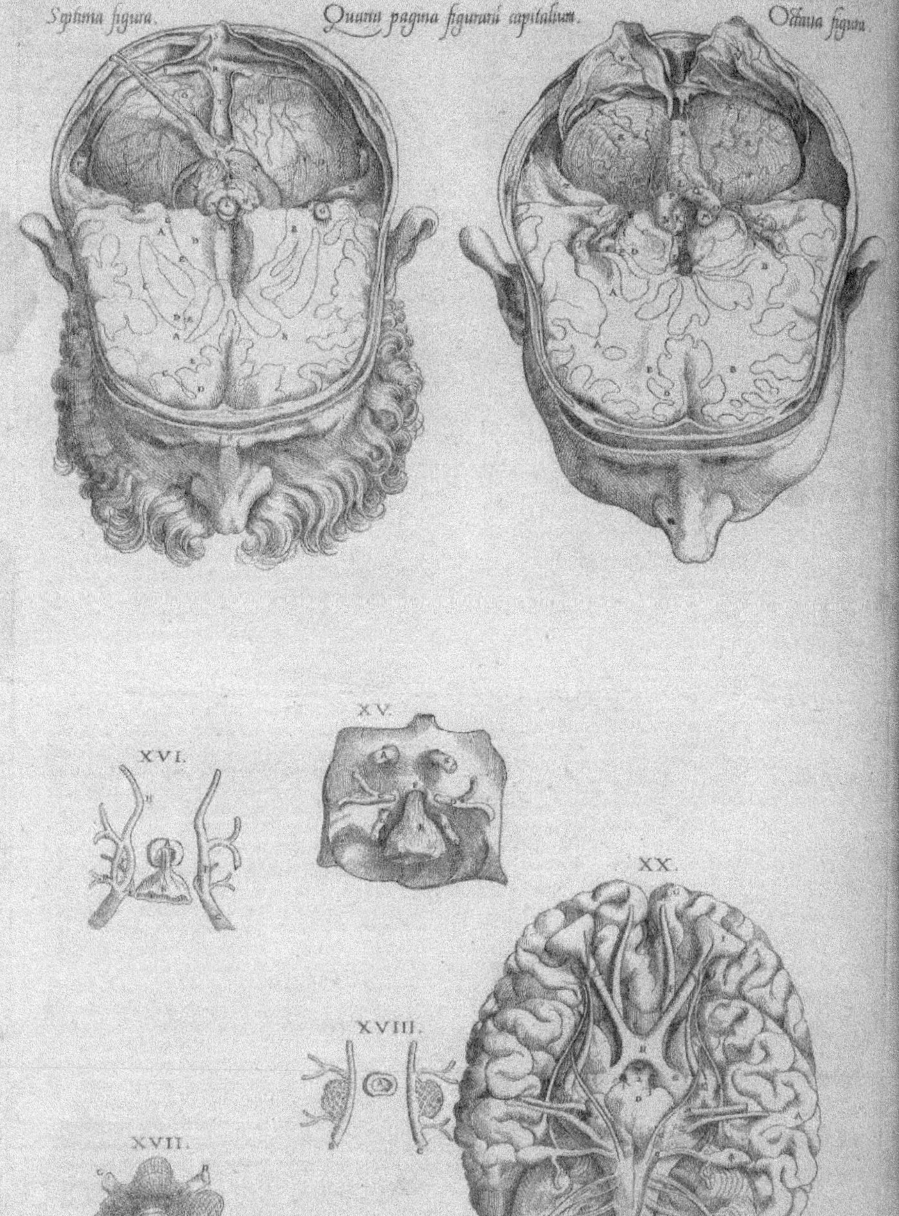

Septima figura.
Quarta pagina figurarum capitalium.
Octaua figura.
XV.
XVI.
XVII.
XVIII.
XIX.
XX.
Septima figura.
Quarta pagina figurarum capitalium.
Octaua figura.

ra remerquer facilement par les characteres des precedentes.

L'EXPLICATION DES CHAracteres merquez en la quinziesme figure.

Novs auons representé en ceste figure ceste portion contenue en la capacité du taiz, & recouuerte de sa dure membrane, laquelle portion est situee sur le milieu de l'oz semblable aux aisles des chauue-souris : ensemble les organes que ie declareray cy apres. Car ce fust esté vne chose superflue de faire peindre vne teste entiere pour monstrer ce peu de substance.

A,B Portions des nerfs de la veine.

C L'artere du costé senestre, laquelle pertuisant la dure membrane, s'espand en partie en la tenure membrane du cerueau, & en partie dedans la cauité dextre d'iceluy.

D L'artere du costé dextre.

E Vous voyez icy l'entonnoir pendant, lequel reçoit le phlegme de la troisiesme cauité du cerueau.

F Le pertuis par lequel le bout de cest entonnoir passe pour toucher sur la glande, qui reçoit le phlegme du cerueau.

G,G Portions des nerfs de la seconde paire.

L'EXPLICATION DES CHAracteres merquez en la seziesme figure.

Novs auons icy representé la simple glande, sur laquelle le cerueau se descharge de son phlegme, ensemble l'entonnoir qui la porte, lequel est icy pendant. Ce que vous voyez des deux costez sont portions des arteres apoplectiques, lesquelles on dict composer le lassis faict en façon de rets, & lesquelles nous auons representees en la maniere qu'elles nous ont apparues en anatomisant : & tout ainsi comme elles se monstrent inegales en leurs entresuittes ainsi les auons nous representees inegalement.

A La glande qui reçoit le phlegme du cerueau.

B L'entonnoir qui porte le phlegme dessus la glande.

C,C Portion des arteres, lesquelles se portent en biaiz suiuant les pertuis qui leur ont esté donnez de nature au trauers de l'oz du taiz.

D Le rameau de la senestre artere, lequel s'espand au costé gauche de la dure membrane.

E Portió de l'artere senestre, laquelle passe par vn propre pertuis, & s'espand iusques en la capacité des narines.

F,F Nous auons icy representé vne diuerse entresuitte d'artere. Car l'F de l'vn des costez monstre l'artere separee en deux rameaux, ce que l'autre ne fait pas. Ces deux rameaux separez s'assemblent incontinent.

G Les portions des arteres qui passent par la dure mébrane & s'espadent en partie dedans les cauitez du cerueau, & en partie dedans la tenure membrane.

H Le iectó de l'artere lequel passe par la partie de la seconde paire des nerfs, & lequel accompagne le nerf de la veine & tire vers l'œil.

L'EXPLICATION DES CHAracteres merquez en la dixseptiesme figure.

Novs auons icy representé le lassis semblable au rets, tel que doit estre celuy que Galen a descrit en ses liures de l'vsage des parties.

A,B Les arteres qui entrent au taiz, lesquelles estant esparses composent cest merueillable lassis.

C,D Les iectons du lassis assemblez en vn, lesquels sont de la mesme grosseur que les arteres merquees par A & B.

E La glande qui reçoit le phlegme du cerueau.

L'EXPLICATION DES CHAracteres merquez en la dixhuittiesme figure.

Novs auons icy representé l'entresuitte des arteres, lesquelles sont au dessous de la dure membrane du cerueau, à costé de la glande qui reçoit le phlegme du cerueau : laquelle entresuitte nous auons obseruee és restes de moutons, & de bœufs. Ce que i'ay bien voulu faire pour monstrer que ie ne suis ignorant de ce qui est dissemblable en ceste part entre les hommes & les brutes.

A La glande.

B,C L'assiette des arteres, lors qu'elles sont premieremét entrees dedans le taiz.

L'EXPLICATION DES CHAracteres merquez en la dixneufiesme figure.

Ceste petite figure represente l'entonnoir du bout, dedans lequel le cerueau se descharge de son phlegme pour le porter sur la glande. Elle represente aussi quatre conduicts qui vuident ledict phlegme par les pertuis prochains.

A La glande.

B L'entonnoir.

C,D,E, F Les conduicts qui portent le phlegme.

VOYEZ L'EXPLICATION DE LA vingtiesme figure au costé des nerfs laquelle est fort necessaire pour l'intelligence de ces presentes, comme aussi est la seconde du mesme traicté.

L'EXPLICATION DES CHAracteres merquez en la vingt & vniesme & vingt & deuxiesme figure.

Ces deux figures ont plusieurs characteres. Toutesfois les lettres capitales grecques seruent principalement a monstrer les coustures des oz de la teste : les autres monstrent les pertuis du taiz.

Γ,Γ,2 La cousture couronnale, laquelle ne represente pas si exactement la nature de cousture comme elle fait en la partie exterieure.

Δ,Δ,1,2 La cousture labdoïde qui represente la lettre grecque nommee Λ lambda.

Θ,Θ,2 La cousture sagittale ou droicte.

Λ,Λ,1 L'assemblee escailleuse de la temple senestre.

Ξ,Ξ,1 La portion adioustee à la cousture lambdoïde du costé senestre, laquelle descend vers le soubassement du taiz.

Π,1 La ligne commune à l'oz chauuesouricier, & à l'oz de derriere de la teste, laquelle ioinct les deux costez ou portions adioustees de la cousture lambdoïde.

Σ,Σ,1 L'interualle de la cousture de l'oz chauuesouricier, lequel interualle est commun audict oz & à celuy de derriere la teste.

Ψ,Ψ,1 L'interualle de la cousture de l'oz chauuesouricier, lequel interualle est commun audict oz & à celuy du front & au huictiesme oz de la teste. Cōduisant donques vostre veine depuis Π iusques à Σ, & depuis Σ iusques au prrmier Ψ & d'iceluy iusques au second Ψ vous aurez l'interieure circōscription du costé senestre de l'oz chauuesouricier. Et ainsi si vous apposez les mesmes characteres de l'autre costé dextre, vous pourrez auoir la circonscription du mesme oz.

L'EXPLICATION DES CHARA-
cteres merquez en la vingt & troisiesme figure.

CESTE *figure represente l'oz chauuesouricier auec le huictiesme oz du taiz separez d'auec tous les autres, & representez du costé interieur du taiz.*

A,B,A Le huictiesme oz de la teste. Toutesfois B merque principalement l'entredeux qui separe les organes du fler.

C,D Les deux principales cauitez de l'oz chauuesouricier.

E L'entredeux qui diuise les susdictes cauitez.

F Le pertuis de l'vne des cauitez, lequel passe en la capacité des narines.

G La cauité qui est en la plus basse partie de l'entredeux qui separe les deux principaux cerueaux.

H Les saillies du chauuesouricier lesquelles reptesentent les aisles des chauuesouris.

L'EXPLICATION DES CHARA-
cteres merquez en la vingt & quatriesme figure.

CESTE *figure est particuliere à l'organe de l'oüye: car le principal portraict de ceste figure represente la portion tiree hors de l'oz de la temple dextre: laquelle portion est* couppee en deux & monstre les deux membranes posees en la cauité dudict oz, ensemble les petis osselets.

B La membrane qui est mise en trauers au deuant du pertuis de l'oreille qui est en l'oz huictiesme de la teste.

C L'vn des petits osselets de l'organe de l'oüye, lequel est accomparé à vn maillet.

D Le nerf de la cinquiesme paire du cerueau.

E Le rameau de la cinquiesme paire, lequel passe par le pertuis que lon nomme borgne, & respand dedās le muscle templier.

F Le rameau de la cinquiesme paire, lequel passe par le pertuis dedās lequel la veine de l'organe de l'oüye est receüe.

G Les entresuittes du nerf de la cinquiesme paire, lesquelles à cause de l'organe de l'oüye sont enfoncees en la partie pleine de la cauité.

H La partie qui represente vn cercle contre l'anterieure partie de laquelle le petit oz merqué par L est naturellement attaché.

I L'autre petit oz de l'organe de l'oüye, lequel est semblable à vne enclume ou à vne dent macheliere.

K,K La multitude des petites cauernes qui sont en la cauité de l'organe de l'oüye.

L La partie de deuant du maillet separé de toutes autres parties circonuoisines.

M La partie posterieure du maillet separee de toutes autres parties circonuoisines.

N La partie anterieure de l'enclume separé de toutes ses parties circonuoisines.

O La partie posterieure de l'enclume separee de toutes ses parties circonuoisines.

P La partie anterieure de l'enclume & du marteau ioincts ensemble en la maniere qu'ils sont en l'oreille.

Q La partie de derriere de l'enclume & du marteau ioinct ensemble.

L'EXPLICATION DES CHARACTERES
merquez es figures qui representent les parties des yeux.

LA *premiere figure represente l'œil diuisé en deux, depuis le deuant d'iceluy iusques au derriere: tellement que le nerf de la veine est couppé en long, ne plus ne moins que si quelqu'vn couppoit vn oignon depuis la queüe iusques au haut de la teste, ainsi on a accoustumé de peindre en plain le ciel & les quatre elements.*

A L'humeur crystallin.

B La taye laquelle est au deuant de l'humeur crystallin, & laquelle est transparente comme la plus tenure pellure d'vn oignon.

C L'humeur vitreux.

D La substance du nerf de la veine.

E La taye que nous disons estre semblable à la rets, laquelle est composee de la substance du nerf, espandue en large.

F Vne portion de la tenure membrane du cerueau, laquelle recouure le nerf de la veine.

G La taye semblable à la peau d'vn grain de raisin, laquelle est composee de la tenure membrane qui recouure le nerf de la veine.

H La taye susdicte se retire en arriere en cest endroict, sans toucher à la cornee qui est par dehors.

I Le pertuis par lequel la taye susdicte, voire la prunelle est ouuerte.

K La taye qui procede de celle laquelle est semblable à la peau d'vn grain de raisin, & laquelle represente la semblance des cils ou des poils des sourcils: c'est celle qui est entre l'humeur vitreux & l'aqueux.

L La portion de la dure membrane du cerueau qui recouure le nerf de la veine.

M La dure taye de l'œil qui procede de la dure membrane.

N Vne portion de la dure taye de l'œil, laquelle est claire comme vne corne.

O,O L'humeur aqueux: l'O d'en bas mōstre l'endroict auquel ordinairement les suffusions ont accoustumé de s'engendrer.

P,P Les muscles qui font mouuoir l'œil.

Q La taye blanche ou adherente & attachee.

Les figures suiuantes monstrent chacune l'vne des parties de l'œil: premierement les humeurs & puis les tayes. Vous
pour-

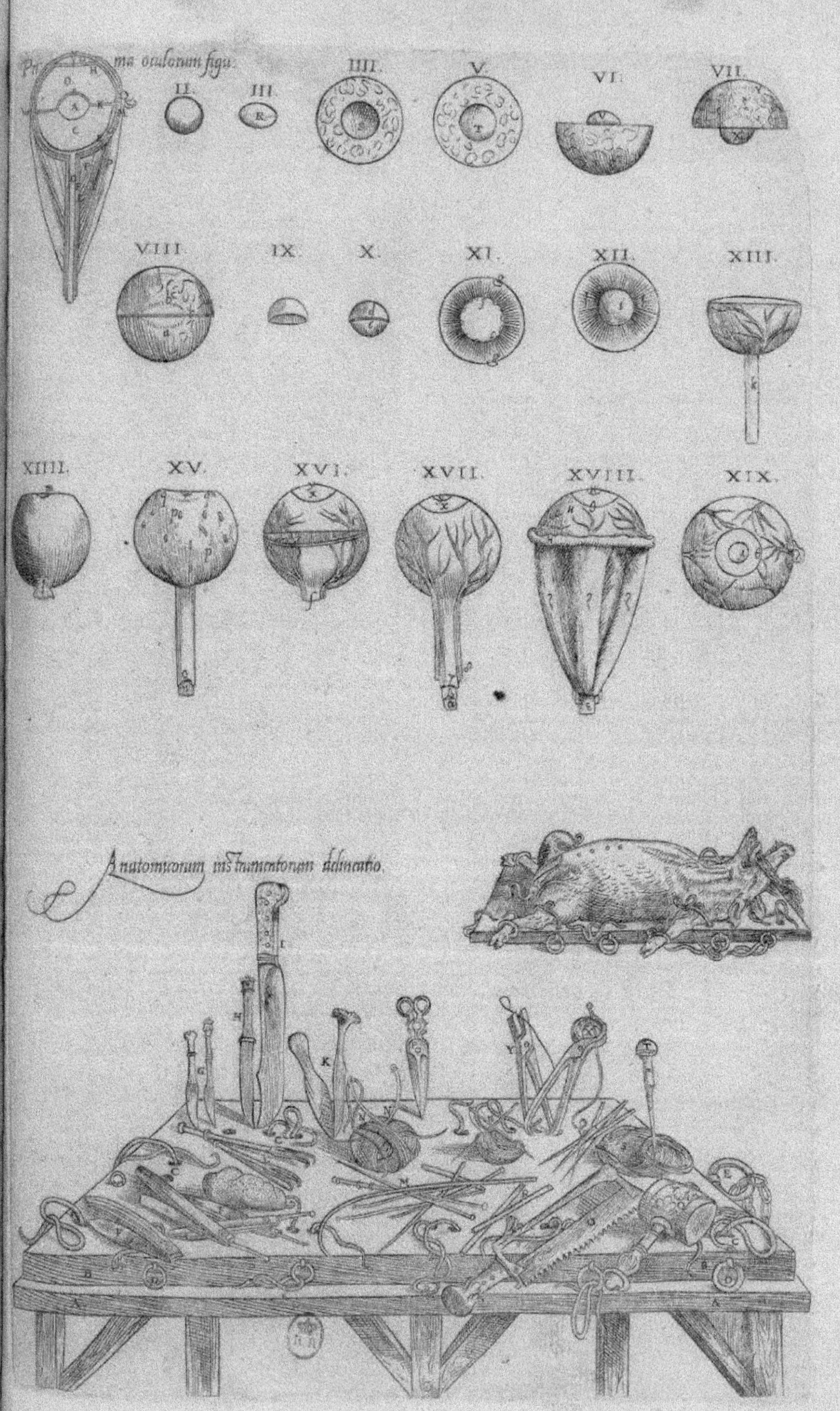

Prima oculorum figu.
II. III. IIII. V. VI. VII.
VIII. IX. X. XI. XII. XIII.
XIIII. XV. XVI. XVII. XVIII. XIX.
Anatomicorum instrumentorum delineatio.

pourrez au reste collationner chasque figure auec la premiere, d'autant qu'elles s'entresuiuent selon l'ordre de leur composition, & sont representees selon la proportion de la premiere.

La seconde represente seulement la partie de deuât de l'humeur crystallin, en la maniere qu'il apparoist descouuert de toutes les parties circonuoisines, à celuy qui le regarde par deuant.

La troisiesme le monstre aussi du tout desnué, mais en telle maniere que le verroit celuy qui le regarde-
R roit à costé. Toutefois la lettre R represente particulierement l'endroict contre lequel la taye de l'œil semblable aux cils est attachee : ceste taye sera monstree en la xj. & xij. figure.

La quatriesme represente l'humeur vitreux en la mesme maniere qu'il est dedans l'œil, lors que lon le regarde par deuant, lors que l'humeur crystallin
S est tiré de deuant. La lettre S monstre la cauité en laquelle le milieu de l'humeur crystallin est situé.

T La cinquiesme figure monstre le mesme endroict de l'humeur vitreux que faisoit la quatriesme, excepté que T represente encore vne partie de l'humeur crystallin delaissee au milieu de l'autre.

V La sixiesme represente l'humeur vitreux a costé auec le crystallin merqué par V.

La septiesme figure represente a costé le mesme humeur aqueux en la mesme maniere qu'il est dedans l'œil recouurât la partie de deuant de l'humeur cry-
X stallin merqué par X.

La partie contre laquelle s'attache la taye semblable
Y à la peau du grain de raisin est merquee par Y. C'est celle qui est separee & se retire de la cornee.

a,b La huictiesme figure monstre ensemblement l'humeur vitreux merqué a, & l'humeur aqueux merqué b : toutefois les deux tellement desioincts qu'ils ont accoustumé de l'estre par la taye semblable au
c cils, laquelle est icy merquee c.

La neufiesme figure monstre a costé la taye, qui recouure l'humeur crystallin par deuant, laquelle est fort lucide, & laquelle est du tout separee dudict humeur.

La dixiesme figure monstre a costé l'humeur crystallin recouuert de la taye susdicte, laquelle est mer-
d quee par d. La partie de derriere de l'humeur crystallin laquelle náge dedans l'humeur vitreux, & n'est aucunement recouuerte de ladicte taye, est
e merquee par e.

L'onziesme figure represente l'anterieure ou posterieure partie de la taye, laquelle procede de celle qui resemble à la peau du grain de raisin, & laquelle est semblable au poil des cils. Le cercle merqué
g,g g & g procede de ladicte taye, & celuy qui est mer-
f,f qué f & f est attaché contre l'humeur crystallin.

La douziesme figure represente la taye monstree par l'onziesme, laquelle est encore recouuerte de l'humeur vitreux, & attachee contre le crystallin.
h,h Ceste taye est merquee h, h, & l'humeur crystallin
i est merqué i.

La treziesme represente la taye que les anatomistes ont accomparee à la retz, elle est monstree de costé
k auec la substance du nerf de la veine merqué k, & descouuert de sa tenure membrane.

La quatorziesme figure môstre la partie interieure de la taye semblable à la peau du grain de raisin. Car nous l'auons icy figuree en la maniere q̃ lon a accoustumé de la renuerser en anatomisant. La portion de ceste taye, en laquelle le nerf de la veine s'espand, est
l merquee par l, & la partie laquelle s'enferme en de-
m dans, est merquee m.

La quinziesme figure represente a costé l'exterieure partie de la taye semblable à la peau du grain de raisin, auec la substance du nerf de la veine recouuerte de la tenure membrane du cerueau. Ceste substan-
n ce de nerf est merquee n, & la tenure membrane est
o merqué o. Les petites portions des veines & des arteres couppees lesquelles passent par la dure taye de l'œil, iusques en celle qui est semblable à la peau
p,p du grain de raisin, sont merquees p & p. La partie en laquelle ceste taye raisiniere est enfoncee par de-
q,q uant, & se retire de la cornee, est merquee q & q.

Le pertuis qui faict la prunelle de la raisiniere est
r merqué r.

La seziesme figure monstre à costé la dure taye de l'œil diuisee par vne couppure trauersante, ce que nous auons faict à celle fin que lon veit l'entresuitte des conduicts qui passent de la raisiniere en icelle.
ſ ſ ſ represente le nerf de la veine, ensemble ses deux membranes & les veines & arteres qui l'accompagnent. Les veines & arteres qui s'espandent en la
t,t dure taye de l'œil sont merquees par t & t. La taye raisiniere qui apparoist icy à cause de l'ouuerture que lon a faict, & qui reçoit les petits rameaux des
u,u conduicts de la dure taye, est merquee par u & u.

Au reste, la partie en laquelle la dure taye se polit comme la corne, & apparoist lucide, est merquee
x par x.

y Le pertuis de la prunelle est merqué y.

La dixseptiesme figure monstre à costé l'exterieure partie de la dure taye entiere & desnuee de toutes autres parties circonuoisines auec vne grande portion du nerf de la veine, la substance duquel est mer-
α quee α. La tenure membrane dont il est recou-
β,γ uert, β. La dure membrane, γ. Les veines & ar-
δ,x,y teres qui l'accompagnent δ, x, & y, monstrent icy le mesme qu'ils monstrent en la precedente figure.

La dixhuictiesme figure represente à costé l'œil separé de ses cils, & tiré hors de la teste, ensemble les muscles qui le font mouuoir.
ε Le nerf de la veine.
ζ,ζ Les muscles qui font mouuoir l'œil.
η,η La taye attachee contre l'œil.
θ Le grand cercle ou l'arc de l'œil, côtre lequel la taye adherante & attachee prend fin, & est fort attachee contre la cornee.
κ La partie qui est à costé de la prunelle ou du petit cercle.

La dixneufiesme figure monstre la partie anterieure de tout l'œil, separé toutefois de ses cils.
λ La petite chair situee au grand anglet de l'œil.
κ,θ Ces deux characteres representent icy le mesme qu'ils faisoyent en la precedente figure.

Si quelqu'vn veut poursuyure l'anatomie de l'œil, commençant aux parties exterieures d'iceluy : il le pourra faire, s'il commence à la dixneufiesme, & qu'il la conte pour seconde, & ainsi des autres.

Æ

L'EXPLICATION DES CHARACTERES
merquez és figures des instruments anatomiques.

OVS auons en ceste figure representé vn ais propre à faire les anatomies viues, sur lequel i'ay accommodé toutes choses necessaires desquelles on a accoustumé d'vser és administrations anatomiques, & lesquelles i'ay merquees des characteres, dont l'explication s'ensuit.

A,A La table sur laquelle tous les instruments sont posez.

B,B L'aiz propre pour faire les anatomies viues.

C,C Plusieurs perruis dedans lesquelles nous mettons des cordes, selon la diuersité des animaux que l'on veut anatomiser, lesquelles seruent à les attacher par les iambes & par les pieds.

D,D Les anneaux seruent à lier le bout des pieds.

E La machoire d'enhaut s'attache à cest anneau auec vne petite chaine, à celle fin que la teste ne se meine, & que la voix & la respiration ne soyent empeschees pendant la dissection.

F,F Plusieurs especes de rasoüers, pres desquels vous voyez l'esponge.

G Petits couteaux auecq' lesquels on taille les plu-

mes.

H Le couteau ordinaire à mettre sus table.

I Vn grand & fort cousteau.

K Les couteaux de buys.

L Les petis rochets.

M Plusieurs poinçons, & la sonde.

N,N Les aigueulles courbees, ensemble la ficelle.

n Les plus petites aigueulles desquelles on fait les poincts aux playes.

O La sye.

P Les ciseaux.

Q Le maillet.

R Les tuyaux desquels on enfle les poulmons & autres parties.

S Le fil d'espinette duquel on attache les oz.

T L'alesne propre à percer les oz.

V Plusieurs fers d'alesne.

X Les tenailles propres à tordre les bouts du fil d'espinette.

Y Les tenailles auec lesquelles on couppe les bouts du fil d'espinette apres qu'il a esté tors, & qu'il a attaché les oz.

F I N.

A PARIS,

De l'Imprimerie d'André Wechel, rüe S. Iean de
Beauuais, au Cheual volant.

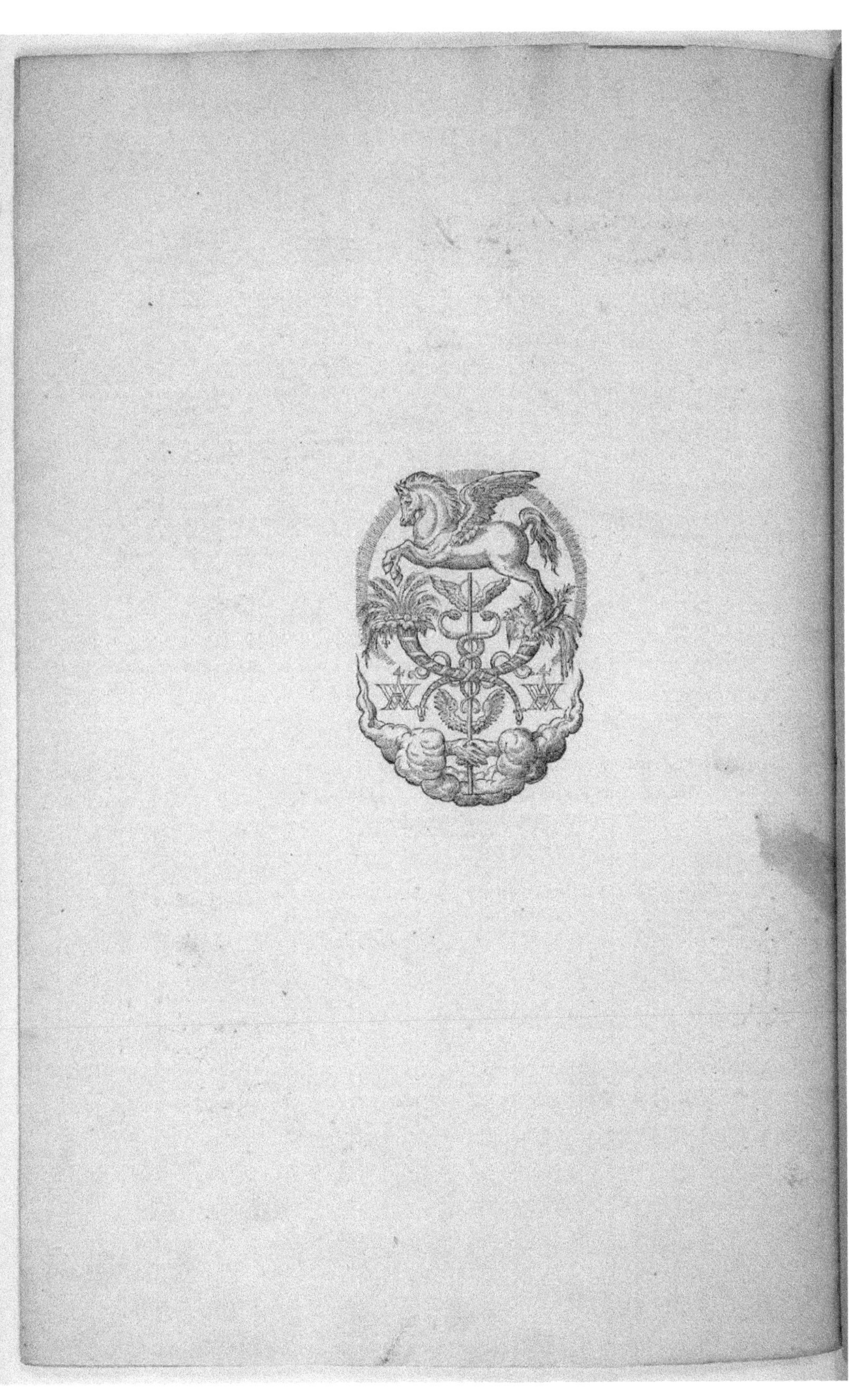

www.ingramcontent.com/pod-product-compliance
Ingram Content Group UK Ltd.
Pitfield, Milton Keynes, MK11 3LW, UK
UKHW021640170726
13836UKWH00005B/2293

9 782329 271361